볼드

HOW TO GO BIG, CREATE WEALTH AND IMPACT THE WORLD

BOLD
볼드

새로운 풍요의 시대가 온다

피터 디아만디스 · 스티븐 코틀러 지음 | 이지연 옮김

비즈니스북스

옮긴이| **이지연**

서울대학교 철학과를 졸업한 후 삼성전자 기획 팀, 마케팅 팀에서 근무했다. 현재 전문 번역가로 활동 중이다. 옮긴 책으로는《제로 투 원》,《위험한 과학책》,《빅데이터가 만드는 세상》,《어떻게 사람을 이끌 것인가》,《디스커버리, 더 나은 세상을 위한 호기심》,《단맛의 저주》,《플라스틱 바다》,《행복의 신화》,《킬 더 컴퍼니》,《2015세계경제대전망》(공역) 외 다수가 있다.

볼드

1판 1쇄 발행 2016년 2월 29일
1판 21쇄 발행 2021년 10월 15일

지은이 | 피터 디아만디스, 스티븐 코틀러
옮긴이 | 이지연
발행인 | 홍영태
발행처 | (주)비즈니스북스
등 록 | 제2000-000225호(2000년 2월 28일)
주 소 | 03991 서울시 마포구 월드컵북로6길 3 이노베이스빌딩 7층
전 화 | (02)338-9449
팩 스 | (02)338-6543
대표메일 | bb@businessbooks.co.kr
홈페이지 | http://www.businessbooks.co.kr
블로그 | http://blog.naver.com/biz_books
페이스북 | thebizbooks
ISBN 979-11-86805-18-3 03320

비즈니스북스는 독자 여러분의 소중한 아이디어와 원고 투고를 기다리고 있습니다.
원고가 있으신 분은 ms1@businessbooks.co.kr로 간단한 개요와 취지, 연락처 등을 보내 주세요.

이 책을 부모님, 해리 P. 디아만디스 박사와
툴라 디아만디스에게 바칩니다. 그리스 레스보스 섬에서
머나먼 미국까지 이어오신 두 분의 대담한 여정과, 의학계와 가정에서
이뤄내신 성공은, 제가 큰 계획을 세우고 부를 창출하고 세상에 영향을
미치고자 노력하는 정신적 바탕이 되었습니다.

—

피터 디아만디스

이 책을 플로 게놈 프로젝트의 파트너이자 더없이 좋은 친구인
제이미 윌에게 바칩니다. 그가 없었더라면 이 긴 여정이
훨씬 더 지루하고 의미 없었을 것입니다.

—

스티븐 코틀러

그가 미래라고 하면
그것은 곧 미래가 된다

박영숙_유엔미래포럼 대표, 《유엔미래보고서 2050》 저자

피터 디아만디스는 내가 존중하는 미래학자들의 우두머리다. 우리 미래학자들은 그를 '실리콘밸리의 마피아 두목'이라고 부르곤 한다. 실리콘밸리가 그가 하는 말 한마디에 방향을 바꾸기 때문이다. 그가 미래라고 하면 그것은 곧 미래가 된다! 키가 크지도, 목소리가 크지도 않은 다정다감한 이 남자가 지금 현재 실리콘밸리의 미래 산업을 선정하는 열쇠를 쥔 미래 예측가다.

사실 미래 예측가라는 말로 그를 한정 짓는 것은 적절치 않다. 그는 하버드 대학교에서 의학박사 학위를 받은 의사이며 동시에 싱귤래리티 대학Singularity University의 학장으로, X프라이즈 재단XPRIZE Foundation의 이사장으로 있다. 이뿐만이 아니다. 그는 인간의 노화를 늦추고 지구촌의 질병을 연구하는 '휴먼 롱제버티'Human Longevity의 공동창업주이고 일론 머

스크Elon Musk가 세운 민간 우주개발 업체 '스페이스엑스'SpaceX의 이사로 있는 등 수많은 기업에 몸담고 있는 기업가이자, 연간 미국에서 가장 많은 펀딩을 이끌어내는 사람이다. 엑스프라이즈는 인류에게 닥친 공동 과제 즉, 지구촌 대과제를 해결하는 팀에게 수백억 원을 시상하는 재단으로, 이를 위해 그는 구글, 애플 등 굵직한 대기업에서 수조 원의 펀딩을 받는 재주를 가졌다.

피터 디아만디스와 스티븐 코틀러가 쓴 신간 《볼드》는 여러모로 특이한 성격을 지녔다. 이 책은 단순한 미래 예측서로 볼 수 없고, '부의 창출'이나 '업계를 선도하는' 것에 초점을 맞춘 스타트업의 방법론을 설명하는 책으로 보기도 어렵다. 이 책은 '어떻게 지구와 인류를 번영시키는 기업을 만들어 억만장자가 될 것인가?'를 제안하고 있다. 저자는 다양한 새로운 기술을 예측하고 소개하며, 나아가 이렇듯 매일 쏟아져 나오는 첨단 기술을 융합하여 스스로 새로운 사업을 개척하라고 말한다.

기술의 발전과 함께 인류가 협업하면 희소성 탓에 비쌌던 모든 것들이 많아지고 저렴해지면서 '풍요의 시대'Abundance가 온다고 그는 주장한다. 2030년이 되면 의식주, 교통, 교육, 에너지 등이 거의 무료화가 되는 풍요의 시대가 오며, 컴퓨터, 의학 발전, 3D프린터, AI 로봇, 신소재들이 급속히 발전하여 지구촌의 당면 과제들을 해결해준다고 말이다. 예를 들어 보자. 실리콘밸리의 한 회사는 기계에 에너지를 넣고 탄소와 메탄과 몇 가지 재료를 넣어 다이아몬드를 생산한다. 그래서 다이아몬드 반지는 10달러, 100달러에 팔리게 된다. 종래의 다이아몬드는 희귀하고 소량이어서 비쌌지만 손쉽게 생산하면 값이 저렴해지는데, 이것이 바로 풍요의 시대가 오는 이유라고 그는 설명한다.

대부분의 사람들처럼 나도 미래에 대해 비관적이던 사람이었다. 인구 과잉으로 식량과 물, 에너지가 전 세계적으로 부족해지고 전염병과 질병이 창궐하며 보건의료 및 사회복지 시스템은 파산할 것이라고 믿었다. 그러던 내가 약 4년 전 싱귤래리티 대학의 패컬티로 '풍요 싱크탱크'에 합류하게 되었다. 이 대학은 피터 디아만디스와 전설적인 미래학자 레이 커즈와일Ray Kurzweil이 함께 설립한 지금까지와는 다른 새로운 개념의 대학으로, 시급한 지구촌의 도전 과제를 해결하기 위한 연구를 진행한다. 이곳에서 나는 그가 설명하는 풍요한 미래에 대해서 알게 되었고, 그런 시대가 우리가 상상한 것보다 더 빨리 오고 있다는 것을 느꼈다.

그렇다면 이 같은 시대에 어떻게 해야 세상을 변화시킬 수 있을까? 민첩하고 탄력적으로 움직이라는 것이 이 책의 요점이다. 이 책에는 6가지 D가 나온다. 디지털화Digitalization, 잠복기Deception, 파괴적 혁신Disruption, 무료화Demonetization, 소멸화Dematerlization, 대중화Democratization가 바로 그 것이다. 기회가 커지고 이러한 기술 진보의 연쇄 반응이 기술의 대변동으로 이어지는 경로를 설명하며 그는 대담한 선택을 하는 사람만이 성공할 수 있다고 말한다.

모든 정보 교환의 속도가 급증하고 기술 혁신의 속도가 가속화된 원인은 바로 '디지털화'다. 이것이 첫 번째 D로, 정보 전달의 수단이 디지털로 바뀌었음을 말한다. 문명 초기에는 우리의 정보 전달 즉, 모든 스토리텔링 유형은 느린 형태의 가족회의나 부모에게 듣는 교훈뿐이었다. 문자가 발명된 후 인쇄기와 복사기가 나와 전달할 수 있는 정보의 양이 많아졌고, 컴퓨터가 발명되자 엄청난 아이디어의 디지털 표현이 가능해지면서 정보의 저장, 교환이 폭증했다. 이 기하급수적인 정보 교환의 성장과 확산을 불러온 것이 바로 디지털화다. 그리고 이러한 기술 혁신은 잠복기를 거쳐 기하급수적으로 성장하며 새로운 시장을 만들고 기존의 것을 소멸시킨다(파괴적 혁신). 코닥은 자신이 발명한 디지털카메라에 의해 희생되었다. 우버Uber는 택시 산업을 파괴시킬 것이며, 에어비앤비Airbnb는 호텔 산업을 바꾸고, 무인 자동차와 드론은 자동차 제조 업체와 운송, 배달 산업, 보험 및 수많은 다양한 산업을 파괴시키게 된다. 로봇공학과 3D프린터는 제조업을 소멸시킨다. 이런 현상이 바로 태양광발전에서 오고 있다. 태양광에너지는 이제 미국에서 1퍼센트 설치라는 변환점에 도달했고, 이 속도로 기하급수적인 성장이 이어진다면 14년 후에는 미국 시장의 모든 에너지가 태양광으로 전환되고 다른 모든 에너지 즉 석유, 가스, 석탄, 핵발전은 모두 소멸할 것이다.

그다음에 오는 단계가 '무료화'다. 기술 발전은 모든 제품을 무료화, 즉 필요 없는 것으로 만들어버린다. 디지털카메라가 생기면서 필름은 더 이상 필요 없는 물건이 됐다. 200만 달러나 하던 비디오 편집 소프트웨어는 인스타그램 앱이 무료화시켰다. 이제 우리는 웹에서 거의 모든 정보를 무료로 다운로드받는다. 스마트폰이 수백만 달러 하던 슈퍼컴퓨터보다 더 많은 정보 처리 능력을 가지면서 앞으로 컴퓨터는 점점 무료화될 것이다. 무료화는 결국 시장에서 소멸됨을 의미한다. 기술의 발전은 전체 제품군을 소멸시킨다. 카메라, 시계, GPS 수신기, VCR, 뮤직플레이어, 비디오 게임 콘솔, 계산기, 손전등은 각기 다른 기업에서 생산되다가 이제는 모두 스마트폰 속에서 무료화되었다. 누구도 더 이상 백과사전이나 의학사전을 사지 않는다. 그냥 웹에서 무료로 다운로드받아 읽는다. 휴대전화는 한때 고가의 물건에 속해 특혜를 받은 소수만 사용했었다. 사진도 한때 컬러 인화 비용이 비싸 아무나 프린트하지 못했다. 이제 스마트폰이 사진을 대신 찍어준다. 무료다. 수십억 명의 지식이나 콘텐츠가 온라인에서 누구나 무료로 접근할 수 있는 대중화의 시대가 찾아온 것이다. 스마트폰에 연결된 의료기기는 이미 병원을 대체하고 있다. 스마트폰의 응용프로그램으로 진단하게 되면서 병원이나 의사도 소멸이 예측된다. 3D프린터도 점차 무료가 되고, 에너지의 가격도 무한대로 존재하는 태양광을 사용하여 결국 무료화될 것이다. 기술 발전은 모든 것을 무료화시키고 대중화시킨다.

자, 그렇다면 이런 웬만한 것이 무료화되고 대중화되는 시대에 도대체 무슨 사업을 시작하고 기업을 만들라는 말인가? 자본도 없는 개개인들도 억만장자가 될 수 있다는 그의 주장은 어딘가 거짓말 같고, 과장으로 느껴질 수도 있다. 도대체 어떻게? 저자의 대답은 '볼드' 즉, 용기와 대담함이다. 어제까지의 생각, 어제까지의 방식으로는 억만장자는커녕 하루 아침에 해체되고 사라지고 말 것이다. 구글의 창립자 래리 페이지Larry Page가 "우리가 만들어낸 많은 것들이 처음에는 모두 미친 아이디어였다."라고 말한 것처럼 말도 안 되는 생각, 황당한 아이디어 속에 미래를 바꿀 실마리가 있다. 문제는 실행이다. 당신은 곧 사라져버릴 눈앞의 기회들에 연연하지 않고 대담하고 장기적인 사고로 미친 아이디어를 대담하게 실행에 옮길 수 있는 용기를 가졌는가?

이제 억만장자가 될 수 있는 가장 좋은 방법은 억만 명 즉, 인류의 문제, 지구촌의 대과제를 해결하는 것이다. 기후변화, 수명 연장, 글로벌 시민교육 등이 그것이다. 인류의 삶의 질을 더 개선하고 인류가 당면한 과제를 연구하는 것이 바로 돈과도 직결된다. 이를 위해 피터 디아만디스는 엑스프라이즈 재단을 만들어 지구인이 협업으로 우리가 처한 도전과 과제를 해결하도록 영감을 주는 리더가 되었다. 기술 개발과 발전이 일부 실리콘밸리의 기술자나 설립자의 부를 창조하기 위해서만 이루어지는 것이 아니라 인류의 삶의 질을 개선하고 인류가 당면한 과제를 연구하며, 인류 발전을 위해 사회의식 개선을 목표로 해야 한다고 그는 주장한다.

기술 지상주의라는 비판을 당하기도 하지만 그가 수많은 젊은 창업가들의 우상이라는 점은 의심할 여지가 없다. 새로운 시대를 향해 도전하려는 모든 이들이 책 속의 중요한 한마디를 마음속에 새기고 나아갔으면 좋겠다.

"1,000년 전에 국가에 영향을 미칠 수 있는 사람은 왕과 왕비뿐이었다. 100년 전에 세상을 바꿀 수 있는 사람들은 기업가들이었다. 오늘날 세상을 바꾸는 사람들은 개개인이며 우리 모두이다."

대담한 꿈을 꾸는 자만이
세상을 바꿀 수 있다

지배자를 바꾼 대규모의 폭발
· · · ·

6600만 년 전으로 거슬러 올라가 보자. 당시 지구 상에 존재하던 생물군은 오늘날과는 좀 달랐다. 덥고 습한 기후의 백악기가 저물어가던 그때, 오늘날 육지가 될 땅덩어리들은 대부분 아직 거대한 바다 밑에 몸을 숨기고 있었다. 그 시기에 가장 앞서 혁신을 이룩한 식물군은 지금 우리가 흔히 '꽃식물'이라고 부르는 '속씨식물'이었다. 지구 최초의 단풍나무, 오크나무, 너도밤나무가 서서히 모습을 드러내고 있었다. 한편 동물군 쪽을 살펴보면, 지구를 장악하고 있는 생물은 여전히 공룡이었다. 그다지 놀라운 사실은 아니다. 이들 슈퍼 파충류가 육지를 호령한 1억 년이라는 시간만큼 오래도록 지구를 장악한 동물은 그 이전에도, 이후에도 없기 때문이다. 공룡은 지구 지배의 끝을 보여준 파충류였다.[1]

하지만 공룡의 치세도 영원할 수는 없었다.

백악기는 대규모 폭발과 함께 막을 내렸다.[2] 지름이 약 10킬로미터쯤 되는, 그러니까 샌프란시스코보다 살짝 작은 소행성 하나가 멕시코 유카탄 반도에 충돌한 것이다. 이 충돌은 '말 그대로' 전 세계를 뒤흔들었고, 420제타줄이라는 어마어마한 양의 에너지를 쏟아냈다. 지금까지 인류가 터뜨린 가장 큰 핵폭탄보다도 200만 배나 더 큰 힘이었다. 움푹 팬 땅의 지름만 180킬로미터에 달했고, 그 결과는 '전 지구적 몰살'이었다.

메가급 쓰나미와 대규모 지진, 거대한 화염 폭풍이 전 세계를 덮쳤다. 화산에서는 죽음의 분출물이 폭포수처럼 쏟아져 온 지구를 집어삼켰다. 거대한 먼지구름 뒤로 자취를 감춘 태양은 이후 꼬박 10년간 모습을 드러내지 않았다. 지구 환경이 너무나 급격하고 극단적으로 바뀌는 바람에, 당시로서는 절대적으로 우월한 형태의 생물이었던 공룡도 미처 적응할 틈이 없었다. 공룡은 멸종했다.

그러나 이것이 인류에게는 아주 좋은 소식이었다. 큰 덩치에 느릿느릿 굼뜨고 유연하게 대처할 수 없었던 공룡에 반해, 작은 덩치의 털북숭이 포유류였던 초기 인류, 즉 우리 조상들은 훨씬 더 기민하고 적응력이 있었다. 조상들은 지구를 휩쓴 지독한 변화를 계기로 새로운 환경에 적응했고, 이후 거침없는 성공 가도를 달리게 된다. 진화적 관점에서 본다면 '눈 깜짝할 새'에 공룡은 사라졌고, 포유류가 세상의 왕이 됐다. 한 가지 사실만은 분명하다. 역사는 기묘하게도 되풀이된다.

이 거대한 충격과 급격한 변화 그리고 눈부신 부활의 이야기는 그 어느때보다 지금 우리에게 시사하는 바가 크다. 특히나 당신이 비즈니스 세계에 몸담고 있다면 말이다. 왜냐하면 지금 이 순간 우리가 사는 세상에는 또 다른 소행성이 덮쳐오고 있기 때문이다. 덩치 크고 굼뜬 종들은 멸종시키고, 빠르고 기민한 자들에게는 어마어마한 기회의 문을 열어줄 그 소행성의 이름은 바로 '기하급수 기술'exponential technology이다. 이 이름이 생소한 사람이라고 해도, 그 파급력만큼은 결코 낯설지 않을 것이다.

뒤에서 자세히 살펴볼 것이므로 여기서는 우선 기하급수 기술이 무엇인지만 간단히 알고 가자. 기하급수 기술이란 기하급수적 성장곡선을 따르는 모든 기술, 즉 주기적으로(반년마다 혹은 1년마다 등) 그 능력이 2배가되는 모든 기술을 가리킨다. 가장 흔히 알고 있는 것이 컴퓨터 기술이다. 지금 외몽골에서 전화를 받고 있는 여성의 손에 들린 스마트폰은 1970년대의 슈퍼컴퓨터보다 1,000배는 더 강력한 성능을 갖고 있지만 값은 100만 분의 1에 불과하다.[3] 현실 세계에서 볼 수 있는 '기하급수적 변화'란 바로 이런 것이다.

오늘날 이런 변화는 주변 어디서나 볼 수 있다. 기하급수적 진보가 나타나고 있는 영역은 수십 곳이 넘는다. 네트워크, 센서, 로봇공학, 인공지능, 합성생물학synthetic biology, 유전체학genomics, 나노 기술 등은 겨우 몇가지 예에 불과하다.[4] 이들 기술이 지닌 경이로운 힘은 백악기 말의 지름 10킬로미터짜리 소행성과 마찬가지로 지구에 사는 생물들을 바꿔놓고 있다. 그러나 이들 기술이 가진 힘은 또 다른 공룡들에게는 위협이다. 수십 년간 혁신을 거부해왔고, 앞으로도 사업이 문을 닫을 때까지 똑같은 방식만을 고집할 저 거대 기업들에게는 말이다.

그와는 대조적으로 서서히 모습을 드러내고 있는 작은 덩치의 새로운 털북숭이 포유류도 있다. 바로 급격히 발전하는 기술을 이용해 제품과 서비스, 업계를 바꿔놓고 있는 오늘날의 기업가들이다. 기민하고 적응력이 뛰어난 이 혁신가들은 기하급수 기술의 활용법을 하나씩 터득해나가면서 '기하급수 기업가'로 거듭나고 있다. 이들 기하급수 기업가들은 지금 새로운 풍요(풍요라는 뜻의 영어 단어 'abundance'는 저자의 전작 제목이기도 하다. 국내에서는 영어 발음 그대로 《어번던스》로 출판되었다.—옮긴이)의 세상으로 가는 길을 닦고 있다.

《어번던스》의 뒤를 이어
· · · ·

2012년에 나는 스티븐 코틀러와 함께 《어번던스》라는 책을 펴냈다. 엑스프라이즈 재단과 싱귤래리티 대학에서 일하며 느낀 점이 있었기 때문이다. 두 조직의 조타실을 책임지는 동안 나는 세상이 전 세계 어디서나 기초 생활필수품을 더욱더 싼값에 구할 수 있는 곳으로 변해가는 것을 목격했다. 《어번던스》를 쓰면서 스티븐 코틀러는 풍부한 전문 지식을 동원해 인간의 궁극적 능력과 기하급수 기술이 만났을 때 어떤 일이 벌어질지에 관한 청사진을 그려냈다. 우리 두 사람 모두 세상이 급격히 변화하고 있다고 믿었고, 또 역사상 처음으로 인류가 전 세계인의 생활수준을 획기적이고도 영구적으로 끌어올릴 수 있는 잠재적 능력을 갖추게 됐다고 믿었다.

《어번던스》에서 우리는 새롭게 출현하는 강력한 견인차 4가지를 다루었다. 기하급수 기술과 DIY 혁신가, 테크노 자선가technophilanthropist, 떠오르는 10억 인구가 바로 그것들이다. 우리는 향후 20~30년간 이 4가지 견인차를 잘 활용한다면 전 세계적으로 가장 골치 아픈 문제의 상당수가 해결될 것이라고 예상했다. 인류가 머지않아 지구상 모든 남녀노소의 기본적 필요를 충족시키고도 남을 만한 힘을 갖게 될 것이라고 말이다.

2012년 2월, 《어번던스》가 출간되었다. 사람들이 이 책을 어떻게 받아들일지 짐작이 가지 않았다. 그러던 차에 나는 운 좋게도 테드 콘퍼런스TED conference(미국의 비영리 재단인 새플링 재단Sapling Foundation이 운영하는 전 세계적 규모의 강연회—옮긴이)에서 《어번던스》에 관한 이야기로 강연을 시작했고, 기립박수를 받았다. 《어번던스》는 금세 판매 순위가 급등했고, 거의 석 달간 《뉴욕 타임스》 베스트셀러' 목록에서 내려오지 않았다. 또 여러 전문지에서 '2012년 최고의 책'으로 선정되었고,[5] 지금까지 20개가 넘는 언어로 번역되었다. 우리는 이 모든 것이 그저 믿기지 않을 만큼 감사할 뿐이다.

또 하나 뿌듯한 사실은 우리가 《어번던스》에서 이야기한 내용을 구체적으로 확인해주는 자료들이 계속 쌓여가고 있다는 점이다. 그 덕분에 우리는 2014년 《어번던스》의 페이퍼백을 내면서 당당히 참조 자료 부분을 추가하여 60개 이상의 표를 실을 수 있었다. 폭력이 감소하고, 교육 및 건강이 개선되고, 경제적 부가 늘어났다는 등의 사실을 보여주는 자료였다. 이 자료들이 시사하는 내용을 모두 종합해보면 누구나 깜짝 놀랄 것이다.

그렇지만 한편으로 우리는 희망찬 미래의 그림을 그리는 것만으로는 충분하지 않다는 느낌도 받았다. 우리는 풍요로운 세상을 창조하는 것이 정말로 가능하다고 믿지만, 그렇다고 해서 그런 미래가 어딘가에 이미 보장되어 있는 것은 결코 아니다. 그래서 우리는 이 책을 써야 했다.

전 세계적 문제는 곧 전 세계적 사업 기회

• • • •

수천 년 전에는 대대적인 문제를 해결할 수 있는 사람이 오직 왕이나 파라오 혹은 황제뿐이었다. 수백 년 전에는 그런 힘이 기업가들에게까지 확대되었고, 그래서 산업화 시대에 수송 체계를 구축하고 금융 기관을 설립한 것은 기업가들이었다. 하지만 오늘날에는 이런 문제를 해결할 수 있는 능력이 철저히 대중화되어 있다. 역사상 처음으로 이제는 개인도 열정과 헌신만 있다면 필요한 기술이나 사람, 자본에 접근해 어떤 문제에든 도전할 수 있게 되었다. 더욱이 이제는 그럴 만한 훌륭한 동기까지 생겼다. 곧 살펴보겠지만 이제는 전 세계적 골칫거리가 곧 전 세계적 사업 기회이기 때문이다. 기하급수 기업가들에게는 중대한 난관을 찾아내는 일이 곧 부富에 이르는 길이다. 싱귤래리티 대학에서 내가 강의하고 있는 것처럼(나중에 자세히 살펴볼 것이다), 억만장자가 되는 최선의 방법은 억만 명의 문제를 해결하는 것이다.

이 책에서 스티븐과 나는 바로 그렇게 할 수 있는 아주 실질적인 각본을 제시하려고 한다. 우리는 오늘을 사는 기업가와 사회운동가, 리더들이 세상에 좋은 충격을 주면서도 동시에 자신의 큰 꿈을 실현할 수 있는 '툴'을 제공하려고 한다. 그런 맥락에서 이 책은 크게 세 부분으로 나뉜다. 먼저 제1부에서는 기하급수 기술을 중점적으로 다룬다. 이 기하급수 기술 때문에 오늘날 《포춘》선정 500대 기업'들은 혼란에 빠져 있는 반면, 신생 벤처기업가들은 그 어느 때보다 빨리 '새로운 아이디어'를 '수십억 달러짜리 회사'로 탈바꿈시킬 수 있게 되었다.

다음으로 제2부에서는 '대담하다는 것'(이 책의 제목인 볼드Bold를 의미한다.— 옮긴이)의 심리적 측면을 집중 조명한다. '대담함'은 세계적인 혁신가들이 '큰 생각'으로 게임의 판을 키울 수 있게 해주는 일종의 '정신적 툴'이다. 래리 페이지나 일론 머스크, 리처드 브랜슨Richard Branson, 제프 베조스Jeff Bezos와 같은 기술계의 구루guru들이 들려주는 조언과 가르침을 자세히 살펴볼 것이다. 공동 저자인 스티븐 코틀러는 15년간의 플로 게놈 프로젝트Flow Genome Project 연구를 통해서 알게 된, 인간이 최고의 능력을 발휘하게 해주는 핵심 열쇠들을 털어놓을 것이고, 나는 17개의 회사를 세우며 알게 된 기업 경영의 노하우를 공개할 것이다.

마지막으로 제3부에서는 유례없이 고도로 서로 연결된 대중(크라우드)들을 활용할 수 있게 해주는 믿기지 않는 힘의 근원과 꼭 알아야 할 성공 사례들을 살펴볼 것이다. 크라우드소싱을 활용해 비즈니스 속도를 획기적으로 증가시키고, 상금을 건 경연대회를 통해 문제 해결의 돌파구를 찾고, 100만 달러짜리 크라우드펀딩 캠페인을 벌여 수백억 달러의 자본을 확보할 방법을 알아볼 것이다. 또한 오늘날 기업가들이 대담한 꿈을 현실로 만드는 데 도움을 줄 수 있고 또 기꺼이 도우려고 하는, 기하급수적으로 힘이 커지고 있는 개인들의 군단, 즉 '기하급수 커뮤니티'를 형성하는 방법도 알아볼 것이다.

거대한 족적을 남기고 싶은 이들에게

• • • •

이 책은 오늘날 기하급수 기업가들 및 크게 생각하고, 부를 창출하고, 세상에 영향을 미치고 싶은 모든 이들을 위한 선언서이자 매뉴얼로 쓴 것이다. 기술 발전을 가속하고, 크게 생각하고, 크라우드의 힘을 활용하고 싶은 사람들이 언제든 찾아볼 수 있도록 말이다. 실리콘밸리에 살고 있든 상하이에 살고 있든, 대학에 있든 다국적 기업에 있든, 기업가이거나 기업가 정신을 가진 사람이라면 누구나 이 책을 읽을 수 있다. 이 책은 여러분의 능력과 포부를 차원이 다른 수준으로 끌어올려 줄 것이다. 문샷 사고moonshot thinking(달에 우주선을 보내는 정도의 혁신적이고 원대한 생각—옮간이)를 하고, 전 세계에 영향력을 미치는 방법을 배우게 될 것이다.

한편 여러분이 덩치 크고 굼뜬 회사의 관리자나 경영자 혹은 사장이라면 여러분의 경쟁자는 더 이상 바다 건너에 있는 다국적 기업이 아니다. 여러분의 경쟁자는 폭발적으로 증가하고 있는, 지금 이 순간도 어느 창고에서 씨름하고 있는 기하급수 기업가들이다. 이 책은 바로 그런 새로운 경쟁자들이 어디에서 나타나고 있는지, 그 새로운 경쟁자들은 어떻게 생각하고 움직이는지 알려줄 것이다. 기하급수 기회, 다시 말해 기하급수 기술을 개발하거나 그 효과를 극대화시킬 전략은 개인 사업가에게든 대형 회사에게든 똑같이 주어지기 때문이다.

여러분이 한 조직의 리더로서 이 주제를 더 깊이 파고들고 싶다면 싱귤래리티 대학의 첫 출판 도서인 《기하급수 기업》Exponential Organizations 을 읽어보라고 권하고 싶다. 저자인 설림 이즈메일Salim Ismail 은 싱귤래리티 대학의 첫 상임이사를 지냈고 현재는 동 대학에서 국제 홍보대사를 맡고 있다. 《기하급수 기업》은 멸종을 피해 기하급수 혁신에 동참하고 싶은 기업들의 리더를 위한 책이다.

마지막으로 강조할 점은 이 책이 각본이라는 점이다. 우리는 이 책을 읽은 여러분이 소파를 박차고 일어나 세상을 바꾸러 나가기를 간절히 바란다. 기하급수적으로 성장하는 통신 기술이 만들어낸 어마어마한 기회들 때문에, 오늘날 가장 뛰어나고 총명한 이들은 앱 관련 분야에 유혹을 느끼는 경우가 많다. 이런 분위기 때문에 기업가들도, 벤처 캐피털리스트들도 3년 안에 수익을 내고 빠져나오는 전략(일명 '치고 빠지기')을 마치 표준인 것처럼 믿고 있다. 물론 앱을 만드는 데 정말로 열정이 있다면 앱을 만들면 된다. 하지만 아니면서 그런 척은 하지 말자. 스티브 잡스가 모든 기업가의 목표는 "우주에 흔적을 남기는 것"이어야 한다고 말했을 때, 이것이 과연 제2의 '앵그리버드'를 만들라는 소리였겠는가? 이 책은 '거대한 족적'을 남기고 싶은 사람들을 위한 것이다. 기하급수 기술을 통해 누구나 그런 거대한 족적을 남길 수 있다고 말하는 책이다. 정말이지, 당신은 대체 무엇을 기다리고 있는가?

—캘리포니아 주 샌타모니카에서, 피터 디아만디스

—뉴멕시코 주 치마요에서, 스티븐 코틀러

차례

· 제1부 ·
대담한 기술이 온다

| 제1장 | 어제의 세계는 잊어라, 기하급수 시대를 준비하라

· 제2부 ·
대담하게 생각하라

·제3부·
어떻게 대담하게 실현시킬 것인가

제1부

대담한
기술이 온다

BOLD

제1장

어제의 세계는 잊어라,
기하급수 시대를 준비하라

공룡 기업의 탄생

· · · ·

　1878년의 일이다. 스물네 살의 청년 조지 이스트먼George Eastman 은 로
체스터 저축은행의 말단 사원이었다. 오랫동안 기다리던 휴가를 얻은 이
스트먼은 도미니카 공화국의 수도 산토도밍고로 떠나기로 했다. 이스트
먼은 여행의 추억을 오래오래 간직하고 싶었다. 그래서 동료가 알려주는
대로 사진 촬영 장비를 몽땅 구입했다. 그런데 전부 구입하고 보니 그 장
비라는 것이 한두 가지가 아니었다. 큰 개 한 마리만 한 카메라에, 거대한
삼각대, 물 한 주전자, 육중한 건판 상자, 건판들, 유리 탱크, 각종 화학약

품, 여기에 대형 텐트까지 필요했다. 노출 전에는 건판에 감광제를 바르고, 노출 후 사진을 현상하려면 어두운 곳이 필요했기 때문에 텐트는 필수였다. 이스트먼은 끝내 이 휴가를 떠나지 못했다. [1]

대신 이스트먼은 화학에 푹 빠져들었다. 당시만 해도 사진은 '습식'湿式이었다. 하지만 이스트먼은 여기저기를 돌아다니며 사진을 찍을 수 있는 방법을 찾고 싶었다. 그러다가 어느 글을 읽고 건조 후에도 감광성을 유지하는 젤라틴 유제가 있다는 사실을 알게 되었다. 이스트먼은 밤마다 어머니의 부엌에서 이리저리 조건을 바꿔가며 실험을 시작했다. 뚝딱뚝딱 무언가를 만들어내는 데 천부적인 소질이 있던 이스트먼은 채 2년도 안 되어 건판 제조법과 건판 제조 기계를 발명했다. '이스트먼 건판회사' Eastman Dry Plate Company가 탄생한 것이다.

이스트먼의 발명가 기질은 여기서 멈추지 않았다. 1884년에는 롤필름을 발명했고, 4년 후에는 이 롤필름을 십분 활용할 수 있는 카메라를 고안했다. 1888년에 상용화된 이 카메라는 나중에 "버튼만 누르세요."라는 광고 문구로 시장을 공략하게 된다.[2] 이스트먼 건판회사는 이제 '이스트먼 사' Eastman Company가 되었지만, 어쩐지 쉽게 기억에 남는 이름은 아니었다. 이스트먼은 좀 더 입에 착 달라붙으면서도 쉽게 기억될 만한 이름을 원했다. 마침 그가 좋아하는 알파벳이 'K'였다. 이렇게 해서 1892년 '이스트먼 코닥' Eastman Kodak Company이 탄생한다.

그 옛날 누군가가 조지 이스트먼에게 코닥의 사업 모델이 무엇이냐고 물었다면, 그는 아마 화학약품 자재상과 포목상(건판을 포목으로 볼 수 있다면)의 중간쯤 된다고 답했을 것이다. 그러나 상황은 급변했다. "점점 이런 생각이 들더군요. 우리는 '단순히 건판만 만들고 있는 게 아니라, 사진을 일상의 한 부분으로 만들고 있다'고요."[3] 이스트먼의 말이다. 그는 나중에 표현을 살짝 바꾸어 "사진을 연필처럼 간편하게" 만들고 싶었다고도 했다.

이후 100년 동안 이스트먼 코닥이 한 일이 바로 그것이었다.

추억 비즈니스
· · · ·

스티븐 새슨Steven Sasson은 주걱턱에 키가 큰 남자다. 1973년, 새슨은 렌셀러 폴리테크닉 대학교Rensselaer Polytechnic Institute를 막 졸업한 사회 초년생이었다. 전기공학을 전공한 새슨은 코닥의 장치사업부 연구소에 입사하게 되었는데, 몇 달 지나지 않아 상관인 개러스 로이드Gareth Lloyd로부터 '작은' 부탁 하나를 받았다. 얼마 전에 페어차일드 반도체에서 전하를 트랜지스터로 쉽게 이동시킬 수 있는 CCDcharge-coupled device(전하 결합소자)라는 것을 처음으로 발명했으니, 그 장치를 코닥의 이미지 처리에 이용할 수 있을지 알아봐 달라는 것이었다.[4] 결과는 과연 어땠을까?

뛰어난 기술자 몇 명과 소규모 팀을 결성해 연구를 시작한 새슨은 마침내 1975년 CCD를 이용한 세계 최초의 디지털카메라와 디지털 기록 장치를 만들어낸다. 언젠가 《패스트 컴퍼니》Fast Company가 묘사한 것처럼[5] "폴라로이드와 어린이 철자연습기를 겹쳐놓은 듯이" 생긴 이 카메라는 토스터만 한 크기에 무게 3.9킬로그램, 0.01메가픽셀megapixel(1메가픽셀은 100만 화소로, 0.01메가픽셀은 1만 화소이다.―편집자주)의 해상도로 흑백 디지털 사진을 30장까지 찍을 수 있었다(코닥의 롤필름이 한 번에 24장 또는 36

세계 최초의 디지털 카메라와 함께한 스티브 새슨, 2009년
(출처_하비 웡, 《암실에서 대낮까지》From Darkroom to Daylight)

장을 찍는다는 점에 착안해 엇비슷하게 맞춘 것이었다). 또한 이 디지털카메라는
당시로서는 유일한 '영구 저장 매체'였던 카세트테이프에 사진을 저장했
다. 그럼에도 이 제품은 믿기 힘들 만큼 놀라운 업적이었고, 새슨은 이것
을 통해 어마어마하게 많은 것을 배우게 됐다.

나중에 새슨은 이렇게 말했다. "그런 장치를 시연하게 되면 말이죠. 그
러니까 1976년에 코닥 같은 회사에서, 필름 없이 사진을 찍고 종이에 인
쇄하지 않고 전자 화면에서 볼 수 있는 그런 장치를 시연한다면, 당연히
수많은 질문에 대비를 하지요. 저는 사람들이 기술에 관해 물어볼 줄 알
았어요. '어떻게 한 겁니까?', '어떻게 작동하는 거예요?'라고요. 하지만
그런 질문은 하나도 없었어요. 사람들은 '언제쯤 제대로 출시되느냐', '언
제쯤 상용화될 것 같으냐', '사진을 전자 화면에서 볼 이유가 있느냐' 같

은 것만 물어보았습니다."[6]

이 회의가 열린 날부터 20년이 지난 1996년, 코닥은 14만 명의 직원을 거느린 시가총액 280억 달러의 기업이 되어 있었다. 코닥은 사실상 분야 하나를 독점했다. 미국에서 코닥은 필름 시장의 90퍼센트, 카메라 시장의 85퍼센트를 장악하고 있었다.[7] 그리고 그러는 사이 코닥은 자신들의 사업 모델을 잊고 말았다. 코닥의 시작은 분명 화학약품 및 종이 사업이었지만, 코닥이 시장 지배자가 된 것은 '편의 사업'에 종사하면서부터였다.

편의 사업이라는 말로도 부족하다. 코닥이 정확히 뭘 더 편리하게 만들었냐는 질문이 남기 때문이다. 단순히 사진이었을까? 절대로 그렇지 않다. 사진은 '표현 수단'에 불과했다. '표현되는 것'은 뭘까? 그것은 바로 우리가 '코닥 모멘트'Kodak Moment라고 부르는, 삶의 중요한 순간들이다. 찰나를 포착하고, 순간을 남기고, 삶을 기록하고 싶은 우리의 욕망이다. 다시 말해 코닥은 '추억을 기록'하는 사업을 했다. 그렇게 추억을 기록하는 데 디지털카메라보다 더 편리한 것이 또 있을까?

그러나 20세기 말의 코닥은 이런 식으로 생각하지 않았다. 코닥은 디지털카메라가 자신들의 화학 사업과 인화지 사업을 좀먹고, 궁극적으로는 자기 경쟁을 강요한다고 생각했다. 그래서 코닥은 디지털카메라 기술을 그대로 사장시켜버렸다. 경영진은 0.01메가픽셀의 저해상도 카메라가 기하급수적으로 성장하다가 결국에는 고해상도 이미지를 제공하게 될 것이라는 점을 이해하지 못했다. 그래서 이 신기술을 무시했던 코닥은 시장을 장악할 절호의 기회를 놓치게 됐고, 오히려 시장에서 수세에 몰리는 처지가 되고 말았다.

앞을 내다보라

. . . .

다시 1976년으로 돌아가 보자. 스티븐 새슨이 코닥에서 디지털카메라를 시연하자 사람들은 즉시 언제쯤이면 제대로 된 제품이 출시되겠느냐고 물었다. 겁에 질린 경영진들은 언제쯤이면 시장에서 새슨의 발명품이 심각한 위협이 될지 알고 싶어 했다. 새슨은 15년에서 20년이라고 대답했다.[8]

15년에서 20년이라는 수치는 새슨이 몇 가지 요소를 어림짐작해 단순하게 도출한 숫자였다. 먼저 새슨은 평균적인 소비자를 만족시키려면 해상도가 적어도 200만 화소는 되어야 할 것이라고 추정했다. 그리고 200만 화소가 상업적으로 가능해지는 시기는 '무어의 법칙'Moore's law(18개월마다 반도체의 집적도가 2배씩 증가한다는 법칙—옮긴이)을 사용해 계산했는데, 이것이 바로 모든 문제의 발단이었다.

1965년 인텔의 설립자 고든 무어Gordon Moore는 그동안 IC(집적회로)에 들어가는 트랜지스터의 수가 12개월에서 24개월마다 2배로 늘어났다는 사실을 눈치챘다. 그는 이런 추세가 거의 10년을 이어져왔으니, 앞으로도 이 추세가 10년은 더 유지되리라고 예상했다.[9] 하지만 그의 예상은 다소 빗나갔다. 무어의 법칙은 거의 60년째 유지되고 있기 때문이다. 반도체는 성능과 가격 양면에서 부단한 발전을 거듭했고, 그 결과 여러분의 주머니 속에 있는 스마트폰이 1970년대의 슈퍼컴퓨터보다 1,000배는 더 빠르면서도 100만 배는 더 저렴하다. 반도체 분야의 발전은 기하급수적 성장의 전형 그 자체다.

숫자를 하나씩 더해가는 '산술급수적 성장'과 달리, 1이 2가 되고, 2는

4가 되고, 4는 다시 8이 되는 '기하급수적 성장'은 한 번에 2배씩 성장을 거듭한다. 그리고 바로 이 점이 문제다. 무언가가 곱절씩 커지게 되면 그 결과는 우리의 예상을 벗어나기 일쑤이기 때문이다. 예컨대 내가 샌타모니카에 있는 우리 집 거실에서 산술급수적으로, 성큼성큼 큰 걸음(한 걸음이 대략 1미터라고 했을 때)으로 30번을 움직이면, 나는 결국 30미터 떨어진 곳, 즉 길 건너편에 도달해 있을 것이다. 하지만 내가 똑같은 곳을 출발해 '기하급수적으로' 30번을 움직이면 어떻게 될까? 나는 10억 미터 떨어진 곳, 다시 말해 지구를 26바퀴 돌고 난 지점에 서 있게 된다. 코닥이 범한 오류가 바로 이것이었다.

코닥은 기하급수의 힘을 과소평가했다.

6D: 기술의 진보 과정에서 일어나는 일들
· · · ·

기하급수의 힘을 과소평가하는 것은 누구나 저지르기 쉬운 실수다. 인류가 그동안 '지역 중심적'이고 '산술급수적'인 세상에서 진화해왔기 때문이다. 지역 중심적이라는 말은, 보통 걸어서 하루 범위 내에서 생활의 모든 것이 해결됐다는 뜻이다. 우리 조상들은 지구 반대편에서 무슨 일이 일어나는지 전혀 알지 못했다. 산술급수적이라는 말은, 수백 년 혹은 천년이 지나도 아무것도 바뀌지 않았다는 뜻이다. 하지만 오늘날의 우리는 조상들과는 정반대로 '글로벌'하고 '기하급수적'인 세상에 살고 있다. 그리고 문제는 우리의 두뇌나 지각 능력이 이런 규모와 속도에 맞게 만들어져 있지 않다는 점이다. 산술급수적인 우리의 마음은 기하급수적 진

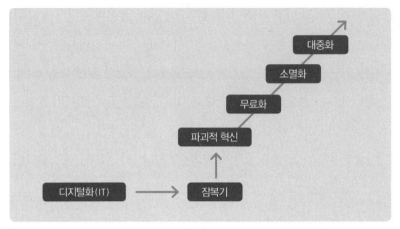

(출처_피터 디아만디스, www.abundancehub.com)

보를 도무지 이해할 수가 없다.

그러나 우리가 코닥의 실수를 되풀이하지 않으려면, 그들의 실수에서 무언가를 배우려면, 이런 변화가 앞으로 어떻게 전개될지 잘 알고 있어야 한다. 그리고 그러려면 기하급수 특유의 특징들을 제대로 이해해야 한다. 이 부분의 설명을 돕기 위해 나는 '기하급수의 6D'라는 도식을 만들었다. 6D는 각각 디지털화Digitalization, 잠복기Deception, 파괴적 혁신Disruption, 무료화Demonetization, 소멸화Dematerialization, 대중화Democratization를 말한다. 6D는 기술 진보의 과정에서 연쇄적으로 일어나는 반응이며, 거대한 격변과 기회로 이어지는 급격한 발달 과정을 로드맵처럼 보여준다.

디지털화

'디지털화'는 진보가 축적될 수 있는 것은 문화 덕분이라는 사실에서부터 출발한다. 혁신이 일어나려면 아이디어를 공유하고 교류해야 한다. 남의 생각 위에 내 생각을 덧대고, 내 생각 위에 다른 사람의 생각이 더해져야 한다는 말이다. 인류 초기(전파 방법이라고 해봐야 모닥불 주변에 모여 앉아 두런두런 이야기를 나누는 것이 전부였던 시절)에는 아이디어의 교류가 천천히 일어났다. 교류 속도는 인쇄술의 발명과 함께 어느 정도 가속화되었다가 컴퓨터의 등장으로 폭발적으로 빨라졌다. 컴퓨터는 아이디어를 디지털로 구현하고, 저장하고, 교환할 수 있게 해주었다. 디지털화할 수 있는 것이라면 무엇이든지, 다시 말해 0과 1로 나타낼 수 있는 것이라면 무엇이든지 빛의 속도(혹은 최소한 인터넷의 속도)로 전파하고, 무료로 복제하고 공유할 수 있는 환경이 마련된 것이다. 게다가 이런 전파 과정은 항상 일정한 패턴, 다시 말해 기하급수적 성장곡선을 따라 일어났다. 코닥의 경우 '물리적 과정'이었던 '추억' 비즈니스가 일단 '디지털 과정'으로 바뀌고 나자, 이후의 성장률은 누구라도 예측할 수 있게 되었다. 기하급수 곡선에 올라탔기 때문이다.

물론 이것은 코닥에만 해당되는 이야기는 아니다. 생물학, 의학, 제조업 등 무엇이 되었든 디지털화할 수 있는 것이라면 무어의 법칙이 이야기하는 컴퓨터 능력 상승 법칙을 따른다.[10] 그렇기 때문에 6D의 첫 번째 과정은 '디지털화'다. 물리적 형태였던 제품 또는 프로세스가 디지털 형태로 바뀌기만 해도 기하급수적인 성장 잠재력을 갖게 되기 때문이다.

잠복기

디지털화 다음에 오는 것은 잠복기(본래 deception은 '기만' 혹은 '눈가림'이라는 뜻이지만 여기서는 사람들의 눈을 속이면서 꾸준히 성장이 진행되는 기간을 가리킨다.—옮긴이)이다. 잠복기에는 대부분의 사람들이 기하급수적 성장을 눈치채지 못한다. 작은 수를 2배 해봤자 여전히 매우 작은 수이기 때문에, 그저 "느릿느릿 산술급수적으로 성장하나 보다." 하고 오인하는 경우가 많은 탓이다. 코닥의 디지털카메라의 경우, 최초 해상도인 0.01메가픽셀을 2배 해봤자 고작 0.02메가픽셀, 다시 2배 해도 0.04, 0.08메가픽셀에 불과하다. 무심코 보는 사람에게는 어차피 전부 다 0에 가까운 수로 보일 뿐인 것이다. 하지만 이때 벌써 대격변의 시기는 코앞까지 와 있다. 이들 숫자가 소수점 단위를 넘어서는 순간(1, 2, 4, 8이 되는 순간), 20번만 곱절이 되면 100만 배, 30번만 곱절이 되면 10억 배의 발전을 이루게 된다. 처음에는 보이지 않던 기하급수적인 성장이 파괴적 혁신을 일으키는 모습이 눈에 띄기 시작하는 것은 바로 이때쯤이다.

파괴적 혁신

파괴적 혁신 기술이란 쉽게 말해 '새로운 시장을 창조하고 기존 시장을 파괴'하는 모든 혁신을 말한다. 안타깝게도 파괴적 혁신은 언제나 잠복기가 지난 후에야 시작되기 때문에, 새로운 원천 기술은 위협적으로 보이기보다는 웃어넘길 만큼 하찮게 보일 때가 많다. 최초의 디지털카메라도 그랬다. 코닥은 간편함과 이미지의 충실한 재현을 자부심으로 삼는 회사였고, 새슨이 처음 보여준 디지털카메라는 그 어느 쪽에도 해당되지 않았다. 0.01메가픽셀의 흑백사진 한 장을 촬영하고 저장하는 데 무려 23초가 걸렸으니 무엇이 얼마나 위협적으로 보였겠는가.

코닥의 고위 경영진들이 보기에 새슨의 혁신적 기술은 이후로도 오랫동안 '제품'이라기보다는 '장난감'으로 남을 것 같았다. 화학약품 및 종이 사업의 분기 수익에 집착하고 있던 경영진은 머지않아 파괴적 혁신이 기하급수적인 속도로 일어난다는 사실을 이해하지 못했다. 코닥이 조금만 앞날을 내다보았다면, 경영진들은 자기 경쟁을 피해보려는 그 의사 결정이 결국에는 회사 문을 닫게 만들 것임을 알았을 것이다.

그리고 실제로 코닥은 회사 문을 닫게 된다. 코닥이 자신들의 실수를 깨달았을 때는 이미 업계의 디지털화 추세를 도저히 따라잡을 수 없었다. 1990년대부터 고전하기 시작한 코닥은 2007년이 되자 더 이상 이익을 낼 수 없었고, 2012년 1월에는 결국 법정 관리를 신청한다.[11] 본래 자신들이 하려던 사업이 무엇이었는지 잊어버리고 앞날을 내다보지 못했던 100년 기업은 결국 좌초했고, 기하급수적 성장의 파괴적 본성을 경고하는 또 하나의 반면교사 사례로 남게 됐다.

우리는 기하급수의 시대를 살고 있다. 이런 식의 파괴적 혁신은 앞으로도 계속될 것이다. 그렇다면 신생 회사든 오래된 회사든 비즈니스에 종사하는 사람들에게 남은 선택은 별로 없다. 스스로 파괴적 혁신자가 되거나, 다른 회사에 파괴당하거나 둘 중 하나이다.

후반부 3D

· · · ·

디지털화와 잠복기, 파괴적 혁신은 세상을 급격히 바꿔놓았다. 하지만 우리가 살펴보고 있는 연쇄 반응은 그 영향이 계속 누적되면서 진행된다. 그렇기 때문에 다음에 이야기할 3D, 즉 무료화, 소멸화, 대중화는 앞서 이야기한 3D보다 훨씬 더 강력한 영향을 미친다.

무료화

무료화(흔히 '비화폐화'라고도 옮기지만, 경제 트렌드에서 'demonetization'이란 '더 이상 그 제품이나 서비스로 돈 되는 사업을monetize 할 수 없음'을 뜻한다.─옮긴이)란, 곧 등식에서 돈이 사라져버린다는 뜻이다. 코닥의 경우, 사람들이 더 이상 필름을 사지 않게 되면서 그들이 전통적으로 해오던 사업이 '증발'해 버렸다. 수백만 화소짜리 디지털카메라가 있는데 누가 필름을 사겠는가? 한때는 난공불락처럼 보였던 코닥의 매출원은 이제 디지털카메라만 있으면 '공짜'인 것이 되어버렸다.

어찌 보면 이런 변화는《와이어드》Wired의 편집장을 지낸 크리스 앤더슨Chris Anderson이《프리》에서 이야기하려고 했던 것의 후속판이라 할 수 있다. 2009년에 출간된《프리》에서 앤더슨은 요즘 경제에서 돈을 가장 쉽게 버는 방법 중 하나는 물건을 무료로 나눠주는 것이라고 했다.[12] 그의 설명을 들어보자.

나는 지금 이 글을 250달러짜리 '넷북'으로 쓰고 있다. 넷북은 요즘 급성장하고 있는 새로운 종류의 노트북컴퓨터다. 우연찮게도 이 넷북의 운영체제 역시 공짜로 이용할 수 있는 리눅스다. 그래도 나에게는 문제가 되지 않는다. 내가 이 컴퓨터로 사용하는 프로그램이라 봐야 공짜로 이용하는 파이어폭스Firefox(누구나 무료로 이용할 수 있는 오픈소스 웹브라우저의 하나─옮긴이) 정도가 전부이기 때문이다. 지금 사용하고 있는 것은 MS워드가 아니라 공짜인 구글 닥스Google Docs다. 구글 닥스를 이용하면 어디서든 작성하다 만 문서를 다시 꺼내 볼 수도 있고, 백업 걱정도 없다. 구글이 알아서 백업을 해주기 때문이다. 이메일부터 트위터에 이르기까지 내가 이 컴퓨터로 하는 작업들은 모두 다 공짜다. 심지어 지금은 커피숍에 앉아 있으니 무선인터넷까지 공짜다.

그런데도 구글은 미국에서 가장 수익성이 높은 회사이고, 리눅스 생태계는 300억 달러 규모의 산업이며, 이 커피숍은 3달러짜리 카페라테를 만드는 족족 팔아치우고 있다.

앤더슨은 현재 수십억 달러어치의 제품과 서비스들이 비용 한 푼 받지 않고 주인을 갈아타고 있다고 지적한다. 구글이 브라우저를 무료로 나눠주고 거기서 얻은 정보를 바탕으로 떼돈을 벌어들이듯이, 이제는 '미끼 상품'을 아예 무료로 나눠주는가 하면, 위키피디아나 리눅스처럼 '실제로도' 무료인 오픈소스들도 있다. 어느 쪽이 되었든 이것들은 분명 지하경제임에도 불구하고, 벌건 대낮에 벌어지고 있는 일이다. 앤더슨이《프리》를 썼던 당시에는 아주 모호한 몇몇 논문을 제외하면 경제학자들조차 시장에서 일어나는 공짜 개념에 대해 연구해본 적이 없었다. 말하자면 '지도 위의 빈칸'이었다. 경제 추세 연구를 밥벌이로 하는 사람들조차 이 새로운 개념을 까맣게 몰랐다. 그래서 막상 '무료화'가 들이닥쳤을 때 사람들은 자신이 무엇에 당했는지조차 몰랐다.

경제학자나 코닥의 경영진들만 그랬던 것이 아니다. 스카이프Skype(인터넷 전화 업체)는 장거리 전화를 무료화했고, 크레이그스리스트Craigslist(온라인 벼룩시장)는 구인·구직 등 소小 광고를 무료화했으며, 냅스터Napster(무료 음악 공유 서비스)는 음악 산업을 무료화했다. 목록을 열거하자면 끝도 없다. 더욱이 무료화는 잠복한 상태로 진행되기 때문에 기존 업계에서 이런 급격한 변화에 대비되어 있던 사람은 아무도 없었다.

소멸화

무료화가 제품과 서비스에 지불하던 '돈'이 사라지는 현상을 가리키는 반면, 소멸화(흔히 '비물질화, 탈물질화' 등으로도 옮기지만, 경제 트렌드에서 'demate-rialization'이란 '기능은 남아 있으나 물리적 실체가 점점 줄어들거나 사라짐'을 뜻한다. — 옮긴이)는 '제품과 서비스' 그 자체가 사라지는 것이다. 코닥의 경우 필름이 사라진 것은 문제의 시작에 불과했다. 디지털카메라가 생긴 데 이어 스마트폰이 발명됐고, 얼마 지나지 않아 스마트폰에는 수백만 화소의 고화질 카메라가 장착되는 것이 기본 사양이 되었다. 순식간에 벌어진 일이었지만, 그것으로 끝이 아니었다. 스마트폰이 히트를 치자 디지털카메라 자체가 소멸화된 것이다. 디지털카메라는 이제 대부분의 스마트폰에 무료로 들어 있을 뿐만 아니라 소비자들도 그것을 당연시하게

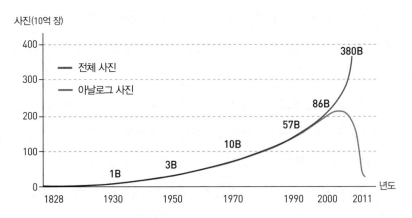

| 우리는 매년 사진을 몇 장이나 찍을까? |

아날로그 사진은 쇠퇴하고 디지털 사진이 폭발적으로 성장했다.
(출처_http://digital-photography-school.com/history-photography)

되었다. 1976년에 코닥은 카메라 업계의 85퍼센트를 장악하고 있었지만, 첫 번째 아이폰(고화질 디지털카메라가 내장된 최초의 스마트폰)이 출시된 지 1년 후인 2008년이 되자, 더 이상 카메라 시장 자체가 존재하지 않았다.

그런데 더욱 믿기지 않는 것은 이런 변화가 오고 있다는 사실을 코닥이 이미 알고 있었다는 점이다. 당시에 무어의 법칙은 기정사실로 받아들여지고 있었고, 메모리 저장 용량도 거침없이 늘어나고 있었다. 그대로라면 사진은 곧 무료화될 것이 뻔했다. 코닥의 엔지니어들은 이 점을 분명히 알고 있었다. 그들은 '헨디의 법칙(디지털카메라의 1달러당 픽셀 수가 매년 2배가 된다는 법칙)' 또한 알고 있었던 것으로 보이는데, 이 법칙의 이름 자체가 호주 코닥의 직원이었던 배리 헨디Barry Hendy의 이름에서 따온 것이기 때문이다. 불길한 조짐은 눈앞에 대문짝만하게 쓰여 있었고, 그것을 그곳에 써놓은 사람도 코닥 자신이었다. 그런데도 코닥은 얼마 후 벌어질 일을 눈치채지 못했다.

다음 쪽의 표를 한 번 살펴보자.

이 표를 보면 1980년대의 고급 기술들이 이제는 소멸화되어 일반 스마트폰의 기본 사양이 된 것을 알 수 있다. HD급 캠코더, (스카이프를 통한) 양방향 화상회의, GPS, 정보검색, 음반 모음, 손전등, 심전도 검사, 오락실, 녹음기, 지도, 계산기, 시계 등은 겨우 몇 가지 예에 불과하다. 30년 전에 이런 기기를 모두 보유하려면 수십만 달러가 들었을 것이다. 하지만 오늘날에는 무료이거나 휴대전화 앱 형태로 이용할 수 있으며, 지금 스마트폰은 인류 역사상 가장 빠르게 보급되고 있는 기술이다.

| 스마트폰 한 대에 들어 있는 애플리케이션의 가치 |

애플리케이션	가격 (2011년)	기기명	년도	권장 소비자가*(달러)	2011년 가치(달러)
화상 회의	무료	Compression Labs VC	1982	25만	58만 6904
GPS	무료	TI NAVSTAR	1982	11만 9,900	27만 9,366
디지털 음성녹음	무료	SONY PCM	1978	2,500	8,687
디지털 시계	무료	Seiko 35SQ Astron	1969	1,250	7,716
500만 화소 카메라	무료	Canon RC-701	1986	3,000	6,201
의료 정보 검색	무료	의사 상담 등	1987	최고 2,000	3,988
동영상 재생	무료	Toshiba V-8000	1981	1,245	3,103
캠코더	무료	RCA CC010	1981	1,050	2,617
음악 재생	무료	Sony CDP-101 CD player	1982	900	2,113
백과사전	무료	Compton's CD Encyclopedia	1989	750	1,370
비디오 게임	무료	Atari 2600	1977	199	744
합계	**무료**				**90만 2,309**

*출시 당시 가격. 요즘 스마트폰 한 대에는 약 90만 달러어치의 애플리케이션이 들어 있다.
(출처_《Abundance: The Future Is Better Than You Think》, 289p)

대중화

이렇게 차례로 사라지는 것도 어디에선가는 끝이 나야 할 것이다. 이제 스마트폰을 구입하면 필름과 카메라가 공짜로 따라오지만, 그래도 여전히 스마트폰을 살 때 드는 경성 비용hard cost 은 그대로 남는다. 대중화란 이런 경성 비용이 누구나 지불할 수 있고 이용할 수 있는 수준까지 낮아지는 것을 뜻한다. 이것이 어떤 의미인지 다시 한 번 코닥의 예를 통해 살펴보자.

과거에 코닥은 단순히 카메라와 필름만 팔아서 돈을 번 것이 아니었다. 코닥은 사진 촬영 후에 이루어지는 전 과정에서 매출을 올렸다. 필름을 현상해주고, 인화지를 제조하고, 현상에 필요한 화학약품까지 제조했다. 이것은 다음과 같은 이유로 매우 수지맞는 장사였다. 첫째, 예전에는 사진을 찍으면 어떤 사진이 잘 나올지 몰랐기 때문에 필름을 전부 다 인화하곤 했다. 필름 한 통이 죄다 초점이 나갔어도 인화 비용은 그대로 지불해야 했다. 둘째, 사람들은 사진을 촬영하는 것도 좋아했지만, 정말로 즐겼던 것은 같은 사진을 여러 장 인화해서 다른 사람들과 나눠 갖는 것이었다.

20년 전만 해도, 사진을 마음껏 촬영하고 나눠 줄 수 있는 사람은 수천 장의 인화 비용을 댈 여유가 있는 사람들뿐이었다. 하지만 디지털카메라라면 이야기가 달라진다. 디지털카메라는 어떤 사진을 프린트해야 할지 미리 알 수 있을 뿐만 아니라, 플리커Flickr 같은 사진 공유 사이트를 이용한다면 사진을 프린트할 필요조차 없다. 사진을 공유하는 것은 이제 누구나 빠르게 무료로 할 수 있는 일이 되었다. 철저히 '대중화'된 것이다.

대중화야말로 우리가 살펴보고 있는 기하급수적 연쇄 반응의 종착역이자, 무료화와 소멸화의 당연한 결과다. 물리적인 물건들이 '비트'로 바뀌고, 그 비트들이 디지털 플랫폼을 통해 대량으로 관리되면서 비용이 '0'에 가까워질 때 대중화가 일어난다. 스마트폰이나 태블릿 PC가 그랬고, 이들 기기로 인터넷을 할 수 있게 해주는 무선 통신 서비스 역시 마찬가지였다. 현재 구글과 페이스북은 지구 상 모든 인류가 무료 내지는 초저가로 인터넷에 접속할 수 있도록 드론과 벌룬, 위성 등을 띄우는 데 경쟁적으로 수십억 달러를 쓰려 하고 있다.[13]

코닥과 같은 해묵은 기업들이 기존의 영광에 기대 충분한 밥벌이를 하던 시절도 있었다. 예일 대학교의 리처드 포스터Richard Foster 교수에 따르면, 1920년대에는 S&P500에 포함된 기업들의 평균 존속 기간이 67년이었다고 한다.[14] 하지만 지금은 어림없다. 오늘날에는 앞서 살펴본 연쇄반응의 후반부 3D가 하루아침에 기업들을 해체하고 업계에 파괴적 혁신을 일으킬 수 있다. 그 결과 21세기의 S&P500 기업들은 평균 존속 기간이 겨우 15년에 불과할 것으로 전망된다. 밥슨 비즈니스 스쿨Babson School of Business의 연구에 따르면, 앞으로 10년 후면 현재 최고의 기업으로 추앙받는 회사들 중 40퍼센트는 더 이상 존재하지도 않을 것이다.[15] "2020년이 되면 우리가 아직 들어보지도 못한 기업들이 S&P500 기업 넷 중에 셋 이상을 차지하게 될 것"이라고 포스터는 말한다.[16]

산술급수적 사고를 하는 기업들에게 기하급수의 6D는 묵시록에 등장하는 4인의 기사(역병, 기근, 전쟁, 죽음)처럼 파국으로 인도하는 6인의 기사가 될 것이다. 하지만 이 책의 의도는 오래된 기업들을 기하급수의 영향으로부터 지켜주려는 것이 아니다. 오히려 이 책은 기하급수의 힘을 활용해 새롭고 대담한 기업을 시작해보려는 기업가들을 위한 것이다. 이들 기하급수 기업가들에게 미래란 파괴적 혁신이라는 부담을 안기는 대상이 아니라, 파괴적 혁신의 기회가 넘쳐 나는 곳이기 때문이다.

신新 코닥 모멘트

· · · ·

싱귤래리티 대학의 국제 홍보대사이자 한때 야후 혁신위원장을 맡기도 했던 설립 이즈메일의 책《기하급수 기업》에서는 '기하급수 기업'을 '(네트워크나 자동화 또는 대중의 힘을 이용해) 직원 수에 비해 어마어마하게 큰 영향력(또는 성과)을 발휘하는 회사'라고 정의한다.[17] 반면에 코닥 같은 '산술급수적 기업'을 살펴보면 직원 수나 물리적인 절차, 설비가 아주 많다는 것을 알 수 있다. 20세기 내내 기하급수 기업은 존재하지 않았고, 산술급수적 기업들은 순전히 그 큰 덩치 덕분에 신생 기업들의 침입으로부터 살아남았다. 하지만 그런 시절은 끝났다.

2010년 10월 스탠퍼드 대학교를 갓 졸업한 두 청년, 케빈 시스트롬Kevin Systrom과 마이크 크리거Mike Krieger가 인스타그램Instagram 이라는 기하급수 기업을 설립했다.《와이어드》는 인스타그램을 "요새 젊은이들의 취미 생활을 가장하고 있지만, 실제로는 시바 신 급의 파괴자가 될 애플리케이션"이라고 묘사했다.[18] 그렇다면 그 '취미 생활'이란 대체 무엇이었을까? 조지 이스트먼이 생각한 '사진을 연필처럼 간편하게' 만드는 작업의 바로 '다음 단계'였다.

이 부분에서 인스타그램은 탁월한 모습을 보여줬다. 수백만 화소짜리 고화질 스마트폰의 폭발적 성장세를 타고, 이 반란의 신생 기업은 '사진이라는 추억을 포착하고 공유하는 일'을 철저하게 무료화, 소멸화, 대중화시켰다. 설립된 지 16개월 만에 인스타그램은 2500만 달러짜리 회사가 되어 있었다.

2012년 4월 안드로이드용 인스타그램이 출시되었다. 일일 다운로드 수가 100만 건이 넘어가면서 안드로이드용 인스타그램은 그렇지 않아도 구식 업계를 다 죽이고 있는 인스타그램의 킬러앱이 됐다.[19] 인스타그램의 시장가치는 5억 달러까지 치솟았다. 이때 페이스북이 등장한다.

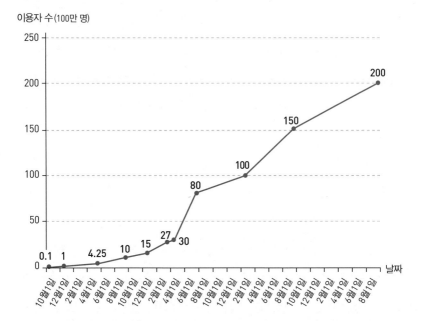

| 인스타그램 이용자 수 |

이용자 수(100만 명)

(출처 : http://instagram.com/press 및 http://www.macstories.net/news/instagrams-rise-to-30-million-users-visualized/)

인스타그램과 마찬가지로 삶을 공유하고 기록하는 비즈니스를 하고 있던 페이스북은 앞날을 헤아려보았다. 인스타그램은 기하급수적 성장을 거듭하고 있었다. 이용자 수는 3000만 명에 가까웠고, 그저 그런 사진 공유 서비스 중 하나가 아니라 모두들 아는 '그' 사진 공유 서비스가 되어 있었다. 강력한 소셜 네트워크였다. 페이스북은 경쟁하고 싶지도, 따라 잡으려고 버둥거리고 싶지도 않았다. 그래서 코닥이 파산한 지 석 달이 되던 2012년 4월에 페이스북은 직원 13명의 인스타그램을 10억 달러에 사들였다.[20]

대체 어떻게 이런 일이 일어났을까? 왜 100년이나 된 거대 기업(직원 수 14만 명에 1996년 당시 시장가치는 280억 달러였던) 코닥은 롤필름 이래 가장 중요한 사진 기술을 한번 활용도 못해보고 파산 법정으로 향하게 됐을까? 그리고 어떻게 실리콘밸리의 창고 같은 사무실에서 10명이 조금 넘는 직원을 데리고 일하던 몇몇 기업가는 겨우 18개월 만에 신생 벤처기업을 10억 달러짜리 회사로 만들었을까? 답은 간단하다. 인스타그램은 '기하급수 기업'이었다.

어쩌면 앞으로는 '기하급수의 힘에 떠밀려 산술급수적 기업이 문을 닫는 순간'을 '신新 코닥 모멘트'라고 불러야 할지도 모른다. 앞으로 보게 되겠지만 신 코닥 모멘트는 뜻밖의 사건이 아니라, 기하급수적 성장의 6D에 따른 불가피한 결과다. 산술급수적 사고를 고수하면서 자기 자리를 보전하려 애쓰는 경영자들은 괴롭고 우울해하다가 결국에는 떠나게 되겠지만, 기하급수 기업가들에게 '신 코닥 모멘트'는 가능성을 의미할 것이다.

기하급수의 시대

. . . .

오늘날 기하급수 기술은 산술급수적 기업들만 문을 닫게 만드는 것이 아니라 산술급수적인 업계 자체를 시장에서 몰아내고 있다. 또한 지각 변동을 통해, 예컨대 소비자 제품이 발명되어 시장에 나오는 프로세스 등 전통적인 업계의 프로세스까지 와해시키고 있다. 준비된 기업가라면 이런 혼란의 와중에 상당한 기회를 포착할 것이다.

기하급수 기업의 초기 단계에서는 코닥 같은 회사들만이 파괴적 혁신의 대상이었다. 다시 말해 위협을 받았던 것은 디지털화가 가능한 제품이나 서비스(출판, 음악, 사진 등)를 제공하는 회사들이었다. 하지만 더 이상은 그렇지 않다. 10년 전만 해도 접객업과 숙박업은 엄청나게 자본 집약적인 사업이었다. 전국적인 호텔 체인을 하나 개설하려면 실제 호텔을 지어야 했다. 그렇지만 에어비앤비의 접근 방식은 달랐다.

　　엄밀히 말하면 에어비앤비는 민박 소개 사이트다. 하지만 에어비앤비가 업계에 몰고 온 파괴적 혁신의 규모를 생각하면 이 정도 소개로는 턱없이 부족하다. 에어비앤비는 집 안에 남는 방이나 주택, 빈 별장 등을 널리 알림판에 게시할 수 있는 공간을 제공한다. 에어비앤비를 통하면 누구든 본인이 사용하지 않는 공간을 민박집으로 바꿀 수 있다. 생긴 지 6년 남짓된 에어비앤비에는 2014년 중반 현재 192개국 3만 4,000개 도시에 60만 건의 민박집이 소개되었고, 1100만 명 이상의 이용객이 다녀갔다. 기업 가치는 최근 100억 달러로 평가되어 하얏트 호텔(84억 달러)을 넘어섰다. 건물 하나 올리지 않고서 말이다.[21]

　　조금 다른 종류의 손님맞이 사이트로는 택시 업계 및 리무진 서비스 업계에 정면으로 도전장을 내민 우버가 있다.[22] 이용자는 우버 앱만 다운로드받으면 자동차를 부르고, 운전자 정보를 얻고, 차가 오는 것을 지도상으로 보면서, 온라인에 미리 저장해둔 신용카드 정보를 이용해 즉시 결제까지 할 수 있다. 그렇다고 해서 우버가 수많은 차량을 소유하거나 운전사들을 관리하는 것은 아니다. 우버는 그저 자산(고급 차량)을 가진 사람과 고객을 서로 연결해줄 뿐이다. 다시 말해 우버는 승객이 되고 싶은 사람과 고급 차량 소유주가 서로 만날 수 있게 해주는 방식으로, 중간 상인을 배제하고, 거추장스러운 인프라를 소멸화하고, 운수업의 꽤 큰 부분을 대중화했다. 아주 빠른 속도로 말이다. 출범한 지 겨우 4년 만에 우버는 35개 도시에서 운영되고 있고, 180억 달러의 기업 가치를 갖게 됐다.

에어비앤비, 우버는 기하급수의 확산 효과를 십분 활용한 기업가들의 대표적 사례다. 이들 기업가는 기록적으로 짧은 시간 안에 수십억 달러짜리 회사를 만들었다. 이들은 그동안 자본 집약적 사업의 규모 확장에 관해 우리가 믿고 있던 모든 상식을 뒤엎었다. 20세기에 자본 집약적인 사업이 그 몸집을 키우려면 대대적인 투자와 오랜 시간이 필요했다. 노동력을 투입하고, 건물을 짓고, 완전히 새로운 제품군을 개발해야 했으니, 수십 년씩 미리 계획을 세워야 했던 것도 무리가 아니다. 어마어마한 돈이 들어가는 신규 사업에 이사회가 '회사의 명운을 걸고' 도박하듯 투자한 경우도 드물지 않았다. 이런 투자의 결과는 의사 결정을 내린 이사회 구성원들이 다들 퇴직하고도 한참이 지나야 비로소 알 수 있었다.

모두 옛날 얘기다.

오늘날 산술급수적 회사들은 6D의 무시무시한 위험에 직면해 있지만, 반대로 기하급수 기업가들에게는 이보다 더 좋은 기회가 없다. "괜찮은 아이디어가 있어."에서 "10억 달러짜리 회사를 운영하고 있지."까지 걸리는 시간이 요즘처럼 짧았던 때는 없다.

이런 일이 가능해진 데는 기하급수 기업의 구조가 기존과는 크게 달라진 탓도 있다. 21세기의 신생 기업들은 직원을 대규모로 채용하거나 실제로 거대한 공장을 짓는 그런 기업이 아니라 IT에 집중하는 작은 규모의 기업들이다. 이런 기업은 실체가 있던 것들을 '소멸화'하면서 몇 달 만에 혹은 심지어 몇 주 만에 새로운 제품과 매출 흐름을 만들어낸다. 이런

린 스타트업lean start-up(아이디어를 재빨리 시제품으로 만든 뒤 시장 반응을 보고 다음 제품 개선에 반영하는 전략—편집자주) 기업들은 거대한 공룡들과 경쟁하는 작고 털 많은 포유류들이나 마찬가지다. 소행성이 한 번만 충돌하면 곧 세계를 지배할 수 있게 된다는 이야기다.

그리고 기하급수 기술이 바로 그 소행성이다.

격변의 시기에 크고 느린 것들은 작고 민첩한 것들과 싸워 이길 수 없다. 하지만 작고 민첩한 기업이 되려면 기하급수의 6D나 점점 커지는 그것의 파급력을 단순히 이해하는 차원으로는 부족하다. 훨씬 더 많은 것이 필요하다. 작고 민첩한 기업이 되려면 이런 변화를 주도하는 기술과 툴에 관해서도 알고 있어야 한다. 무한 컴퓨팅infinite computing, 센서와 네트워크, 3D 프린팅, 인공지능, 로봇공학, 합성생물학 등의 기하급수 기술은 물론이고, 크라우드펀딩, 크라우드소싱, 상금을 건 경연대회, 잘 만들어진 커뮤니티의 힘과 같은 기하급수 기업의 툴들까지 말이다. 지금까지 기업가들에게 이렇게 많은 힘이 주어진 적은 없었다.

기하급수의 시대에 온 것을 환영한다.

제2장

대담한 비즈니스 기회를
발견하는 법

흔들리지 않는 비전과 미래를 보는 눈

• • • •

심리학자 에드윈 로크Edwin Locke 는 《원동력》The Prime Movers 에서[1] 뛰어난 비즈니스 리더들이 지닌 핵심적인 정신적 특징을 규정했다. 그의 연구 대상에는 스티브 잡스, 샘 월튼, 잭 웰치, 빌 게이츠, 월트 디즈니, J. P. 모건을 비롯한 쟁쟁한 리더들이 포함되어 있다. 이들의 성공에 영향을 준 변수는 많았지만, 로크가 알아낸 바에 따르면 이들 모두가 공통적으로 지닌 핵심적 특징은 바로 '비전'이었다.

"이 사람들을 정말로 돋보이게 하는 것은 앞을 내다보는 능력이다."라고 로크는 말한다.[2] "데이터를 보면, 과거의 영광에 의존하거나 과거에 성공한 것이 현재나 미래에도 성공하리라고 생각하는 기업은 어김없이 망한다. 훌륭한 리더들은 모두 더 먼 곳을 보는 능력이 있으며, 그 비전을 향해 회사를 끌고 갈 확신을 가지고 있다. 스티브 잡스만 해도 그렇다. 누군가가 잡스에게 어떤 것이 불가능하다고 했다면, 그는 아니라는 말만 남기고 자리를 떴을 것이다. 잡스에게는 불가능을 논할 시간이 없었다. 그에게는 미래에 관한 확고한 비전이 있었고, 그래서 어떤 일에도 흔들리지 않았다."

그래서 훌륭한 리더들이 지닌 바로 그것, 즉 '결코 흔들리지 않을 비전'을 우리도 한번 가져보는 것이 제2장과 제3장의 목표다. 그러려면 미래에 관해 더 확실한 그림을 그릴 수 있어야 한다. 우리는 다음의 세 단계를 거칠 것이다. 먼저 기하급수가 왜 근본적으로 잠복기를 가질 수밖에 없는지 살펴보고, 잠복기에서 파괴적 혁신으로 이행하고 있다는 것을 알려주는 전형적 신호 몇 가지를 짚어볼 것이다. 기업가들에게는 바로 이 시점이 해당 사업에 뛰어들어야 할 적기다. 그다음에는 현실 세계에서 이 과정이 어떻게 진행되는지 3D 프린팅의 과거, 현재, 미래를 통해 깊이 있게 알아볼 것이다. 현재 잠복기에서 파괴적 혁신 단계로 이행 중인 3D 프린팅에는 수많은 가능성이 산재해 있다. 이런 가능성들을 알아보며 우리는 이 분야에서 선견지명을 가진 리더 한 사람을 만나볼 것이다. 그리고 여러분 자신과 크게 다르지 않은 기업가들도 두세 사람 만나볼 것이다. 그들 역시 3D 프린팅 기술에 관해서는 거의 아는 바가 없었지만 어떻게든 이 기술의 힘을 활용할 방법을 찾아냈고, 수십억 달러짜리 파괴적 혁신을 불러올 회사를 설립할 수 있었다.

그리고 제3장으로 넘어가서 기하급수적으로 발전하고 있는 기술을 몇 가지 더 살펴볼 것이다. 네트워크와 센서, 무한 컴퓨팅, 인공지능, 로봇공학, 합성생물학 등의 장래성을 살펴볼 것이다. 이 기술들은 이미 파괴적 혁신을 일으킬 만큼 성장하여 세상을 바꿔놓기 시작했지만, 아직은 인터페이스 자체가 전문가들만 이해할 수 있고 가격은 천정부지로 높기 때문에 수십억 달러짜리 기업이 아니면 손대지 못하고 있는 실정이다(구글이 사용하는 인공지능이나 테슬라 모터스가 이용하는 로봇공학처럼 말이다). 하지만 이런 상태는 오래 지속되지 않을 것이다. 가격은 내려가고, 성능은 향상되고, 훨씬 더 친근한 사용자 인터페이스가 개발되고 있기 때문이다. 이제는 이 플랫폼들 역시 사업 방향에 관해 명확한 비전을 가진 기업가들에게는 이용 가능한 기술이 되어가고 있다. 말하자면 널리 수용되기 직전 단계에 와 있는 것이다. 이런 추세를 앞서갈 수 있는 기하급수 기업가라면 기회는 상당할 것이다.

지금 알고 있는 걸 그때도 알았더라면

• • • •

이런 추세를 앞서가고 싶다면, 기하급수에는 근본적으로 잠복기가 존재한다는 점에 대해 좀 더 알아두어야 한다. 우선 가트너 하이프 주기 Gartner Hype Cycle를 만들어내는 강력한 편향에 관해 알아보자.

참신한 기술이 소개되어 일단 탄력을 받기 시작하면, 사람들은 그 기술의 최종 형태를 마음에 그려보는 경향이 있다. 해당 기술의 개발 일정이나 단기적인 가능성에 비해 지나친 기대감이 형성되는 것이다. 이런

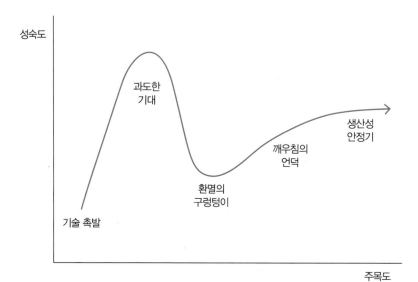

(출처_ www.gartner.com)

초기의 과도한 기대(보통 기하급수의 6D 중에서 잠복기와 파괴적 혁신 단계의 중간
쯤에 위치한다)에 부응하지 못할 경우, 해당 기술에 대한 일반인들의 인식
은 어김없이 환멸의 구렁텅이에 빠진다. 제3장에서 논의하게 될 수많은
기술들이 현재 놓여 있는 위치가 바로 여기다. 그런데 기술이 일단 구렁
텅이에 빠지면 우리는 또 한 번 과대광고(이번에는 부정적인 과대광고)에 흔
들린다. "이 기술이 다시 뜰 수 있을까?" 하는 끊임없는 의구심에 업계의
지형을 뒤흔들 잠재력을 지닌 기술을 매번 놓쳐버리는 것이다.

PC Personal Computer만 해도 그렇다. 1960년대 말, 작가 스튜어트 브랜
드 Stewart Brand(PC라는 말을 만들어낸 사람이다) 같은 사람들이 PC라는 아이
디어에 관해 처음으로 이야기하자 '세상을 바꿀 것'이라는 흥분이 넘쳐

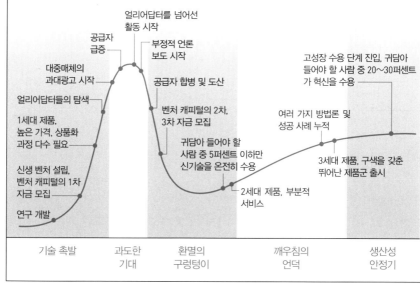

기대

연구 개발

신생 벤처 설립,
벤처 캐피털의 1차
자금 모집

1세대 제품,
높은 가격, 상품화
과정 다수 필요

얼리어답터들의 탐색

대중매체의
과대광고 시작

공급자
급증

얼리어답터를 넘어선
활동 시작

부정적 언론
보도 시작

공급자 합병 및 도산

벤처 캐피털의 2차,
3차 자금 모집

귀담아 들어야 할
사람 중 5퍼센트 이하만
신기술을 온전히 수용

2세대 제품, 부분적
서비스

여러 가지 방법론 및
성공 사례 누적

고성장 수용 단계 진입, 귀담아
들어야 할 사람 중 20~30퍼센트
가 혁신을 수용

3세대 제품, 구색을 갖춘
뛰어난 제품군 출시

기술 촉발 · 과도한 기대 · 환멸의 구렁텅이 · 깨우침의 언덕 · 생산성 안정기

시간

(출처_www.gartner.com)

났다.[3] 그러다가 정말로 PC라는 기계가 나타났는데, 사람들이 할 수 있는
일이라고는 고작 '퐁'Pong(탁구와 유사한 초창기 비디오 게임—옮긴이) 게임 정
도가 전부였다. 유례없는 환멸의 구렁텅이 내지는 문화적 잠복기가 도래
한 것이다. 그러나 컴퓨터에 관해 지금 우리가 알고 있는 것을 가지고
1980년대 초반으로 되돌아간다고 한번 상상해보라. 얼마나 대담한 비즈
니스 기회들이 펼쳐지겠는가?

특정 기술이 언제 환멸의 구렁텅이에 빠지고, 언제 그 구렁텅이를 벗어
나 깨우침의 언덕을 오르기 시작하는지 아는 것은 기업가에게 절대적으

로 중요하다. 전문가들은 기하급수 곡선을 로드맵처럼 읽어가면서 수많은 지표를 계속 지켜본다. 성공 사례가 쌓여가고, 공급자가 급증하고, 2차 자금 모집이 진행되는 것 같은 지표들 말이다. 그러나 내가 가장 중요하게 생각하는 힌트는 단순 명쾌한 사용자 인터페이스가 개발되었는가 하는 점이다. 해당 기술을 자유자재로 이용할 수 있게 해주는 그런 인터페이스가 있어야만 겨우 전문가 몇 사람이 아니라 기업가들의 손에 그 기술이 안착할 수 있다.

인터넷은 좌절감에서 탄생한 기술이다. 1960년대 초에 이미 연구자들은 컴퓨터의 가능성에 잔뜩 고무되어 있었다. 하지만 장애물이 하나 있었으니, 바로 지리적인 거리였다. 아직 지구 상에 대형 컴퓨터 센터가 몇 곳 되지 않던 시절이었다. 매사추세츠 공과대학(이하 MIT)이나 캘리포니아 공과대학에 소속되지 않은 연구자들은 운이 없다고밖에는 달리 할 말이 없었다. 그러던 1963년 4월 J.C.R. 릭라이더J.C.R. Licklider라는 컴퓨터 과학자가 동료들에게 메모를 돌렸다. '은하 간 컴퓨터 네트워크'Intergalactic Computer Network라는 것을 한번 만들어보자는 제안이었다. 전통적인 회선 교환식을 당시 새로 개발된 패킷 교환식으로 바꿔서, 단말기와 전화선만 있으면 어디에 있든 필요한 컴퓨터 센터에 접속할 수 있게 해주는 네트워크였다.[4] 오늘날 인터넷의 기초가 된 아르파넷ARPANET, Advanced Research Projects Agency Network이 탄생한 것이다.

아르파넷은 1975년부터 가동되었다. 대부분 텍스트 기반에다 찾아가는 경로가 꽤나 복잡해서 주로 과학자들이 이용했다. 이런 상황이 역전된 것은 1993년 일리노이 대학교 어버너 섐페인 캠퍼스에 다니고 있던 스물두 살의 청년 마크 앤드리슨Marc Andreessen이 모자익Mosaic을 공동으로 개발하면서였다. 모자익은 세계 최초의 웹 브라우저이자 최초의 사용자 친화적인 인터넷 사용자 인터페이스였다.[5] 모자익을 통해 인터넷은 그동안의 굴레를 벗어던질 수 있었다. 인터넷은 본래 과학자, 엔지니어, 군사용으로 개발된 기술이었지만, 앤드리슨은 그래픽을 추가하고 유닉스를 윈도로 대체함으로써(당시에는 전 세계 컴퓨터의 80퍼센트 가까이가 윈도를 운영체제로 사용했다) 인터넷을 주류의 길로 이끌었다. 그 결과 1993년 초에는 전 세계를 통틀어 26개에 불과했던 웹사이트의 개수가 우후죽순으로 증가하기 시작하더니 1995년 8월에는 1만 개가 되었고, 이후 폭발적으로 증가해 1998년 말에는 무려 700만 개를 헤아리게 됐다.[6]

이것이 바로 단순 명쾌한 사용자 인터페이스의 힘이다. 또한 사용자 인터페이스는 기하급수 기업가에게 '게임에 뛰어들 때'가 되었음을 알려주는 신호이기도 하다. 특정 기술이 사업화에 알맞을 만큼 무르익었는지를 판단하는 일은 벤처 캐피털리스트가 해당 기술에 대한 투자 타이밍을 결정하는 일과 크게 다르지 않을 것이다. 하지만 문제는 벤처 캐피털리스트들이 특정 기술의 투자 적기를 판단하는 방법이 수십 가지라는 점이다. 그렇다면 나는 왜 하필 수많은 기준 중에서도 사용자 인터페이스를 그 신호로 골랐을까? 이유는 간단하다. 쉽고 명쾌한 사용자 인터페이스가 만들어지고 나면 그때부터는 기업가들이 이 새로운 툴을 이용해 문제를 해결하고, 회사를 세우고, (그리고 가장 중요한 점인데) 여러 가지 실험을 할 수 있기 때문이다. 애플이 앱스토어를 만든 후 애플리케이션이 폭발적으로 늘어났던 일을 기억할 것이다. 새로운 기업가들은 이 새로운 인터페이스를 부단히 개선하고, 그러면 더 많은 새로운 기업가들이 나타날 수 있다. 다시 말해 인터페이스가 더 많이 혁신될 수 있는 선순환 고리가 만들어지는 것이다. 우리는 이미 이런 선순환을 수없이 목격했다.

더욱 흥분되는 것은 바로 이런 종류의 단순 명쾌한 사용자 인터페이스가 이미 대여섯 개의 기하급수 기술에서 나타나기 시작했다는 점이다. 이 말은 곧 힌트를 알아차린 기업가들에게는 말 그대로 인터넷 크기의 거대한 기회들이 대여섯 개는 목전에 와 있다는 뜻이다.

3D 프린팅: 적층가공의 기원과 파급력
• • • •

그런 기회 중 하나가 3D 프린팅이다. 장장 30여 년간 잠복 상태로 성장을 지속해왔던 3D 프린팅 기술은 드디어 그 모습을 드러내더니 10조 달러 규모의 세계 제조 업계 한 귀퉁이에서 파괴적 혁신을 일으키기 시작했다.[7] 제2장에서 우리는 3D 프린팅의 과거와 현재 그리고 미래를 조망하면서, 3D 프린팅의 미래를 열어가고 있는 기업가 몇 사람을 만나볼 것이다. 그렇게 3D 프린팅이라는 기술에 익숙해지고 동시에 기하급수의 6D를 익히는 계기로 삼을 것이다. 몇 안 되는 이들 기업가가 어떻게 가트너 하이프 주기를 정확히 읽어내고, 3D 프린팅의 기하급수적 기회를 십분 활용했는지 알아보자.

그러려면 처음부터 살펴볼 필요가 있다. 타임머신을 타고 260만 년 전으로 거슬러 가보자. 현재의 에티오피아 남부에 살던 조상들 중 손재주 많은 어느 조상이 돌멩이 2개를 집어 들었다. 그리고 돌멩이 하나로 다른 하나를 계속 쳐내 날카로운 돌날을 만들어냈다.[8] 유레카!

타제 석기는 인간이 도구를 사용하기 시작한 시초였을 뿐만 아니라 절

산업	현재 애플리케이션	잠재적 미래 애플리케이션
민간 항공 우주 및 국방	– 컨셉 모형 및 시제품 제작 – 구조 및 비구조 제조 부품 제작 – 소량 교체용 부품 제작	– 적층가공한 전자 장치를 직접 부품에 끼워 넣기 – 복잡한 엔진 부품 제작 – 항공기 날개 부품 제작 – 기타 항공기 구조 부품 제작
우주 개발	– 우주 탐사용 특수 부품 제작 – 경량, 고강도 자재를 이용한 구조물 제작	– 필요에 따라 우주 공간에서 부품이나 예비 부품을 제작 – 대형 구조물을 우주 공간에서 직접 제작할 수 있으므로 발사용 로켓의 크기 제한 문제를 해결 가능
자동차	– 최종 자동차 부품의 제조 및 RP 제작 – 앤티크 자동차 및 경주용 자동차의 부품 제작 – 부품 및 완제품의 신속한 제조	– 정교한 자동차 부품 제작 – 크라우드소싱으로 디자인한 자동차 부품 제작
헬스 케어	– 인공 장기 및 인공 기관 제작 – 의료 기기 및 모형 제작 – 보청기 및 임플란트 제작	– 이식용 기관 제작 – 대규모 의약품 생산 – 재생 치료를 위한 인체 조직 제작
소비자제품 /소매품	– RP 제작 – 디자인안 제작 및 테스트 – 맞춤형 보석 또는 시계 제작 – 맞춤형 제품에 한계가 있음	– 고객이 참여하는 디자인 및 제작 가능 – 맞춤형 생활공간 제작 – 소비자 제품의 대량 고객화 증가

(출처_Deloitte analysis; CSC, 3D printing and the future of manufacturing, 2012.)

삭가공의 시초이기도 했다. 절삭가공이란 큰 덩어리의 소재(예컨대 대형 돌판)를 자르고 깎아서 원하는 물건(예컨대 날카로운 돌날)과 쓰레기 더미를 한가득 만들어내는 제조법이다. 최근까지는 절삭가공이 물건 제조의 기본이었다.

이런 판도를 완전히 바꿔놓은 사람은 찰스 헐Charles Hull이다. 1980년대 초에 헐은 자동차 출시 기간을 앞당겨 기울어가는 디트로이트 자동차 산업의 경쟁 우위를 되찾아주고 싶었다. 당시 헐은 UV 코팅 및 잉크 경화용 애플리케이션 개발을 전문으로 하는 캘리포니아 남부의 작은 회사에서 일하고 있었다. 그는 경화에 사용하는 방법을 활용하면 완전히 새로운 형태의 제조법이 만들어질 것이라는 사실을 깨달았다. UV 경화 플라스틱을 시트 형식으로 프린트할 수 있는 (그리고 서로 들러붙게 할 수 있는) 방법만 찾아낸다면, 절삭법으로 새로운 플라스틱 부품이나 시제품을 만드는 대신 '부착'을 통해 새로운 자동차 부품을 만들 수 있었다. 한 층 한 층 쌓아 올려가는 적층가공법積層加工, additive manufacturing을 생각해낸 것이다. 3D 프린팅 기술이 탄생한 순간이었다.[9]

3D 프린팅은 쉽게 말해 잉크젯 프린터를 떠올리면 된다. 사무실마다 흔히 볼 수 있는 잉크젯 프린터는 컴퓨터가 내리는 디지털 명령을 '물체'(종이 위의 글씨)로 전환하는 2D 프린터이다. 잉크젯 프린터는 컴퓨터의 명령을 X와 Y라는 2차원의 축을 따라 인쇄한다. 3D 프린터도 이와 똑같은데, 다만 여기에 수직으로 된 차원, 즉 Z축을 추가해서 3차원의 물체를 만들어낸다.

1984년 첫 번째 3D 프린터를 제작한 헐은 곧이어 캘리포니아 주 발렌시아에 3D 시스템스3D Systems라는 회사를[10] 설립하고, 3D 프린팅 기술 개발과 상업화에 나섰다. 그러나 쉬운 일이 아니었다. 이후 20년간 개발은 느렸고(잠복기), 비용은 믿을 수 없을 만큼 많이 들었으며, 복잡한 사용자 인터페이스 때문에 애를 먹어야 했다. 이들 3가지 요소 모두가 3D 프린터가 널리 수용되는 데 걸림돌이 됐다. 2000년대 초가 되자 어마어마한 '선발자 우위'에도 불구하고 3D 시스템스는 파산 직전까지 가 있었다. 애비 레이첸털Avi Reichental은 이렇게 말한다.[11] "회사는 처참한 지경이었죠. 사람들은 자신이 다루는 기술이 기하급수적으로 발전하며 탄력을 받는다는 사실을 잊고 있었어요. 혁신하는 법을 잊어버린 상태였습니다."

하지만 구원 투수로 영입된 레이첸털은 방법을 알고 있었다.

서류상으로만 보면 레이첸털은 그 일을 맡기기에 고개가 좀 갸우뚱해지는 후보였다. 레이첸털은 지난 23년간 버블랩(소위 '뽁뽁이')을 발명한 실드에어Sealed Air Corporation라는 회사에서 일했고, 적층가공에 대해서는 아는 것이 많지 않았다. 하지만 '혁신'이 무엇인지는 제대로 아는 사람이었다. "실드에어는 그저 그런 포장재 회사가 아니었어요." 레이첸털의 말이다. "오히려 어떻게 보면 실리콘밸리의 신생 벤처 같은 회사였죠. 기업가 정신으로 무장하고, 언제나 새로운 가능성을 살피고, 새로운 시장을 개척하려고 항상 노력하는 그런 회사 말이에요."

그랬기 때문에 레이첸털은 실드에어에서 근무하는 동안 수십 가지 업무를 담당했고, 결국 사내 서열 4위의 고위 임원직에까지 올랐다. 레이첸털이 입사 당시 직원 400명에 매출 1억 달러였던 회사는 그가 퇴사할 때 직원 1만 8,000명에 매출 50억 달러짜리 거대 기업으로 성장해 있었다. 레이첸털은 제조 부서에서 일한 적도 있었는데, 당시 시제품 제작 기간을 단축하는 방법의 하나로 3D프린팅이라는 것을 처음으로 접했다. 그래서 3D 시스템스로부터 처음 일자리를 제의받았을 때도 그 분야가 완전히 생소하지는 않았다. 하지만 막상 3D 시스템스를 직접 보고 나니 눈이 휘둥그레졌다.

3D 시스템스는 아직도 잠복기를 벗어나지 못한 상태였다. 레이첸털

은 말한다. "3D 시스템스는 사라지기 직전이었어요. 그런데 이 기술에 관련된 요소 하나하나에 각각 무어의 법칙을 적용해보았더니 모두 폭발적 성장 직전에 와 있는 겁니다. 기하급수 곡선에 따르면 3D 프린팅은 이제 우리가 만들 물건과 그것을 제조할 방법, 제조할 장소를 완전히 바꿔놓기 직전이었어요. 물건을 적층식으로 만들면 얼마든지 복잡한 것도 추가 비용 없이 만들 수 있죠. 다시 말해 기존의 제조 공법이 갖고 있던 한계에 전혀 구애되지 않는 겁니다. 컴퓨터 파일에서부터 곧장 완제품을 만들 수 있고, 설비를 교체한다거나 재고를 만들 필요도 없이 유일무이한 물건을 수백만 가지는 만들 수 있습니다. 규모와 무관하게 현지화된 제조가 가능해지는 거예요. 3D 프린팅은 가상 세계와 현실 세계를 전면적으로 연결해줄 수 있습니다. 우리 생활의 모든 면면에 영향을 줄 수 있는 잠재력을 지닌 기술이죠."

레이첸털은 3D 시스템스의 일자리를 받아들였다. 당시 3D 시스템스에는 제품군이라고 할 만한 것도 변변치 않았다. 2개의 프린트 엔진을 장착한 강력한 프린터가 총 6종 있었는데, 그나마 프린트할 수 있는 소재는 4가지밖에 되지 않았다. 더욱이 그 4가지도 3D 시스템스에서 생산하는 것은 하나도 없었고, 특정 프린터에는 특정 소재밖에 호환이 되지 않았다.

레이첸털이 가장 먼저 손대야 할 일은 '확장과 통합'이었다. "프린터 종류가 더 많아야 했고, 프린트할 수 있는 소재도 더 많아야 했으며, 그 소재를 우리가 생산해야 했습니다. 그래야 대단한 전문가가 아니더라도 3D 프린터를 쉽게 사용할 수 있죠. 저는 '단순함'이 정말 중요하다고 생각했습니다. 사람들이 가진 창의성은 새로운 물건을 디자인할 때 써야지, 프린터 작동법을 익히느라 쓸 것은 아니잖아요."

똑같은 이유로 레이첸털은 찰스 헐을 집요하게 졸랐다. "찰스가 아직 회사에 있을 때였죠.(한 번 은퇴했던 헐은 다시 임시 CEO직을 맡았다가 레이첸털이 들어오자 고문직으로 내려간 상태였다.) 찰스의 사무실은 커피 자판기 바로 옆이었는데, 어느 날 아침 저는 그의 사무실에 들러서 말했죠. '우리 프린터는 수십만 달러짜리 기계인데도 우주조종사 수준으로 똑똑한 사람이 아니면 사용할 수가 없어요. 그러니 그냥 데스크톱 버전으로 싸구려 전원 버튼을 하나 만드는 게 어때요?' 찰스는 나를 미친 사람보듯 하더군요. 그래도 나는 다음 날에도 그의 사무실에 들러 똑같은 질문을 했습니다. 6주 동안 매일 그 짓을 했지요. 그러다가 어느 날 아침 찰스가 먼저 저를 찾아왔더군요. 커피를 들고요. '방법을 찾은 것 같아.' 그때 찰스의 얼굴에서 나던 광채를 잊을 수가 없어요."

그리고 두 사람은 함께 방법을 찾아냈다. 현재 3D 시스템스는 40여 종 이상의 프린터를 만드는 60억 달러 가치의 회사로 번창했다.[12] 3D 시스템스의 프린터 중에는 도요타 캠리의 대시보드를 한 번에 프린트할 수 있을 만큼 큰 모델도 있다. 가장 단순한 모델은 '큐브'인데, 현재 가격이 1,299달러이다(3D 시스템스는 향후 2년 내에 이 가격을 500달러 이하로 낮출 계획을 갖고 있다). 이들 프린터는 나일론, 플라스틱, 고무에서부터 생물 소재(세포)에 이르기까지 총 100여 종 이상의 소재를 프린트할 수 있는데, 심지어 고밀도 금속까지 가능하다.

하지만 앞서 지적했듯이 기하급수 기술이 제대로 파괴적 혁신을 일으키려면, 모자익 브라우저처럼 사용자 친화적인 강력한 인터페이스가 등장해야 한다. 그래서 3D 시스템스는 어린아이까지 사용할 수 있을 만큼 쉬운 인터페이스를 만들겠다는 목표로 소프트웨어에까지 사업 영역을 확장했다. 그리고 결과는 성공적이었다. 레이첸털의 말을 들어보자. "마우스로 클릭만 할 수 있다면 누구라도 물건을 디자인해서 3D 프린터로 찍어낼 수 있습니다. 저는 이걸 '색칠하기 책 모형'이라고 부르죠. 전에 있던 것은 '캔버스 모형'이었습니다. 위대한 예술가가 될 작정이라면 오랜 세월 빈 캔버스에 색칠하는 연습을 해야겠죠. 하지만 색칠하기 책 모형을 이용한다면, 선과 선 사이에 색칠하는 방법만 알면 얼마든지 창의적인 작업을 할 수 있습니다."

이런 소프트웨어 개발이 매우 중요한 이유는 새로운 인터페이스를 설계 중인 회사가 3D 시스템스만이 아니기 때문이다. 실험은 이미 시작되었고, 다른 주자들을 게임에 끌어들이고 있다. 다시 말해 3D 프린팅 분야는 마크 앤드리슨이 모자익을 도입했던 때의 웹과 같은 지점에 와 있다. 기하급수적 폭발만을 앞두고 있는 것이다.

제3차 산업혁명

• • • •

이제 겨우 기하급수적 폭발의 시작 단계임에도 3D 프린팅은 이미 세상에 상당한 영향을 끼치고 있다. 그릇이나 접시, 스마트폰 케이스, 병따개, 장신구, 망사 지갑 등 전형적인 소비재를 프린트하는 것은 이제 단순히 취미를 넘어 산업화될 조짐을 보이고 있다. 벌써 3D 프린터로 만든 제품을 판매하는 웹사이트만 해도 수십 군데가 넘고, 소매 업체들까지 이 시장에 뛰어들 태세다. 딜로이트 컨설팅Deloitte Consulting의 연구 팀장 마크 코틀리어Mark Cotteleer는 이렇게 설명한다.[13] "저희가 조사한 바에 따르면 2가지 사실이 아주 중요합니다. 첫째, 이미 일부 제품, 특히 플라스틱으로 된 작은 제품은 10만 개만 만들어도 손익분기점을 넘길 수 있게 되었기 때문에 3D 프린터를 사용할 만한 소비자 제품 회사가 많아졌습니다. 둘째, 일반 가정의 경우에도 소비자용 적층가공 장치를 구입하면 금세 본전을 뽑을 만큼 많은 물건을 만들 수 있기 때문에 3D 프린터를 구매하는 게 매력적인 투자라고 생각하는 미국 가정들도 생길 겁니다."

규모를 더 키워서 생각해보면, 3D 프린팅은 자동차·항공 업계에서도 이미 그 존재감을 드러내고 있다. 오늘날 미국 및 유럽, 일본에서 출시되는 대부분의 차량에는 3D 프린터로 만든 부품이 들어간다. 2014년 9월, 시카고에서 열린 세계공작기계전시회IMTS에서는 3D 프린터로 그 자리에서 하루 만에 자동차 한 대를 만드는 시연이 열리기도 했다. 나중에 다시 만나볼 로컬 모터스Local Motors의 CEO 제이 로저스Jay Rogers와 그 팀원들이 해낸 일이다.

로저스는 디지털 제조 기술을 '제3차 산업혁명'이라고 표현한다. "제1차 산업혁명은 증기기관이었지요. 헨리 포드는 우리에게 대량생산이라는 제2차 산업혁명을 선사했고, 그 덕분에 우리는 같은 물건을 100만 개씩 찍어내며 가격을 낮출 수 있었습니다. 제3차 산업혁명은 제조의 대중화에서 나옵니다. 새로운 디자인의 자동차를 만든다고 해서 공장까지 새로 지을 필요는 없어지는 거죠."[14]

이 제3차 혁명은 항공우주 산업에도 영향을 주고 있다. 최근 스페이스엑스는 드래건2 우주캡슐에 들어가는 로켓 엔진을 상당 부분 3D 프린팅으로 만들겠다고 발표했다.[15] 또 보잉은 현재 10개의 항공기 플랫폼에서 200종이 넘는 부품을 3D 프린팅으로 만들고 있다.[16] 그리고 내가 운영하는 회사 플래니터리 리소시스Planetary Resources의 경우 지구 근접 소행성으로 보낼 탐사용 우주선의 상당 부분을 3D 프린팅으로 만들고 있다.

그리고 재무적 측면에서 3D 프린팅이 자동차·항공 업계에 미칠 영향은 결코 과장이 아니다. CFM 인터내셔널CFM International의 차세대 초고효율 LEAP 항공기 엔진(2016년이면 상업화될 것으로 예상된다)은 3D 프린팅으로 완전히 새로운 종류의 연료 노즐을 만들어 사용한다. 기존의 가공 방법으로는 제작할 수 없던 이 노즐은 연료 사용량을 15퍼센트나 줄여준다. 항공기 한 대의 수명으로 환산하면, 향후 수천억 달러의 비용이 절감된다는 이야기다.[17]

의료 기기 분야는 더 큰 혜택을 볼 것으로 예상된다. 3D 프린터는 개개인의 인체 모형에 완벽히 들어맞는 제품을 만들 수 있기 때문에, 현재 개인 맞춤형 수술 도구나 골 임플란트, 의수, 의족, 치과용 교정 장치 등에 이용되고 있고, 결과도 훨씬 좋다. 그리고 이런 일이 얼마나 빠르게 일어나고 있는지도 주목할 만하다.

《어번던스》에서 우리는 놀랄 만한 재주를 지닌 스콧 서밋Scott Summit의 작업을 소개했었다. 산업 디자이너인 서밋은 3D 프린터로 고객이 직접 디자인한 의수, 의족, 허리 보호대 등을 만들고 있었다. 3D 프린터로 세상에 단 하나밖에 없는 디자인의 의료 기기들을 만든 것이다. 그로부터 겨우 3년이 지났지만, 현재 서밋은 3D 시스템스에 합류해 의료 기기 제작을 대량화하는 작업을 돕고 있다. 일례로 현재 3D 시스템스는 전 세계 보청기 회사에 제조 인프라를 제공하고 있고, 그중 95퍼센트 이상이 3D 프린터로 전면 제작된다.

의료 기기 대량 제작 사례를 하나 더 보고 가자면, 얼라인 테크놀로지

Align Technology의 완전 자동화 공장이 있다. 얼라인 테크놀로지는 금속 교정기를 대체하고 있는 투명 플라스틱 교정기 '인비절라인'Invisalign의 제조사이다. 이 얼라인 테크놀로지의 자동화 공장에서는 매일 6만 5,000개의 '맞춤형' 교정기를 '3D 프린트'하고 있다. "이 미래형 공장에서 작년 한 해 동안만 1700만 세트의 완전 맞춤형 교정기를 3D 프린팅으로 만들어냈습니다. 기껏해야 대학교의 대형 강의실 하나만 한 공장에서 말이지요." 레이첸털의 설명이다.

이 밖에도 3D 프린팅은 단순히 소비자 제품, 자동차·항공 업계, 의료 기기 하는 식의 개별 분야를 뛰어넘어 그보다 훨씬 더 큰 영향을 미치게 될 것이다. 10조 달러 규모의 제조업에 속한 사업치고 이런 변화로부터 자유로울 수 있는 분야는 없다. 그러나 이것은 다시 말하면 10조 달러 규모의 기회이기도 하다. 그렇다면 이 새로운 플랫폼에 대해 잘 알지 못하는 기하급수 기업가들은 어떻게 해야 하는 걸까? 어떻게 해야 3D 프린팅을 이용해 업계에 파괴적 혁신을 일으키고 진정 대담한 과제에 도전할 수 있을까? 그 답을 알려줄 혁신가들을 몇 사람 만나보자.

메이드 인 스페이스: 우주에 본사를 둔 회사
・・・・

내가 에런 케머Aaron Kemmer와 마이클 첸Michael Chen, 제이슨 던Jason Dunn을 처음 만난 것은 2010년 여름 싱귤래리티 대학의 대학원 스터디 프로그램에서였다. 이들 대담한 혁신가 삼총사를 한자리에 모이게 만든 것은 우주에 대한 열정이었다. 케머는 이렇게 말한다.[18] "그래서 싱귤래리티 대학에 온 거죠. 우리는 다들 '빅 아이디어'를 찾고 있는 연쇄 창업가serial entre-preneur(새로운 기업을 계속 설립하는 기업가)였으니까요. 우리는 우주 개척 시대를 열어갈 회사를 창업하고 싶었어요. 가야 할 길이 3D 프린팅이라는 생각은 전혀 못 했죠."

이들에게 3D 프린팅이라는 길을 알려준 사람은 싱귤래리티 대학의 로봇공학과 학과장이자 우주왕복선을 세 번이나 탔던 댄 배리Dan Barry 박사였다. 첸은 이렇게 말한다. "저희도 3D 프린팅에 관해 조금은 알고 있었죠. 하지만 제이슨을 통해서 아는 게 전부였어요. 제이슨은 항공우주과학 전공이어서 대학교 때 3D 프린터를 좀 사용해봤다고 하더라고요. 결정적인 역할을 한 사람은 배리 박사님이셨어요. 저희가 분석 작업을 하고 있을 때, 그러니까 기하급수 기술들을 하나하나 살피면서 아이디어를 도출해보려고 애쓸 때 배리 박사님이 자주 왔다 가셨는데, 어느 날 이런 말씀을 하시는 거예요. 국제 우주정거장에 가봤는데, 거기에 3D 프린터가 있으면 정말 유용할 거라고요."

그래서 결국 이들은 3D 프린터가 '어떻게' 유용한지 알아내기로 했다.

던은 이렇게 설명한다. "공급망이 문제더라고요. 국제 우주정거장은 현존하는 가장 길고, 복잡하고, 비싼 공급망의 한쪽 끝이거든요. 로켓 발사 비용은 파운드당 약 1만 달러나 돼요. 또 우주로 보내는 물건은 지구 궤도를 벗어날 때 8분간 엄청난 중력가속도를 견뎌야 해서 물건을 더 무겁게 만들어야 하죠. 하지만 무게가 늘면 이중으로 곤란해집니다. 무게가 곧 돈일 뿐만 아니라, 무게가 늘면 지구를 탈출할 때 드는 연료도 더 많이 필요해서 비용이 또 늘어나거든요."

게다가 우주정거장에 있는 물건은 부품이 하나 고장 나면 해당 부품을 공급하는 데까지 몇 달이 걸릴 수도 있다. 그래서 국제 우주정거장에는 목록상 부품(비용은 지불되었지만 아직 탑재되지는 않은)이 10억 개가 넘는다. 케머와 던, 첸이 추가 조사를 해보니 이 부품들의 30퍼센트가 플라스틱이었고, 그렇다면 기존의 3D 프린팅 기술로도 그것들을 만들어낼 수 있다는 의미였다.

이렇게 해서 탄생한 회사가 메이드 인 스페이스Made in Space다. 세계 최초의 지구 밖 3D 프린팅 회사인 메이드 인 스페이스는 기하급수 기업가정신을 보여주는 훌륭한 사례로, 사업 모델 전체가 기하급수적 성장곡선에 기초하고 있다. 2014년 가을, 국제 우주정거장에 설치된 메이드 인 스페이스의 첫 작품은 정말 별것 아니었다. 그냥 '플라스틱 부품을 프린트하는 3D 프린터'였다.

하지만 이 제품은 그 자체로 일종의 제조 혁명을 불러일으킬 것이다. 케머의 말을 들어보자. "최초의 국제 우주정거장 3D 프린터는 지구상에서는 결코 만들어질 수 없는 종류의 물건들을 만들 수 있을 겁니다. 예를 들면 스스로의 무게조차 지탱하지 못하는 구조물 같은 것 말이죠."

기하급수 곡선을 조금만 더 따라가 보면, 메이드 인 스페이스의 다음 제품은 고급 소재 및 복수 소재를 프린트하는 3D 프린터이다. 이렇게 되면 향후 5년 내에 국제 우주정거장에서 사용하는 부품의 60퍼센트를 3D 프린터로 만들 수 있을 것이다. 그리고 바로 그다음 단계가 본 게임의 시작이다. '전자 장치를 프린트할 수 있는 3D 프린터' 말이다.

최신 위성 기술 중에 '큐브샛'CubeSat이라는 것이 있다. 가로, 세로, 높이 각각 10센티미터의 정육면체 모양인 이 초소형 위성은 무게가 1킬로그램밖에 나가지 않는다. 만들기도 아주 간단해서 (온라인에서 구할 수 있는 무료 설명서를 따라 하면) 누구든지 만들 수 있을 정도다. 그럼에도 큐브샛을 무더기로 만들어 띄운다면 깜짝 놀랄 만큼 강력한 힘을 낼 수 있다. 훨씬 더 큰 위성도 대체할 수 있을 정도다. 큐브샛 자체는 만드는 데 큰 비용이 들지 않는다(약 5,000달러에서 8,000달러 선).[19] 정작 비용이 많이 드는 곳은 위성을 띄우는 일이다(아직도 수만 달러 선). 하지만 이것은 현재 상태일 뿐이다. 몇 년만 더 기다린다면 메이드 인 스페이스가 이 비용을 몇십 분의 일로 줄여놓을 것이다.

던의 이야기를 들어보자. "알고 보니 국제 우주정거장은 지구 저궤도로 물체들을 발사시키기에 아주 완벽한 플랫폼이더라고요. 큐브샛의 상자 부분은 현재 저희 프린터로도 만들 수 있고요. 실험실에서는 전자 장치를 프린트하는 것도 성공했습니다. 확실히 말하기는 어렵지만 2025년쯤 되면 국제 우주정거장에 싣게 될 전자 장치들도 프린트할 수 있을 겁니다. 그렇게 되면 발사 비용을 들이는 대신, 이메일을 통해 하드웨어를 우주 공간으로 보낼 수 있게 되는 거죠. 공짜로 말이에요."

물론 더 큰 꿈은 우주정거장 전체를 우주에서 프린트할 수 있는, 아니 더 나아가 우주에서 채취한 물질을 가지고 우주에서 프린트할 수 있는 3D 프린터를 만드는 것이다. 이런 일이 가능해지면 합법적인 지구 밖 거주지(예컨대 우주 식민지 같은 것)를 만드는 것도 불가능한 이야기는 아니다.

마이클 첸은 이렇게 말한다. "오직 3D 프린터와 채굴 장비만 갖고 가서 먼 곳의 행성을 식민지로 만들 수 있다고 생각해보세요. 공상과학처럼 들리겠지만 그런 일을 현실로 만들기 위한 첫 단계는 이미 저희 실험실에서 그리고 국제 우주정거장에서 진행되고 있습니다."

그렇다면 앞으로 어떤 일이 벌어지는 걸까? 메이드 인 스페이스는 이미 수십억 달러 규모의 예비 부품 산업에서 파괴적 혁신을 일으키기 시작했다. 그리고 이들의 비즈니스 모델은 기하급수 성장곡선에 의해 탄탄하게 뒷받침되고 있다. 그렇다면 결국 메이드 인 스페이스는 수조 달러 규모의 산업, 다시 말해 '지구 밖 삶'이라는 산업에서 '선발자 우위'를 점하게 될 것이 분명하다.

원스톱 제조가 가능해진 세상

• • • •

어쩌면 메이드 인 스페이스가 일반적인 경우가 아니라 예외라고 생각하는 사람도 있을 것이다. 케머와 던, 첸이 3D 프린팅에 관해서는 잘 몰랐을지 몰라도 싱귤래리티 대학의 학생이었다는 사실만 해도, 이미 그들이 그 기술에 접촉하고 있었고(현장에 실제로 3D 프린터들이 있었다), 이 모든 기하급수적 아이디어에 노출되어 있었다고 말이다. 하지만 앨리스 테일러Alice Taylor의 경우는 그렇지 않았다. 영국 출신 디자이너 테일러는 이런 이점을 하나도 갖고 있지 않았음에도 이미 인형 산업에서 상당한 발전을 이뤄냈고, 340억 달러 규모의 장난감 산업 중 35억 달러를 차지하며 이 분야에 파괴적 혁신을 불러일으키고 있다.[20]

테일러는 그동안 디지털 미디어 쪽에서 일했다. 처음에는 웹사이트 제작자로 일하다가, 다음에는 BBC에서 디지털 분야 일을 담당했고, 나중에는 런던에 있는 채널4의 교육 부문 외주 담당 편집자로서 주로 (각종 상을 수상한) 교육적 비디오 게임을 만들었다.[21] 게임을 좋아하다 보니 테일러는 자연히 장난감에도 관심을 갖게 됐고, 결국 인형 산업에까지 진출

했다. 인형 산업은 파괴적 혁신이 필요한 또 하나의 '산술급수적' 산업이었기 때문이다.

지난 30년간 장난감 산업은 큰 변화를 겪었다. 한때 장인들이 가내수공업 형태로 개별적으로 진행하던 사업은 어느새 몇몇 대기업이 해외의 대량 제조업자들을 고용해 진행하는 사업으로 바뀌어 있었다. 경쟁력을 유지하려면 인형을 대량으로 만들어야 했다. 때문에 사출 금형 공정이라는 것을 사용했는데, 그러려면 인형의 각 부분마다 금형이 하나씩 필요했다. 금형 하나의 제조 비용이 수만 달러에 이르렀기 때문에, 인형 하나를 만드는 데 초기 비용이 수십만 달러를 가뿐히 넘어갈 수도 있었다.

하지만 이제는 그럴 필요가 없을지도 모른다.

테일러는 SF 작가인 코리 닥터로Cory Doctorow와 결혼했는데, 닥터로는 3D 프린팅에 관해 약간 알고 있었다. (닥터로는 2009년 다소 암울한 예언이 담긴 책《메이커스》Makers를 펴냈다. 이 책에서 범죄자와 테러리스트들은 3D 프린터를 사용해 AK-47 소총을 만든다.)[22] 테일러는 고비용 대량생산의 전통적 인형 제조 방식 대신에 3D 프린팅을 이용할 수 있을지 알아보기로 했다. 로저스가 말한 '제3차 산업혁명'을 자동차나 로켓만이 아니라 장난감에도 적용할 수 있을지 알아보기로 한 것이다.

테일러의 설명을 들어보자. "문제는 제가 3D 프린팅에 관해 아는 게 거의 없었다는 거예요. 그래서 (3D 프린팅 장터인) 셰이프웨이스닷컴Shapeways.com의 포럼 섹션을 찾아봤는데, 누가 이런 글을 올려놨더라고요. '3D 프린팅을 위한 3D 모형을 만들 줄 아는 사람입니다. 일감 구합니다.' 그래서 그 사람한테 일감을 주었죠." 테일러는 자신이 그린 인형 스케치를 이메일로 보내서 3D 모형 파일을 받은 다음, 진짜 인형을 프린트해냈다. "키 18센티미터에 눈도 없고 머리카락도 없고 220파운드가 들어간 인형이었지만, 가능하더군요. 마법 같았어요. 제가 인형을 만들었으니까요. 평생 단 한 번도 인형을 만들어보지 못했는데 말이에요. 인터넷이 처음 등장했을 때 느꼈던 감탄과 가능성을 똑같이 느꼈습니다. 그래서 집에 돌아와 다니던 회사를 그만두고 메이키랩스MakieLabs를 설립했어요. 누구라도 직접 디자인한 인형을 프린트할 수 있게 말이죠."

현재 메이키랩스는 온전히 3D 프린터만을 이용해 운영되고 있다. "우리 사무실에는 시제품 제작을 하는 소형 메이커봇MakerBot 프린터 3대가 있죠. 디자인이 완성되면 클라우드cloud에 있는 3D 시스템스의 대형 프린터를 이용해 최종 제품을 프린트해요. 장비를 마련하느라 막대한 자본이 들 일도 없고, 주문형 클라우드 프린팅cloud printing을 이용하기 때문에 직접 대량생산용 3D 프린터를 구입할 필요도 없어요. 이제는 포장, 배송, 마케팅도 모두 가상으로 하면 돼요. 창고 비용도 들지 않고, 극동 지역까지 출장을 다닐 필요도 없지요. 심지어 포장재도 대량으로 프린트할 필요가 없어요. 필요할 때, 그때그때 프린트하면 되니까요."

테일러는 인형이 겨우 시작에 불과하다고 보고 있다. "최종 제품을 주문 제작할 수 있는 산업이라면 모두 해당됩니다. 인형은 3D 프린터가 만들어내는 모양 하나에 불과해요. 공룡도, 로봇도, 자동차도 마찬가지고요. 지금 우리는 원스톱one-stop 제조가 가능한 세상으로 이행 중입니다. 이런 장비는 가정이나 사무실에 구비할 수도 있고, 클라우드를 통해 빌려서 사용할 수도 있겠죠. 지금 우리 앞에는 아주 창의적인 시대가 펼쳐지고 있습니다. 창조적 파괴를 일으킬 수 있는 기업가들에게는 더없이 훌륭한 시기예요."

3D 프린팅을 통한 기하급수적 파괴적 혁신이 목전에 와 있는 산업에는 또 어떤 것들이 있는지 알고 싶다면 앞서 소개한 '3D 프린팅의 파괴적 혁신에 영향을 받고 있는 산업 분야' 표를 참조하기 바란다. 딜로이트 컨설팅에서 내놓은 분석 자료로, 현재 3D 프린팅의 영향을 가장 크게 받는 분야와 사업적 가능성 역시 가장 크게 열려 있는 분야들을 일목요연하게 보여주고 있다.

제3장

5대 유망 기술

기하급수적 환경의 도래

. . . .

제2장에서 우리는 '적층가공'이라는 렌즈를 통해 기하급수적 성장과 사업 가능성에 관해 자세히 살펴보았다. 하지만 3D 프린팅은 현재 잠복기에서 파괴적 혁신으로 이행 중인 여러 강력한 기하급수 기술 중 하나에 불과하다. 제3장에서는 5가지 기술을 더 살펴볼 것이다. 사업적 기회로 가득한 그 5가지 기술은 네트워크와 센서, 무한 컴퓨팅, 인공지능, 로봇공학 그리고 합성생물학이다. 우리는 이들 기술이 지금 어디쯤 와 있고, 몇 년 후에는 어디쯤 가 있을 것이며, 숨겨진 기회는 어디에 있는지

등 가장 기본적인 것들을 중점적으로 살펴볼 것이다. 이들 영역은 아직까지는 레이더에 잡히지 않지만, 앞으로 3년에서 5년 정도만 지나면 폭발적 성장세를 보일 것이다.

네트워크와 센서: 사물은 얼마나 더 스마트해질까?
 · · · ·

네트워크란 어떤 형태이든, 신호나 정보를 상호 연결하는 것을 뜻한다. 인간의 두뇌나 인터넷이 그 가장 뛰어난 2가지 예시다. 센서는 정보 (온도, 진동, 방사선 등)를 감지하는 장치다. 센서가 네트워크에 연결되면 감지된 정보를 전송도 할 수 있다. 두 분야 모두 현재 폭발적 성장세를 보이고 있다.

현재 스마트폰과 태블릿 PC를 합하면 70억 대가 넘는다. 이들 기기에는 압력 감지 터치스크린, 마이크, 가속도계, 자력계, 자이로스코프, 카메라 등 각종 센서가 부착되어 있는데, 기술이 발달할수록 부착되는 센서의 수도 증가하는 추세다. 아이패드나 아이폰에 들어가는 정전식 터치스크린(인체에서 나오는 정전기를 이용하는 터치스크린—옮긴이)을 한번 생각해보자. 2012년에 이 센서가 감지한 총 면적은 1200만 제곱미터로, 축구장 2,000개 크기였다. 2015년에는 그 면적이 3590만 제곱미터, 다시 말해 맨해튼 절반에 해당하는 면적으로 크게 증가하기에 이르렀다.[1]

이것은 비단 통신 기기에만 해당되는 이야기가 아니다. 다른 모든 '사물'에서도 비슷한 패턴이 펼쳐지고 있다. 수동적이고 어눌했던 세상이 능동적이고 스마트한 세상으로 바뀌고 있는 것이다. 자동차·항공 업계

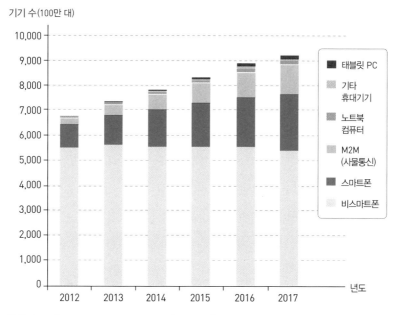

기기 수(100만 대)

범례:
- 태블릿 PC
- 기타 휴대기기
- 노트북 컴퓨터
- M2M (사물통신)
- 스마트폰
- 비스마트폰

년도

(출처_https://www.mauldineconomics.com/bulls—eye/)

만 봐도 그렇다. 요즘 자동차에는 길을 찾도록 도와주는 센서가 장착되어 있고, 도로에는 교통 체증을 피할 수 있게 도와주는 센서가, 주차장에는 빈 자리를 찾을 수 있게 도와주는 센서가 설치되어 있다. 민간 항공기의 경우도 마찬가지다. GE는 제트 엔진을 제조해서 모든 대형 항공사에 리스 방식으로 제공한다. 리스된 5,000개의 엔진 각각에는 엔진의 상태를 (심지어 비행 중에도) 실시간으로 모니터링할 수 있는 센서가 최대 250개까지 장착되어 있다.[2] 그래서 감지된 정보가 일정 수준을 벗어날 경우 GE는 얼른 달려가 미리 엔진을 수리함으로써 대형 사고를 미연에 방지할 수 있다.

이와 마찬가지로 보안 관련 센서 역시 폭발적으로 성장하고 있다. 감시 카메라들은 이미 우리 생활 곳곳에 침투해 있다. 그런데 이 카메라들이 이제 1억 2000만 개의 얼굴 이미지가 저장된 데이터베이스와 결합되면서 사법 기관은 전대미문의 수사 능력을 보유하게 됐다. 또한 센서는 문제가 되는 상황을 '보기'만 하는 것이 아니라 '듣기'도 한다. 샷스포터 ShotSpotter라는 총성 감지 기술이 그 예다.[3] 샷스포터는 도시 전역에 배치된 음향 탐지 센서 네트워크로부터 데이터를 수집한 다음 알고리즘으로 필터링해서 총성만을 골라낸다. 그리고 삼각측량을 이용해 총성이 발생한 장소를 3미터 이내의 범위로 확정하여 경찰에 직접 알려준다. 일반적으로 이 시스템은 911로 걸려오는 전화보다 더 정확하고 믿을 만하다.

자동차·항공 업계나 보안 업계는 주로 대기업들이 장악하고 있는 분야지만, 창업가들이라고 해서 이런 기하급수 트렌드를 활용하지 못하라는 법은 없다. 다음은 2012년 《와이어드》의 한 기사 내용이다.[4] "해커(반드시 나쁜 의미의 해커가 아니라 새로운 문제 해결법을 찾아내는 컴퓨터 전문가를 뜻한다.―옮긴이)들은 가격이 점점 내려가고 있는 센서와 아두이노Arduino 컨트롤러 같은 오픈소스 하드웨어를 활용해 일상적인 물건에 지능을 부여하기 시작했다." 이제는 물을 줘야 할 때가 되면 화분이 나에게 트윗을 보내게끔 하는 장치가 있는가 하면, 와이파이와 연결되어 소의 배란기를 농부에게 알려주는 소 목걸이도 있고, 맥주 축제 기간 동안 맥주를 총 몇 잔이나 마셨는지 알 수 있는 맥주잔도 있다. 아두이노 해커인 샤랄람포스 두카스Charalampos Doukas의 말마따나 센서 가격이 계속 급락한다면 "한계는 오직 우리의 상상력"이 될 것이다.

좀 더 시야를 넓혀보면 이미 우리는 구글의 무인 자동차가 거리를 활

| 구글 무인 자동차의 360도 라이더 이미징 기술 |

(출처_http://people.bath.ac.uk/as2152/cars/lidar.jpg)

보하는 세상에 살고 있다. 이 자동차가 거리를 안전하게 돌아다닐 수 있는 것은 자동차 지붕에 달린 라이더LIDAR라는 센서 덕분이다. 라이더는 레이저를 이용한 감지기인데, 사람 눈에 안전한 64개의 레이저를 이용해 360도 범위를 스캔하면서 초당 750메가바이트의 이미지 데이터를 생성해 내비게이션에 활용하게 한다.[5] 머지않아 우리는 200만 대의 무인 자동차가 거리를 돌아다니면서(과장이 아니다. 200만 대는 현재 미국에 등록된 차량의 1퍼센트도 안 되는 숫자다.)[6] 마주치는 모든 것을 보고, 녹화하며, 무엇을 관찰했는지 완벽에 가깝게 알려주는 세상에 살고 있을 것이다. 그런데 유비쿼터스 이미징ubiquitous imaging은 이것이 전부가 아니다.

이렇게 무인 자동차가 길거리를 스캔하는 것 외에도, 2020년경이 되면 대략 5개의 민간 소유 지구 저궤도 위성군satellite constellation(몇 개의 인공위성이 서로 협업하면서 작동하는 것—옮긴이)이 지표 구석구석을 0.5미터 내지는 2미터 단위로 촬영하고 있을 것이다.[7] 동시에 인공지능으로 작동되는 마이크로 드론microdrone 역시 폭발적으로 증가할 것이다. 이 드론들은 도시 위를 윙윙거리고 다니면서 센티미터 단위로 이미지를 촬영할 것이다. 모스크바나 뭄바이에 있는 경쟁사의 주차장에 차량이 몇 대나 서 있는지 아는 것도, 혹은 경쟁자의 공급 사슬을 따라서 트럭이나 기차가 원자재는 공장으로, 완제품은 창고로 실어 나르는 모습을 추적하는 것도 하나 어려울 것이 없다.

| 수조 개의 센서 예상도 |

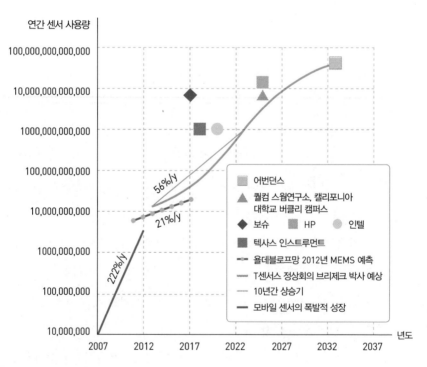

1조 개의 센서를 사용하는 미래

(출처_www.futuristspeaker.com/wp-content/uploads/Trillion-Sensor-Roadmap.jpg)

2013년 스탠퍼드 대학교 T센서스 정상회의TSensors Summit에서 발간한 보고서에 따르면, 2023년이 되면 전 세계적으로 센서의 수가 '수조 개'에 이를 것이라고 한다.[8] 그리고 이것은 겨우 센서 측면만 살펴본 것이다.

네트워크 역시 연결 속도나 연결되는 기기의 수 양쪽에서 폭발적 성장을 경험하고 있다. 먼저 속도 측면에서는 1991년 초기 2G 네트워크는 초당 100킬로비트를 기록했던 것이, 10년 후 3G 네트워크에서는 초당 1메가비트에 이르렀고, 오늘날의 4G 네트워크는 초당 최대 8메가비트의 속도를 자랑한다.[9] 그럼에도 2014년 2월 스프린트Sprint는 스프린트 스파크 계획Sprint Spark을 발표했다. 휴대전화로 초당 50에서 60메가비트를 보낼 수 있는 초고속 네트워크를 구축하고 이후 그 속도를 3배까지 끌어올리겠다는 것이다.[10] "저희 목표는 신세대 온라인 게임, 가상현실, 고급 클라우드 서비스, 기타 초광대역이 필요한 애플리케이션들을 지원하는 것입니다." 스프린트의 최고기술책임자CTO 스티븐 바이Stephen Bye의 말이다. "구체적으로 말해서, 스파크 계획이 실시되면 20메가바이트짜리 비디오 게임을 3초 만에 다운로드할 수 있고, 1시간짜리 HD급 영화는 2분 30초만에 다운로드할 수 있습니다." 스파크 계획은 이미 진척을 보이고 있어서, 실리콘밸리에 있는 스프린트의 연구실에서는 초당 1기가비트의 OTA 속도를 시연하는 데 성공했다.

접속 측면을 따져보면, 전 세계적으로 10년 전에는 인터넷에 연결된 기기가 5억 대였지만 지금은 그 숫자가 120억 대에 달한다. 시스코Cisco의 최고 기술 및 전략 책임자인 패드마 워리어Padma Warrior의 말을 들어보자.[11] "2013년에는 매초 80개의 새로운 물건이 인터넷에 연결되고 있었습니다. 하루에 700만 개 내지는 연간 25억 개에 해당하는 수죠. 2014

년에는 이 수치가 거의 초당 100개에 이르고 있고, 2020년이 되면 초당 250개 혹은 연간 78억 개 이상이 될 겁니다. 이 수치들을 모두 더하면 2020년까지 500억 개 이상의 물건이 인터넷에 연결된다는 뜻이 됩니다." 사물인터넷IoT을 가능하게 하는 것은 바로 이런 연결성의 폭발적 성장이다.

시스코의 최근 연구에 따르면 2013년에서 2020년 사이 이런 슈퍼 네트워크는 19조 달러의 가치(순이익)를 창출할 것으로 추정된다.[12] 여기서 잠깐 생각해보면, 미국의 연간 경제 규모는 약 15조 달러쯤 된다. 그렇다

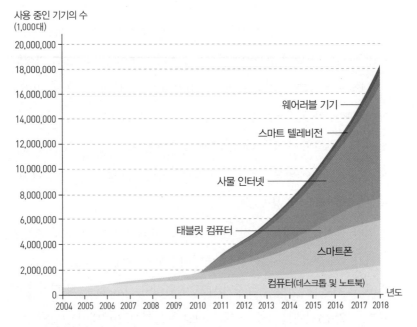

| 전 세계 인터넷 기기 사용량 예측 |

1조 개의 센서를 사용하는 미래(2013~2018년도는 추정치)
(출처_http://www.businessinsider.com/decoding-smartphone-industry-jargon-2013-11
BI 인텔리전스 조사.)

면 시스코의 이야기는 향후 10년간 이 새로운 네트워크가 미국 GDP보다 더 큰 경제적 효과를 낸다는 뜻이다. 이게 바로 '기회의 땅'이 아니고 무엇일까?

그렇다면 그 기회는 정확히 어디에 놓여 있는 걸까? 대부분의 연구자들이 중요하다고 판단하는 부문은 2가지, 즉 '정보' 부문과 '자동화' 부문이다. 우선 '정보' 부문부터 살펴보자.

네트워크와 센서로 가득 찬 세상은 어마어마한 양의 정보를 생성하는데, 그 상당수가 매우 큰 가치를 갖고 있다. 교통 데이터만 해도 그렇다. 10년 전에 나브텍Navteq은 유럽 13개 국가 35개 대도시의 40만 킬로미터에 걸친 도로에 센서 네트워크를 구축했다.[13] 이 네트워크는 2007년 10월 휴대전화 업계의 거물 (지금은 마이크로소프트에 속하는) 노키아에 81억 달러에 팔렸다.[14] 그로부터 5년 뒤인 2013년 중반에는 구글이 이스라엘 회사인 웨이즈Waze를 19억 달러에 인수한다. 웨이즈는 전자 센서가 아니라 크라우드소싱 형태로 이용자들이 보내오는 정보, 즉 '인간 센서'를 활용해 지도와 교통 정보를 생성한다. 웨이즈는 GPS로 5000만 이용자들의 움직임을 추적해 교통 흐름 데이터를 만들어내고, 이용자들은 자발적으로 정체 구간과 속도위반 단속 구간, 도로 폐쇄 등의 정보를 실시간으로 공유한다.[15]

정보 부문 내에서 급성장하는 또 하나의 분야는 '행태 추적' 분야다.[16] 보험사들이 차량에 센서를 부착해놓고 실시간 운전 행태에 따라 보험료를 산정하는 것이 좋은 예다. 또 다른 예로는 턴스타일 설루션스Turnstyle Solutions가 있다.[17] 토론토에 위치한 이 신생 기업은 고객이 상점 안을 돌아다니는 모습을 스마트폰의 와이파이 전송 기술을 이용해 추적한다. 고객들이 쇼핑하면서 어디에 멈춰 서는지 데이터를 수집하는 것이다. 헬스케어용 행태 추적 역시 성장 중인 부문이다. 애드히어테크AdhereTech는[18] 센서가 내장된 스마트 약병을 만들어서 환자가 의사의 복용 지시를 더 잘 따를 수 있게 해준다. 코히어로헬스CoheroHealth는 센서로 작동되는 흡입기와 모바일 앱[19]을 결합해 만성 천식을 앓는 아동이 자신의 증상을 추적하고 조절할 수 있게 도와준다. 센서를 활용한 이런 의료 보조 기기들은 계속 늘어날 것이다. 딜로이트 컨설팅의 최고기술책임자 윌리엄 브리그스William Briggs의 말마따나 "10~20년 내에 사물인터넷과 연계된 헬스케어 분야의 가치는 수조 달러 규모의 시장이 될 것이다."[20]

그러면 이번에는 자동화 부문을 살펴보자. 자동화란 사물인터넷을 통해 수집되는 모든 데이터를 모아서, 그다음 단계의 명령으로 변환한 다음, 인간의 개입 없이 그 명령을 실행하는 것이다. 우리는 이미 '적시 생산'(JIT 시스템)을 가능하게 하는 스마트 조립 라인과 공급 사슬에서 이런 자동화의 첫 물결(정확히는 '프로세스 최적화'라고 한다)을 목격한 적이 있다. 그리고 자동화의 두 번째 물결은 에너지 및 물 공급의 스마트 그리드smart grid(정확히는 '자원 소비 최적화'라고 한다)를 통해 경험하고 있다. 그다음 단계는 이보다 훨씬 더 복잡한 자율 시스템을 자동화하고 제어하는 것이다. 예컨대 무인 자동차 같은 것 말이다.

의사 결정자와 센서 데이터를 더 간단하게 실시간으로 연결할 방법을 찾는다면 더 많은 기회도 있을 것이다. 앞서 이야기한 물을 주어야 할 때를 트윗으로 알려주는 화분은 이 분야의 초기(2010년) 사례 중 하나다. 보다 최근 사례로는 워싱턴 D.C.에 위치한 신생 기업 스마트싱스SmartThings가 있다. CNN은 이 회사를 "집 안에 있는 모든 물건을 위한 디지털 마에

스트로"라고 불렀다.[21] 스마트싱스는 1,000가지 이상의 스마트 가정용품들을 인식할 수 있는 인터페이스를 만든다. 보일러를 제어하는 온도 센서부터 문이나 창문이 열려 있으면 알려주는 센서, 잠들기 전에 가전 기기들을 자동으로 꺼주는 센서까지 있다.

물론 네트워크와 센서에 관한 논의는 곧 그 데이터들로부터 어떻게 가치를 창출할 것인가 하는 논의로 이어진다. 그래서 우리가 살펴봐야 할 것이 바로 '무한 컴퓨팅'이다.

무한 컴퓨팅: 싸게, 빠르게, 멋지게
· · · ·

2013년 8월 말, 대형 소프트웨어 회사인 오토데스크Autodesk의 CEO 칼 배스Carl Bass가 내게 오토데스크의 신축 건물인 피어9Pier9을 구경시켜주었다. 샌프란시스코 부두 끝자락에 위치한 연구 센터였다.[22] 스스로를 '브루클린에서 온 덩치'(그는 키가 195센티미터다)라고 말하는 배스는 청바지에 티셔츠를 입고 야구 모자를 쓰고 있었는데, 그가 보여준 시설에는 최신 3D 프린팅 장비와 공작 기계, 설계대, 레이저 절단기, 용접기 등이 즐비했다. 말하자면 그곳은 상상을 현실로 만들기 위한 도구들이 모두 갖춰진, 제작자들의 천국 같은 곳이었다. 그 도구들은 모두 오토데스크의 디자인 소프트웨어의 명령을 따랐는데, 이 소프트웨어를 가동시키는 것이 바로 무한 컴퓨팅이었다.

'무한 컴퓨팅'을 배스는 '희귀하고 값비싼 자원이던 컴퓨팅이 넉넉하고 무료인 자원으로 이행하는 과정'이라고 설명한다. 30~40년 전만 해도 1,000개의 코어 프로세서를 이용하려면 MIT 컴퓨터과학과의 학과장이나 미 국방부 장관쯤 되어야 했다. 하지만 오늘날에는 평범한 휴대전화에 들어 있는 칩도 초당 10억 회 정도의 계산을 해낼 수 있다.

하지만 앞으로 펼쳐질 미래를 생각하면 이 정도는 아무것도 아니다. 뉴욕 시립 대학교의 이론물리학자 미치오 카쿠Michio Kaku는 최근 인터넷 포럼 '빅 싱크'Big Think에 기고한 글에서 이렇게 설명했다.[23] "2020년이 되면 현재의 처리 능력을 가진 칩은 개당 1페니 정도밖에 하지 않을 겁니다. 껌값이지요……. 아이들은 아마 우리가 어떻게 그렇게 척박한 세상에서 살았는지 신기해할 겁니다. 지금 우리가 우리 부모 세대를 보면서 '휴대전화나 인터넷도 없이 어떻게 살았을까' 신기해하는 것처럼 말이지요. 우리한테는 너무나 당연한 것들이니까요."

바로 이런 이유 때문에 배스는 사람들이 컴퓨팅을 완전히 오해하고 있다고 생각한다. "우리는 컴퓨팅을 아주 소중한 자원으로 취급해왔어요. 하지만 실제로 컴퓨팅은 아주 풍부한 자원이에요. 전체적인 추세를 보면 컴퓨팅은 가격은 계속 떨어지고, 이용성은 계속 증가하며, 점점 더 강력하면서도 유연해지고 있어요. 매년 우리는 그전 해까지의 모든 컴퓨팅 능력을 합한 것보다 더 많은 컴퓨팅 능력을 생산하고 있죠. 무언가가 이렇게 과도하게 넘쳐 난다는 건 곧 새로운 시대가 도래한다는 걸 의미하죠."

옛날에는 '인간의 창조', 소위 '디자인된 세상'이라는 것이 일정한 틀 안에서 사고한 결과일 수밖에 없었다. 컴퓨터 자원의 희소성이 인간의 사고를 제약했던 것이다. 그것을 배스는 이렇게 설명한다. "그런 시대에 CPU 1개로 1만 초가 걸리는 문제는 대략 25센트의 비용이 들었죠. 하지만 무한에 가까운 컴퓨팅을 활용할 수 있는 새로운 기하급수 시대에는,

| 트랜지스터당 마이크로프로세서의 가격 흐름 |

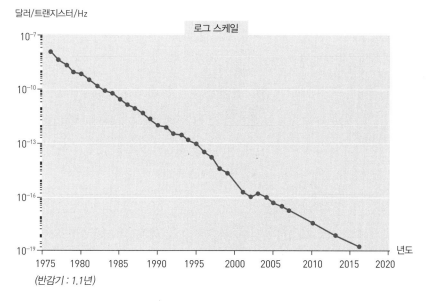

달러/트랜지스터/Hz

로그 스케일

10^{-7}
10^{-10}
10^{-13}
10^{-16}
10^{-19}

1975 1980 1985 1990 1995 2000 2005 2010 2015 2020 년도

(반감기 : 1.1년)

(출처_ www.singularity.com/images/charts/MicroProcessCostPerTrans.jpg)

CPU 1만 개를 써서 1초면 똑같은 문제를 풀 수가 있습니다. 같은 문제를 1만 배나 빠르게 풀었지만 비용은 그대로 25센트고요. 역사상 처음으로 우리는 하나의 문제에 무한정의 자원을 쏟아부을 수 있는 시대를 맞이한 겁니다. 추가 비용이 전혀 없이 말이에요."

이런 변화를 주도하고 있는 것은 구글이나 아마존, 랙스페이스Rack-space 같은 회사들이다. 이들 회사는 대단위 컴퓨터 시설을 조성해 일반에 공개하면서 이를 '클라우드'라고 부른다. "클라우드 이전에는 기술 기업을 창업하기란 기간이 아주 오래 걸리고 힘든 과정이었습니다." 랙스페이스의 공동 설립자이자 회장인 그레이엄 웨스턴Graham Weston의 말이다.[24] "제일 먼저 델이나 HP 같은 회사에 서버부터 주문해야죠. 몇 주쯤 지나면 서버가 도착합니다. 그러면 이제 환경 설정을 하고, 서버를 설치하고, 소프트웨어를 구매해서, 로딩한 다음, 마지막으로 모든 걸 인터넷에 연결해야 합니다. 이 작업을 다 끝내려면 적게는 몇 주, 길게는 몇 달이 걸립니다. 작업할 직원도 있어야 하고요. 하지만 요즘에는 랙스페이스 같은 서버 공급자를 찾으면 단 몇 분 만에 원하는 만큼의 서버에 접속할 수 있어요. 수직·수평으로 얼마든지 확장도 가능하고요. 그때그때 입맛대로 용량을 맞출 수 있지요."

하지만 우리의 목표는 랙스페이스(또는 아마존이나 마이크로소프트)가 되는 것이 아니다. 우리의 목표는 저들의 인프라 위에 우리의 '빅 아이디어'를 세우는 것이다. 기업가들은 이제 없는 돈을 쪼개가며 비싼 장비를 구입할 필요도 없고, 그 장비를 설치하고 프로그램하느라 몇 달씩 소요할 필요도 없으며, 나중에 그 장비를 확장해야 될 상황을 걱정할 필요도, 장비가 고장 나거나 구닥다리가 될 염려를 할 필요도 없다.

웨스턴은 이렇게 말한다. "클라우드는 컴퓨팅의 활용 가능성을 어마어마한 수준으로 대중화하고 있습니다. 지금 뭄바이 한가운데 있는 사람이 접속할 수 있는 컴퓨터 속도는 60~70년대 미국 정부 전체가 이용 가능했던 컴퓨터 속도보다도 빠르니까요. 지금 우리는 믿을 만한 고성능 컴퓨팅을 얼마든지 값싸게 이용할 수 있는 글로벌 혁신의 시대에 진입하고 있는 겁니다."

그렇다면 이 모든 컴퓨팅 능력은 우리에게는 무슨 도움이 될까? 첫째, 완전히 새로운 방법으로 혁신에 접근하게 해준다. 브루트 포스brute force 가 바로 그런 경우다. 브루트 포스란 말 그대로 무한 컴퓨팅을 이용해 문제를 '꽁꽁 둘러쌀' 수 있는, 새로 생긴 우리의 능력이다. 예컨대 스도쿠 퍼즐(가로세로 9칸의 숫자판 위에서 빈칸에 들어갈 숫자를 유추하는 퍼즐―옮긴이)을 풀고 싶다고 가정해보자. 멋진 수학적 접근법을 찾아내려고 끙끙댈 수도 있을 것이다. 빈칸에 알맞은 숫자를 계산해주는 알고리즘을 도출하면서 말이다. 하지만 전혀 다른 방법도 있다. 그냥 컴퓨터를 이용해 빈칸마다 가능한 숫자를 모두 다 일일이 대입해보고 가장 알맞은 것을 고르는 것이다. 후자의 방법이 바로 '브루트 포스'다.

오토데스크의 피어9 디자인 센터를 둘러보면서 배스는 내게 브루트 포스를 설명해주려고 전기 고카트go-kart(지붕이나 문이 없는 놀이용 혹은 경주용 소형 자동차―옮긴이)를 하나 보여주었다. 그가 열다섯 살짜리 아들과 함께 만들고 있는 자동차였다. "만약 옛날에 이 전기 모터를 저 고카트에 달려고 했다면 저는 아마 정답을 찾아보려고 애썼을 겁니다. 어느 정도 두께의 버팀대를 어디에 설치해야 할지 배운 대로 짐작해보고 몇 번씩 계산을 해서 제 생각이 맞는지 검증해봤겠지요. 하지만 지금은 컴퓨터 모형을 만들어서 제가 선택한 디자인의 각 부분별 응력과 변형률이 얼마인지 알 수 있습니다. 하지만 머지않아 이것보다도 한 발 더 나아가게 되겠죠. 무한 컴퓨팅을 이용해 클라우드가 디자인 시뮬레이션을 돌려보게 한 뒤, 모터를 설치할 수 있는 각 위치마다 서로 다른 두께와 재료의 버팀대가 어떤 결과를 가져오는지 모두 실험해본다면, 단순히 적절한 디자인이 아니라 최적의 디자인이 나올 거예요."

배스가 할 수 있는 것은 우리도 할 수 있다. 훌륭한 고카트를 만들고 싶다면, 이제 우리가 기존에 하던 생각과는 비교도 안 될 만큼 적은 시간과 비용으로 최적의 고카트를 만들 수 있는 기술이 갖춰져 있는 것이다. 그리고 이것은 비단 고카트에만 해당되는 이야기가 아니다. 어떤 물건을 만들든 마찬가지다.

둘째, 무한 컴퓨팅은 실수를 '무료화'하고 실험을 '대중화'시킨다. 우리가 실수에서 뭔가를 배우는 건 사실이지만 그동안은 기업가들이 실수를 저지를 경우 치러야 할 비용이 너무 컸다. 이 상황 역시 이제 바뀌었다. 이제는 아무리 괴상한 아이디어도 더 이상 시간 낭비, 자원 낭비라는 이유로 묵살할 필요가 없다. 전부 다 시도해보아도 되기 때문이다.

무한 컴퓨팅 덕분에 디자인할 수 있는 것들은 어마어마하게 늘어났다. 하지만 이런 컴퓨팅 파워를 실제로 활용하려면 여전히 우리는 데이터를 수집하고, 컴퓨터에 입력하고, 그것을 분석할 알고리즘을 코딩해야 한다. 하지만 그럴 필요가 없어진다면 어떨까? 그냥 컴퓨터에 대고 말만 하면, 컴퓨터가 우리의 바람을 완벽하게 이해해서 스스로 데이터를 수집하고 분석해서 답을 내준다면? 넓은 의미에서 보면, 이것이 바로 우리가 다음에 살펴볼 기하급수 기술, 폭발적 성장세의 '인공지능'이라는 영역이다.

인공지능: 맞춤형 전문가
· · · ·

"데이브, 뭘 하려는 거죠?"

몸서리치게 차분하면서도 뼛속 깊이 섬뜩함을 느끼게 하는 이 질문이 지난 50년간 인공지능의 최고봉으로 여겨졌다는 것은 참으로 이상한 일이다. 이 질문은 스탠리 큐브릭 감독과 아서 C. 클라크가 공동 집필하고 큐브릭 감독이 연출한 걸작 《2001 : 스페이스 오디세이》에 등장하는 컴퓨터 '할'HAL의 대사다.[25] 할은 지각을 가진 컴퓨터로, '디스커버리 원'이라는 우주탐사선에 승선해 있다. 할은 데이브 때문에 부산을 떨 때를 제외하면 승무원들을 도와주고, 승무원과 우주선 사이의 인터페이스 역할을 하고, 질문에 답하면서 수집된 데이터의 분석을 돕는다. 할의 물리적 존재감은 우주선 어디에나 있는 장비 패널의 불길한 붉은색 텔레비전 카메라의 눈으로 묘사된다.

그러나 이글거리는 그 붉은 눈은 지극히 20세기적이다.

21세기에 들어 할은 자비스JARVIS에게 자리를 내줬다.[26] 자비스는 'Just Another Rather Very Intelligent System'(또 하나의 꽤나 똑똑한 시스템)의 약어로, 영화 《아이언맨》에서 주인공 토니 스타크의 개인용 인공지능 컴퓨터로 처음 세상에 모습을 드러냈다. 영국식 억양의 남성 목소리를 내도록 프로그램된 자비스는 주택 보안에서부터 아이언맨 슈트 제작, 수십억 달러 가치의 글로벌 기업 운영에 이르기까지 주인공 스타크를 대신해 모든 일을 처리한다. 뛰어난 시스템에 걸맞게 방대한 일을 하고 있는 셈이다.

기술적 관점에서 봤을 때 자비스는 아주 비범한 컴퓨터다. 스타크의 삶 속에 구석구석 스며들어 있을 뿐만 아니라 '자연 언어'로 된 명령까지 이해하기 때문이다. 자비스는 심지어 아이러니나 유머가 담긴 농담까지 이해한다. 좀 더 기술적으로 말해보면 자비스는 하나부터 열까지 스타크의 욕망과 나머지 세상 사이의 접점이 되어주는 소프트웨어 셸software shell이다. 자비스는 수십억 개의 센서로부터 데이터를 수집할 수 있고, 인공지능에 연결된 시스템이나 로봇이라면 어떤 것이든 활용해 필요한 조치를 취할 수 있다. 사물인터넷이 자비스의 눈, 귀가 되고 팔다리가 되는 것이다.

자비스는 분명 할을 권좌에서 밀어내고 세계에서 가장 유명한 인공지능이 됐다. 하지만 이런 자비스의 위상이 더욱 당당하게 보이는 것은, 한 번도 현실이 되지 못한 할과는 달리, 자비스의 핵심 부분들은 이제 전 세계 연구소와 기업에서 실제로 만들어지고 있기 때문이다.

인공지능 전문가이자 싱귤래리티 대학의 공동 설립자 겸 총장인 레이 커즈와일의 설명을 들어보자.[27] "아서 C. 클라크가 '할'을 처음으로 고안한 1960년대에 할은 분명 공상과학이었죠. 50년 전에는 우리가 인공지능에 관해 거의 알지 못했으니까요. 하지만 지금은 다릅니다. 자비스의 경우 이미 많은 요소들이 실제로 존재하거나 설계 도면에 올라가 있어요."

이에 관해 커즈와일보다 잘 아는 사람은 없을 것이다. 빌 게이츠가 "내가 아는 사람 중에 인공지능의 미래를 가장 잘 예측하는 인물"이라고 평했을 정도이니 말이다. 래리 페이지는 그런 커즈와일을 영입해 구글의 엔지니어링 책임자 자리를 맡겼고, 커즈와일은 현재 구글에서 자연 언어를 이해하는 인공지능 개발을 주도하고 있다. 쉽게 말하면 컴퓨터에게 구어체와 문어체의 미묘한 차이를 이해하도록 가르치고 있는 것이다. 그렇게 되면 이제 기계에게 "시리Siri (애플의 음성인식 서비스—옮긴이), 커피 전문점이 어디야?"보다는 좀 더 복잡한 질문도 할 수 있을 것이다.

"논리 지능만 가지고 있던 컴퓨터가 감성 지능까지 가진 기계로 이행하는 거지요. 그렇게 되면, 인공지능은 이제 재미있고, 농담도 알아듣고, 때로는 섹시하고, 사랑을 주고받고, 심지어 창의적일 수도 있을 겁니다."

이런 맥락의 연장선상에서 나온 것이 2013년 3월에 우리가 발표한 내용이다. 나는 테드 콘퍼런스의 큐레이터인 크리스 앤더슨과 함께 테드 연단에 올라, 우리가 힘을 합쳐 '인공지능 엑스프라이즈'AI XPRIZE를 설계할 계획이라고 밝혔다.[28] 앤더슨은 이렇게 말했다. "콘셉트는 이렇습니다. 저희는 테드 연단에 올라서 청중들로부터 기립박수를 받을 만큼 설득력 있는 강연을 펼친 최초의 인공지능에게 테드 엑스프라이즈를 수여할 예정입니다."

이 콘셉트가 성공하려면 인공지능의 여러 핵심적인 능력이 인간의 그것과 동일하거나 혹은 인간을 넘어서야 한다. 언제 이런 일이 벌어질지에 대해서는 오랫동안 논쟁이 끊이지 않았다. 커즈와일의 경우 인공지능이 모든 면에서 인간보다 앞서는 시기는 2029년이 될 것이라고 못 박아둔 상태다.[29] 《어번던스》에서 설명했듯이, 커즈와일은 기하급수 성장곡선을 토대로 이렇게 예상하고 있으며, 지금까지 그의 예상은 놀랄 만큼의 정확성을 보여주고 있다.) 분명 대부분의 기업가에게는 2029년이라는 숫자가 사업 계획을 세우기에는 너무 멀다고 느껴질 것이다. 하지만 기다릴 필요는 없다. 인공지능 또한 현재 잠복기에서 파괴적 혁신기로 이행 중인 기술의 하나이고, 우리의 일상 곳곳으로 파고들기 직전에 와 있다. 실제로 일상생활을 한번 생각해보자. 현재 미국에서는 일자리의 80퍼센트가 서비스 산업 위주다.[30] 서비스 산업에는 기본적으로 4가지 능력이 필요하다. 보기, 읽기, 쓰기, 지식 통합이 바로 그것이다. 그렇다면 지금 인공지능은 어디까지 와 있을까? 컴퓨터는 이제 이 4가지 능력을 모두 수행할 수 있을 뿐만 아니라 인간보다 더 뛰어난 경우도 많다.

좀 더 자세히 들여다보자.

이 4가지 능력은 모두 '기계학습'machine learning이라고 알려진 인공지능의 한 분과에서 나왔다. '기계학습'은 말 그대로 기계가 학습하는 법을 연구하는 과학의 한 분야다. 그리고 확실한 것 하나는 지금 기계들의 학습 속도가 그 어느 때보다 빠르다는 점이다.

첫 번째 능력인 '보기'는 오랫동안 인간이 컴퓨터보다 더 잘 수행해온 일이었다. 싱귤래리티 대학의 기계학습 학과장인 제러미 하워드Jeremy Howard의 설명을 들어보자. "기계학습 알고리즘이 인간과 비슷한 정도의 정확성을 가지고 '볼 수 있게' 된 것은 1995년입니다. 그해 미 우편공사에서 주최한 공모에서 '르넷5'LeNet 5라는 것이 우승했는데, 우편번호의 숫자를 인식해 우편물을 분류할 수 있는 알고리즘이었죠."[31]

이후로 소소한 발전이 이어지다가, 드디어 2011년 기계학습 분야에서 중요한 몇몇 돌파구가 열리며 상황은 급반전된다. 독일에 가면 해마다 '교통신호를 보고 식별하고 구분하는 일'을 놓고 인간과 기계학습 알고리즘이 경쟁하는 대회가 있다. 이 대회에는 1만 5,000개의 교통신호가

| 손으로 쓴 숫자 '2'을 인식하는 르넷5 알고리즘 |

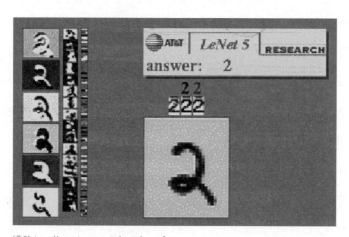

(출처_http://yann.lecun.com/exdb/lenet/)

사용되는데, 그중에는 멀어서 잘 보이지 않는 것, 나무에 가려진 것, 햇빛에 반사된 것도 있다. 그런데 2011년에 처음으로 기계학습 알고리즘이 인간을 능가하는 일이 벌어졌다. 기계학습 알고리즘의 오차율은 0.5퍼센트, 인간의 오차율은 1.2퍼센트였다.[32]

더욱 놀라운 결과가 나온 것은 2012년 이미지넷 대회ImageNet Competition였다. 대회의 과제는 100만 개의 서로 다른 이미지(새 그림부터 식기, 오토바이를 탄 사람들까지 있었다)를 보고, 1,000개의 서로 다른 카테고리에 정확히 집어넣을 수 있는 알고리즘을 만드는 것이었다. 이미 잘 알려진 물체(우편번호, 교통신호)를 컴퓨터가 인식하는 것은 그렇다 치더라도, 수천 개의 무작위적인 물체를 인식하는 것은 순전히 인간에게 속한 능력이다. 그러나 이번에도 알고리즘은 인간을 능가했다.[33]

'읽기'에서도 비슷한 발전이 일어나고 있다. 현재 고등학생이 쓴 수필에서부터 복잡한 세금 신고서에 이르기까지 인간보다 훨씬 더 빠르게, 그러면서도 일관되고 정확하게 해독할 수 있는 인공지능은 이미 나와 있다. 법률 문서도, 알아듣기 힘든 횡설수설까지도 말이다. 2011년, 존 마코프John Markoff는 《뉴욕 타임스》의 한 기사에 이렇게 썼다.[34] "인공지능의 발달 덕분에 'e-디스커버리'e-discovery 소프트웨어는 정말 얼마 안 되는 비용으로도…… 순식간에 문서를 분석할 수 있다. 연관 단어가 포함된 문서를 컴퓨터의 속도로 검색하는 것보다 훨씬 더 발전된 프로그램들도 있다. 이런 프로그램은 구체적인 단어가 없을 때도 ('중동에서의 사회 저항'에 연관된 문서처럼) 연관 '콘셉트'를 찾아낼 수도 있으며, 수많은 문서를 검토하는 변호사가 놓쳤을지도 모를 행동 패턴을 추론해낼 수도 있다."

세 번째 인간적 능력인 '쓰기'로 넘어가 보자. 2014년 1월, 딜로이트 대학교 출판사에서 나온 한 보고서에 따르면[35] 인공지능은 이 분야에서도 두각을 드러내고 있다. "지능형 자동화는 (지금도 빠르게 발전 중이지만) 이미 대다수 경제 부문의 구석구석까지 퍼져 있을 만큼 성숙한 단계에 와 있다. (읽기 측면에서 보면) 크레디트 스위스 은행 Credit Suisse 은 내러티브 사이언스 Narrative Science 의 기술을 이용해 수천 개 기업에 관한 수백만 건의 데이터 포인트를 분석한 후 자동으로 해당 기업의 전망, 호재, 리스크 등을 평가한 조사 보고서를 영어로 작성하고 있다. 이들 보고서는 애널리스트나 은행, 투자자들이 장기 투자 의사 결정을 내리는 데 도움을 주고 있으며, 보고서의 분량은 3배로 늘어났으나 보고서의 질과 일관성은 애널리스트들이 작성할 때보다도 오히려 더 좋아졌다."

네 번째 인간적 능력인 '지식 통합'은 다양한 출처에서 정보를 수집해 정확한 결론을 내리는, 훨씬 더 복잡한 능력이다. 하지만 가장 중요한 돌파구이자 가장 큰 사업적 기회를 찾을 수 있는 곳도 이 부문이다. IBM의 컴퓨터 왓슨 Watson 을 모두 기억할 것이다. 2011년 2월, 《제퍼디》 퀴즈쇼에서[36] 인간을 이겼던 바로 그 슈퍼컴퓨터 말이다. 2013년 11월 현재 IBM은 왓슨을 클라우드에 업로드해서 누구나(특히 기업가들) 개발용 플랫폼으로 사용할 수 있게 하고 있다. 왓슨을 담당하고 있는 IBM의 수석 부사장 마이클 로딘 Michael Rhodin 의[37] 이야기를 들어보자. "왓슨을 클라우드에 올린 목적은 혁신을 자극하고 애플리케이션 소프트웨어 공급 기업들로 이루어진 새로운 생태계를 조성하기 위해서입니다. 벤처 캐피털이 지원하는 기업이나 스타트업부터 기존 시장 참가자들까지 모두 아울러서 말이죠. 저희 회사 역시 왓슨을 이용하는 스타트업을 지원하려고 신규로 1억 달러의 벤처 펀드를 조성해두었습니다."

모더나이징 메디신Modernizing Medicine이 왓슨의 지원을 받는 바로 이런 새로운 스타트업이다. 모더나이징 메디신은 지난 2011년 크라우드소스를 근사하게 응용한, 아이패드 기반의 '진료과목별 전자 의료 기록 플랫폼'으로 시작했다.[38] 예컨대 모더나이징 메디신에 가입한 피부과 의사는 각종 결과 데이터를 가지고 있을 것이다. 환자의 어디에 문제가 있었고 자신이 어떤 약을 처방했는지 말이다. 모더나이징 메디신은 환자의 신상 기록을 지운 이들 데이터를 취합해 네트워크에 가입한 모든 피부과 의사들이 볼 수 있게 해준다. 이런 식으로 가입된 피부과 의사가 미국에서만 3,000여 명, 다시 말해 전체 피부과 의사의 25퍼센트나 된다. 의료의 질을 상당히 높일 수 있는 것이다. 하지만 2014년 모더나이징 메디신은 커다란 도약의 계기를 맞게 되는데, 바로 왓슨과 파트너십 관계를 맺은 것이다. 《제퍼디》쇼에 참가한 이후 왓슨은 의대에 보내졌고, 그곳에서 학술지 기사를 비롯해 교과서, 환자 치료 결과, 과학 논문 등 수백만 건의 데이터를 업로드했다. 모더나이징 메디신에 가입한 의사들은 구조화된 자신들의 환자 데이터에 왓슨의 비구조화된 조사 데이터를 결합해 놀라운 수준의 의료 현장 정보를 찾아볼 수 있게 됐다. "보건의료 부문에서 왓슨이 해내는 일을 인간은 흉내도 낼 수 없습니다." 모더나이징 메디신의 CEO 대니얼 케인Daniel Cane의 말이다.[39] "수백만 건의 문건을 뒤져서 질문에 답해주고, 출처 및 신뢰 수준까지 그 자리에서 알려주니까요. 왓슨은 지금까지 의사들을 위해 만들어진 질의-응답 도구들 중에서 가장 강력할 뿐만 아니라 의료 행위 자체를 근본적으로 바꿔놓을 겁니다."

왓슨의 도움을 받아 창업하고 싶은 기업가라면 더욱 좋은 소식이 있다. 케인은 IBM과 함께 작업하는 것이 너무 쉬워서 깜짝 놀랐다고 말한다. "지원과 안내가 얼마나 많은지, 왓슨으로 구동하는 프로토타입 전체를 만드는 데 2주밖에 걸리지 않았죠."

기술이 사업화하기에 언제가 적기인지, 그 결정적 순간이 언제인지 짚어주는 것은 이 책의 핵심 목표 중 하나다. 공개적으로 이용 가능한 애플리케이션 프로그래밍 인터페이스API, Application Programming Interface와 결합된 왓슨이 클라우드에 있다는 사실은 바로 그런 순간, 모자익처럼 인터페이스의 폭발적 성장이 일어날 수 있는 때가 왔다는 뜻이다. 온갖 종류의 새로운 기업에 인공지능의 가능성이 열리고, 인공지능이 잠복기를 지나 파괴적 혁신의 성장기로 이행하고 있는 중이라고 말하고 있는 것이다. 기하급수 기업가들이여, 대체 무엇을 더 기다린단 말인가?

우리가 방금 이야기한 모든 것들은 다른 세계의 이야기가 아니라 바로 지금, 여기에서 벌어지는 일이다. 레이 커즈와일은 이렇게 말한다.[40] "곧 우리가 나누는 모든 전화 대화를 인공지능이 들을 수 있는 허가가 떨어질 겁니다. 이메일과 블로그도 모두 읽고, 회의를 엿듣고, 게놈 검사 결과를 검토하고, 우리가 뭘 먹는지, 운동은 얼마나 하는지, 구글 글래스로 뭘 보는지까지 엿봐도 되는 허가가 나겠죠. 그렇게 해서 각 개인용 인공지능은 우리가 필요한지조차 모르고 있던 정보들까지 우리에게 제공할 수 있게 될 겁니다."

예컨대 이런 경우를 생각해보자. 시야에 들어오는 사람의 얼굴을 인식하고 이름을 알려주는 시스템이 있다고 치자. 이 정도는 그렇게 대단한 능력은 아니다. 이미 온라인에서는 가능한 기능이니 말이다. 하지만 이러면 어떨까? 이 시스템이 정황 이해 능력을 갖는 것이다. 그래서 친구와의 대화가 가족 이야기로 흘러간다는 것을 깨닫고 우리에게 친구의 가족들이름은 물론 곧 누구의 생일이라는 사실까지 알려주는 것이다.

여기서 언급한 많은 인공지능 성공 사례들 뒤에는 딥러닝Deep Learning
이라는 알고리즘이 있다. 토론토 대학교의 제프리 힌턴Geoffrey Hinton이
이미지 인식용으로 개발한 딥러닝은 이제 이 분야의 대표적인 접근법으
로 자리를 잡았다. 그러니 2013년 봄, 구글이 (커즈와일과 마찬가지로) 힌턴
을 영입한 것도 놀라운 일은 아니며,[41] 이 분야의 발전 속도는 더욱더 빨
라질 것으로 보아야 한다.

최근에 구글과 미 항공우주국 에임스 연구 센터NASA Ames Research Center
는 기계학습을 연구하려고 디웨이브 시스템스D-Wave Systems에서 제조한
512큐비트qubit(큐비트는 양자컴퓨터의 정보 단위—옮긴이) 컴퓨터를 구입했
다. 번개 같은 속도의 이 컴퓨터는 얼굴 인식 및 목소리 인식 문제를 해결
함은 물론이고 생물학적 행동을 이해하고 초대형 시스템을 관리할 수도
있다. 디웨이브 시스템스의 공동 설립자이자 최고기술책임자인 조디 로
즈Geordie Rose는 이렇게 말한다.[42] "더 어렵고 복잡한 문제일수록 결과는
더 좋아집니다. 대부분의 문제에서는 1만 1,000배가 빨랐지만 '약간 어
려운' 항목에서는 3만 3,000배가 더 빨랐어요. '아주 어려운' 항목에서는
5만 배가 빨랐습니다." 그러니 스타크가 자비스에게 어마어마한 양의 이
미지 데이터를 살펴보고 군중들 속에서 특정 얼굴을 찾아내라고 했을 때
자비스는 아마도 큐비트를 이용하고 있었을 것이다.

이렇게 양자컴퓨터의 도움을 받는 인공지능 이야기를 꺼내는 이유가
무엇일까? 여러분이 이런 기계를 개발하거나 양자컴퓨팅을 이용하라는
이야기가 아니다(새로운 스타트업인 원큐비트1Qbit[43]는 기업가가 웹을 통해 디웨이
브 시스템스의 컴퓨터에 접속할 수 있는 온라인 사용자 인터페이스를 만들어두기는 했

다). 오히려 내가 하려는 이야기는 이것이다. 인공지능은 지난 50년간 기나긴 잠복기를 보냈다. 1956년 세계 최고의 석학들이 '다트머스 여름 연구 프로젝트'[44]라는 이름으로 처음 한자리에 모여, 뉴잉글랜드의 뜨거운 여름 한철 동안 인공지능을 완전히 해부할 수 있을 것이라고 "완전히 잘못 예측"했던 이후로 말이다. 하지만 지금은 딥러닝의 성공 및 IBM의 왓슨을 레이 커즈와일 같은 현대적 기술 예언자와 결부시켜 생각해보면, 인공지능이라는 분야가 기하급수 성장곡선의 무릎 지점에 와 있다는 것을 알 수 있다. 다시 말해 인공지능 분야는 파괴적 혁신을 향해 질주할 준비가 되었다.

그렇다면 이것은 기하급수 기업가들에게 어떤 의미일까? 이게 바로 수십억 달러짜리 질문이다. 답을 찾으려고 할 때 꼭 기억해야 할 점은 자비스가 궁극적인 형태의 사용자 인터페이스라는 점이다. 모든 기하급수 기술을 대중화하고 우리 모두가 스타크와 같은 능력을 가질 수 있게 해주는 인터페이스 말이다.

로봇공학: 새롭게 부상하는 노동력

· · · ·

낙타 경주는 중동에서는 수백 년간 이어져 내려온 전통이지만 주로 대형 행사 때에만 열린다. 그럼에도 낙타 경주는 지난 50년간 아랍 문화의 중심이자 지구상에서 가장 돈 많은 사람들의 스포츠로 변신했다. 말하자면 왕족들이 여는 전통의 경마대회처럼 변신한 것이다. 가장 많이 변화한 것은 낙타에 오르는 기수다. 20년 전에는 체중이 가벼운 아이들이 낙타에 올라탔다. 하지만 부상을 당하거나 죽을 위험도 있었기 때문에 인도주의적 측면에서 비난이 거셌다. 그래서 아랍에미리트와 카타르 모두 이런 관행을 금지하고, 아이들 대신 더 가벼운 기수를 찾아냈다. 바로 로봇 기수다.[45]

요즘 낙타 경주에서는 로봇 기수가 일반적이다. 이들 로봇 기수는 전통적인 기수와 마찬가지로 안장에 앉아 고삐를 이리저리 조정하며 채찍을 휘두른다. 설계자들은 낙타가 로봇 기수에게 겁을 먹지 않으려면 로봇의 모양새를 사람과 유사하게 만드는 편이 도움이 된다는 사실을 알게 되었다. 그래서 로봇 기수에게는 마네킹 얼굴에 선글라스와 모자를 씌우고 경주복을 입힌 다음 기수들이 흔히 쓰는 향수까지 뿌려준다. 가장 최신형 로봇 기수는 키가 30센티미터 정도로 작고, 무게는 2킬로그램에서 4킬로그램 정도로 가벼우며, 고삐를 조절하고 채찍을 휘두를 수 있는 깡마른 팔이 달려 있다. 심지어 스피커까지 달려 있어서 낙타 주인들이 (에어컨이 나오는 SUV 차량에 앉은 채로) 낙타에게 워키토키로 명령을 내릴 수도 있다. "아웃코스로 돌아!"

물론 지금 낙타 경주의 사업 기회에 대한 이야기를 하려는 것은 아니다. 오랜 잠복기에서 헤어나지 못하고 있던 또 다른 기하급수 기술인 로봇공학이 파괴적 혁신기로 이행 중이라는 이야기를 하려는 것이다. 리틀러 직장 정책 연구소Littler Workplace Policy Institute의 한 보고서는 이렇게 말하고 있다.[46] "로봇공학은 전 세계에서 가장 빠르게 성장하고 있는 산업이며, 향후 10년간 '가장 큰' 산업이 될 것이다." 다시 말해 로봇 기수는 이제 겨우 시작에 불과하다는 이야기다.

백스터Baxter를 한번 생각해보자.[47] 백스터는 MIT 로봇공학과 명예교

수이자 룸바Roomba를 제작한 아이로봇iRobot의 공동 창업자이기도 한 전설적 로봇공학자 로드니 A. 브룩스Rodney A. Brooks의 작품이다. 인간의 신체와 유사한 디자인에 날개 폭 2.7미터, 얼굴이 있을 자리에 태블릿 컴퓨터가 자리한 백스터는 어딘지 만화에서 튀어나온 것처럼 생겼다. 한쪽 팔을 잡으면 백스터는 이쪽으로 머리를 돌리면서 태블릿 컴퓨터에 동그란 두 눈을 띄워 관심을 표현한다. 하지만 백스터가 정말로 신나는 로봇인 이유는 뭐니 뭐니 해도 사용자 인터페이스 때문이다.

대부분의 산업용 로봇과 달리 백스터는 인간에게 안전하다. 자동차를 만들 때 흔히 쓰는 6축 로봇과 사람이 한 공간에 들어갔다가는 살아남기 힘들 것이다. 그래서 산업용 로봇 옆에는 대부분 출입 통제선이 쳐 있다. 하지만 백스터는 닭장에 가둬둘 필요가 없다. 예상치 못한 물건에 부딪힐 경우 센서가 그것을 감지해서 즉시 동작을 멈추기 때문이다. 다시 말해 '그'는 우리를 해칠 수가 없다.

게다가 백스터는 단순 명쾌한 사용자 인터페이스를 갖추고 있다. 코딩 형식으로 복잡하게 프로그래밍하지 않아도 백스터는 알려주는 대로 흉내를 내서 학습할 수 있다. 그냥 시키고 싶은 동작대로 로봇의 팔을 잡고 움직이면, '짜잔!' 백스터 스스로 프로그래밍을 끝낸다. 그리고 이제 곧 온라인으로 이용할 수 있게 될 인공지능과 결합된다면 백스터의 손을 움직여줄 필요도 없이 그냥 대화로 동작을 시킬 수 있는 날도 머지않을 것이다. "백스터, 이 타이어 좀 저 차에 끼워줄래?"

싱귤래리티 대학의 로봇공학과 학과장인 댄 배리 박사는 이렇게 말한다.[48] "백스터는 큰 진전이죠. 아무 생각 없이 같은 일만 반복하는 단일 목적의 우락부락한 산업용 로봇과 똑똑하고 폭넓게 주변을 인식하고 상황을 파악하고 복잡한 계산도 척척 해내는 섬세한 연구 로봇 사이의 간극을 메워줄 첫 번째 로봇이니까요."

그리고 더 중요한 점은 이제 기업가들이 백스터를 중심으로 비즈니스를 구상할 수 있게 되었다는 점이다. 디지털 어패럴Digital Apparel이 바로 그런 예다. 샌프란시스코 베이 에어리어에 위치한 의류 스타트업인 디지털 어패럴은 고객의 신체를 3D 스캔하여 데님을 재단하고 바느질함으로써 고객에게 꼭 맞는 청바지를 만들 계획을 갖고 있다. 그렇다면 디지털 어패럴이 청바지 제작에 활용하려는 로봇은 어떤 로봇일까? 맞다. 백스터다.

사용자 친화적인 로봇 인터페이스 외에 로봇의 민첩성 및 이동성 측면에서도 이미 기하급수적 진보가 목격되고 있다. 차세대 센서 및 액추에이터의 개발과 무한에 가까운 컴퓨팅 및 인공지능 덕분에 로봇공학에서 캄브리아기 대폭발(지질 시대 중 캄브리아기에 갑자기 다양한 종류의 동물들이 출현한 것을 이르는 말―옮긴이)이 일어나고 있다.[49] 온갖 크기와 모양과 이동 방식을 가진 로봇 종들이 '연구실'이라는 진창을 기어 나와 '시장'이라는 육지에 올라서고 있는 것이다. 예컨대 페스토Festo에서 만든 로봇은 새처럼 난다. 보스턴 다이내믹스Boston Dynamics에서 만든 로봇은 바닥을 기고, 높은 곳을 오르고, 점프하고, 깡충깡충 뛸 수도 있다. 그것도 무거운 짐을 든 채로 말이다(100킬로그램 이상을 들 수 있는 로봇도 있다). 이런 '셰르파 로봇'(짐꾼 로봇)들은 바위투성이 산비탈도 지날 수 있고, 얼음판 위에서도 균형을 잡으며, 땅에서 점프하여 건물 3층 꼭대기에 착지할 수도 있다.

하지만 (대학 연구실도 부족하고 정부 보조금에 의존하면서) 비교적 느리게 발전하던 이 분야가 비약적으로 발전할 계기를 맞은 것은 2013년 말이다.

아마존이 드론 사업에 뛰어들겠다고 발표하더니,[50] 구글이 로봇 기업 8곳(보스턴 다이내믹스도 그중 하나였다)을 인수하겠다고 발표한 것이다.[51] 유력 업체들이 뛰어들자 로봇공학은 발전 속도에 날개를 달게 됐다.

이에 따라 앞으로 상당히 큰 변화가 일어날 것이다. 로봇들은 노동조합을 만들지도 않고, 지각도 하지 않으며, 점심도 먹지 않는다. 그럼에도 백스터의 경우 시간당 4달러의 비용이면 조립 라인 하나를 가동할 수 있다.[52] 옥스퍼드 마틴 스쿨의 2013년 보고서에 따르면, 미국 내 일자리의 45퍼센트는 향후 20년 내에 컴퓨터(인공지능 및 로봇)로 대체될 위험이 높다고 한다.[53] 좋건 싫건 이런 추세는 전 세계적으로 뚜렷이 나타나고 있다. 애플의 아이폰을 제조했던 중국의 전자 업체 폭스콘Foxconn은 2013년 휴대전화 수요가 급증하자 노동쟁의며 열악한 노동 환경에 대한 보도, 나아가 폭동, 자살 등으로 뉴스거리가 됐었다. 이런 보도의 여파로 폭스콘의 회장인 테리 거우Terry Gou는 3년 내에 100만 노동자를 로봇으로 대체할 생각이라고 말했다.[54]

로봇은 향후 3년에서 5년 이내에 생산직 노동력을 대체하는 외에도 훨씬 더 광범위한 분야를 침범할 것이다. 댄 배리 박사는 이렇게 말한다. "텔레프레즌스 로봇telepresence robot이 곧 등장할 겁니다. 콘퍼런스나 회의석상에서 우리 대신 우리의 눈과 귀와 팔다리가 되어주는 거지요. 그냥 로봇 자체라고 봐도 될 무인 자동차는 곧 사람들을 실어 나르고 물건과 서비스를 배달하기 시작할 거고요. 앞으로 10년 동안 로봇은 보건의료 분야로도 파고들어, 평범한 수술을 하는 의사들의 자리를 대신하고 노인들을 돌보는 간호사들을 보충하겠지요. 제가 만약 어마어마한 가치를 만들어내고 싶은 기하급수 기업가라면, 저는 인간에게 가장 고약한 일거리가 뭔지 찾아볼 겁니다. …… 세계적으로 비숙련 노동에 대한 시장이 수조 달러 규모라는 점을 감안하면 어마어마한 기회인 거지요."

그러면 기업가는 이런 기회를 어떻게 이용할 수 있을까? 2013년 6월 3일, 《안트러프러너》Entrepreneur의 한 기사는 이렇게 설명하고 있다.[55] "로봇공학을 위한 스타트업 인프라 역시 조성되기 시작했다. 로봇 가든Robot Garden 같은 해커들의 공간이나 로봇 론치패드Robot Launchpad 같은 스타트업 자문 업체, 심지어 로봇 기업 전문 벤처 캐피털까지 나타나고 있다. 러시아의 인터넷 기업가 드미트리 그리신Dmitry Grishin은 지난 6월 뉴욕 시에 그리신 로보틱스Grishin Robotics를 설립했다." 이런 일련의 움직임은 오랫동안 대부분의 사업가들이 감히 범접하기 힘들던 분야에서 이제 비즈니스 기회가 열리고 있다는 증거다. 이 기사에 나오는 또 다른 기술 벤처 캐피털 회사인 트루 벤처스True Ventures의 설립 파트너 존 캘러헌Jon Callaghan은 이렇게 말한다. "이 시장이 이제 곧 결실을 맺을 것이라는 초기 지표들이 나타나고 있습니다. 아직 너무 이르긴 하지만, 정말 눈 깜짝할 새에 히트하게 될 겁니다. 돌아보면 2013년은…… 로봇공학이 그 자체로 인정받기 시작한 해가 되겠지요."

유전체학과 합성생물학
· · · ·

지금까지 우리는 향후 3년에서 5년 내에 폭발적 성장을 경험할 기하급수 기술들을 몇 가지 살펴보았다. 또 이 기술들이 어떻게 다시 다른 기술에 힘을 더해주는지도 보았다. 클라우드 컴퓨팅의 부상으로 인공지능은 공간적 제약을 벗어나 훨씬 더 많은 일을 할 수 있게 되었고, 그 덕분에 평범한 기업가들도 로봇을 프로그램할 수 있게 되었다. 이제 마지막으로 살펴볼 합성생물학은 조금 더 먼 이야기이기는 하지만(향후 5년에서 10년 정도), 잠복기에서 파괴적 혁신기로 이행하고 있기는 마찬가지다.

그리고 그 파괴적 혁신의 규모는 상당할 것이다.

합성생물학은[56] DNA가 기본적으로 소프트웨어라는 생각에서 출발한다. 4자로 된 코드가 특정 순서로 배열된 것에 지나지 않는다는 것이다. 컴퓨터와 매우 유사하게 이 코드가 기계를 움직인다. 생물학에서는 코드의 순서가 세포의 생산 과정을 통제하면서 세포에게 특정 단백질 등을 만들라고 지시한다. 하지만 다른 모든 소프트웨어와 마찬가지로 DNA는 재프로그램할 수도 있다. 자연이 만들어놓은 원래의 코드를 인간이 쓴 새로운 코드로 바꿔치기할 수도 있는 것이다. 우리는 생명 활동 과정을 조작해 무엇이든 생산하게 만들 수 있다.

이런 아이디어는 그 자체로 새로운 것은 아니다. 유전공학 분야에서 유전자 한두 개를 이 생물에서 저 생물로 옮겨 심는 일은 이미 일어났다. 2007년, 한국의 연구진이 해파리의 발광체 DNA를 추출해 고양이에게 삽입했던 것처럼 말이다. 결과는 어땠을까? 고양이는 밤이 되면 빛이 나는 야광 고양이가 되었다![57] 합성생물학이 유전공학과 다른 점은 바꿔치기하는 것이 개별 글자 수준이 아닌 게놈 전체라는 점이다.

"합성생물학은 기본적으로 유전공학이 디지털화된 것이라고 보면 됩니다." 오토데스크의 연구원이자 싱귤래리티 대학 교수인 합성생물학자 앤드루 헤셀Andrew Hessel은 말한다.[58] "전에는 이런 일이 모두 연구실에서 수작업으로 이뤄졌죠. 비용도 막대하고, 오류도 많았고요. 지금은 DNA

조작 작업을 워드 프로세서와 유사한 프로그램을 사용해 컴퓨터로 합니다. 유전자 코드를 짜깁기해서, 오류를 확인하고, 정리하면 돼요. '끌어다 놓기'drag-and-drop처럼 쉬워지는 거지요."

이렇게 간단하고 사용하기 편리해진 합성생물학은 놀라운 가능성의 문을 열었다. 새로운 연료나 식품, 의약품, 건축 자재, 섬유, 심지어 새로운 생물까지도 그리 먼 이야기가 아니게 되었다. 지금 공업적으로 제조하는 모든 것들을 결국에는 생물학적으로 제조하게 될 것이다.

우리의 평범한 하루를 한번 생각해보자. 아침에 일어나 가장 먼저 무엇을 하는가? 양치질이다. 지금 우리가 사용하는 치약의 성분은 대개 백악에 시원한 향을 더한 정도다. 하지만 합성생물학이 적용되면 각 개인별 구취의 원인이 되는 특정 균에 대항할 제품을 만들 수 있다. 다시 헤셀의 이야기를 들어보자. "그게 다가 아닙니다. 양치 후에도 오래도록 양치효과를 낼 수 있는 미백 나노 입자를 넣을 수도 있습니다. 감염이 되거나 암이나 당뇨에 걸렸을 경우 각각 독특한 색깔을 내는 치약을 만들 수도 있고, 개인 맞춤형 프로바이오틱스를 분비하도록 해서 장내 미생물의 균형을 맞춰줄 수도 있습니다. 이 모든 게 가능해요. 그리고 여기까지가 아침에 일어나서 제일 먼저 하는 일입니다."

합성생물학이라고 하면 많은 사람이 아직도 공상과학처럼 생각한다. 하지만 합성생물학을 공상과학이 아니라 현실의 과학으로 만들어주는 것은 다른 모든 기하급수 기술과 마찬가지로 '무어의 법칙'이라는 원동력이다. DNA는 4자짜리 코드에 불과하기 때문에 유전학이 디지털화되면서 정보과학으로 변신한 것이고, 그와 동시에 이미 기하급수적 성장이라는 고속도로에 올라탄 것이다. 그렇기 때문에 1995년 미 국가보건원은 한 사람의 게놈 배열 순서를 밝히려면 150억 달러의 비용으로 50년이 걸릴 것이라고 예측했지만, 2001년 J. 크레이그 벤터J. Craig Venter 박사는 1억 달러의 비용으로 9개월 만에 이 일을 해낸 것이다. 지금은 기하급수적 성장 덕분에 수십억 개에 달하는 한 사람의 게놈을 1,000달러의 비용으로 몇 시간이면 밝혀낼 수 있다.[59] 하지만 정말로 놀라운 점은 생명공학이 그저 무어의 법칙에 따르는 것이 아니라 무어의 법칙보다 5배나 빠르게 가속화되고 있다는 점이다. 능력은 2배로 커지고 비용이 반으로 줄어드는 데 고작 4개월밖에 걸리지 않은 것이다!

그렇다면 이 모든 것은 어떤 의미일까? 한때는 비용이 너무 많이 들어서 강대국의 정부나 대학 연구실에 속한 박사들밖에는 접근할 수 없었던 생명공학이라는 분야가 이제는 기업가들의 놀이터가 되고 있다는 사실이다. 이미 대부분의 대도시에는 '바이오 해커'들을 위한 공간이 있고(누구라도 방문해서 합성생물학과 함께 노는 법을 배울 수 있다), 필요한 장비는 모두 온라인에서 (할인된 가격에) 이용할 수 있다. 합성생물학에 끌리지 않는 사람들이라면 수수료만 지불하면 그만이다. 수십 군데의 '용역 조사 및 제조 서비스 업체'들이 부담되는 일을 대신 해줄 것이다. 가장 큰 뉴스는 합성생물학이 가장 중요한 보조 기술이자 게임의 판을 그릴 도구를 개발하기 직전에 와 있다는 점이다. 사용자 친화적인 인터페이스 말이다.

오토데스크의 피어9 디자인 센터에서도 바로 그런 툴이 개발 중이다. 카를로스 올긴Carlos Olguin이 작업 중인[60] 사이보그 프로젝트는 고등학생이나 기업가, 시민 과학자 들도 DNA를 프로그램할 수 있는 합성생물학 인터페이스를 만들려고 한다. 올긴의 말을 들어보자. "저희는 이 기술을 단순화하려고 최대한 노력하고 있습니다. 전에는 완성하려면 박사 후 과정을 밟는 사람 정도가 수 주에서 수개월씩 매달려야 했던 모델링 작업을 이제는 비교적 쉽게, 몇 초 안에 완성할 수 있습니다. 저희의 목표는 생물 일부를 이용하는 프로그래밍 작업을 페이스북처럼 한눈에 파악할 수 있게 만드는 것입니다. 더 많은 사람이 프로그램 설계에 참여할 수 있게 말이죠. 박사 학위가 없는 사람들, 예컨대 잭 안드라카Jack Andraka 같은 사람도 이용할 수 있게 되길 바라고 있어요. 열네 살 고등학생인 잭 안드라카는 인텔 과학공학 박람회에서 빠르고 정확하고 값싸게 췌장암을 진단하는 방법을 제시해 대상을 차지했죠."

그리고 이 소프트웨어는 클라우드에 올라가 있을 것이다. 그러니 누구라도 이 소프트웨어를 사용해 실험을 할 수 있을 뿐만 아니라, 누구든지 그 결과를 이제 곧 마련될 오토데스크의 '사이보그 프로젝트' 시장에 내다 팔 수 있다. 이 말은 곧 합성생물학의 사업적 가능성을 크게 높일 환상적인 수단이 생긴다는 뜻이다. 바로 합성생물학을 위한 첫 번째 앱스토어 말이다.

100세 환갑 시대

• • • •

제3장에서 주로 개별 기술의 사업적 가능성에 관해 이야기했지만, 실제로 잠재적 가능성이 더 많이 존재하는 영역은 여러 분야가 서로 교차하는 곳이다. 2013년 3월, 내가 유전학의 마법사 J. 크레이그 벤터 박사, 줄기세포 연구의 선두 주자 로버트 하리리Robert Hariri 박사와 힘을 합쳐 내 생애 가장 대담한 모험이 될 휴먼 롱제버티를 설립하게 된 것은 이런

맥락에서다.[61] CEO인 벤터 박사는 휴먼 롱제버티의 과업을 "유전체학과 무한 컴퓨팅, 기계학습, 줄기세포 치료법의 힘을 결합하여 의학적, 과학적, 사회적으로 가장 큰 난관인 노화 및 노화 관련 질병을 정복하는 것"이라고 설명한다. 태반 줄기세포 이용법을 개척한 하리리 박사는 이렇게 말한다. "저희의 목표는 모든 사람이 더 오래, 더 건강하게 살 수 있도록 돕는 것입니다. 신체 재생 엔진인 줄기세포에 새로운 활력을 불어넣는다면 운동 능력이나 인지 능력, 아름다움까지도 훨씬 오랫동안 유지할 수 있죠." 쉽게 말해 휴먼 롱제버티의 목표는 100세가 되어도 지금의 60세처럼 보이게 만드는 것이다.

휴먼 롱제버티를 출범시키는 데 필요했던 초기 자금 8500만 달러는 순식간에 모집이 끝났다. 이렇게 빠르게 투자금이 모집된 데는 휴먼 롱제버티가 제3장에서 다룬 많은 기하급수 기술들이 교차하는 곳에 위치한 덕분이기도 하다. 로봇공학은 번개처럼 빠르게 유전자 배열을 밝혀주고, 인공지능과 기계학습은 페타바이트 단위의 미가공 게놈 데이터를 정리하고, 클라우드 컴퓨팅과 네트워크는 그 데이터를 전송하고 처리하고 저장하며, 합성생물학은 노화된 줄기세포의 잘못된 게놈을 교정하고 새로 써준다. 더구나 건강하고 풍요로운 삶을 더 오래 누릴 수 있는 것이 얼마나 큰 가치인지를 감안한다면(65세 이상인 사람들이 은행 계좌에 보관하고 있는 돈은 50조 달러가 넘는다), 그 잠재력은 말하지 않아도 충분히 짐작될 것이다.

기하급수 기업가로 성공하고 싶다면 이런 잠재력을 제대로 이해해야 한다. 만약 20년 전이었다면 우스운 이름(우버, 에어비앤비)을 가진 회사들이 컴퓨터 알고리즘의 도움을 받아서 20세기형 산업들을 소멸화시킨다는 말은 헛소리였을 것이다. 15년 전에 슈퍼컴퓨터에 접속하려면 (분 단위로 클라우드에서 빌리는 것이 아니라) 슈퍼컴퓨터를 한 대 사야 했다. 10년 전에 생명공학은 강대국의 정부나 대기업들만 하는 일이었고, 3D 프린팅은 플라스틱으로 된 시제품을 만들 때 사용하는 값비싼 기기였다. 7년 전에는 대부분의 기업가들이 접근할 수 있는 로봇이라고 해봐야 룸바밖에 없었고, 인공지능이란 '말하는 현금인출기'라는 뜻이었지 고속도로를 달리는 무인 자동차가 아니었다. 2년 전에 평균 수명 100세는 말도 안 되는 소리였다. 무슨 말인지 알 것이다.

비즈니스 세계는 급변하고 있다.[62] 스티브 잡스의 유명한 말처럼 "우주에 흔적을 남기고" 싶은가? 오늘날 기하급수 기업가들은 필요한 모든 힘을 수중에 갖고 있다. 수십억 달러짜리 회사가 이토록 빨리 만들어진 때는 없었다. 다음번에는 수조 달러짜리 산업들이 새로 만들어질 것이다.

하지만 기하급수 산업의 잔치에 한몫 끼겠다고 결정을 내리기 전에 가장 먼저 내디뎌야 할 가장 중요한 첫걸음은 '이 길을 갈 수 있다'고 스스로를 설득하는 일이다. 그래서 제4장부터 제6장까지는 기하급수 기업가가 되는 데 가장 중요한 툴인 '대담한 결정을 내리는 데 필요한 심리적 기술'을 중점적으로 다룰 것이다.

제2부

대담하게
생각하라

BOLD

제4장

스컹크 워크스와
몰입

냉전 시대에 등장한 조직혁신 방법론

· · · ·

1930년대의 언제쯤부터였다. 켄터키 주 도그패치의 어느 깊은 숲 속에서 비극이 벌어지고 있었다. '스컹크 오일'에서 나는 독한 연기 때문에 매년 수십 명의 주민이 죽어나갔다. 스컹크 오일은 스컹크 워크스라는 공장에서 뜨거운 증류기에 죽은 스컹크와 낡은 신발을 넣고 끓여 만든 합성물질이었다. 적어도 앨 캡Al Capp에 따르면 그랬다.[1]

앨 캡은 전설의 만화《릴 애브너》Li'l Abner의 작가다. 그리고 '스컹크 워크스'Skonk Works는 앨 캡이 만들어낸 것 중에서 가장 많이 기억되는 단어다. 물론 스컹크 워크스라는 용어가 이토록 오래도록 살아남은 것은 앨 캡과는 무관하다. 이 단어가 유명해진 것은 항공우주 업체 록히드 덕분이니 말이다.

1943년 록히드의 수석 엔지니어 클래런스 켈리 존슨Clarence Kelly Johnson은 미 국방부로부터 전화 한 통을 받았다. 방금 유럽 상공에 독일군 제트 전투기가 출현했는데, 미국도 그에 맞설 전투기가 필요하다는 이야기였다. 믿기지 않을 만큼 중요한 임무였지만 기한이 너무 촉박했다. 그러나 켈리에게는 생각이 있었다. 켈리는 캘리포니아 주 버뱅크에 있는 록히드의 시설로 가장 똑똑한 엔지니어 몇 명과 기계공 몇 명을 소집했다. 그리고 (아무리 괴상하고 과격해도 상관없으니) 마음 가는 대로 자유롭게 디자인을 해보라고 지시하면서, 록히드의 거대한 관료형 조직이 접근하지 못하게 벽을 둘러쳤다. 허가된 사람이 아니면 새 프로젝트의 목적에 관해 단 한마디도 들을 수 없을 뿐더러 이 팀의 임무에 대해 한마디도 입 밖에 낼 수 없었다. 직원들은 임시로 빌린 서커스 천막에 묵었다(거처를 구하기가 쉽지 않았다). 참견하기 좋아하는 사람들을 멀리 떼어놓으려고 일부러 아주 고약한 냄새가 나는 플라스틱 공장 옆에 자리를 잡았기 때문에, 실은 말을 하고 싶어도 입을 벌리기가 쉽지 않기도 했다. 그곳에 모인 엔지니어 중 한 사람인 어브 컬버Irv Culver가 앨 캡의 만화에 나오는 공장의 이름을 따서 이곳을 '스컹크 워크스'라고 부르기 시작한 것은 그 때문이었다.

전하는 이야기에 따르면 어느 날 해군성에서 새 프로젝트(정확히 말하면 P-80 프로젝트)의 진행 현황을 알아보려고 록히드에 전화를 했는데, 실수로 컬버의 내선번호로 연결이 되었다고 한다. 컬버는 평소처럼 전화를 받았다. "스컹크 워크스, 스파이 컬버 전화 바꿨습니다."[2]

스컹크 워크스라는 단어는 이렇게 해서 굳어지게 되었다. 몇 년 뒤 원작만화 저작권자의 요청이 있어 스컹크 워크스의 철자법은 'Skonk Works'에서 'Skunk Works'로 바뀌게 된다.

그리고 스컹크 워크스는 효과를 발휘했다. 정확히 143일 뒤, 미국의 첫 군용 제트기가 미 국방부로 배달된 것이다. 믿기지 않을 만큼 짧은 시간이었고, 심지어 당초 기한보다도 일주일이나 앞선 날짜였다. 군사 프로젝트임을 감안해보면 그 정도 기간에 군납 업체들은 보통 무언가를 만들어내기는커녕 서류에 결재도 다 받지 못한다. 그러나 록히드의 스컹크 워크스는 이후 수십 년간 똑같은 성공 사례를 계속 만들어냈고, U-2, SR-71, 나이트호크Nighthawk, 랩터Raptor 등 세계에서 가장 유명한 비행기들을 줄줄이 내놓았다. 같은 방법론을 채용한 결과였다. 이런 비행기들 덕분에 미국은 냉전에서 승리하기도 했지만, 이들 프로젝트가 더 큰 영향을 끼친 곳은 조직 운영에 관한 부분이었다. 이후 반세기 동안 기업들이 대담한 프로젝트를 추진하고 싶을 때면 종종 스컹크 워크스가 그런 혁신을 성공시켜주곤 했다.

방산 업체 레이시언Raytheon과 듀폰에서부터 월마트와 노드스트롬 백화점에 이르기까지 스컹크 워크스 방법론을 채용하지 않은 회사가 없다. 예를 하나 더 들어보면 애플의 공동 설립자 스티브 잡스도 이 방법을 사용한 적이 있다. 잡스는 1980년대 초 실리콘밸리의 굿어스 레스토랑 뒤편에 건물 한 채를 세냈다. 그리고 20명의 뛰어난 설계자들을 모아 자기만의 스컹크 워크스를 꾸리고 첫 번째 매킨토시 컴퓨터를 만들었다.[3] 이 부서는 애플의 일반 연구개발 부서와는 별개로 운영됐으며 잡스가 직접 이끌었다. 그런 새로운 조직이 왜 필요하냐고 물으면 잡스는 이렇게 답하곤 했다. "원래 해군에 들어가는 것보단 해적이 되는 편이 낫거든요."

하지만 궁금한 것은 그 이유다. 대담한 혁신이 필요할 때는 왜 해군보다 해적이 나은가? 스컹크 워크스라는 방법론은 어떻게 그렇게 매번 훌륭한 결과를 내놓을 수 있는가? 그리고 가장 중요한 질문은, 이것이 지금의 기업가들 혹은 대담한 꿈을 꾸고 있는 사람들과 무슨 관련이 있는가?

아주 많은 관련이 있다.

스컹크 워크스의 비밀 1: 어려운 목표
．．．．

앞서 우리는 기하급수적으로 빠르게 발전하는 기술이 지금의 기업가들에게 어마어마한 가능성을 제공하는 모습을 살펴보았다. 이전에는 대기업이나 정부에서만 할 수 있었던 커다란 과제들을 이제는 혁신가로 구성된 소규모 팀들도 도전할 수 있게 되었다. 엄청난 뉴스다. 싱귤래리티 대학이 가장 강조하는 것 중 하나가 '전 세계적 난관이 곧 전 세계적 사업 기회'라는 점이다. 기하급수 기술 덕분에 역사상 처음으로 기업가들은 이 게임에 실제로 뛰어들 수 있게 되었다. 하지만 문제가 있다. '기하급수 기술 하나만으로는 이 일을 해낼 수 없다'는 점이다.

대담한 과제를 정복하는 일은 단순히 기술적으로만 어려운 것이 아니라 심리적으로도 말도 못 하게 어렵다. 이 책을 쓰면서 인터뷰한 혁신가들이 하나같이 강조한 사항도 바로 '멘탈 게임'의 중요성이었다. 이들은 마음가짐이 제대로 되지 않으면 성공 가능성은 '제로'라고 말했다. 나 역시 절대적으로 동의하는 부분이다. 태도가 전부다. 할 수 있다고 생각하든, 할 수 없다고 생각하든 생각한 그대로 될 것이다. 그래서 제2부에서는 이 '마음가짐'을 업그레이드시켜보려고 한다. 크고 대담한 계획에 필요한, 실전에서 단련되고 경험으로 입증된 여러 심리적 전략을 알아보자.

접근 방향은 3가지다. 우선 제4장에서는 스컹크 워크스의 비밀을 들여다볼 것이다. 스컹크 워크스가 현대사에서 가장 성공적인 혁신 전략이 될 수 있었던 핵심 원리가 무엇인지 알아볼 것이다. 제5장에서는 내 개인적으로 생활이나 업무에서 의지하고 있는 정신적인 툴과 테크닉들을 살펴볼 것이다. 마지막으로 제6장에서는 빼어난 기업가 정신을 가진 억만장자를 몇 사람을 만나볼 것이다. 일론 머스크, 제프 베조스, 리처드 브랜슨, 래리 페이지가 중요한 이유는 단순히 이들이 경제적으로 성공했기 때문이 아니라, 그 성공을 통해 거대한 난관에 도전하는 데 반드시 필요한 크게 생각하는 능력을 얻었기 때문이다.

가장 먼저 살펴볼 것은 스컹크 워크스의 비밀이다.

전통적으로 '스컹크 워크스의 비밀'이라고 하면 켈리 존슨이 제시한 14가지 원칙부터 분석하게 마련이다. 유용한 접근법이고, 우리도 조금 후에 그 원칙들을 살펴보겠지만, 그전에 먼저 이야기하고 넘어갈 것이 있다. 바로 이 방법론의 DNA에 새겨진 아이디어, 즉 해당 프로젝트의 '목적'에 관한 이야기다.

기업들이 일상적으로 스컹크 워크스의 방법론을 이용하지는 않는다. 혁신을 가속화할 수 있는 이 방법론은 언제나 '비'일상적인 사업과 관련된다. 스컹크 워크스는 심리학자들이 '어렵고 높은 목표'라고 말하는, 아주아주 어려운 목표에 도전하기 위해 만들어진 방법론이다. 그리고 스컹크 워크스가 성공할 수 있는 비밀 중 하나가 바로 이런 목표의 '어려움'이기도 하다.

1960년대 말에 토론토 대학교의 심리학자 개리 레이섬Gary Latham 과 메릴랜드 대학교의 심리학자 에드윈 로크는 동기를 부여하고 성과를 높이는 가장 쉬운 방법은 '목표 설정'이라는 점을 발견했다.[4] 당시만 해도 이것은 굉장히 놀라운 발견이었다. 행복한 직원이 더 생산적이고, (불가능한 목표를 준다든가 하는 식으로) 직원들에게 스트레스를 많이 주면 오히려 역효과가 난다는 것이 당시의 일반적인 생각이었기 때문이다. 하지만 레이섬과 로크가 수십 번을 조사해도 결과는 같았다. 목표를 설정하면 성과와 생산성이 11퍼센트에서 25퍼센트 정도 높아졌는데,[5] 이 정도면 상당한 차이였다. 하루 8시간을 일한다고 가정했을 때, 정신적인 부분만 정비해도 (즉 목표만 세워도) 2시간을 더 일하는 것이나 마찬가지니까 말이다.

하지만 목표라고 해서 다 같은 목표는 아니다. 레이섬은 이렇게 말한다. "가장 많은 동기를 부여하고 생산성을 높이려면 목표를 크게 세우는 것이 최선의 결과를 낳는다는 사실을 발견했다. 큰 목표는 작은 목표나 중간 크기의 목표, 모호한 목표에 비해 상당히 더 높은 성과를 냈다. 관건은 주의력과 끈기다. 이 2가지가 성과를 결정하는 데 가장 중요한 요소다. 목표가 크면 주의를 더 집중하게 되고 더 끈기 있게 매달리게 된다. 그 결과 훨씬 더 효과적으로 일하고, 실패하더라도 기꺼이 일어나 다시 도전하게 된다."

이것은 기하급수 기업가에게 매우 중요한 정보다. 창업은 어떤 종류이든 모두 어렵다. 산업 하나를 통째로 파괴할 의도로 창업을 한다는 것은 분명 아찔할 만큼 무서운 일이다. 하지만 로크와 레이섬의 연구는 숨겨진 레버리지가 있다는 사실을 보여준다. 큰 목표를 설정하고 사업을 하면 주의력이 높아지고 동기가 부여되어 실제로 목표를 성취하는 데 도움이 된다.

하지만 로크와 레이섬은 이렇게 어렵고 높은 목표가 정말로 마법을 발휘하려면 특정한 중재자, 즉 조건이 필요하다는 사실을 발견했다. 가장 중요한 것은 헌신이다. 레이섬의 이야기를 계속 들어보자. "자신이 하는 일을 믿어야 한다. 큰 목표는 개인의 가치와 그 목표가 이루려는 결과가 서로 일치할 때 가장 좋은 효과를 낸다. 그렇게 해서 모든 조건이 만들어지면 우리는 온전히 그 일에 헌신하게 된다. 훨씬 더 많이 주의를 집중하고 실패에 대한 회복력도 커져서 결과적으로 생산성이 훨씬 더 높아진다."

이것이 또 하나의 핵심 요소다. 켈리 존슨이 처음에 스컹크 워크스를 만들었을 때의 목표는 기록적으로 짧은 시간 안에 새로운 비행기를 만드는 것이 아니었다. 새로운 비행기는 진짜 큰 목표를 향해 노력하는 과정에서 벌어진 수많은 일 중 하나일 뿐이었다. 진짜 목표는 '나치의 위험으로부터 세계를 구하는 것'이었다. 이런 것이 바로 모든 사람이 응원할 수 있는 '큰 목표'다. 엔지니어들이 역겨운 냄새로 꽉 찬 서커스 천막 안에서 말도 안 되는 업무 시간을 견디며 일하겠다고 한 것도 바로 이 이유 때문이었다. 그리고 가장 중요한 것은, 이렇게 핵심 가치와 바라던 결과가 일치했기 때문에 성과와 생산성이 높아졌다는 사실이다. 비행기가 기록적으로 짧은 시간에 만들어질 수 있었던 근본적 이유 중에는 바로 그런 부분이 있었다.

스컹크 워크스의 비밀 2: 켈리의 규칙

· · · ·

록히드의 스컹크 워크스에서 켈리 존슨은 빡빡한 조직을 이끌었다. 그는 효율을 사랑했다. "빠르게, 조용히, 제시간에"가 그의 신조였고, 그래서 그는 몇 가지 규칙을 만들었다.[6] 스컹크 워크스의 깊숙한 비밀들을 분석하려면 바로 이 '켈리의 규칙'을 반드시 살펴보아야 한다.

스컹크 워크스 주변에 벽을 둘러쳐서 록히드의 관료적 조직으로부터 차단하는 것, 켈리 존슨이 만든 여러 규칙의 핵심은 바로 이 점이다. 그의 규칙 14가지 중에서 4가지는 순전히 군사 프로젝트에만 해당되기 때문에 우리는 살펴볼 필요가 없다. 3가지는 신속하게 새로운 버전을 내놓는 전략에 관한 것이다(잠시 후 다시 다룰 것이다). 그리고 나머지 7가지는 모두 '차단 효과'를 높이는 방법이다. 규칙 3번을 예로 들어보자. "프로젝트와 조금이라도 관련이 있는 사람의 수를 극도로 제한해야 한다." 규칙 13번도 거의 같은 말이다. "어떤 경우에 어떤 외부인이 프로젝트에 접근할 수 있는지 적절한 보안 수단을 통해 엄격히 통제해야 한다." 켈리 존슨은 '단절'이 스컹크 워크스의 성공에서 가장 중요한 핵심 요소라고 생각했다.

이유는 2가지다. 하나는 당연히 군사 기밀이기 때문이다. 하지만 더 중요한 이유는 사람들은 단절되었을 때 더 쉽게 위험을 감수하고, 괴상하고 과격한 아이디어도 곧잘 내놓으며, 조직 내부의 타성에 휩쓸리지 않기 때문이다. 조직 내부의 타성이란, 그 어느 회사든 일단 성공을 거두고 나면 더 이상은 급진적이고 새로운 기술이나 방향을 개발하거나 지지하지 않으려고 하는 것을 말한다. 기존 시장을 어지럽혀서 자신들의 밥줄을 끊고 싶지 않은 것이다. 조직 내부의 타성은 실패에 대한 역력한 두려움을 나타낸다. 코닥이 디지털카메라의 우수성을 보지 못한 것도, IBM이 처음에 PC를 대수롭지 않게 생각한 것도, AOL이 온라인 사업을 제대로 하지 못하고 있는 것도 모두 이 두려움 때문이다.

이것은 기업뿐만 아니라 기업가에게도 해당되는 이야기다. 스컹크 워크스가 더 큰 조직으로부터 혁신 팀을 고립시킴으로써 성공했던 것처럼, 기업가가 성공하려면 그 자신과 사회 사이의 거리를 떨어트려줄 완충 장치가 필요하다. 안사리 엑스프라이즈Ansari XPRIZE의 우승자인 버트 루탄Burt Rutan은 언젠가 내게 이런 말을 했다. "정말로 돌파구가 될 아이디어는 처음에는 미친 생각이라는 소리를 듣습니다." 미친 아이디어를 시도해본다는 것은 전문가의 의견을 무시하고 커다란 위험을 감수한다는 뜻이다. 즉 실패를 두려워하지 않는 것이다. 왜냐하면 실패할 것이 뻔하기 때문이다. 대담한 시도로 가는 길에는 실패가 도처에 널려 있다. 위험을 관리할 전략을 마련하고, 실패로부터 배우는 것이 아주 중요한 이유가 바로 이 때문이다.

리인벤트2012 콘퍼런스re:Invent 2012의 어느 자리에서 아마존의 CEO 제프 베조스는 이렇게 말했다.[7] "훌륭한 기업가가 어떤 일을 하는지 오해하는 사람이 많습니다. 훌륭한 기업가는 리스크를 좋아하지 않습니다. 오히려 리스크를 줄일 방법을 찾죠. 회사를 차린다는 것 자체가 위험을 부담하는 일입니다……. 따라서 초기에는 체계적으로 위험을 제거해야 합니다."

켈리 존슨의 규칙 중 마지막 3가지가 필요한 이유는 바로 이 때문이다.

3가지 규칙은 모두 '신속하게 새 버전을 내놓는 전략'rapid iteration이다. 지금까지 개발된 위험 완화 전략 중에서는 이 방법이 최선이다. 더 와 닿는 표현을 원한다면 실리콘밸리의 비공식 표어를 떠올려보면 된다. "일찍 실패하고, 자주 실패하고, 진취적으로 실패하라."[8] 대담한 모험에는 이런 종류의 실험적 접근이 필요하다. 특히나 우리가 다루는 것처럼 세상을 바꿀 모험을 감행하겠다면 말이다. 하지만 대부분의 실험은 실패하기 때문에 진정한 발전을 이루려면 수많은 아이디어를 시도해보고, 시도와 시도 사이의 지체 시간을 줄이고, 결과에서 얻어가는 지식을 늘려야 한다. 이게 바로 '신속하게 새 버전을 내놓는 전략'이다.

소프트웨어 설계를 예로 들어보자. 전통적인 방법은 (보통 수년에 걸쳐) 비밀리에 제품을 만들어 일반에 공개하면서 대규모 론칭 행사를 여는 것이었다. 하지만 점점 더 빠르게 변하는 세상에서는 몇 년간 고객들과 소통하지 않고 지내다가는 파산할 수도 있다.

구글에서 '애자일 디자인'agile design('기민한 설계'라는 뜻)을 한번 검색해보라.[9] 애자일 디자인이란 신속한 피드백 고리를 강조하는 경영 이념이다. 기업들은 정교하게 가다듬은 보석 같은 제품을 출시하는 것이 아니라, 최소 기능 제품MVP, minimum viable product을 출시해 고객들로부터 즉각적인 피드백을 받는다. 그리고 그 피드백을 반영해서 약간 더 업그레이드된 제품을 내놓고, 다시 또 피드백을 받는다. 애자일 디자인은 몇 년에 한 번씩 새로운 제품을 내놓는 것이 아니라 몇 주 만에 고객의 기대에 부응하는 제품을 내놓는다. 이것이 바로 '신속하게 새 버전을 내놓는 전략'이다.

"지메일Gmail이 바로 그랬죠." 설림 이즈메일은 말한다.[10] "구글은 설계자들에게 몇 년의 시간을 주면서 모든 사람이 원하는 최선의 이메일 기능 25가지를 생각해내라고 하는 대신에, 기능이 3가지뿐인 형태의 이메일을 출시했습니다. 그리고 고객들에게 어떤 기능을 더 원하는지 물었죠. 피드백은 정말 빨랐고, 이 과정은 계속 되풀이되었습니다. 링크드인LinkedIn의 설립자 리드 호프먼Reid Hoffman이 남긴 유명한 말도 있잖아요. '당신 제품의 첫 번째 버전이 부끄럽지 않다면, 출시가 너무 늦은 것이다.'"

동기부여 2.0
. . . .

지금까지는 심리적 측면을 정비해 생산성을 높일 전략으로서 스컹크 워크스의 큰 목표, 외부와의 차단, 신속하게 새 버전을 내놓는 전략 등에 초점을 맞춰 살펴보았다. 이번에도 같은 것들에 초점을 맞추겠지만, 이번에는 이들 전략을 따로따로 살펴보는 것이 아니라 다 함께 엮어서 살펴볼 것이다. 이들 아이디어가 서로 합쳐졌을 때 심리적 효과가 얼마나 더 커지는지 알아보기로 하자.

이 효과를 이해하려면 동기부여의 과학을 자세히 살펴볼 필요가 있다. 20세기 내내 동기부여의 과학은 '외부'의 보상에 초점을 맞췄다. "저것을 얻고 싶으면 이것을 해라." 하는 식의 '조건'을 강조한 외적 동기 요인에 주목한 것이다. 외적 보상은 더 원하는 행동에는 인센티브를 주고, 싫은 행동에는 벌을 준다. 예컨대 기업에서 성과를 독려하고 싶을 때 제시하는 보너스(금전), 승진(금전과 명예) 등은 전형적인 외적 보상이다.

그러나 안타깝게도 외적 보상은 대부분의 사람들이 생각하는 것처럼 그다지 효과를 발휘하지 못한다는 연구 결과가 계속 나오고 있다. 금전 보상을 한번 예로 들어보자. 동기를 부여하는 측면에서 금전이 효과를 발휘하는 것은 아주 특정한 조건이 만족될 때뿐이다. 아무런 인지적 능력이 필요하지 않은 아주 기본적인 일을 할 때에만 금전 보상은 행동에 영향을 미칠 수 있다. 만약 나무판자에 못을 박는 일을 시간당 5달러에 하고 있는데, 10달러를 주겠다고 하면 못을 박는 속도가 빨라질 수 있는 것이다. 하지만 그보다 조금만 더 복잡한 일이 되거나, (예컨대 그 못을 박은 판자를 집 안에 배치한다든가 하는 식으로) 약간의 사고 능력이 필요해지면, 금전은 사실 정반대의 효과를 낸다. 동기를 꺾고, 창의성을 방해하고, 성과를 낮추는 것이다.[11]

금전이 동기 요인으로서 갖는 문제점은 여기서 그치지 않는다. 동기 유발 요인으로서의 금전은 우리의 기초적인 생물학적 욕구를 만족시키고 약간의 여윳돈이 남는 정도까지만 효과가 있는 듯하다. 노벨상 수상자 대니얼 카너먼Daniel Kahneman이 최근에 발견한 내용도 이와 같은 맥락이다. 미국에서 행복이나 삶의 만족도를 수입 정도와 비교해보면 연봉 7만 달러가 될 때까지는 금전이 중요한 요소이지만, 7만 달러가 넘어가고 나면 행복과 수입은 완전히 별개의 길을 간다.[12] 기본적 욕구 충족을 더 이상 걱정하지 않아도 될 정도로 금전을 지급하고 나면, 외적 보상은 효과를 잃고 내적 보상(내면적, 정서적 만족)이 훨씬 더 중요해진다.

내적 보상 중에서도 자율성, 통달, 목적성, 이 3가지가 특히 중요하다.

자율성은 내가 선장이 되고 싶은 욕구이며, 통달은 선장으로서의 일을 잘하고 싶은 욕구, 목적성은 항해가 의미 있는 여행이 되기를 바라는 욕구다. 이런 3가지 내적 보상이 우리에게 가장 많은 동기를 유발하는 요소들이다. 다니엘 핑크는 《드라이브》에서 이렇게 설명하고 있다.[13]

과학적으로…… 전형적인 20세기식 '당근과 채찍' 요법(우리는 이것을 인간 '본성'의 당연한 일부로 생각하곤 한다)이 가끔은 효과가 있다. 하지만 그런 방법이 효과를 발휘하는 환경은 놀랄 만큼 한정적이다. 과학적으로 '조건식' 보상은…… 많은 상황에서 효과가 없을 뿐만 아니라, 현재 및 미래의 경제적, 사회적 진보 실현에 핵심적인 고차원적, 창의적, 추상적 능력을 짓밟을 수 있다. 과학적으로 증명된 바에 따르면 높은 성과의 비밀은 생물학적 동인도, 상벌 요인도 아니라 '제3의 동기', 즉 내 삶의 방향을 정하고 내 능력을 연장하고 확장하고 싶은 깊숙한 욕망이다.

대담한 과제에 도전하고 싶다면 우리에게는 이 '제3의 동기'가 필요하다. 기하급수 기술을 이용해 커다란 목표에 도전하고, 신속하게 새 버전을 내놓고, 빠른 피드백을 기반으로 그 목표를 향해 더 빨리 나아가려면, 전속력으로 혁신해야 한다. 그러나 기업가가 이런 기술 속도에 맞춰 자신의 심리적 측면을 업그레이드하지 못한다면 경주에서 우승할 확률은 거의 없다.

그리고 이것이 스컹크 워크스의 또 다른 비밀이다. 스컹크 워크스는 우리를 심리적으로도 확실히 업그레이드시켜준다. 조직으로부터의 고립과 신속한 새 버전 출시 그리고 가치와 일치된 큰 목표를 서로 결합하면 자율성, 통달, 목적성을 위한 훌륭한 레시피가 만들어진다. 혁신 팀을 조직에서 분리하면 자유롭게 자신의 호기심을 따라갈 수 있는 환경이 마련되고, 그러면 자율성이 배가된다. 신속하게 새 버전을 출시한다는 것은 학습 속도가 빨라진다는 뜻이고, 이것은 곧 통달하게 된다는 뜻이다. 큰 목표를 개인의 가치와 일치시킨다면 진정한 목적성이 생길 것이다.

가장 중요한 점은, 이런 내적 동기 요인을 활용하기 위해 꼭 스컹크 워크스를 운영할 필요는 없다는 것이다. 구글은 전사적으로 20퍼센트의 시간을 '자율성'에 할애한다(엔지니어들에게 개인 시간의 20퍼센트를 개인별 프로젝트에 투자하도록 장려하고 있다). 이것이 얼마나 큰 동기부여 효과가 있는지는 구글 사람들이 "20퍼센트의 시간이 아니라 '120퍼센트의 시간'으로 불러야 한다."라고 농담하는 것을 보면 잘 알 수 있다.[14] 자포스Zappos의 CEO 토니 셰이Tony Hseih는 통달을 강조하는 방식으로 소매점의 파괴적 혁신에 일조했다. "성장과 학습 추구"를 회사의 중심 철학으로 삼고 있는 그는 이런 유명한 말을 했다. "실패는 수치의 완장이 아니다. 실패는 통과 의례다."[15] 탐스 슈즈의 CEO 블레이크 마이코스키Blake Mycoskie는 목적성의 힘을 이용하기 위해 신발 한 켤레가 팔릴 때마다 개발도상국의 아이들에게 신발 한 켤레를 나눠주기로 했다.

경영 철학의 중추에 이런 심리적 요소가 포함되어 있다는 점을 생각하면, 구글과 자포스, 탐스 슈즈가 기록적으로 빠른 시간에 업계의 선두 주자가 된 것도 전혀 놀랄 일이 아니다. 자율성과 통달, 목적성을 핵심 가치로 하는 회사를 만든다는 것은 속도감 있는 회사를 세운다는 뜻이다. 그리고 이것은 더 이상 선택이 아니라 필수다. 점점 더 빨리 변화하는 세상에서 '제3의 동기'를 활용하는 것은 모든 기하급수 기업가에게 기본 중의 기본이기 때문이다. 하지만 제3의 동기를 활용하려면 스컹크 워크스를 만들어야 하는 대기업들과는 달리, 대담한 기업가들은 자율성과 통달, 목적성을 (나중에 끼워 넣는 것이 아니라) 처음부터 기업 문화에 단단히 새겨놓음으로써 게임에서 앞서 나갈 수 있다.

구글은 어떻게 스컹크 워크스를 활용하는가

· · · ·

큰 키에 마른 몸, 무테 안경을 쓴 애스트로 텔러Astro Teller는 턱수염을 짙게 기르고 긴 머리는 주로 포니테일로 묶고 다닌다. 그는 원자폭탄의 아버지 에드워드 텔러Edward Teller를 비롯한 2명의 노벨상 수상자의 손자 이기도 하다. 애스트로 텔러가 자주 입고 다니는 티셔츠에는 흔히 시의적 절하면서도 아이러니한 문구가 적혀 있다. 일례로 몇 년 전 싱귤래리티 대학에서 《포춘》 선정 200대 기업의 경영자 80명을 모아놓고 혁신의 중요성에 관해 이야기할 때, 텔러는 '안전제삼'Safety Third이라고 적힌 티셔츠를 입고 있었다(경영자들의 안전제일Safety First 주의를 비꼰 것 — 옮긴이).

텔러는 인터넷 거대 기업 구글의 스컹크 워크스인 구글엑스GoogleX를 이끌고 있다. 그의 정확한 직함은 '문샷 캡틴'Captain of Moonshots이다. 그가 이런 직함을 갖게 된 것은 구글에 채용된 지 얼마 되지 않았을 때 구글의 CEO 래리 페이지와 나누었던 대화 때문이다. 텔러의 설명을 들어보자.[16] "초창기에는 래리와 세르게이의 관심사가 곧 구글엑스의 지침이었습니다. 하지만 제가 합류했을 때 두 사람은 연구실의 목적을 좀 더 뚜렷이 정의하고 싶어 했어요. 그래서 제가 래리한테 물었죠. 연구 센터를 만들고 싶은 거냐고요."

페이지는 이렇게 답했다.

"아니오, 그건 너무 지루해요."

"그러면 혁신의 산실은 어때요?"

"그것도 지루해요."

텔러는 잠시 생각에 잠겼다가 마침내 이렇게 물었다.

"그러면 문샷을 하고 싶은 건가요?"

"그거예요. 바로 그거."

페이지가 답했다.

그리고 실제로 구글엑스는 그 일을 하고 있다. 지난 몇 년간 구글은 대담한 계획들을 잇달아 발표하며 신문의 헤드라인을 장식했다. 구글의 스컹크 워크스는 우주 탐사와 생명 연장에서부터 인공지능과 로봇공학까지 아우른다. 지금으로서는 그렇게 높은 수준에서 스컹크 게임을 벌이고 있는 회사는 전 세계에 구글밖에 없다.

이제 우리는 구글이 정확히 어떻게 문샷을 하고 있는지 그리고 스컹크 워크스를 어떤 식으로 활용하고 있는지 내부자의 시선을 통해 살펴볼 것이다. 켈리 존슨의 당초 아이디어 중에서 구글이 어떤 것은 유지하고, 어떤 것은 바꾸었는지, 또 거기에는 어떤 심리적 측면이 있는지 알아볼 것이다.

먼저 구글이 켈리 존슨의 원칙을 그대로 유지하고 있는 부분부터 살펴보자.

어느 모로 보나 구글의 문샷 팩토리는 전통적인 스컹크 워크스와 조금도 다르지 않다. 예컨대 '조직으로부터의 고립'은 구글의 프로세스에서도 핵심적인 부분을 차지한다. 텔러의 말을 들어보자. "어느 조직에서나 수많은 구성원들이 언덕을 오르고 있을 겁니다. 그것이 직원들에게 바라는 사항이고, 또 그것이 직원들이 해야 할 일이죠. 하지만 스컹크 워크스가 하는 일은 전혀 다릅니다. 올라갈 만한 더 좋은 언덕을 찾는 것이 바로 스컹크 워크스가 하는 일이니까요. 이것은 조직의 나머지 사람들에게는 위협이 됩니다. 그러니 두 집단은 서로 분리시키는 것이 당연하지요."

그리고 스컹크 워크스 팀원들에게는 위험을 감수하도록 장려하는 것이 당연한 일이다. 텔러는 이렇게 말한다. "사람들한테 새로 올라갈 산을 찾으라고 하면서 안전하게 가라고 하는 건 멍청한 짓이죠. 문샷은 원래 위험 부담이 있는 겁니다. 이런 어려운 과제에 도전할 생각이라면 심각한 위험도 수용할 작정을 해야 합니다."

마지막 말은 결코 우습게 넘길 것이 아니다. 구글엑스가 전통적인 스컹크 워크스와 다른 점은 목표의 '크기'다. 구글이 문샷이라고 부르는 것은 순수한 공상과학과 대담한 프로젝트 사이의 중간쯤 어딘가에 위치한다. 10퍼센트의 이득이 아니라 10배의 개선을 노리는 것이다. 성과로 따지면 1,000퍼센트의 실적이다.

10배의 개선이라고 하면 엄청난 목표이기는 하지만, 텔러가 그런 목표를 세우는 데는 그만 한 이유가 있다. "10배 더 큰 목표는 10배 더 어려울 것이라고 생각하지만, 때로는 목표를 더 크게 잡는 편이 말 그대로 더 쉬울 때도 있습니다. 왜일까요? 직관적으로는 그렇지 않을 것 같은데 말이죠. 하지만 10퍼센트를 개선하겠다고 마음먹으면 처음부터 현 상태를 지키려고 들게 됩니다. 그러면서 조금만 더 잘해보려고 애쓰죠. 현 상태에서 출발해 기존의 가정과 툴, 기술, 프로세스를 그대로 유지하면서 약간만 더 개선해보려고 하는 거예요. 이건 곧 전 세계인들보다 우리 직원이 더 똑똑한지를 겨뤄보겠다는 이야기나 다름없습니다. 아무리 자원이 있다고 해도 확률적으로 그런 게임에서는 이길 수가 없어요. 그렇지만 문샷 사고를 하겠다고, 10배를 개선하겠다고 생각하면, 기존의 가정을 그대로 유지할 방법은 없어집니다. 기존의 법칙 따위는 다 집어던져야 해요. 관점 자체를 바꿔서, 똑똑하다거나 자원이 많다거나의 문제가 아니라, 용기와 창의성으로 무장해야 합니다."

바로 이런 관점의 변화가 핵심 열쇠다. 관점이 바뀌면 위험을 감수하게 되고 창의성이 높아진다. 또 불가피한 쇠퇴를 막을 수 있다. 텔러는 이렇게 설명한다. "10배 더 큰 목표를 잡겠다고 해도 거기에는 현실이 끼어들 겁니다. 항상 그러니까요. 생각보다 돈이 많이 든다거나, 생각보다 진행이 더디다거나, 경쟁력이 없다고 생각했는데 경쟁력이 생겼다거나 뭐그런 일이 생기는 거죠. 목표를 10배로 잡았으면, 끝날 때쯤에는 2배쯤이룰지도 모릅니다. 하지만 2배도 대단한 거잖아요. 반면에 목표를 2배로 잡으면(예컨대 200퍼센트의 성과) 결국에는 5퍼센트 정도밖에 개선하지못할 겁니다. 그러면서도 큰 목표를 잡았으니 관점의 변화는 여전히 겪어야 할 거고요."

여기서 가장 중요한 것은 이런 10배 전략이 대기업에는 해당되지 않는다는 것이다. "스타트업은 배후에 큰 회사가 버티고 있지 않다 뿐이지, 스컹크 워크스나 마찬가지입니다." 텔러의 말이다. "좋은 점은 다시 흡수될 모선母船이 없다는 점이고, 나쁜 점은 자금도 없다는 거죠. 그렇다고 해서 문샷을 하면 안 된다는 건 아닙니다. 오히려 그 반대가 맞을 거예요. 공개적으로 큰 목표를 발표하면, 평범한 방법으로는 이루지 못할 발전을이루겠다고 대놓고 밝히고 나면, 이제는 되돌릴 수 없게 되죠. 수많은 전문가들의 가정을 단번에 끊어내는 겁니다." 정말로 거대한 목표를 향해뛰는 기업가들은 이런 식으로 구글과 똑같은 창의성이라는 촉매제를 활용할 수 있게 된다.

그러나 더 큰 위험을 기꺼이 감수하겠다고 해서 성공이 저절로 보장되는 것은 아니다. "일찍 실패하고, 자주 실패하라."는 '신속한 새 버전 출시' 전략은 여기서도 적용된다. 그렇기 때문에 확실한 위험 완화 전략 역시 중요하다.

구글엑스에서는 이런 위험 완화 전략이 매우 지독한 피드백 프로세스를 통해 이루어진다. 텔러의 말을 들어보자. "저희는 많은 것을 시도합니다. 하지만 계속하는 것은 많지 않죠. 단계는 각기 달라도 대부분의 프로젝트가 결국에는 중단됩니다. 다음 단계까지 갈 수 있는 프로젝트는 아주 소수예요. 결과만 놓고 보면 우리가 마치 천재라도 되는 양 죄다 옳은 결정만 한 것처럼 보이겠지만, 실제로는 그렇지 않습니다."

실제로는 중단되거나 데이터로 남는 것이 프로젝트의 운명이다. 구글엑스에서는 모든 프로젝트가 측정 가능하고 실험 가능해야 한다. 진척 정도를 판단할 수 없는 프로젝트는 아예 처음부터 시작도 하지 않는다. 그리고 시작했다면 꼬박꼬박 진척 정도를 평가한다. 그러면 프로젝트는 도중에 끝나기도, 다른 쪽으로 흡수되기도, 때로는 보류되기도 한다. 보류는 프로젝트를 계속하기는 하지만 확대할 수는 없는 경우다. "개별 프로젝트 단위로 보면 상당히 자유분방하지만, 모아놓고 보면 실제로는 굉장히 깐깐한 프로세스입니다."

신속한 새 버전 출시 전략에 다윈의 진화론이 적용된 것으로도 볼 수 있다. 진보를 위한 큰 아이디어들끼리 서로 경쟁하는 것이다. 승자가 하나 이상일 수도 있기 때문에 제로섬 게임은 아니지만, 그래도 경쟁은 가차 없다. 다시 말해 구글의 스컹크 워크스는 10배라는 목표를 내세워 더 큰 위험을 감수하게 하는 반면, 실험적 생태계 내에서 그 목표들을 서로 경쟁시켜 위험을 완화하는 것이다.

평범한 기업가들은 구글 생태계처럼 수십 개의 프로젝트를 동시에 시작하고, 중단하고, 보류할 형편이 되지 않을 수도 있다. 하지만 평범한 기업가들도 실험적 방향을 여러 가지 설정해놓고 신속하게 새 버전을 출시하고, 피드백을 더 빨리 받으면서 계속해서 진취적으로 실패해나갈 수는 있다. 그리고 더욱 좋은 점은 텔러의 말처럼 이렇게 프로젝트를 빡빡하게 운영하면 자금 조달에도 도움이 된다. "사람들은 대담한 프로젝트가 무모해서 투자를 받지 못한다고 생각하죠. 하지만 그렇지 않습니다. 대담한 프로젝트가 투자를 받지 못하는 건 측정 수단이 없기 때문이에요. 큰돈을 선뜻 투자해놓고 프로젝트가 살았는지 죽었는지도 모르는 채 10년을 기다리고 싶은 사람은 없으니까요. 하지만 중간중간 진행 과정을 보여줄 수 있다면 똑똑한 투자자들은 꽤나 무모한 프로젝트도 기꺼이 함께하려고 할 겁니다."

구글의 8대 혁신 원칙

· · · ·

켈리 존슨의 원칙은 14가지였지만 구글의 혁신 원칙은 8가지다. 이 8대 혁신 원칙이 지배하는 구글의 전략은 2011년 구글의 광고 부문 수석 부사장 수전 위치츠키Susan Wojcicki가 쓴 유명한 글에 잘 요약되어 있다.[17] 그 원칙들은 이 책 여기저기에서 다양한 사람들과 다양한 방법을 통해 다시 등장하게 될 것이며, 여러분이 기하급수 기업가로서 성공하는 데 핵심적인 역할을 하게 될 것이다. 나는 여러분이 이 원칙들을 벽에다 써놓고 다음번 스타트업 아이디어가 떠올랐을 때 필터로 이용해보기를 권한다. 또한 무슨 일이 있어도 절대 이 원칙들을 무시하지 않기를 바란다. 우선 간단하게 한번 살펴보자.

1. **이용자에 초점을 맞춰라.** 이 원칙은 제6장에서 래리 페이지와 리처드 브랜슨이 고객 중심 비즈니스 구축의 중요성에 관해 이야기할 때 다시 보게 될 것이다.

2. **모든 것을 공유하라.** 사람들이 서로 고도로 연결된, 막대한 '인지 잉여' cognitive surplus의 세상에서는 무엇이든 공개하는 것이 매우 중요하다. 공개하면 크라우드(대중)가 서로의 생각을 발전시키면서 여러분의 혁신을 도와줄 것이다.

3. **어디서든 아이디어를 찾아라.** 이 책의 제3부 내용 전체가 크라우드소싱이 놀라운 아이디어와 통찰, 제품, 서비스를 제공할 수 있다는 내용으로 채워져 있다.

4. **크게 생각하고, 작게 시작하라.** 이게 바로 싱귤래리티 대학의 '10^9 사고'의 근간이다. 회사를 시작해 처음에는 아주 작은 규모의 사람들에게만 영향을 미치더라도, 10년 후에는 수십억 명에게 긍정적인 영향을 주겠다는 목표를 세울 수도 있을 것이다.

5. **반드시 실패하라.** 신속한 새 버전 출시의 중요성을 강조하는 말이다. 자주 실패하고, 빨리 실패하고, 진취적으로 실패하라.

6. **상상력으로 불꽃을 댕기고, 데이터로 기름을 부어라.** 기민함은 덩치 크고 산술급수적인 회사는 결코 가질 수 없는 것이다. 기민함을 가지려면 새롭거나 때로는 과격한 아이디어에 다양하게 접근할 수 있어야 한다. 또한 가치 있는 아이디어와 모호한 아이디어를 구분해줄 좋은 데이터도 많이 필요하다. 한 가지는 확실하다. 현재 가장 성공한 스타트업들은 데이터가 주도적인 역할을 했다는 점이다. 가장 성공한 스타트업들은 모든 것을 측정하며, 그 데이터를 분석해 의사 결정을 내릴 때 기계학습

과 알고리즘을 활용한다.

7. 플랫폼이 돼라. 수십 억 달러의 가치를 가진 성공한 기업들(에어비앤비, 우버, 인스타그램 등)은 모두 플랫폼이다. 당신의 회사는 어떠한가?

8. 중요한 미션을 품어라. 어쩌면 가장 중요한 원칙일 것이다. 당신이 세우려는 회사는 세상을 바꿔놓을 목표를 가지고 있는가? 상황이 어려워지면 당신은 계속 밀고 나가는가, 아니면 포기하는가? 열정이 있어야 진보를 견인할 수 있다.

몰입의 17가지 요인

• • • •

스컹크 워크스의 비밀을 분석하면서 우리는 여러 가지 정신적 요소도 살펴보았다. 동기부여 측면에서는 대담한 목표를 세우는 것과 그 목표와 가치가 일치하는 것이 중요했고, 자율성과 통달, 목적성이라는 3대 요소도 있었다. 성과 측면에서는 10배의 개선이라는 관점의 변화를 통해 창의성을 고양했고, 신속한 새 버전 출시를 통해 위험을 감수할 수 있게 했으며, 빠른 피드백을 통해 학습 주기를 단축했다. 그리고 전체 프로세스의 리스크를 줄이기 위해 엄정한 실험적 생태계를 도입했다. 하지만 더욱 중요한 점은 이런 여러 요소들이 서로 무관하지 않다는 점이다.

이 모든 정신적 요소들은 또 하나의 역할을 한다. 동기를 부여하고 성과만 향상시켜주는 것이 아니라 '몰입'flow 상태를 유발하는 역할이다.[18]

엄밀히 말해 몰입은 기분을 최상으로 끌어 올려 최고의 성과를 내게 해주는 최적의 의식 상태라고 정의된다. 누구나 이 상태를 겪어본 경험이 있다. 오후 내내 너무나 멋진 대화를 하느라 시간 가는 줄 몰랐다거나, 회사의 프로젝트에 너무 몰두한 나머지 다른 모든 것을 잊어버린 그런 경험 말이다. 몰입은 이런 온전한 몰두의 순간을 말한다. 주어진 일에 너무나 집중한 나머지 다른 모든 것이 사라지는 순간 말이다. 행동과 의식이 하나로 합쳐지고, 시간이 흐르는 줄도 모르고, 스스로를 잊게 되는 그런 순간에 정신적, 물리적 모든 측면에서 성과가 치솟게 된다.

우리가 이런 경험을 '몰입'이라고 부르는 것은 몰입의 느낌 때문이다. 몰입 상태에서 모든 행동과 의사 결정은 힘들이지 않고 물 흐르듯 자연스럽게 다음 단계로 연결된다. 문제가 순식간에 해결되고 최고의 성과가 쏟아진다.

이 마지막 부분은 결코 과장이 아니다. 150년간의 연구 결과를 보면 운동선수가 챔피언이 되거나, 과학적으로 중요한 돌파구가 마련되거나, 예술계에서 큰 발전이 있을 때, 그곳에는 언제나 몰입이 자리했다. 딜로이트 센터 포 디 에지Deloitte Center for the Edge의 존 헤이글 3세John Hagel III는 이렇게 말한다.[19] "최근 경영학 연구에 따르면 최고의 경영자들은 몰입 상태에서 5배나 더 생산적이라고 합니다." 어마어마한 수치다. 5배가 더 생산적이라는 말은 500퍼센트의 증가를 뜻하니까 말이다. 버진Virgin의 CEO 리처드 브랜슨도 같은 이야기를 한다. "(몰입 상태에서) 2시간이면 어마어마한 일들을 해낼 수 있습니다…… 마치 해내지 못할 일은 아무것도 없을 것 같은 기분이죠."[20]

헤이글의 설명을 더 들어보자. "성과가 극적으로 향상된 경우들을 연구해보면 가장 짧은 시간에 가장 큰 격차를 좁힌 사람이나 조직들은 언제나 열정이 있고 몰입을 찾은 경우였습니다."

몰입을 어떻게 찾을 것인가 하는 것은 상당히 까다로운 문제다. 이 책의 공동 저자인 스티븐 코틀러 역시 이 문제의 답을 찾는 데 15년을 바쳤다. 스티븐은 인간의 능력을 극대화하는 방법을 과학적으로 연구하는 기관인 플로 게놈 프로젝트의 공동 설립자이자 연구 팀장이다.

플로 게놈 프로젝트에서 밝혀낸 것 중 하나가 몰입 상태를 촉발하는 유인, 다시 말해 더 많은 몰입 상태로 이끄는 전제 조건이 있다는 사실이다. 이런 유인은 총 17가지가 있는데, 3가지는 환경적, 3가지는 심리적, 10가지는 사회적, 1가지는 창의적인 요소다. 이 유인들에 대해서는 다시 자세히 살펴보겠지만, 가장 먼저 알아둬야 할 점은 몰입이 초점을 따라간다는 점이다. 몰입은 완전한 몰두의 상태다. 그렇기 때문에 17가지의 유인은 초점을 고조시키고 강화하며, 주의를 현재에 집중시켜 몰입을 유도하는 방법들이다.

스컹크 워크스의 비밀을 다시 한번 떠올려보자. 이번 장에서 이야기한 요소들은 놀랄 만한 집중을 이끌어낼 수 있는 메커니즘이기도 하다. 위험 부담이 늘어나는 것은 분명하다. 몰입은 초점을 따라가고, 결과는 언제나 우리의 주의를 사로잡는다. 큰 목표는 큰 결과를 낳는 만큼 주의를 집중시키는 효과도 있다. 가치와 일치된 큰 목표는 더 큰 효과를 가진다. 열정이 생기기 때문이다. 우리는 언제나 열정을 가진 것에 더욱 주의를 집중하기 때문에, 가치와 일치된 큰 목표는 집중력을 더욱 키워준다. 내적 동기를 키워주고 열정을 더해주는 자율성과 숙달, 목적성 역시 마찬가지다. 빠른 피드백은 실시간으로 방향을 수정할 수 있게 해주기 때문에 어떻게 해야 성과를 높일 수 있을지 헤매느라 초점을 잃지 않도록 해준다. 스컹크 워크스는 몰입 유인이 가득한 환경을 조성함으로써 몰입이 높은 환경을 만들어냈다.

그렇다면 오늘날에는 기업가들이 어떻게 그런 환경을 조성할 수 있을지 본격적으로 그 방법을 알아보기로 하자. 일상생활이나 직업적 측면에서 즉시 적용이 가능하고 몰입을 한 단계 높여줄 실천 전략을 제시하기 위해, 몰입의 유인誘因 17가지를 하나씩 자세히 분해해보고,[21] 특히 그것들이 기하급수 기업가들에게 어떻게 적용될 수 있을지 살펴볼 것이다.

위험을 감수하고 낯섦을 즐겨라
. . . .

환경적 유인은 사람들을 몰입 상태에 더 깊이 빠져들게 만드는 환경적 특성을 말한다.

첫 번째 환경적 유인은 '높은 중요도'이다. 위에서 말했듯이 몰입은 초점을 따라가고, 결과는 우리의 관심을 사로잡는다. 위험이 도사린 환경에서는 특별히 주의를 집중하려고 노력할 필요가 없는데, 위험이 높다는 사실 자체만으로도 벌써 주의가 환기되기 때문이다.

이것은 꼭 물리적인 위험만을 뜻하는 것이 아니다. 연구 결과에 따르면 정서적, 지적, 창의적, 사회적 위험 등 다른 위험 요소 역시 물리적 위험과 똑같은 효과를 낸다고 한다. 정신과 의사 네드 핼로웰Ned Hallowell은 이렇게 설명한다.[22] "몰입에 도달하려면 기꺼이 위험을 감수해야 한다. 사랑하는 사람들이 몰입에 도달하려면 거절당할 위험을 감수해야 하고, 운동선수들이 몰입에 도달하려면 다칠 수도 있는 위험, 심지어 목숨을 잃을 수도 있는 위험을 감수해야 한다. 예술가는 평론가나 대중으로부터 비웃음을 사고 경멸당할 것을 감수하며 계속 밀어붙여야 하고, 평범한 사람들은 실패할 위험, 바보처럼 보일 위험, 고꾸라질 위험을 감수해야 만 몰입 상태에 도달할 수 있다."

이런 점을 생각하면 "진취적으로 실패하라."를 신조로 삼는 기하급수 기업가들은 어마어마한 이점을 가지고 있음을 알 수 있다. 실패의 여지 가 없다면 위험을 감수할 방법은 없다. 페이스북 사옥에 가보면 중앙 계 단에 팻말이 하나 걸려 있다. "빠르게 움직이고, 혁파하라.Move fast, break things" 이런 식의 태도는 매우 중요하다. 위험을 장려하지 않는다는 것은 몰입에 빠질 가능성 자체를 부정하는 일이기 때문이다. 질주하는 세상의 속도에 맞추려면 몰입을 이용하는 것이 유일한 방법이다.

두 번째 유인은 '풍부한 환경'이다. 풍부한 환경이란 낯섦과 예측 불가 능성, 복잡성이 조합된 것이다. 이 세 요소는 위험 못지않게 우리의 주의 를 사로잡는다. 낯섦은 위험과 기회를 의미하며, 둘 중 하나만 있어도 충 분히 주의가 기울여진다. 예측 불가능성이란 다음에 무슨 일이 벌어질지 알 수 없다는 뜻이므로, 그다음에 벌어질 사건에 특별히 더 주의를 기울 이게 만든다. 중요한 정보들이 한꺼번에 쏟아지는 복잡성도 마찬가지다.

일을 하면서 이런 유인들을 적용하려면 어떻게 해야 할까? 그냥 환경 속에서 낯섦과 예측 불가능성, 복잡성의 양을 늘려주기만 하면 된다. 애 스트로 텔러가 기존의 가정을 내다 버리고 10배의 향상을 요구한 것도 바로 이런 맥락에서다. 스티브 잡스가 픽사를 설계할 당시에 취한 방법 역시 마찬가지다. 건물 한가운데에 아트리움을 만들고, 아트리움 옆에 우편함, 카페테리아, 회의실 그리고 그 유명한 화장실까지 배치함으로써 잡스는 직원들이 어느 방향에서 걸어오든 아무런 규칙 없이 서로 부딪히

게 만들었다. 일상생활에서 낯섦과 예측 불가능성, 복잡성을 어마어마하게 증가시킨 것이다.

세 번째 유인인 '깊은 구현'Deep embodiment 은 물리적으로 온전히 깨어 있는 것을 뜻한다. 동시에 여러 감각을 열어놓고 주의를 기울이는 것이다. 몬테소리 교육이 이런 경우다. 몬테소리의 교실은 지구상에서 가장 몰입도가 높은 환경 중 하나로 알려져 있다.[23] 왜일까? 몬테소리는 직접 해봄으로써 배우는 것을 강조하기 때문이다. 등대에 관해 책에서 읽기만 하는 것이 아니라 밖에 나가 등대를 하나 만들어보는 식이다. 머리뿐만 아니라 손을 함께 사용함으로써 동시에 여러 감각 기관을 사용하게 되고, 온 신경을 집중시켜 현재에 초점을 맞추게 만드는 것이다.

죽을힘을 다하되 죽지 않을 만큼
· · · ·

심리적 유인은 더 깊은 몰입을 이끌어내는 내적 환경을 말한다. 말하자면 현재에 집중할 수 있게 해주는 심리적 전략이다.

몰입 연구의 선구자인 미하이 칙센트미하이Mihaly Csikszentmihalyi 는 분명한 목표와 즉각적 피드백 그리고 도전 과제와 능력의 비율이 몰입의 가장 중요한 3대 요소임을 발견했다.[24] 좀 더 자세히 살펴보자.

첫 번째 심리적 유인인 '분명한 목표'는 언제, 어디에 주의를 집중해야 할지를 알려준다. 분명한 목표란 크고 어려운 문제를 가진 '큰 목표'와는 다르다. 큰 목표는 열정을 불러일으키는 것이다. 인류의 기아를 해결하고 우주 개척 시대를 열어가는 것처럼 말이다. 반면에 분명한 목표는 그런 큰 목표를 달성하는 데 필요한 작은 단계들을 의미한다. 이 작은 단계들을 '하위 목표'라고 부른다면, 하위 목표 수준에서 현재에 집중하고 몰입 상태에 빠지기 위해서는 '분명함'이 가장 중요하다. 목표가 분명하면 지금 무엇을 하고 그다음에 무엇을 해야 할지 이미 알고 있기 때문에 헤맬 필요가 없다. 그러면 더 집중하게 되고, 동기도 커지며, 관련 없는 정보는 걸러진다. 그 결과 행동과 의식이 합쳐지고 '현재' 속으로 더 깊이 끌려 들어가게 된다. 현재 속에는 과거도, 미래도 없으며 개인도 없다. 그런 것들은 우리의 주의를 빼앗아 가는 불청객이기 때문이다.

하지만 여기서 강조되는 것이 무엇인지는 제대로 알 필요가 있다. '분명한 목표'를 생각할 때, 대부분의 사람은 '분명한'은 건너뛰고 '목표'로 직행하는 경향이 있다. 분명한 목표를 세우라고 하면 사람들은 올림픽 시상대나 아카데미 시상식 혹은 《포춘》 500대 기업에 포함되어 "저는 열다섯 살 때부터 이 순간을 꿈꿔왔습니다."라고 말하는 모습을 떠올리곤 한다. 마치 그것이 핵심인 것처럼 말이다.

하지만 그런 수상의 순간은 우리를 현재로부터 떼어놓는다. 설령 성공이 바로 눈앞에 있다고 해도 그것은 희망과 두려움 그리고 현재를 잊게 하는 온갖 잡념을 부르는 미래의 순간이다. 스포츠에서 유명한 실수의 순간들을 한번 생각해보자. 슈퍼볼 게임의 마지막 순간에 패스를 놓친다거나 마스터스 대회의 마지막 홀에서 퍼팅 실수를 하는 것처럼 말이다. 그런 순간은 목표의 중력이 참가자를 현재 밖으로 끌어낸 것이다. 아이러니하게도 '현재'에 빠지는 것이 가장 필요한 순간인데 말이다.

더 많은 몰입을 이끌어내기 위해, '분명한 목표'에서 강조해야 할 것은 '목표'가 아니라 '분명한'이다. 분명한 것은 확실성을 준다. 무언가를 할 때 우리는 지금 무엇을 하고 있고 어디에 주의를 집중해야 하는지 알고 있다. 하지만 목표가 분명하면 메타 인지meta cognition는 현재에 집중하는 인지로 대체되고, 자기 자신은 그림 바깥으로 빠진다.

이런 아이디어를 일상생활에 적용하는 방법은 과제를 작은 크기로 나누어 그에 따른 목표를 설정하는 것이다. 예컨대 작가라면 소목차 하나를 근사하게 완성하겠다는 목표보다는 단락 3개를 멋지게 써보겠다는 목표를 세우는 편이 낫다. 쉽지는 않지만 가능한 수준의 목표를 세워야 한다. 주의력을 현재에 집중시킬 만큼의 자극을 주되, 스트레스 때문에 그만두지는 않을 정도로 말이다.

그다음 심리적 유인인 '즉각적 피드백' 역시 현재에 집중할 수 있는 또 다른 지름길이다. '즉각적 피드백'은 원인과 결과 사이를 이어주는 순간순간의 직접적인 연결 고리를 말한다. 초점을 맞추는 측면에서 '즉각적 피드백'은 '분명한 목표'의 연장선상에 있다. 분명한 목표는 지금 내가 뭘하고 있는지 알려주고, 즉각적 피드백은 어떻게 해야 그것을 잘할 수 있는지 알려준다. 어떻게 해야 성과를 향상시킬 수 있는지 실시간으로 알 수 있다면 더 나은 방법을 찾기 위해 헤맬 필요가 없고, 온전히 현재에 집중하여 몰입에 빠질 가능성이 더 크다.

이것을 일에 적용하는 방법은 간단하다. 피드백 고리를 더 탄탄하게 죄라. 애자일 디자인을 실시하라. 주의가 흐트러지지 않게 메커니즘을 만들어라. 인풋input을 더 많이 요구하라. 그렇다면 인풋을 얼마나 많이 요구해야 할까? 분기별 검토로는 어림도 없다. 일일 검토라면 모를까. 여러 연구에 따르면 직접적인 피드백 고리가 부족한 업종(주식 분석, 정신과학, 의학)의 경우 최고의 성과를 내던 사람들도 시간이 지나면 성과가 악화되는 것으로 나타났다. 반면에 외과의사만은 의과대학을 졸업한 이후에도 오랫동안 성과가 향상되는 것으로 나타났다. 이유가 뭘까? 수술대에서는 실수를 하면 누군가가 죽기 때문이다. 즉 피드백이 즉각적인 것이다.

몰입의 심리적 유인, 그 마지막은 '도전 과제와 능력의 비율'이다. 아마도 이것이 가장 중요한 유인일 것이다. 여기에는 과제의 난이도와 그 과제를 수행하는 능력이 특정 관계에 있을 때 주의력이 가장 집중된다는 전제가 깔려 있다. 도전 과제가 너무 크면 두려움이 엄습하고, 도전 과제가 너무 쉬우면 주의를 기울이지 않게 된다. 몰입은 지루함과 불안의 중간쯤 되는 정서 상태에서 나타난다. 이 상태를 과학자들은 몰입 채널flow channel이라고 부르는데, 과제가 갖은 노력을 다 해볼 만큼은 어렵고, 포기하지는 않을 만큼 쉬운 지점을 말한다.

이 딱 맞는 지점이 우리의 주의력을 현재에 가둬둔다. 도전 과제가 이미 알고 있는 능력 범위 내에 있는 것이 확실해지면, 다시 말해 전에 해본 적 있고 그래서 또 할 수도 있다고 확신한다면, 결과는 이미 결정된 셈이 된다. 흥미는 가질 수 있지만 사로잡히지는 않는 것이다. 하지만 다음에 무슨 일이 벌어질지 알지 못하면 우리는 주의를 더 집중하게 된다. '불확실성'이야말로 현재에 빠져들게 만드는 특급 로켓인 셈이다.

집단 몰입은 어떻게 일어나는가
• • • •

몰입의 집합적 상태를 '집단 몰입'group flow이라고 한다.[25] 여러 사람이 함께 몰입에 빠질 때 벌어지는 현상이다. 미식축구 경기를 보면 모든 선수가 딱 맞는 시간에 딱 맞는 자리에 있어서 마치 경기가 아니라 잘 짜인 안무를 보는 듯한 기분이 든다. 이것이 바로 집단 몰입 상태다.

하지만 집단 몰입을 경험하는 것은 운동선수들만이 아니다. 사실 스타트업을 살펴보면 믿기지 않을 만큼 집단 몰입이 흔하게 일어난다. 팀원들 전체가 하나의 목표를 향해 어마어마한 속도로 달려가는 것 역시 집단 몰입이다. 설림 이즈메일은 이렇게 말한다.[26] "기업가 정신이란 끝도 없는 불확실성 속에서 길을 찾는 일입니다. 몰입하는 것은 성공의 아주 중요한 측면이죠. 몰입 상태에서 기업가는 열린 마음으로 여러 가지 가능성에 빠르게 대처할 수 있으니까요. 가능성은 파트너 관계에서도, 제품을 보는 안목에서도, 고객과의 상호작용에서도 발견될 수 있습니다. 스타트업 팀이 더 많이 몰입할수록 성공 가능성도 높아집니다. 실제로 스타트업 팀이 꾸준히 집단 몰입 상태에 빠져 있지 않다면 성공할 수 없을 겁니다. 주변을 보는 시야가 사라지면서 통찰력도 잃게 될 거고요."

그렇다면 어떻게 해야 집단 몰입에 빠질 수 있을까? 몰입의 사회적 유인이 힘을 발휘하는 것은 바로 이때다. 몰입의 사회적 유인이란 집단 몰입을 더 많이 만들어낼 수 있도록 사회적 조건을 바꾸는 방법을 말한다. 그중에는 우리에게 친숙한 것도 많다. 먼저 3가지는 칙센트미하이가 밝힌 심리적 유인들의 집합적 형태라고 볼 수 있다. 바로 '진지한 집중', '공유하는 분명한 목표', '훌륭한 의사소통'(즉각적 피드백을 많이 나누는 것 등)이다.

여기에 2가지가 더 있는데, 바로 '평등한 참여'와 '위험 요소'다. 몰입에 관해 우리가 이미 알고 있는 것들을 생각하면 이 2가지는 분명해진다. 그 외 5가지는 좀 더 설명이 필요하다.

그다음 유인인 '친숙함'은 팀원들 간에 공통된 언어와 공유된 기본 지식 그리고 말하지 않아도 통하는 의사소통 방식이 있다는 뜻이다. 모든 팀원이 항상 돌아가는 상황을 파악하고 있고, 참신한 의견이 도출되었을 때도 길게 설명할 필요 없이 여세를 몰아갈 수 있다는 뜻이다.

다음은 '자아의 혼합', 말하자면 겸손함의 집합적인 형태다. 자아가 섞여 들면 누구도 스포트라이트를 독점하지 않고 모든 팀원이 온전히 참여하게 된다.

'통제한다는 느낌'은 자율성(원하는 것을 마음대로 해도 되는 것)과 통달(맡은 일을 잘하는 것)이 합쳐진 것이다. 이것은 도전 과제를 스스로 설정할 수 있고, 그것을 정복하는 데 필요한 능력을 갖고 있을 때 가능하다.

'경청'은 지금 이 자리에 온전히 몰두할 때 일어난다. 대화를 하며 경청한다는 것은 "다음 말을 뭐라고 재치 있게 받아칠까?" 혹은 "누가 비꼬는 바람에 대화가 끊겼나?"를 생각하는 것이 아니다. 오히려 경청은 대화가 진행되면서 생각지도 못한 반응을 실시간으로 만들어내는 것이다.

마지막 유인은 "언제나 '맞아, 그런데……'로 말하라."는 것이다. 대화는 논쟁이 아니라 살을 붙여가는 방식이 되어야 한다. 여기서 목표는 서로의 아이디어와 행동을 끊임없이 증폭해 다 함께 혁신에 박차를 가하도록 만드는 것이다. 이것은 즉흥 코미디의 제1 법칙과 상통하는 원칙이다. 상대방이 "이봐, 여기 목욕탕에 파란색 코끼리가 있는데?"라고 했는데, "아니, 없는데."라고 답해버리면 더 이상 극이 진행될 수 없다. 거부는 몰입을 죽인다. 대신에 "맞아, 그런데……."로 답한다면, 다시 말해 "어, 미안. 코끼리를 어디에 둬야 할지 모르겠더라고. 코끼리가 또 변기 뚜껑을 올려놨어?"라고 답한다면, 이야기는 더욱 흥미진진해질 것이다.

'불가능'이 아닌 '개선 가능성'

. . . .

창의성의 안을 들여다보면 '패턴 인식'(새로운 아이디어들을 서로 결합시킬 수 있는 두뇌 능력)과 '위험 감수'(새로운 아이디어를 세상에 내놓을 수 있는 용기)가 함께하는 것이 보일 것이다. 이 2가지 경험은 강력한 신경화학적 반응을 만들어내고, 두뇌는 이런 반응을 타고 더 깊은 몰입 상태에 빠져든다.

이 말은 곧 생활에 더 많은 몰입을 원한다면 달리 생각해야 한다는 뜻이다. 익숙한 각도에서 문제에 덤벼들 것이 아니라 후방에서, 측면에서 우아하게 접근해볼 필요가 있다. 늘 가던 길을 벗어나 상상의 나래를 펴야 하며, 생활에 신선한 자극을 많이 만들 필요가 있다. 조사 결과에 따르면 새로운 환경이나 경험이 새로운 아이디어의 시발점이 되는 경우가 많다고 한다(패턴 인식의 기회가 늘어나기 때문이다). 더욱 중요한 것은 창의성을 '가치'와 '미덕'으로 바꾸는 것이다. 이 지점에서 우리는 다시 문샷 사고를 생각해보게 된다. 텔러는 이렇게 설명한다. "여기에서 일본까지 순간이동을 할 수 없다는 점을 아쉬워하는 사람은 없습니다. 왜냐하면 그건 불가능한 일이라는 생각이 벌써 자리 잡고 있기 때문이에요. 문샷 사고란 그걸 아쉽다고 생각해보는 겁니다."

* * *

몰입에 관해 가장 잘 알려진 사실은 몰입이 유비쿼터스ubiquitous라는 점이다. 다시 말해 어디서나 누구에게나, 특정한 초기 조건만 충족되면 몰입이 일어날 수 있다. 그 조건이 뭘까? 앞서 살펴본 17가지의 유인이 그 조건들이다.

그리고 거기에는 그럴 만한 이유가 있다. 우리는 생물학적 유기체다. 그리고 진화의 방향은 처음부터 보수적으로 설계되어 있다. 특정한 적응 방식이 효과가 있으면 기본 설계가 계속 반복되는 것이다. 몰입은 확실히 효과가 있다. 따라서 우리의 두뇌는 몰입을 경험하게끔 만들어져 있다. 우리는 모두 최적의 성과를 내게끔 설계되어 있으며, 그것은 인간에게 이미 내장되어 있는 특성이다.

제5장

크게 생각하는 것이
유리한 이유

우주인이 아니어도 우주를 여행하는 방법
. . . .

"오늘 뉴스를 봤는데요. 그러니까 무척…… 엄청난 걸 봤습니다." 2012년 4월 24일, 《데일리쇼》의 사회자 존 스튜어트는 이렇게 말했다.[1] 그는 다소 흥분한 상태였다. 눈썹이 쑥 올라가고 콧구멍을 벌름거리는 품이 금방이라도 폭발할 것만 같았다. 이윽고 문제의 뉴스 장면이 나왔는데, 양복을 차려입은 앵커가 양손을 모은 채 차분한 목소리로 말했다. "아마 공상과학 이야기처럼 들릴 텐데요. 오늘 한 우주 개척자들의 모임이 소행성에서 희귀 광물을 채취할 계획이라고 발표했습니다." 화면이 다시 돌아오자 존 스튜어트는 다급하게 외쳤다. "우주 개척자들이 소행성에서 희귀 광물을 채취한답니다! 둥! 둥! 두둥! 2012년에 이런 뉴스를 듣게 될 줄 누가 알았을까요?"

스튜어트의 호들갑은 바로 플래니터리 리소시스Planetary Resources에 관한 이야기였다.[2] 이 회사는 2009년 나와 에릭 앤더슨Eric Anderson이 공동으로 설립하고, 2012년에 계획을 발표한 소행성 채굴 업체다. 분명히 소행성 채굴은 공상과학 소설에나 나올 법한 미친 소리로 들릴 것이다. 어느 모로 보나 대담한 계획이니 말이다. 이런 종류의 회사를, 정말로 성공할 희망을 손톱만큼이라도 가지고 시작하려면, 그리고 그런 계획을 대중들에게 그럴듯하게 제시하려면(이 일도 만만치 않게 어렵다) 다소 다른 식의 접근이 필요하다. 지난 몇 년간 나는 이런 어려움을 극복할 전략들을 개발했다. 여기에서 가장 중요한 것은 처음부터 슈퍼 신뢰성super-credibility을 가진 프로젝트를 만들어야 한다는 것이다.

다시 설명하겠지만 슈퍼 신뢰성을 갖추는 데는 대단한 열정이 필요하다. 내 경우 그 열정이 처음으로 시작된 것은 1969년이었다. 내가 겨우 여덟 살이던 그해, 아폴로 11호가 달에 착륙했다. 그 자리에서 나는 우주에 가는 것을 내 평생의 소원으로 정했다. 그리고 20대 초반이 되었을 때 나는 미 항공우주국NASA (이하 '나사')을 통해서는 절대로 우주에 갈 수 없겠구나 하고 깨달았다. 정부 예산 지출이라는 제약과 실패할 위험에 겁을 잔뜩 집어먹은 나사는 방위 산업 취업 프로그램처럼 변질되어 있었다. 다시 달을 방문하거나 화성에 갈 것 같지는 않았다. 대담한 계획을 실천하려면 정부의 도움 없이 일을 추진해야 할 것이 분명해 보였다.

그래서 나는 이후 30년간을 우주 개척 시대를 열어주리라고 생각되는 민간 벤처기업을 세우는 데 보냈다. 그래서 국제 우주 대학교International Space University를 공동으로 설립하는 일 외에도 우주 관광 경제에 시동을 걸기 위한 3가지 사업을 추진했다. 각각 엑스프라이즈와 제로지Zero-G 그리고 스페이스 어드벤처스 유한회사Space Adventures Limited가 그것이다.

스페이스 어드벤처스를 설립하면서 나는 장래 플래니터리 리소시스를 함께 세우게 될 에릭 앤더슨과 팀을 이루게 됐다.[3] 1995년 당시 버지니아 대학교 항공우주학과를 갓 졸업한 에릭은 인턴 사원으로 우리 회사에 들어오면서 나와 인연을 맺게 됐다. 당시 나는 소비에트 우주 프로그램의 광대한 자산을 활용할 수 있는 회사를 세우려 하고 있었다. 한때는 강력했던 소비에트 우주 프로그램도 이제는 현금이 너무나 절실해진 나머지 누구든 돈만 내면 우주까지 태워다줄 기세였다. 에릭은 열심히 노력하여 1년 만에 스페이스 어드벤처스의 인턴에서 부사장으로, 다시 회장(나중에는 CEO)으로 승진했다. 이후 15년간 에릭은 스페이스 어드벤처스를 누적 매출 6억 달러의 회사로 키워놓았다. 지구 궤도권을 구경하는 좌석 하나에 5000만 달러, 달 주변을 돌아오는 좌석 하나에 1억 5000만 달러인 상품을 팔아야 한다는 것을 생각해보면, 에릭이 해낸 일이 얼마나 대단한지 알 것이다.

똑같은 꿈을 꾸었지만 인내심이 부족했던 사람들은 조금 다른 접근법을 취했다. 우주항공기 설계 분야의 전설적인 인물인 버트 루탄이 2004년 10월 4일 스페이스십원SpaceShipOne으로 1000만 달러짜리 안사리 엑스프라이즈 프로젝트에서 우승하자, 리처드 브랜슨 경이 이 분야에 뛰어들었다. 그는 우승 기술의 특허 사용 허가를 받고 2억 5000만 달러를 투자해버진 갤럭틱Virgin Galactic의 스페이스십투SpaceShipTwo를 개발했다. 스페이스십원의 상용화 버전이었다.⁴ 다음에는 아마존의 설립자 제프 베조스가 비밀에 싸인 발사용 로켓 회사 블루오리진Blue Origin에 1억 달러 이상을 투자했다.⁵ 그러나 아마도 가장 인상적이었던 것은 페이팔PayPal의 공동 설립자에서 우주항공 산업의 파괴적 혁신가로 변신한 일론 머스크일 것이다. 일론 머스크는 팰컨9 발사 로켓과 드래건 우주캡슐의 놀라운 성공으로 '우주의 신' 반열에 올랐고, 나사로부터 국제 우주정거장에 화물을 운송하는 수십억 달러짜리 계약을 따냈다.⁶

모두 놀라운 성공임에 틀림없었지만, 2009년 여름 연례행사인 '차기 프로젝트 논의 워크숍'에 갔을 때 나와 에릭은 우주항공 산업의 미래가 상당히 암울하다고 생각했다. 커다란 성공들도 있기는 했지만 아직도 모든 것이 너무나 느리게 움직였던 것이다. 정말로 우주 개척 시대를 열려면 열댓 명이 지구 궤도에 올라가는 것으로는 부족했고, 수십만 명이 우주 관광을 할 수 있어야 했다. 규모의 이익이 필요했다.

우주 시대를 활짝 열어젖히려면 이전의 모든 개척 시대와 마찬가지로 특별한 경제적 엔진이 필요했다. 바로 '자원'에 대한 탐색이다. 앤더슨은 이렇게 말했다.⁷ "실크로드를 개척한 중국인들이나, 금과 향료를 찾아 바다를 건넜던 유럽의 초기 탐험가들이나, 목재와 땅을 찾아 서부를 훑던 미국 정착민들이나 다들 마찬가지예요. 사람들이 어렵고 위험한 일을 시도했던 주된 이유는 언제나 새로운 자원을 찾기 위해서였죠." 이때부터 에릭과 나는 소행성 채굴에 관해 진지하게 논의하기 시작했다.

이런 논의를 한 사람이 우리가 처음은 아니다. 둥둥 떠다니는 거대한 암석들을 붙잡아 희귀 금속과 광석을 채굴해 지구로 가져오겠다는 생각은 1895년까지 거슬러 올라간다. 러시아 우주 프로그램의 아버지 콘스

탄틴 치올콥스키Konstantin E. Tsiolkovsky가 처음으로 그 같은 생각을 제안했던 것이다.[8] 19세기와 20세기 사이에 소행성 채굴은 공상과학 이야기의 중심 뼈대를 이루었는데, 이 관념이 실제 과학이 된 것은 1990년대에 들어서였다. 3건의 우주 탐사 프로젝트(나사의 니어-슈메이커 프로젝트와 스타더스트 프로젝트, 일 항공우주탐사국의 하야부사 프로젝트)가 소행성에 접근하는 데 성공했던 것이다(이 중 두 프로젝트에서 소행성의 표면을 긁어 현미경으로 관찰할 수 있는 표본을 채취해왔다).[9] 하지만 이런 과학 탐구 임무와 에릭이나 내가 꿈꾸던 온전히 산업적인 접근 사이에는 어마어마한 간극이 존재했다. 이 점이 바로 문제였다.

이렇게 큰 문샷을 성공시키려면 '아주 많은' 도움이 필요했다. 그렇게 해서 우리의 첫 번째 도전 과제가 정해졌다. 누군가에게 우리의 꿈이 시도해볼 만한 일이라는 것을 설득하는 일 말이다. 그러려면 이 꿈은 처음부터 '슈퍼 신뢰성'을 가져야만 했다.

설명하자면 이렇다. 사람들의 마음속에는 적정 수준의 '신뢰성'이라는 것이 있다. 그래서 새로운 아이디어를 들으면 그 수준보다 신뢰성이 높은지 낮은지를 생각하고, 그 수준 이하이면 말도 안 된다고 치부하여 즉각 무시한다. 하지만 그 수준 이상이면 일단은 여지를 주면서, 시간을 두고 지켜본 후 판단하려고 한다. 그런데 우리에게는 '슈퍼 신뢰성'이라는 것도 있다. 새로운 아이디어가 처음부터 슈퍼 신뢰성을 갖게 되면 우리는 그 자리에서 해당 아이디어를 수용한다. "와, 멋진 걸! 어떻게 하면 참여할 수 있어?"라면서 말이다. 아이디어가 매우 설득력 있기 때문에 기정사실로 받아들이고, 생각의 초점은 "과연 될까?"에서 "실제로 이루어지면 어떻게 될까?"로 바뀌게 된다.

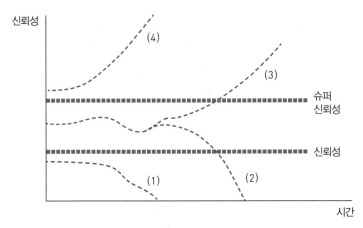

(1) 신뢰성 없는 전개 (2) 신뢰성 있는 전개, 신뢰성 없는 성과
(3) 신뢰성 있는 전개, 슈퍼 신뢰성 성과 (4) 슈퍼 신뢰성 전개
(출처_피터 디아만디스)

플래니터리 리소시스가 처음부터 슈퍼 신뢰성보다 훨씬 더 높은 신뢰
성을 갖지 못한다면 사람들은 그 자리에서 플래니터리 리소시스를 묵살
할 것이 분명했다. 우리는 사람들이 직관적으로 이 비전이 실행 가능하
다고 신뢰할 수 있는 팀을 구성해야 했다. 그러기 위해 우리가 가장 먼저
연락한 사람은 나사의 제트추진연구소JPL에서 수십억 달러짜리 화성 탐
사 프로젝트를 세 번이나 추진했던 전설의 인물 크리스 르위키Chris
Lewicki였다. 우리는 르위키를 회장 겸 수석 엔지니어로 영입하고, 화성 탐
사 로봇 '큐리아서티'Curiosity를 설계하고, 만들고, 가동한 일류 엔지니어
들 다수를 초빙했다. (어느 날 에릭은 나사의 제트 추진 연구소장으로부터 전화 한
통을 받았다. 최고 엔지니어들을 그만 좀 빼내가라는 전화였다. 우리가 잘하고 있음을 확
신하게 되었다.)

이쯤에서 멈췄더라도 꽤나 신뢰성 있는 계획이 되었을 것이다. 분명 믿음이 가는 모습이었으니 말이다. 에릭과 나는 우주항공 업계에서 나름대로 인정받고 있었고, 우리 팀은 가장 명민한 최고의 인재들로 구성되어 있었다. 하지만 소행성 채굴처럼 대담한 일을 제안할 생각이라면 단순히 '믿을 만한' 정도로는 부족했다.

그래서 우리는 3년 가까이 회사의 존재를 비밀에 부친 채 슈퍼 신뢰성을 갖추려고 부단히 노력했다. 그리고 그 방편으로 우리 프로젝트에 자신의 돈과 이름을 모두 걸어줄 억만장자들을 모집했다. 바로 래리 페이지, 에릭 슈미트Eric Schmidt, 람 슈리람Ram Shriram(구글의 초기 투자자), 로스 페로 주니어Ross Perot, Jr., 찰스 시모니Charles Simonyi(마이크로소프트의 수석 프로그래머), 리처드 브랜슨 같은 인물들이었다. 이런 유명 인사들을 영입한 것은 여러모로 우리에게 도움이 됐다. 먼저 그들의 철저한 실사를 통과하는 과정에서 우리는 그들의 생각을 들을 수 있었다. 전 세계에서 가장 똑똑한 사람들이 우리의 비전을 검증하는 것은 눅눅한 석탄을 반짝이는 다이아몬드로 바꾸는 데 일조했다. 더욱 중요한 것은 마침내 우리 회사가 출범했을 때 저 이름들 때문에 사람들이 구름처럼 몰려들었다는 점이다. 이 점이 더 중요했다. 전 세계 최고의 우주항공 엔지니어들과 가장 존경받는 기업가들이 함께 추진하고 있는 일에 딴지를 걸기는 쉽지 않다. 그래서 우리는 슈퍼 신뢰성보다 훨씬 더 높은 곳에 위치한 대중들의 눈에 들 수가 있었다. 그리고 2012년의 뉴스를 공상과학이 아닌 뉴스처럼 들리게 만들 수 있었다.

국제 우주 대학교가 탄생하기까지

....

억만장자들의 명함을 갖고 있지 못한 기업가라면 이런 슈퍼 신뢰성에 관한 조언이 지금은 별 도움이 안 된다고 생각할 수도 있다. 에릭과 내가 투자자를 모집하기 시작했을 때 우리는 이미 리처드 브랜슨이나 래리 페이지 같은 투자자들을 만날 수 있는 네트워크를 갖고 있었지만, 모든 사람이 그럴 수는 없는 노릇이다. 하지만 그렇다고 해서 아무 상관없는 이야기는 아니다. 슈퍼 신뢰성에 관한 생각은 내가 신뢰성을 거의 주지 못하던 시절, 그러니까 아는 사람이라고는 가족과 친구들 정도였던 대학생 시절(인터넷도, 구글도, 페이스북도 없던 시절)부터 시작되었기 때문이다.

이야기는 내가 MIT 2학년에 재학 중이던 1980년으로 거슬러 올라간다. 나는 '우주 탐사 및 개발을 위한 학생회', 즉 세즈SEDS, Students for the Exploration and Development of Space라는 단체를 설립했다.[10] 세즈는 우주 개척 시대를 열고 싶은 나의 열정과 미 항공우주국에 대한 나의 좌절감에서 탄생했다. 초기 세즈 리더들 및 밥 리처즈Bob Richards, 토드 홀리Todd Hawley 등의 '우주 사관생도'들과 함께[11] 우리는 전 세계 30개 대학에 지부를 가진 조직을 만들었다. 대학생들의 우주 참여를 촉진하려는 모임이었다. 세즈 덕분에 우리 중 셋은 1982년 오스트리아 비엔나에 초청받아 유엔 상임위원회에서 우주 공간의 평화적 이용에 관한 프레젠테이션을 할 수 있었다. 우리가 《2001: 스페이스 오디세이》의 작가이자 정지 위성을 발명한 아서 C. 클라크와 만나 친구가 된 것도 그곳에서였다.

우리가 '아서 아저씨'라고 불렀던 클라크는 1940년대와 50년대에 우주 발명가 및 엔지니어, 그 외 여러 선각자 들이 서로 얼마나 가깝게 지냈는지 들려주었다. 아폴로 프로그램도 결국은 이들이 우정을 나누고 지식과 비전을 공유함으로써 탄생한 것이었다. 그렇게 긴밀한 네트워크에 관한 이야기를 들으며 우리는 국제 우주 대학교를 만들어야겠다는 꿈을 꾸기 시작했다. 오늘날의 우주 사관생도들이 내일을 그려갈 수 있는 곳 말이다. 거기서 한발 더 나아가 우리는 지구 궤도 위에 캠퍼스를 만드는 것까지 상상했다. 학생들이 생활하고 공부하고 연구할 수 있는 지구 밖의 대학이었다.[12]

그런 기관이 실재하려면 사람들이 그것이 가능하고 그럴 만한 가치가 있는 일이라고 믿어야 했다. 하지만 우리는 겨우 대학원생에 불과했기 때문에 믿을 만한 것으로는 충분치 않았다. 우리에게는 슈퍼 신뢰성이 필요했다. 그래서 어떻게 했을까? 우리의 각본을 단계별로 펼쳐보면 아래와 같다.

1단계

친숙함이 중요하다. 우리는 지난 5년간 세즈의 성공을 목격한 사람들부터 도움을 요청하기 시작했다. 너무 당연한 소리처럼 들릴 수도 있겠지만, 실제로 내가 그동안 수백 명의 기업가들을 만나본 결과, 이 당연한 사실을 잊고 지내는 사람들이 많았다. 우리의 차기 프로젝트를 가장 잘 도와줄 수 있는 사람은 이미 우리를 도와주었거나 우리의 지난 성공을 목격한 사람들이었다.

스타트업에서는, 특히 커리어를 쌓기 시작한 지 얼마 되지 않은 사람이라면, 후원자는 보통 가까운 친구나 가족이다. 우리를 이미 알고 있고 신뢰하는 사람들 말이다. 하지만 일단 그 범위를 벗어나고 나면(혹은 그런 사람들이 없으면) 우리의 성공을 위해 투자할 가능성이 가장 높은 사람은 이미 우리의 성공을 지켜본 사람들이다. 따라서 그동안 실적이 없다면 실적을 만들어야 한다. 대담한 프로젝트를 시작하기 전에, 그런 일을 해낼 수 있다는 것을 보여줄 수 있는 훨씬 더 작은 프로젝트부터 시작하라. 그런 다음 그 네트워크를 이용해서 다음 단계를 추진하라. 우리가 세즈를 성공시키지 못했다면 국제 우주 대학교는 결코 만들어지지 못했을 것이다.

2단계

속도를 늦추고 신뢰를 쌓아라. 우리는 국제 우주 대학교라는 대담한 목표를 향해 무턱대고 돌진하는 대신, 그 첫 단계로 우주 대학교의 가능성을 '연구'할 콘퍼런스부터 조직했다. 많은 기업가들이 이 단계를 건너뛴다. 그들은 대담한 아이디어를 갖고 있지만, 실적은 적으면서도, 신임한다는 의사 표시를 곧 목돈이 들어올 것이라는 뜻으로 착각한다. 진짜 실적이라는 것은 자신감만으로는 되지 않으며 많은 신뢰가 필요하다. 투자자들은 어떤 아이디어든 기꺼이 들으려고 하지만, 실제로 투자하는 것은 실행 가능한 계획일 때다. 그리고 우리의 경우 콘퍼런스를 어떻게 운영하는지는 이미 알고 있었다.

몇 달간 우리는 국제 우주 대학교의 가능성을 연구하는 콘퍼런스와 병행하여 주로 MIT에서 우주항공 '일자리 박람회'를 열겠다는 아이디어로 5만 달러를 모집했다.[13] 그런 우리에게 큰 돌파구가 열린 것은 당시 토론토에 살고 있던 밥 리처즈가 캐나다 우주국CSA 국장에게 강연 약속을 받아내면서부터였다. 우리는 이 행운을 더 확장해보기로 했다. 그래서 캐나다 우주국이 참석한다는 명목으로 유럽 우주국ESA의 참석을 이끌어냈고, 캐나다 우주국과 유럽 우주국이 모두 참석한다는 명목으로 일본 우주국도 참여시켰다. 뒤이어 러시아 연방우주국FKA, 중국 국가항청국CNSA, 인도 우주연구기구ISRO 그리고 마침내는 나사까지 참여하게 할 수 있었다. 한 걸음 한 걸음 천천히 우리는 슈퍼 신뢰성을 얻는 길로 나아가고 있었다.

하지만 아직 갈 길은 멀었다.

3단계

메시지가 중요하다. 이 콘퍼런스가 열리기 6개월 전에 우리 세 사람은 국제 우주 대학교가 실제로 어떤 모습일지 브레인스토밍을 했다. 우리가 무엇을 가르치고, 누가 참석할지 하나하나 깊이 있게 파고들었다. 우리는 또 세부 계획을 마련해 끊임없이 조언자들에게 보여주었다. 최대한 많은 참여를 끌어낸 것이다. 이런 참여는 아주 중요했다. 왜냐하면 우리의 계획이 채택되는 데는 아이디어의 질도 관련이 있지만, 그보다는 누가 그 아이디어를 전 세계에 발표하느냐가 더욱 중요했기 때문이다. 콘퍼런스에서 우리는 계획을 직접 발표하지 않고 조언자들에게 발표를 부탁했다. 우주왕복선을 두 번이나 조종했고 우주탐험가협회Association of Space Explorers의 공동 설립자이기도 한 바이런 릭텐버그Byron Lichtenberg 박사가 교육 내용에 관한 계획을 발표했다. 전 공군 장관이자 위성통신 회사 콤샛Comsat의 CEO인 존 맥루카스John McLucas 박사가 자금 조달 계획을 발표했고, 국제통신위성기구INTELSAT의 국제부장인 조지프 펠턴Joseph Pelton 박사가 운영 계획을 발표했다.

그리고 그것은 효과가 있었다. 제시된 아이디어도, 그것을 발표한 사람들도 신뢰할 수 있었기 때문에 우리는 슈퍼 신뢰성이라는 기준선을 가뿐히 뛰어넘었다. 국제 우주 대학교라는 아이디어를 검토하기 위한 콘퍼런스는 금세 국제 우주 대학교 설립 콘퍼런스로 바뀌었다. 슈퍼 신뢰성은 어느 정도의 힘을 발휘했을까? 주말이 다 가기 전에 우리는 여름 프로그램을 개설할 초기 자본을 모았다. 진짜 대학을 설립하기 위한 첫발을 내디딘 것이다.

대담한 계획을 향해

· · · ·

국제 우주 대학교에 관한 이야기는 조금 있다가 다시 할 것이다. 그전에 국제 우주 대학교를 설립하면서 우리가 배웠던 두 번째 교훈을 생각해보려고 한다. 대담한 아이디어를 무대에 올리는 것의 중요성에 관한 이야기다. 그 설립 콘퍼런스를 개최하기 전 6개월 동안 밥과 토드 그리고 나는 우주 학교의 세부 사항들을 열심히 파고들었다. 우리는 우리가 가진 비전을 심리학자들이 '하위 목표'라고 부르는, 실행 가능한 작은 크기로 나누고 있었다.

하위 목표에는 2가지 이점이 있다. 첫째는 위험과 보상을 일치시킨다는 점이다. 필요한 자금을 처음부터 모집할 수 있는 프로젝트는 거의 없다. 보통은 기업가가 위험을 완화할 수 있는 새로운 방법들을 하나씩 찾아가면서 순차적으로 자금이 들어오게 마련이다. 뭉칫돈이 한 번에 들어오는 것이 아니라 종류에 따라 순차로 자금이 유입되는 것이다. 초기 자본, 크라우드소싱 자본, 에인절 캐피털, 슈퍼 에인절 캐피털, 전략적 파트너, 시리즈A 벤처 투자, 시리즈B 벤처 투자 등이 있고, 때로는 주식을 공모하기도 한다. 경영 팀의 능력과 비전의 진정성이 조금씩 증명되면서 투자금도 점점 더 많이 들어온다.

하위 목표의 두 번째 이점은 심리적인 측면이다. 앞서 개리 레이섬과 에드윈 로크를 통해 큰 목표의 숨겨진 장점들을 알아보았다. 하지만 그런 장점은 특정한 '조건'들이 충족될 때에만 힘을 발휘한다는 이야기도 했다. 헌신, 다시 말해 가치와 목표를 일치시키는 것은 그 조건의 하나일 뿐이다. 똑같이 중요한 것은 '자신감'이다.

레이섬은 이렇게 설명한다.[14] "큰 목표가 있더라도 그 목표를 세운 사람이 그것을 달성할 수 있다는 자신감이 있을 때에만 동기가 더욱 부여된다. 그렇기 때문에 큰 목표는 달성 가능한 하위 목표로 쪼개야 한다."

이런 이유 때문에 우리는 국제 우주 대학교 설립 콘퍼런스를 열기 전 6개월 동안 우리의 문샷을 실행 가능한 5단계로 나누었다.

1. 국제 우주 대학교라는 아이디어를 검토하기 위한 콘퍼런스를 MIT에서 개최한다.
2. MIT 캠퍼스를 빌려서 9주짜리 국제 우주 대학교 여름 프로그램을 개최하고, 100명의 대학원생을 초청한다.
3. 동일한 여름 프로그램을 다른 국가에서도 개최하여 우리의 콘셉트를 증명하고 전 세계적 커뮤니티를 형성한다.
4. 영구적인 지상 캠퍼스를 세운다.
5. 국제 우주 정거장에 우주 캠퍼스를 세운다.

4단계와 5단계(우리의 문샷 목표)는 후원자들의 마음을 움직이려고 한 것이었고, 훨씬 더 단계적인 (그래서 더 믿음이 가는) 1, 2, 3단계는 후원자들의 이성에 호소한 것이었다. 그리고 이것은 효과가 있었다. 첫 후원에 힘입어 우리는 팀을 짜고, 콘퍼런스를 열고, 첫 여름 프로그램을 개설했다.

여름 프로그램은 대성공이었다. 21개국에서 104명의 대학원생이 참석했다. 순전히 우리 힘으로 해내다 보니 빌린 캠퍼스에 임시로 구성된 교수진이었지만(밥과 토드, 내가 각자 모교에서 교수님들을 모셔 왔다), 그래도 성공인 것은 틀림없었다.

그런 다음 우리는 위치만 바꿔서 여름 프로그램을 열고 또 열었다(그러면서 점점 더 넓은 커뮤니티의 참여를 유도할 수 있었다). 두 번째 여름에 국제 우주 대학교는 프랑스 스트라스부르에 있는 루이 파스퇴르 대학교 캠퍼스를 빌렸다. 그리고 1990년에는 캐나다 토론토로, 1991년에는 프랑스 툴루즈로, 1992년에는 일본 기타큐슈로 이동했다.

국제 우주 대학교도 5년차를 맞이하고 졸업생들이 550명이나 생겼을 때, 마침내 우리는 우리의 자산을 활용해 4단계로 이행하기로 결정했다. 영구적인 지상 캠퍼스를 세우기로 한 것이다. 여기에는 작은 문제가 하나 있었는데, 바로 우리가 유형 자산이 없다는 점이었다. 캠퍼스도, 현금도 없이 빌린 교수진뿐인 순전한 가상 대학교였기 때문에 우리가 가진 자산이라고는 우리의 브랜드와 졸업생들 그리고 비전뿐이었다. 이제는 본격적으로 협조를 이끌어낼 차례였다.[15]

어떻게 협조를 이끌어낼 것인가

. . . .

옛날 옛날 중세의 어느 작은 마을에서 있었던 일입니다. 농부가 마을 어귀에서 병사 세 사람을 목격했습니다. 무슨 일이 벌어질지 예견한 농부는 시장으로 달려가 외쳤습니다. "서두르세요. 문을 닫고 창문을 잠그세요! 병사들이 오고 있어요! 식량을 몽땅 쓸어 갈 거예요!"

병사들은 실제로 배가 고팠습니다. 마을에 들어선 병사들은 문을 두드리며 음식을 구걸하기 시작했습니다. 첫 번째 집은 찬장이 텅 비었다고 말했습니다. 두 번째 집도 똑같이 말했습니다. 세 번째 집은 문을 열어주지도 않았습니다. 마침내 굶주린 병사 중 하나가 말했습니다.[16]

"좋은 생각이 있어. 돌멩이로 수프를 만들자."

병사는 성큼성큼 걸어가 다른 집 문을 두드리고는 말했습니다.

"실례합니다. 가마솥과 장작을 좀 얻을 수 있을까요? 돌멩이 수프를 좀 만들려고 하는데요."

위험하지 않다고 판단한 아주머니가 말했습니다.

"돌멩이로 수프를 만든다고요? 제 눈으로 보고 싶네요. 좋아요. 도울게요."

아주머니는 병사들에게 가마솥과 장작을 주었고, 병사 하나가 물을 길어 왔습니다. 물이 끓자 병사들은 솥 안에 커다란 돌멩이 3개를 넣었습니다. 이 소식은 금세 마을 곳곳으로 퍼져 나갔습니다. 마을 사람들이 하나둘 모여들기 시작했습니다. "돌멩이로 수프를 만든다고? 우리도 좀 봐야겠어."

장작불을 둘러싼 병사들을 이제는 마을 사람들이 둘러싸고 있었습니다.

"돌멩이로 수프를 만들 수 있는 줄은 몰랐네요."

마을 사람 한 명이 말했습니다.

"만들 수 있지요." 병사가 답했습니다.

기다리기가 지겨웠던 마을 사람 한 명이 물었습니다. "좀 도와줄까요?"

"네, 뭐. 감자가 몇 개 있다면 돌멩이 수프가 더 훌륭해질 텐데요."

그러자 그 사람이 얼른 달려가 감자 몇 개를 가져와서는 돌멩이가 끓고 있는 솥에 넣었습니다.

또 다른 사람이 물었습니다. "저도 좀 도와드릴까요?"

"흠, 당근 2개만 있으면 수프가 더 근사해지겠네요."

그러자 그 사람은 당근을 가져왔습니다. 곧이어 다른 사람들도 닭고기, 보리, 마늘, 채소를 가져와 넣기 시작했습니다. 얼마 후 병사 하나가 외쳤습니다. "다 됐어요."

그리고 모두에게 수프를 나눠주었습니다. 마을 사람들이 이야기하는 소리가 들렸습니다.

"돌멩이 수프야! 맛이 끝내주는군. 이런 게 있는 줄은 미처 몰랐어."

이 돌멩이 수프 이야기는 민간 설화였다가 이후 동화책에 실린 것이다. 나는 이 이야기를 대학생 시절에 처음 들었는데, 그 이후로 잊은 적이 없다. 사실 나는 기업가가 성공할 수 있는 유일한 방법은 '돌멩이 수프 만들기'라고 생각한다. 돌멩이는 물론 여러분의 크고 대담한 아이디어다. 마을 사람들이 기여하는 것은 투자자 및 전략적 파트너들이 제공하는 자본, 자원, 정보 등이다. 여러분의 돌멩이 수프에 작은 손길을 더하는 모든 사람이 실제로는 여러분의 꿈이 실현되도록 돕고 있는 것이다.

돌멩이 수프가 힘을 발휘할 수 있는 원동력은 '열정'이다. 사람들은 열정을 좋아한다. 열정을 목격할 때 사람들은 기꺼이 도우려고 한다. 그리고 열정은 가짜로 흉내 낼 수 없다. 사람들은 날조된 것을 대번에 알아본다. 중고차 영업사원, 장터의 호객꾼, 표리부동한 정치가가 우리를 화나게 만드는 것은 그 때문이다.

이미 아는 이야기라고 말하는 사람도 있을지 모르겠다. 하지만 열정이라는 것은 대부분의 사람들이 생각하는 것보다 훨씬 더 까다로운 주제다. 우선, 기업가들에게 아무 도움도 안 되는 열정도 많다. 딜로이트 센터포 디 에지의 공동 설립자인 존 헤이글 3세가 '진정한 신봉가의 열정'이라고 부르는 것처럼 말이다.[17] "실리콘밸리에서는 진정한 신봉가들을 흔히 볼 수 있습니다. 그들은 훌륭한 기업가이고 특정한 방식에 대해서는 정말로 열정적이지만, 대안적인 관점이나 접근법에 대해서는 절대로 마음을 열지 않죠. 쉽게 지치지 않는 열정으로 한 가지에 초점을 맞추고 있지만, 그게 맹목적이 될 수도 있습니다. 이미 갖고 있던 시각과 부합하지 않으면 중요한 조언조차 거부하게 만드니까요."

헤이글 팀은 열정에 관해 상당히 심도 있는 연구를 진행했다.[18] 그리고 개인과 조직에 가장 도움이 되는 열정은 탐험가의 열정이라고 규정했다. "탐험가의 열정은 길을 보는 것이 아니라 땅을 보는 열정입니다. 길이 분명하게 정해져 있지 않다는 바로 그 점이 탐험가들을 흥분시키고 동기를 부여하지요……. 탐험가들은 또한 그 땅을 더 잘 알 수 있고, 더 가능성이 높은 길을 알려줄 수도 있는 다양한 조언에 귀를 기울입니다……. (그렇게 해서) 앞으로 전진할지, 지난 경험을 되새겨볼지 사이에서 끊임없이 균형을 잡아나가는 거죠."

돌멩이 수프를 만드는 것과 똑같은 종류의 열정인 셈이다. 열정이 있는 사람들은 열심히 창의성을 발휘해 그 열정을 좇는 데 필요한 자원을 찾아내고 끌어내려 애쓴다. 그리고 거기서 끝이 아니다. 헤이글의 이야기를 들어보자. "열정을 추구하는 사람들은 비전을 공유하는 다른 사람들을 끌어들이기 위한 신호를 반드시 만들어냅니다. 하지만 대부분 무의식적으로 만들어지는 신호들이지요. 그저 열정을 추구할 때 만들어지는 부산물 말이에요. 열정적인 사람들은 자신이 만든 것을 널리 공유해서 다른 사람들이 따라올 수 있게 흔적을 남기니까요."

국제 우주 대학교도 바로 그런 경우였다. 영구적인 지상 캠퍼스를 세우려고 애쓰던 1992년, 우리는 제안요구서RFP를 발행했다. 요약하자면 이런 내용이었다. "안녕하세요. 저희는 국제 우주 대학교입니다. 저희가 영구적인 캠퍼스를 만들려고 합니다. 저희는 5개 도시에서 5번의 여름 프로그램을 운영했고, 비전과 계획은 아래와 같습니다. 우리의 비전을 여러분의 도시에서 펼칠 수 있게 현금이나 건물, 운영비를 얼마나 줄 수 있는지 알려주세요."

회신을 하나도 받지 못했다 해도 나는 놀라지 않았을 것이다. 하지만 그렇지 않았다. 이후 6개월 동안 우리는 제안서를 7개나 받았다. 2000만 달러에서 5000만 달러에 이르기까지 기금과 건물, 교수진, 장비, 심지어 인가를 해주겠다고 약속하는 경우까지 있었다. 간단히 말해서 우리가 국제 우주 대학교의 다음 단계를 실행하는 데 필요한 모든 것들이 제안되어 있었던 것이다.

그렇다면 슈퍼 신뢰성과 단계별 목표 그리고 열정이 제대로 조합된다면 과연 어디까지 갈 수 있을까? 우리의 경우에는 꽤나 멀리까지 갔다. 결국 낙찰받은 곳은 프랑스의 스트라스부르로, 파르크 디노바시옹Parc dinnovation에 5000만 달러짜리 아름다운 캠퍼스가 지어졌다. 현재 전 세계 우주 관련 기구의 많은 수장들이 국제 우주 대학교 출신이다. 비록 아직 궤도권에 캠퍼스를 짓지는 못했지만, 소행성 채굴이 보편화되고 나면 우주 캠퍼스도 머지않았다고 확신한다.

피터의 법칙: 머피의 법칙은 개나 줘!
· · · ·

국제 우주 대학교 초기에 나는 토드 홀리와 사무실을 함께 사용했다. 그때 토드가 장난으로 벽에 머피의 법칙을 써 붙여 놓았다. 매일매일 그 우울한 문구가 나를 노려보고 있었다. "일이 잘못되려면, 항상 잘못된다." 이 말은 점점 내 안에 스며들었다. 비즈니스계에는 이런 말이 있다. "당신은 당신이 가장 많은 시간을 함께 보내는 5명의 평균이다." 아이디어에도 같은 말이 적용된다. 제4장에서 지적했듯이 마음가짐이 중요하다. 그래서 일주일간 머피의 법칙으로부터 정신적 공격을 받던 나는 내 책상 뒤에 걸린 화이트보드에 이렇게 썼다. "일이란 잘못될 수 있다. 그러면 고치면 된다! (머피의 법칙은 개나 줘!)" 그리고 그 위에 이렇게 썼다. "피터의 법칙."

이후 몇 년간 나는 몇 개의 법칙을 더 찾아냈다. 어렵지만 기회로 가득했던 시절에 나를 인도해준 여러 원칙과 진리들이었다. 이것들은 살면서 나의 기본 원칙이 되기도 했지만 어이없는 똥물을 맞았을 때 의지할 원칙이 되기도 했다. 그것들은 조금 뒤에 자세히 살펴볼 것이다. 하지만 내 생각을 이야기하기 전에 먼저 훨씬 더 중요한 것을 알아보아야 한다. 바로 여러분의 아이디어 말이다.

아래에 제시하는 금언들은 내가 효과를 본 원칙들이다. 이것들이 여러분에게도 효과를 발휘할 것이라고 장담할 수는 없다. 그러니 각자의 금언들을 찾아내기를 바란다. 여러분이 좋아하는 누군가의 금언이라도 괜찮다. 중요한 것은 예쁜 그림 위에 근사한 문구들을 도배해두는 것이 아니라 자신의 역사를 믿는 것이다. 과거를 헤아려서 미래를 그려라. 자신의 삶을 돌아보며 마음을 분석해보고 그 과정에서 '지속적으로' 효과가 있었던 전략이 어떤 것인지 찾아보라. 그 전략들을 여러분의 법칙으로 바꿔라.

이것이 왜 중요할까? 의사 결정을 내리는 데 가장 해로운 것이 '두려움'이기 때문이다. 위협 수준이 높아지기 시작하면 두뇌는 선택을 제한하기 시작한다. 그 극단적인 예가 바로 '투쟁-도주 반응'이다. 생사가 달린 두려움에 직면하면 우리의 선택은 말 그대로 셋 중 하나로 집약된다. 싸우거나, 도망가거나, 얼어붙는 것이다. 하지만 두려움이 그보다 덜할 때도 같은 일이 벌어진다. 에머리 대학교의 그레고리 번스Gregory Berns는 《뉴욕 타임스》의 한 기사에서 이렇게 썼다.[19] "두려움은 후퇴를 만든다. 두려움은 진보의 반대말이다." 자신의 법칙을 글로 써두는 것이 중요한 이유는 이 때문이다. 내부의 하드 드라이브가 망가졌을 때를 대비해 외장 하드 드라이브를 만들어두는 일인 것이다.

내 법칙들의 전체 목록은 제5장의 마지막에서 다시 소개할 것이다. 여기서는 우선 내가 가장 아끼는 법칙 몇 가지를 이야기 및 설명과 함께 제시하려고 한다. 내 법칙들을 훔쳐 가도 좋고, 다른 사람들의 것을 빌려 가도 좋고, 여러분 마음대로 수정해도 좋다. 하지만 가장 중요한 것은 행동으로 옮겨 스스로의 법칙을 만드는 것이다.

법칙 17. 미래를 예측하는 가장 좋은 방법은 스스로 미래를 만드는 것이다!

에이브러햄 링컨부터 피터 드러커까지 이와 비슷한 말을 한 사람은 아주 많았다. 이렇게 오래도록 같은 말이 되풀이되는 것은 그럴 만한 이유가 있기 때문이다. 미래는 미리 정해진 것이 아니다. 미래는 행동의 결과로 펼쳐진다. 결정도 여러분이 하는 것이고, 위험도 여러분이 감수하는 것이다. 아주 기본적으로 보면 이것이 바로 기업가가 하는 일이다. 미래에 대한 비전을 가지고 그것을 향해 정진하라. 나는 상업적인 민간 우주여행이 가능한 미래를 꿈꾸었고, 그래서 엑스프라이즈를 출범시켰다. 나는 소행성 채굴이 실현 가능한 현실이라고 보았고, 그래서 플래니터리 리소시스를 공동으로 설립했다.

법칙 10. 도전할 과제가 없으면 과제를 만들어라!

인간은 도전을 좋아하게 되어 있다. 우리가 안전지대를 벗어나 한계를 밀어붙이고 능력을 최대치로 발휘할 때에만 몰입(인간이 최적의 성과를 낼 수 있는 상태)이 나타나는 이유는 그 때문이다. 조기 은퇴자의 사망률이 높은 사실 역시 그 증거일 것이다. 《영국 의학 저널》의 2005년 보고서에 따르면, 55세에 은퇴한 사람은 65세에 은퇴한 사람보다 10년 이내에 사망할 확률이 89퍼센트나 높다고 한다. 살고 싶다면, '살아' 있어야 한다는 간단한 이치다.

법칙 11. '아니오'는 한 단계 더 높은 데서 시작하라는 뜻일 뿐이다!

누군가가 "아니오."라고 말하는 것은 그에게 "예."라고 말할 수 있는 권한이 없어서일 때가 많다. 먹이사슬의 꼭대기에 있는 한 사람만 "예."라고 말할 수 있는 조직이 많기 때문이다. 대학원생일 때 나는 포물선 비행(고도로 상승했다가 급강하함으로써 무중력에 가까운 상태를 경험하게 해주는 비행—옮긴이) 을 하는 나사의 무중력 비행기에 꼭 한 번 타보고 싶었다. 그래서 탑승 기 회를 얻어내려고 갖은 애를 써보았지만(심지어 의학 실험 대상자로 자원하기까 지 했다), 허락을 받지 못했다. 그래서 나는 단계를 하나 높여보기로 했다. 친구 두 사람과 함께 똑같은 서비스를 제공하는 민간 회사 제로지Zero-G 를 세우기로 한 것이다.

그러나 이 서비스를 시작하기 위한 허가를 얻는 데는 시간이 꽤나(정확 히는 11년) 걸렸다. 이후 10년간 연방항공청의 변호사 군단과 싸움을 벌여 야 했던 것이다. 저들은 민간에서 대규모로 무중력 사업을 하는 것은 연 방항공법에 어긋난다고 주장했다. 나사는 30년이 넘도록 포물선 비행을 해오고 있었는데 말이다. 그들은 내게 비행기가 포물선 비행을 해도 된 다는 규정이 어디에 있는지 보여달라고 했다. 내가 할 수 있는 대답은 하 나뿐이었다. "안 된다는 규정은 어디 있나요?" 실상은 이들 중간직 관료 중에는 "예."라고 말할 수 있는 사람이 아무도 없다는 것이 문제였다. 결 국 10년 후 나의 요청은 연방항공청장에게까지 올라갔다. 매리언 블레이 키Marion Blakey 청장은 놀라운 여성이었다. 그리고 옳은 답을 갖고 있었다.

"안 될 이유가 없죠. 함께 방법을 찾아봅시다."

법칙 1. 일이란 잘못될 수 있다. 그러면 고치면 된다(머피의 법칙은 개나 줘!)
'전 세계 최고의 중력 전문가라면 당연히 무중력을 경험해봐야 하지 않 을까?' 이런 생각에 2007년 나는 스티브 호킹 교수에게 포물선 비행을 제안했다. 호킹 교수는 수락했고, 우리는 언론에 보도 자료를 배포했다.

그러자 연방항공청(이들의 비공식 신조는 "너희들이 행복한 꼴은 절대 못 본다."인 것이 분명하다.)에서 연락이 왔다. 우리가 가진 사업 면허로는 '정상인'만 비행할 수 있으므로 전신이 마비되어 휠체어에 앉아 있는 호킹 교수는 비행 자격이 안 된다고 말이다.

하지만 머피의 법칙은 개나 주라지. 나는 문제를 고치기로 마음먹었다. 첫째, 연방항공청에서 염두에 두고 있는 '정상인'의 판별자가 누구인지부터 알아봐야 했다. 둘째, 그 판별자가 호킹 교수를 '정상인'이라고 선언하게 만든다 하더라도, 호킹 박사의 안전을 보장할 방법을 찾아서 우리 '문샷'의 리스크를 없애야 했다.

변호사들과 길고 지루한 논의 끝에 그런 결정을 내릴 수 있는 사람은 호킹 박사의 주치의와 우주의학계의 전문가들뿐이라는 결론에 도달했다. 그래서 이들 몇몇 전문가에 대한 의료과실 보험증권을 구입한 우리는 마침내 연방항공청에 3통의 서신을 제출할 수 있었다. 의심의 여지없이 호킹 교수는 비행에 적합하다는 진술서였다.

두 번째 도전 과제를 해결하기 위해 우리는 의사 네 명과 간호사 두 명을 비행에 동승시키기로 했다. 그리고 기내에 구급실을 만든 다음, 장시간 연습 비행을 하면서 심장마비에서 골절에 이르기까지 의료 팀 훈련을 실시했다. 우리는 또 30초짜리 포물선 비행을 1회 실시해보고, 모든 것이 아무 이상 없으면 두 번째 비행을 하기로 했으며, 언론에도 그렇게 발표했다.

적어도 우리의 계획은 그랬다. 그런데 문제는 호킹 교수였다. 호킹 교수는 첫 번째 비행을 잘 견뎌냈을 뿐만 아니라 (내게 말한 바로는) 인생 최고의 순간을 맛보았다고 했다. 그리고 한 번 더, 한 번 더, 또 한 번 더, 계속 포물선 비행을 하자고 했다. 결국 우리는 호킹 교수를 태우고 8번의 포물선 비행을 했다. 그리고 뒤이어 휠체어를 사용하는 10대 청소년 6명을 태우고 무중력 비행을 하는 근사한 기회를 가질 수 있었다. 살면서 단 한 번도 자신의 발로 걸어보지 못한 아이들이 이날의 비행에서는 슈퍼맨처럼 날았다. 일이란 항상 잘못되게 마련이다. 우리는 당연히 그렇게 예상해야 한다. 다만 문제에서 뭔가를 배우고, 문제를 해결하면 되는 것이다. 바로 그럴 때에 정말로 놀라운 일들이 펼쳐지니까.

법칙 2. 선택할 수 있을 때는 2가지 모두 선택하라

우리는 선택하라는 말을 들으면 하나만 선택해야 한다고 배웠다. 하지만 왜 꼭 그래야 하는가? 대학원 시절 내내 나는 학업을 지속하든지, 회사를 차리든지 둘 중 하나만 하라는 소리를 지겹도록 들었다. 마치 둘 중 하나가 아니면 절대로 안 된다는 듯이 말이다. 하지만 나는 수긍할 수 없었다. 그럴 때마다 내 답은 "둘 다로도 모자란다."였다. 나는 대학원생 신분으로 회사 3개를 차렸고, 마흔 살이 되기 전에 8개를 더 차렸다. 스티브 잡스는 애플과 픽사를 양손에 쥐고 경영했다. 일론 머스크는 테슬라 모터스, 스페이스엑스, 솔라시티SolarCity라는 수십억 달러짜리 회사를 3개나 운영한다. 리처드 브랜슨은 버진 경영그룹말고도, 서로 다른 업계의 수십억 달러짜리 회사 8개를 비롯해 500개가 넘는 회사를 차렸다. 이런 다중 선택식 접근법은 (제대로만 경영할 수 있다면) 어마어마한 추진력을 가질 수 있다. 아이디어들이 서로 긍정적인 영향을 주고 네트워크가 확대되어, 전체가 부분의 합보다 훨씬 더 커질 수 있다.

법칙 18. 뭐가 되었든, 하지 않는 것보다는 하는 편이 백배 낫다

미래의 성공을 가장 잘 예측하는 것은 과거의 행동이다. 아무리 작은 행동이라 하더라도 말이다. 채용 면담을 할 때 나는 항상 지원자가 미래에 하려는 일보다는 과거에 했던 일에 관심을 가진다. 뭔가를 하는 것은, 하겠다고 말만 하는 것보다 훨씬 더 중요하다. 뭐가 되었든 0에 비하면 무한대로 크다. 그러니 계획을 세워라. 그리고 하위 목표를 정해라. 바쁘게 뛰어다녀라. 앞길이 분명치 않더라도 첫발을 내디딘다면 무언가를 배울 것이고 그것으로 그다음, 또 그다음 단계를 만들어나갈 수 있다. 결과란 언제나 뒤에 오는 것이다. 찰스 린드버그Charles Lindbergh의 말처럼 말이다. "시작이 중요하다. 계획을 짜고, 작든 크든 한 단계, 한 단계 밟아나가야 한다."

법칙 21. 전문가란 그 일이 왜 불가능한지
꼬치꼬치 이유를 댈 수 있는 사람이다

처음에 엑스프라이즈의 아이디어를 떠올린 나는 대형 항공우주 하청 업체는 모조리 찾아다니며 투자를 부탁했다. 그들은 일언지하에 거절했다. 엑스프라이즈 계획을 발표하자 소위 전문가라는 저들은 또 한 번 우리 계획을 비웃었다. 하지만 정확히 8년 만에 버트 루탄은 그들이 틀렸음을 증명했다. 언젠가 헨리 포드에게 그의 직원들에 관해 묻자 포드는 이런 멋진 말을 했다고 한다. "우리 직원들 중에 '전문가'는 없습니다. 정말 안타까운 일이지만 자기 자신을 전문가라고 생각하는 순간, 그 사람을 내쫓아야 했거든요. 정말로 자기 일을 아는 사람은 절대 스스로를 전문가라고 생각하지 않습니다. 스스로 해낸 일보다 얼마나 더 많은 것을 해낼 수 있는지 알기 때문이죠. 그런 사람은 계속 앞으로 밀어붙이며, 단 한순간도 스스로가 훌륭하다거나 효율적이라고 생각하지 않습니다. 언제나 앞을 생각하고, 언제나 더 시도하려고 하고, 불가능한 것은 아무것도 없다는 마음 자세를 가집니다. 마음속에 '전문가'라는 생각이 자리 잡는 순간, 수많은 것들이 불가능해집니다."

피터의 법칙™ – 끈질기고 열정적인 사람의 신념

1. 일이란 잘못될 수 있다. 그러면 고치면 된다. (머피의 법칙은 개나 줘!)
2. 선택할 수 있을 때는 2가지 모두 선택하라.
3. 프로젝트가 여러 개라야 성공도 여러 개다.
4. 꼭대기에서 시작해 더 올라가라.
5. 책에 쓰인 대로 하라. 단, 저자가 되라.
6. 어쩔 수 없이 타협해야 할 때는 더 요구해라.
7. 이길 수 없으면 규칙을 바꿔라.
8. 규칙을 바꿀 수 없으면 규칙을 무시해라.
9. 완벽함은 포기할 수 있는 대상이 아니다.
10. 도전할 과제가 없으면 도전 과제를 만들어라!
11. "아니오."는 한 단계 더 높은 곳에서 시작하라는 뜻일 뿐이다!
12. 달릴 수 있는데 걷지 마라.
13. 의심될 때는 '생각'해라!
14. 인내는 미덕이지만, 성공할 때까지 물고 늘어지는 것은 축복이다.

15. 우는 아이 젖 준다.

16. 빠르게 움직일수록, 시간은 천천히 흐르고, 더 오래 살 수 있다.

17. 미래를 예측하는 가장 좋은 방법은 스스로 미래를 만드는 것이다!

18. 뭐가 되었든, 하지 않는 것보다는 하는 편이 백배 낫다

19. 인센티브는 주는 대로 거둔다.

20. 불가능하다고 생각하면, 그 일은 당신에게 있어 실제로 불가능한 일이 된다.

21. 전문가란 그 일이 왜 불가능한지 꼬치꼬치 이유를 댈 수 있는 사람이다.

22. 놀라운 돌파구도 그 전날까지는 미친 아이디어였다.

23. 쉬운 일이었다면 이미 누군가가 했을 것이다.

24. 과녁이 없으면 매번 빗나간다.

25. 일찍 실패하고, 자주 실패하고, 진취적으로 실패하라.

26. 측정할 수 없다면, 개선할 수 없다.

27. 세상에서 가장 귀한 자원은 끈질기고 열정적인 사람의 마음이다.

28. 관료주의라는 장애물은 집요함과 자신감, 필요하면 불도저를 동원해 타파할 수 있다.

* 법칙 12번과 15번은 토드 홀리의 것이다. 법칙 17번은 컴퓨터 과학자 앨런 케이Alan Kay, 21번은 SF의 거장 로버트 하인라인Robert Heinlein, 24번은 우주 조종사 바이런 릭텐버그 Byron Lichtenberg, 25번은 리더십 전문가 존 맥스웰John Maxwell의 것을 가져왔다.

제6장

억만장자가 되려면
크게 생각하라

세상을 바꾼 네 사람

• • • •

앞서 제5장까지 우리는 게임의 판을 키우는 방법들을 살펴보았다. 기하급수 기술은 물리적인 레버리지를 제공하고, 심리적 툴은 정신적으로 우위를 점할 수 있게 해주며, 2가지가 조합되면 기업가들은 파괴적 혁신을 일으킬 수 있었다. 제6장에서는 뛰어난 네 인물의 머릿속을 해킹해보려고 한다. 기하급수 기술을 활용해 이미 수십억 달러짜리 회사를 세웠고, 세상의 물길을 터놓은 그 네 사람은 바로 일론 머스크와 리처드 브랜슨, 제프 베조스 그리고 래리 페이지다.

각각 정도는 다르지만 나는 이들 네 사람 모두와 함께 일해볼 기회가 있었다. 일론 머스크와 래리 페이지는 모두 엑스프라이즈 재단의 이사이자 후원자이다. 제프 베조스는 프린스턴 대학교 세즈 지부를 운영했고, 지난 40년간 우주 사업을 열정적으로 개척했다. 리처드 브랜슨은 안사리 엑스프라이즈에서 우승한 기술의 특허 이용권을 사서 버진 갤럭틱을 설립했다. 네 사람 모두 끈질기고 맹렬하고 능숙하게 대담한 계획을 실행에 옮기는 데 헌신해왔다는 점에서 이 책의 중심 생각을 그대로 보여주는 인물들이다.

이들 기업가가 모두 한 가지 특별한 능력에 통달했다는 점도 중요하다. 대담한 아이디어를 추구하고 기하급수 기업가 정신을 발휘하는 데 기본이 되는 능력이지만, 좀처럼 이야기하는 사람은 없는 그 능력은 바로 '크게 생각하는 능력'이다. 기하급수 기술 덕분에 우리는 그 어느 때보다 크게 생각할 수 있게 되었고, 작은 집단도 거대한 영향을 미칠 수 있게 되었다. 열정적인 혁신가 팀 하나가 눈 깜짝할 새에 10억 명의 생활을 바꿔놓을 수 있다. 그저 '헤아릴 수 없는' 영향이라는 표현으로는 턱없이 부족한 것이다.

인간은 규모를 이해하지 못한다. 우리의 두뇌는 더 간단한 세상을 처리하게끔 진화했다. 마주치는 모든 것들이 특정 지역에 한정되고, 산술급수적인 그런 세상 말이다. 그러나 제6장에서 설명하는 네 사람은 산술급수적 사고의 한계를 극복했다. 이들이 크게 생각하는 데 사용한 전략을 이해한다면, 우리도 그런 일을 하는 데 도움을 얻을 수 있을 것이다.

우리 연구 팀은 그 전략들을 파악하기 위해 수년간 이들과 대화를 나누고 1대 1로 인터뷰를 진행하는 외에, 이들 네 사람에 관한 200시간 분량의 영상을 샅샅이 훑었다. 그렇게 해서 그들의 아이디어를 분류하고 거기서부터 다시 분석을 진행했다. 결국 우리가 발견한 바에 따르면 크게 생각하기 위해 네 사람은 모두 (각각 방법은 달랐지만) 앞서 이야기한 심리적 툴 중에서 특히 3가지에 의지했다. 그리고 각자 추가적으로 5가지 정신적 전략에 의지했다는 점도 똑같이 중요했다. 하나씩 자세히 살펴보기 전에 우선 목록부터 죽 살펴보면 아래와 같다.

1. 위험 부담과 위험 완화
2. 신속한 새 버전 출시와 부단한 실험
3. 열정과 목적성
4. 장기적인 사고
5. 고객 중심 사고
6. 확률적 사고
7. 합리적으로 낙관적인 사고
8. '기본적 진실'이라는 제1 원칙을 신뢰

그럼 이제 이 전략들이 어떻게 그 놀라운 힘을 발휘하는지 첫 번째 기업가부터 만나보기로 하자. 서른 살이 되기 전에 새로운 형태의 뱅킹 서비스를 발명하고 사업화시킨 인물이다.

일론 머스크: 화성 개척을 꿈꾸는 남자

· · · · ·

영화 《아이언맨》 초창기에 존 파브로 감독은 문제를 하나 가지고 있었다. 주인공인 억만장자이자 천재 슈퍼 히어로 토니 스타크가 실물보다 커서 그럴듯해 보이지가 않는다는 점이었다. 실물보다 커도 너무 컸다. "어떻게 해야 실물처럼 보일지 도통 모르겠더라고요. 그때 로버트 다우니 주니어가 이렇게 말하더군요. '일론 머스크랑 상의해보는 게 좋겠어요.' 그 말이 옳았어요." 《타임》과의 인터뷰에서 파브로 감독은 이렇게 말했다.[1]

머스크는 아직 아이언맨 슈트를 제작하기 전이었지만, 이미 업계에 혁명을 일으키고 수십억 달러짜리 기업을 4개나 세운 사람이었다. 페이팔(뱅킹 서비스), 스페이스엑스(우주항공 및 방위), 테슬라 모터스(자동차), 솔라시티(발전)가 그것들이다. 짐작이 가겠지만 이 정도 이력을 가진 사람에게 기업가 정신에 대한 열정은 일찌감치 나타났다.[2]

남아프리카 공화국 프리토리아에서 태어난 머스크는 아홉 살 때 이미 컴퓨터를 프로그래밍했고, 열두 살 때는 블래스타 Blastar 라는 비디오 게임 코드를 팔아서 500달러를 벌었다. 열일곱 살에 대학에 입학한 머스크는 캐나다 온타리오에 있는 퀸스 대학교에서 2년을 보낸 후 와튼 스쿨로 옮겨서 경영과 물리학을 공부했다. 다음으로 머스크는 응용물리학 박사 학위를 따려고 스탠퍼드 대학교로 옮겼다. 하지만 이 결심은 오래가지 못했다. 이틀 만에 박사 과정을 그만둔 것이다. 머스크는 당시 폭발적으로 성장하고 있던 인터넷 세상으로 뛰어들고 싶어 가만히 있을 수가 없었다.

"처음에 제 목표는 회사를 차리는 게 아니었습니다." 머스크는 이렇게 말한다.[3] "실은 넷스케이프에 취직을 하려고 했어요. 당시 관심이 가는 인터넷 기업은 그곳뿐이었으니까요. 넷스케이프에 이력서를 보내고 심지어 그곳 로비까지 가서 서성댔지만 수줍음이 많던 저는 아무한테도 말을 건네지 못했죠. 넷스케이프는 결국 제게 일자리를 제안하지 않았고요. 그래서 저는 될 대로 되라는 심정으로 직접 코딩을 하기 시작했어요. 집투Zip2를 만든 거죠."

집투는 회사들이 지도나 디렉터리 목록 등의 콘텐츠를 온라인에 게시할 수 있게 해주는 애플리케이션이었다. 당시로서는 아주 획기적인 방법이었기 때문에 머스크의 스타트업은 컴팩Compaq에 3억 700만 달러에 팔렸다. 그때까지 인수된 인터넷 기업 사상 최고가였다. 그렇게 해서 머스크는 처음으로 2800만 달러의 수익을 올렸다.[4]

그다음 세운 것이 후일 페이팔로 이름을 바꾸는 '엑스닷컴'X.com이라는 온라인 금융 서비스 회사였다. 겨우 3년 만에 페이팔은 이베이eBay에 15억 달러어치의 주식에 팔렸다. 최대 주주인 머스크는 처음으로 1억 달러를 손에 넣게 됐다.[5] 그에게 남은 질문은 "자, 이제 또 뭘 해볼까?"였다.

"2001년 초에 저의 대학 시절 룸메이트였던 아데오 레시Adeo Ressi가 묻더군요. 페이팔 다음에는 뭘 할 거냐고요. 저는 인류의 미래를 위해 중요하다고 생각하는 일들이 있다고 답했던 것으로 기억합니다. 인터넷, 지속 가능한 에너지, 우주 같은 것들이었죠. 페이팔 이후 저는 우주에 큰 관심을 느끼고 있었습니다. 분명히 정부에서 추진할 영역이라고 믿고 있었는데도 말이죠. 아데오와 대화를 나누다 보니 저는 나사가 언제쯤 화성에 사람을 보낼지 궁금해졌습니다. 그래서 찾아보았는데 나사의 웹페이지에서는 답을 찾을 수가 없었어요. 처음에 저는 그냥 '나사의 웹사이트가 형편없다 보다'고 생각했죠. 그렇지 않고서야 어떻게 이런 중요한 정보를 못 찾을 수가 있겠어요? 나사 홈페이지에 들어가는 사람이라면 누구나 그것부터 알고 싶을 텐데 말이죠. 하지만 알고 보니 나사는 화성에 갈 계획이 없었어요. 심지어 화성에 사람을 보내는 것에 관해서는 입도 뻥긋하면 안 된다는, 말도 안 되는 정책까지 갖고 있었습니다. 그래서 저는 생각했죠. 전 세계의 관심을 끌려면 독지가들이 자금을 모아서 이 임무를 추진해야 한다고요. 그래서 저는 아데오와 함께 2가지 아이디어를 생각해냈습니다. 그 첫 번째가 생쥐를 편도로 화성에 보내는 것이었어요."

생쥐를 화성으로 내보내는 자살 계획은 너무나 잔인한 일이었기 때문에 두 사람은 두 번째 아이디어였던 '화성에 온실 보내기'를 추진하기로 했다. '화성 오아시스' 프로젝트가 탄생한 것이다. 이 프로젝트의 목표는 대중의 관심을 자극해 나사가 화상 탐사 예산을 늘리도록 돕는 것이었다. 계획은 간단했다. 그 붉은 행성의 표면에 씨앗과 건조 영양 젤을 가득 담은 작은 온실을 보내는 것이다. 착륙 후에는 젤이 씨앗에 수분을 공급해 싹이 틀 것이고, 그 사진을 본 전 세계는 행동에 나서게 될 것이다. 머스크는 이렇게 이야기한다. "이 프로젝트를 한번 상상해보세요. 붉은색 화성을 배경으로 녹색 식물들이 펼쳐지는 겁니다."

하지만 머스크가 화성까지 온실을 싣고 가려고 알아보니, 로켓 발사기술은 아폴로 프로젝트 이후 내리막길을 걷고 있었다. 머스크는 이때부터 깨달음을 얻기 시작했다. "그래서 계획 전체가 바뀌었어요. 어떻게든 이런 기술 퇴보 상태를 되돌리지 않는 한, 화성의 온실 따위는 문제가 아니었으니까요."

그렇다면 기술 퇴보를 되돌려보는 건 어떨까? 물론 우주 분야는 대형 정부의 몫이었지만, 뱅킹 서비스 역시 한때는 기존 금융 기관들의 영역이 아니었던가. 그래서 머스크는 2002년 스페이스엑스를 설립했다. 스페이스엑스는 가장 먼저 팰컨1 발사 로켓을 개발했고, 이후 훨씬 더 강력한 팰컨9 발사 로켓과 재사용이 가능한 드래건 우주 캡슐[6]을 잇따라 개발했다. 2012년 5월에는 스페이스엑스의 드래건이 국제 우주정거장과 도킹에 성공했다. 민간 회사가 기체를 발사해 국제 우주정거장과 도킹에 성공한 첫 사례였다.[7] 아직까지 화성에 온실을 보내지는 못했지만, 최근 머스크가 발표한 내용에 따르면 향후 15년 이내에는 인당 50만 달러 정도에 화성 여행이 가능할 것으로 그는 믿고 있다.[8]

사람들이 머스크의 사례에서 가장 먼저 배우는 것이 바로 이 점이다. 주저 없이 대담한 계획을 추구하고, 규모 앞에서 주눅 들지 않는 점 말이다. 머스크는 일자리를 구하지 못하자 회사를 창업했다. 인터넷 상거래가 별 진전이 없자 새로운 형태의 뱅킹 서비스를 발명했다. 온실 프로젝트에 필요한, 제대로 된 로켓 발사 서비스를 찾을 수가 없자 로켓 사업에 뛰어들었다. 에너지 문제에 지속적인 관심을 갖고 있었기에 전기 자동차 회사와 태양열 에너지 회사를 설립했다. 테슬라는 지난 50년간 미국에서 설립된 자동차 회사 중에서 처음으로 성공한 회사이며, 솔라시티는 미국 최대의 주택 태양열 공급자가 되었다는 점 역시 지적하지 않을 수 없다.[9] 대담한 계획을 추구하는 머스크는 거의 10여 년 만에 300억 달러짜리 제국을 만들어냈다.[10]

그러면 대체 그의 비결은 뭘까? 몇 가지가 있겠지만 머스크에게 가장 중요한 것은 열정과 목적성이다. "로켓 사업도, 자동차 사업이나 태양열 사업도, 그게 대단한 기회라고 생각해서 뛰어들었던 건 아닙니다. 그냥 상황을 바꾸려면 뭐든 해야 한다고 생각한 것뿐이에요. 세상에 영향을 끼치고 싶었습니다. 과거보다 확실히 더 나은 무언가를 만들고 싶었어요."

제6장의 다른 기업가들처럼 머스크도 열정과 목적성에 따라 산다. 왜일까? 열정과 목적성은 점점 더 커지기 때문이다. 언제나 그랬고, 앞으로도 그럴 것이다. 지금까지의 모든 사회 운동과 사회 혁명이 그 증거다. 게다가 크고 대담한 일을 해내는 것은 어렵다. 연일 밤샘 작업을 하고 닷새째 새벽 2시가 되었을 때도 두 손 들지 않고 계속 밀어붙일 수 있는 원동력은 내 안의 깊숙한 내면에서 나올 수밖에 없다. 다른 사람의 과업이라면 결코 그렇게까지 할 수는 없을 것이다. 나 자신의 과업이어야만 한다.

하지만 열정과 목적성을 갖는 것은 겨우 시작에 불과하다. 다시 머스크의 말을 들어보자. "회사를 창업할 때는 보통 수많은 낙관과 열정으로 시작하게 됩니다. 이 단계가 6개월 정도 지속되죠. 그리고 나면 현실이 시작됩니다. 내가 가지고 있던 수많은 가정들이 틀렸다는 것과 결승선이 생각보다 훨씬 더 멀다는 사실을 알게 되지요. 바로 이때쯤 대부분의 회사는 규모를 확대하지 못하고 사라집니다."

그러나 머스크는 바로 이 시점에, 가까운 친구들에게 직설적인 피드백을 부탁한다. "쉽지 않죠. 하지만 친구들의 부정적인 피드백을 받아보는 것은 정말 중요합니다. 특히나 그런 피드백이 최대한 빨리 내가 뭘 잘못하고 있고, 어떻게 방향을 틀어야 할지 알아챌 수 있게 해준다면 말이죠. 하지만 사람들은 보통 피드백을 부탁하지 않습니다. 얼른 방향을 틀어서 현실에 맞게 경로를 수정하지 않는 거죠."

한편 회사를 확장시켜야 할 때 머스크는 수많은 전략을 채용한다. 먼저 첫 번째 원칙은 그가 물리학에서 빌려온 것이다. "물리학에서 쓰는 방법은 추론하기에 좋은 틀이 되죠. 사물의 가장 근본적인 진실까지 내려가 그 진실들을 서로 연결해서 현실을 이해하게 만드니까요. 이렇게 하면 직관에 반하는 것들까지 공략할 수 있습니다. 쉽게 알 수 없는 것들을 알게 되죠. 새로운 제품이나 서비스를 만들려고 한다면 이런 추론 방법을 써보는 게 중요하다고 생각합니다. 정신적 에너지가 상당히 많이 필요하기는 하지만, 필요한 방법이에요."

2012년 《파운데이션》Foundation의 케빈 로즈와의 인터뷰에서 머스크는 이 과정을 자세히 설명했다.[11] 테슬라와 솔라시티 양 사 모두의 핵심 부품이었던 신종 배터리를 개발하는 데 첫 번째 원칙이 정말로 큰 도움이 되었다고 말이다. "그래서 첫 번째 원칙…… 배터리의 구성 물질이 뭘까? 탄소, 니켈, 알루미늄, 그것들을 분리할 폴리머 그리고 쇠로 된 캔이죠. 하지만 우리가 런던 금속거래소에서 이것들을 산다면 각각 얼마일까요? 맙소사…… 킬로와트시kWh당 80달러인 겁니다. 물론 이 물질들을 조합해 배터리 모양으로 만들 기발한 방법을 생각해내야 하겠지만, 그래도 첫 번째 원칙에 의지한다면 남들이 생각하는 것보다 훨씬 더 싼 가격의 배터리를 가질 수 있는 거죠."

첫 번째 원칙을 따르면 효과가 아주 클 수밖에 없는데, 복잡한 것을 정리하는 검증된 전략일 뿐만 아니라, 다수의 의견으로부터 한 발 물러서서 생각할 수 있게 해주기 때문이다. "사람들은 남들이 그렇게 하니까 자신도 그렇게 하죠. 트렌드가 그러니까, 다들 그 방향으로 가니까 그게 최선의 방향이라고 생각하는 거예요. 그게 옳을 때도 있겠지만 때로는 낭

떠러지로 떨어질 수도 있습니다. 첫 번째 원칙에 따라 생각하면 그런 실수를 피할 수 있어요."

회사를 확장할 때 조심해야 할 실수는 이것만이 아니다. 대니얼 카너먼과 아모스 트버스키Amos Tversky는 인간의 비합리성을 연구해 노벨 경제학상을 수상했다. 가장 흔한 인지 편향 2가지, 즉 손실 회피loss aversion와 편협한 범주화narrow framing가 겹쳐질 때 벌어지는 일 역시 비합리성의 좋은 예다. '손실 회피'란 사람들이 이익보다는 손실(작은 손실이라고 해도)에 더 예민하다는 생각이다. '편협한 범주화'는 마주치는 모든 위험을 고립된 사건으로 취급하려는 성향을 말한다. 이 2가지를 조합해보면 우리가 위험을 평가할 때는 전체 그림을 보지 않으려 한다는 이야기가 된다. 《빅 싱크》Big Think와의 인터뷰에서 카너먼은 다음과 같이 설명했다.[12]

사람들은 아주 좁은 틀로 사태를 파악하려는 경향이 있습니다. 의사 결정을 내릴 때도 아주 좁은 시각밖에 취하지 못하곤 하지요. 당면한 문제를 쳐다보면서, 마치 그것이 문제의 전부인 양 접근합니다. 하지만 문제는 평생 되풀이된다고 생각하는 편이 좋을 때가 많습니다. 그런 다음 여러 문제를 해결하기 위해 채택하려는 방법을 살펴보는 거지요. 쉽지 않은 일이지만 그게 더 나을 거예요. 사람들은 눈에 보이는 대로만 문제를 좁게 보는 경향이 있습니다. 예컨대 사람들은 자신의 전체 자산 포트폴리오를 하나로 보지 못하고, 저축과 대출을 동시에 하곤 합니다. 일반적으로 더 넓은 시각을 가질 수 있다면 더 좋은 결정을 내릴 수 있습니다.

제6장의 다른 기업가들과 마찬가지로 머스크 역시 끊임없이 스스로와 싸운다. 머스크는 확률적 사고를 통해 자신의 시각을 넓히려고 줄기차게 노력한다. "결과라는 것은 보통 단정적인 게 아니라 확률적이죠. 그런데도 우리는 그렇게 생각하지 않습니다. 똑같은 일을 계속 반복하면서 결과가 달라지기를 바라는 것을 흔히 '미친 짓'이라고 말합니다. 하지만 그것은 아주 단정적인 상황에서만 적용되는 이야기입니다. 대부분의 경우처럼 확률적인 상황이라면 똑같은 일을 두 번 하고도 다른 결과를 바라는 것이 꽤나 이성적일 수도 있어요."

이 차이가 핵심 열쇠다. 단정적으로 사고하는("우리가 A와 B를 하면 분명히 C가 될 거야.") 대신 확률적으로 사고한다면("이 사업은 성공 확률이 60퍼센트야."), 지나친 단순화를 막을 수 있을 뿐만 아니라 타고난 두뇌의 게으름에도 맞설 수 있다. 사람의 두뇌는 에너지를 잡아먹는 귀신이라서 어떻게든 에너지를 절약하려고 든다. 그리고 흑백논리야말로 에너지 효율이 높은 사고방식이기 때문에 우리는 자주 흑백논리의 오류를 저지른다. 하지만 결과란 항상 어느 범위에 걸쳐 있다. 머스크는 이렇게 말한다. "미래는 확실하지 않습니다. 여러 갈래로 이루어진 확률의 묶음일 뿐이죠."

머스크가 그중 어느 갈래를 탐구할지는 그런 확률들과 목적의 중요성에 따라 달라진다. "성공 확률이 아주 낮더라도 목적이 정말로 중요하다면 해볼 만한 가치가 있습니다. 반대로 목적이 별로 중요하지 않다면 확률이 훨씬 더 커야겠죠. 저는 어느 프로젝트를 추진할지 결정할 때 목적의 중요성에 확률을 곱해보고 결정합니다."

스페이스엑스와 테슬라가 바로 그런 예다. 머스크는 두 회사를 설립했을 때 성공 확률이 50퍼센트에도 훨씬 미치지 못할 것이라고 생각했다.

"하지만 꼭 해야 할 일이라고 생각했죠. 손해를 보는 한이 있더라도 시도해볼 만한 일이었어요."

머스크에게 열정, 확률 그리고 첫 번째 원칙은 단순한 표어가 아니다. 그는 행동으로 자신의 말을 뒷받침한다. "2007년에서 2009년 사이에 저는 정말로 괴로운 시간을 보냈습니다. 모든 게 잘못 되어가고 있었죠. 2008년에 세 번째로 팰컨1 로켓이 실패했고, 금융시장이 붕괴되는 바람에 테슬라는 투자금을 모집할 수 없었어요. 돈이 바닥나고 있던 모건스탠리 역시 솔라시티와의 계약을 이행할 수 없었고요. 세 회사가 모두 망할 수도 있겠다 싶었던 때도 있습니다. 그 와중에 저는 이혼까지 했죠. 정말 못 할 노릇이더군요. 2008년에는 통장에 남아 있던 마지막 1달러까지 테슬라를 구하는 데 쓰는 바람에 잔고가 실제로 마이너스까지 갔습니다. 임차료를 내려고 돈을 빌려야 했죠."

상황이 호전되기 시작한 것은 2008년 말이었다. 팰컨1 로켓이 발사에 성공했고, 금융시장도 회복되었으며, 스페이스엑스는 나사에서 16억 달러짜리 계약을 따냈다. 머스크는 여기서도 또 다른 교훈을 얻었다고 한다. "제가 다른 사람들에게 전해주고 싶은, 특히 기업가들에게 말하고 싶은 원칙은 '한 푼도 남겨두지 말라'는 거예요. 먹고사는 건 언제나 해결할 수 있습니다. 투자를 하면서 만약을 위해 돈을 남기진 마세요. 저는 몽땅 다 썼습니다."

그래서 결과는 어떻게 되었을까?

테드의 설립자 크리스 앤더슨이 최근 《포춘》에 기고한 그대로다.[13] "(머스크가) 얼마나 광범위한 노력을 기울였는지 들여다본다면, 업계에서 최근 그와 견줄 사람은 한 사람밖에 없을 것이다. 스티브 잡스 말이다. 대부분의 비즈니스는 오직 점증적 향상을 통해 혁신하려고 한다. 운 좋게도 더 큰 아이디어를 가지고 성공한 기업가들은 대부분 자기 분야를 고수한 채 확장과 합병을 추구했다. 그러나 잡스와 머스크는 스스로 카테고리를 만들어낸다. 계속해서 파괴적 혁신을 일으키는 것이다."

리처드 브랜슨: 재미가 없다면 의미도 없다

• • • •

리처드 브랜슨 경이 하는 일은 거의 모두가 대담한 프로젝트이기 때문에 이 책을 쓰기로 한 나는 당연히 그를 인터뷰하고 싶었다.[14] 그리고 결국 2013년 9월의 어느 햇빛 쨍한 아침에 그를 인터뷰할 수 있었다. 우리는 유명 인사들이 흔히 출몰하는 LA 선셋마키스 호텔에서 늦은 아침을 먹은 후 반누이스 공항으로 향했고, 이곳에서 나는 브랜슨에게 첫 무중력 비행을 하게 해주었다. 전 세계적으로 모험의 아이콘인 그에게는 겨우 하나의 모험일 뿐이었지만 말이다.

브랜슨에 관한 여러 전기와 수없이 많은 인터뷰에서 그런 모험들을 다루었지만 몇 가지는 꼭 짚고 넘어갈 만하다. 1950년 7월 18일 영국 서리 지역에서 태어난 브랜슨은 난독증으로 고생했다. 학교 생활에 어려움을 겪던 그는 열여섯 살에 학교를 중퇴하고 《학생》Student이라는 청소년 문화잡지를 창간했다. "베트남 전쟁과 기득권에 항의하고 싶은 나 같은 사람들에게 발언권을 주려고" 만든 "학생들이 만든 학생들을 위한 잡지"였다고 브랜슨은 말한다.

처음부터 반항아였고, 규모 앞에 주눅 드는 법도 없었던 브랜슨은 이

잡지를 전국적으로 확대한 후 다음 기회를 찾아 떠났다. 다음 기회를 찾는 것은 오래 걸리지 않았다. 영국 음악가들을 흔히 볼 수 있는 런던의 한 동네에 살고 있던 브랜슨은 레코드 가게가 지나치게 비싼 가격에 음반을 판매한다는 점을 눈치채지 않을 수 없었다. 그래서 브랜슨은 버진Virgin이라는 우편 주문 레코드 회사를 창업했다.

레코드 회사는 그럭저럭 잘되어 브랜슨에게 레코드숍과 레코딩 스튜디오를 지을 수 있는 돈을 마련해주었다. 그다음부터가 확장의 시작이었다. 버진은 섹스피스톨스, 컬처클럽, 롤링스톤스 등 큰 계약들을 연이어 성사시켰다. 그렇게 10여 년이 흐르자 버진 뮤직은 어느새 전 세계에서 가장 큰 레코드 회사가 되어 있었다. 그리고 이쯤 되자 브랜슨에게는 다음번 기회가 보였다.

음반 회사를 운영하다 보면 비행기를 탈 일이 많았는데, 브랜슨은 오랫동안 항공사들의 형편없는 서비스에 실망하고 있었다. "계속 그런 생각이 들더군요. 탔을 때 '근사한데!'라고 느낄 만한 항공 서비스를 좀 만들면 안 되나?"

버진 뮤직의 간부들은 무척이나 당황스러워했지만, 브랜슨의 실망은 버진 애틀랜틱Virgin Atlantic을 출범시켰다. 브랜슨은 이렇게 말한다. "처음에는 중고 747기 한 대에 아주 성공적인 레코드 회사 하나가 있었죠. 레코드 회사 사람들은 하나같이 제가 하는 일에 경악했고요."

그리고 브랜슨이 하는 일은 녹록치 않았다. 브랜슨과 브리티시 에어웨이스 간의 싸움은 전설이 됐으니 말이다. 브랜슨은 버진 애틀랜틱을 살리면서 파산을 피하기 위해 대주주로 있던 버진 뮤직의 주식을 팔 수밖에 없는 지경까지 갔고, 그렇게 손에 쥔 8억 달러로 자기 자신과 항공사

를 살렸다.[15]

이런 여러 난관에도 브랜슨은 멈추지 않았고, 음반 회사와 항공사를 필두로 그가 투자하거나 설립한 회사는 500여 개에 이르렀다. 브랜슨은 글로벌 제국을 세웠다. 이동통신 회사에서부터 철도, 해저 탐사, 와인 유통, 피트니스 센터, 헬스 케어 클리닉 그리고 민간 우주항공사인 버진 갤럭틱까지 있으니 말이다. 《포브스》의 2012년 억만장자 목록에 따르면 브랜슨의 개인 재산은 대략 46억 달러에 이른다.[16] '튜뷸러 벨스'Tubular Bells(1973년 버진에서 발표한 마이크 올드필드Mike Oldfield의 앨범 제목―옮긴이)를 듣게 해주었던 사업가치고는 나쁘지 않은 발전이다.

브랜슨은 어떻게 《학생》에서 '튜뷸러 벨스', 다시 또 민간 우주항공사까지 나아갈 수 있었을까? 그의 말을 들어보자.

"우리 회사가 보통 회사는 아니죠. '삶의 방식'을 추구하는 브랜드랄까요. 그렇지 않았다면 여기까지 오지 못했겠죠. 첫 사업은 음반 가게였어요. 지금 음반 가게는 모두 죽었죠. 하지만 우리는 삶의 방식에 관한 회사니까, 항공으로, 이동전화로, 그 외 많은 분야로 실험을 계속하며 옮겨 갈 수 있었죠. 그 때문에 어쩔 수 없이 음반 가게를 팔아야 했지만, 지금 우리가 살아 있는 건 그 덕분이죠. 하지만 그동안 언론에 보도되었던 걸 보면, 우리가 이 분야에서 저 분야로 옮겨 갈 때마다, 헤드라인은 늘 이런 식이었죠. '너무 나간 것 아닌가?', '브랜슨의 풍선, 이번에는 터지나?'"

그렇다면 어째서 브랜슨의 풍선은 터지지 않았을까?

브랜슨은 재미난 것을 좋아한다. 그는 열기구로, 모터보트로 세계 기록을 세웠고, 기행奇行으로도 세계 기록감인 인물이다. 한번은 버진 애틀랜틱의 라이벌이었던 브리티시 에어웨이스가 런던 한복판에 135미터짜리 대관람차를 세우기로 했다가 건설이 지연되는 일이 있었다. 브랜슨은 즉시 현장에 풍선을 띄웠다. 풍선에 달린 거대한 현수막에는 이렇게 쓰여 있었다. "BA(브리티시 에어웨이스)는 못 세운대요."(성적 농담도 된다.—옮긴이)[17]

하지만 사람들이 자주 놓치는 부분은 이렇게 재미를 추구하는 것이 브랜슨에게 2가지 측면에서 큰 도움이 된다는 점이다. 첫째, 브랜슨은 자신이 하는 모든 일에 어마어마하게 열정적이다. 브랜슨이 처음 버진 뮤직의 CEO들에게 지난해 이익의 3분의 1을 출자해 버진 애틀랜틱을 차리겠다고 밝혔을 때, 위험 부담을 정당화시킨 그의 논리는 '재미있을 것'이라는 점이었다. 브랜슨은 경영서와 유사한 자서전이자 철학서인《내가 상상하면 현실이 된다》에서 이렇게 회상했다.[18] "경영진들은 '재미'라는 말을 좋아하지 않았다. 그 사람들에게는 사업이 진지한 것이었다. 맞는 말이다. 하지만 나에게는 재미가 더 중요하다."

재미가 중요한 또 다른 이유는 브랜슨이 그 재미를 '크게 생각하기 위한 전략'으로 사용하기 때문이다. 브랜슨은 '재미'를 자신의 열정을 활용하는 동력이자 첫 번째 원칙으로 여긴다. 그는 무언가가 자신에게 재미있으면(예컨대 감탄이 절로 나는 항공사를 만든다거나) 남들에게도 재미있을 것이라고 가정한다. 그리고 자신의 생각이 맞는지 확인하기 위해 (그리고 재미를 위해) 항상 실험을 한다.

이 점이 핵심이다. 브랜슨의 풍선이 터지지 않는 것은 재미를 향한 그의 지독한 헌신이 곧 충실한 고객과 열렬한 팬으로 이어지기 때문이다. 실험적 고객 중심주의에 기초한 비즈니스 전략이 되는 것이다. 브랜슨은 어느 서비스가 고객들에게 도움이 될지도 모르겠다고(다시 말해 재미있을지도 모르겠다고) 생각되면, 일단 한번 테스트를 해본다. 그래서 버진 애틀랜틱은 업계에서 최초로 시도한 것들이 많다. 의자 뒷면의 TV 설치, 기내 마사지 서비스, 기내 칵테일 라운지, 유리 바닥을 비행기에 도입했고, 최근에는 스탠드업 코미디언까지(지금은 영국 국내선에서만) 탑승시켰다. 브랜슨은 이렇게 설명한다. "고객 중심이 아니라면 근사한 것을 만들어낼 수 있을지는 몰라도 살아남을 수는 없다. 사업이란 사소한 것 하나하나까지도 제대로 해야 하기 때문이다. 비행기를 최고급 레스토랑처럼 운영해야 한다. 매일매일 사장이 직접 나와 있는 그런 레스토랑 말이다. 버진 애틀랜틱은 비행기 1대로 시작했고, 당시 브리티시 에어웨이스는 비행기 100대를 가지고 있었다. 서류상으로만 보면 버진 애틀랜틱은 살아남아서는 안 될 회사였다. 하지만 우리는 고객 중심의 회사였기 때문에 사람들은 일부러 우리 비행기를 탔다. 우리는 30년을 살아남았고, 그 사이 우리가 경쟁했던 모든 항공사들, 다시 말해 팬아메리칸, 트랜스월드, 에어 플로리다, 피플스 익스프레스, 레이커 에어웨이스, 브리티시 칼레도니언 등 20여 개의 항공사들은 모두 파산했다."

이런 방법을 통해 브랜슨은 사업을 확장할 수 있었다. 고객의 요구를 제일 앞에 놓음으로써 브랜슨은 광범위한 분야를 탐색하여 정체되어 있거나 망가진 산업을 찾아냈고, 자신의 브랜드와 실험 정신을 활용해 승부를 걸었다.

하지만 브랜슨 역시 래리 페이지나 제프 베조스와 마찬가지로 자신의 제국을 경쟁적 생태계로 운영했다. 어떤 회사는 살리고, 어떤 회사는 죽였으며, 언제나 끊임없이 실험했다. 그는 자신의 아이디어를 잽싸게 수정해 새 버전을 내놓았고, 실패작은 그보다 더 잽싸게 폐기했다. 흔히 브랜슨은 500여 개의 회사를 차린 것으로 알려져 있지만, 성과가 없는 200

여 개의 회사는 문을 닫기도 했다.

그는 또한 위험 완화가 중요하다는 사실도 잘 이해하고 있었다. 브랜슨은 이렇게 말한다. "표면적으로만 보면 기업가들은 위험을 아주 잘 견디는 것처럼 보이죠. 하지만 제 인생에서 가장 중요한 신조는 '궂은날에 대비하자'입니다. 사업가라면 누구나 그래야 해요. 우리가 항공업에 뛰어든 것은 분명히 크고 대담한 행보였죠. 하지만 보잉과의 협상 과정에서 가장 중시한 항목은 우리가 12개월 후에 비행기를 돌려줄 권리를 보유한다는 조항이었어요. 사람들이 우리 항공사를 좋아하는지 어떤지, 물에 발가락만 살짝 담가보겠다는 거였죠. 만약에 잘 안 되었다고 해도 다른 것들까지 다 폭삭 망할 일은 없었어요. 제가 지금 우리 레코드 회사 사장들을 똑바로 볼 수 있고 우리가 아직도 친구일 수 있는 건, 그들의 모가지가 날아가지 않았기 때문이죠. 궂은날에 대비하는 것은 아주 중요한 일입니다. 대담하게 움직이세요. 하지만 혹시라도 잘못되면 빠져나갈 구멍을 꼭 만들어두세요."

이쯤이면 눈치챘을 것이다. 브랜슨과 머스크는 서로 다른 위험 관리 전략을 채택하고 있다. 실제로 이 장에서 소개하는 네 사람의 기업가는 모두 다른 전략을 사용한다. 앞서 머스크는 중요한 아이디어라면 어마어마한 위험도 항상 정당화된다고 주장했다. 브랜슨 역시 큰 도박을 하지만, 브랜슨은 자신의 브랜드(버진) 전체를 걸고 하는 것이고 머스크는 한 회사(테슬라)를 걸고 하는 것이기 때문에, 브랜슨은 제국 전체가 위험에 처하지 않게 일을 추진한다.

버진 갤럭틱이 그 훌륭한 예다. 2004년 10월 버트 루탄이 3명을 태울 수 있는 비행선인 스페이스십원을 성공적으로 시연하면서 안사리 엑스프라이즈에서 우승하자, 브랜슨의 팀은 수억 달러를 약속하며 합세했다. 규모를 키워서 한번에 8명씩 태우고 하루에 여러 차례 비행, 1년이면 수천 명씩 우주 구경을 하게 할 수 있는 우주선을 만들자고 제안한 것이다. 하지만 브랜슨은 그의 스타일대로 2009년 중동의 투자 펀드 아바르Aabar를 끌어들여 버진 갤럭틱의 32퍼센트를 2억 8000만 달러에 구매하게 만들었다.[19] 위험을 상쇄한 것이다. 그리고 2년 후 아바르는 1억 1000만 달러를 들여 지분 6퍼센트를 추가로 늘렸다. 소형 위성을 발사할 수 있는 정도의 자금이었다.[20] 브랜슨이 버진 갤럭틱에 큰돈을 투자한 것은 분명하지만, 이후에 그는 그 투자를 보호할 대책을 마련했고, 추가로 3억 9000만 달러의 운전 자본을 끌어들여 성공의 기틀을 마련한 것이다. 브랜슨은 위험 부담에만 대담한 것이 아니라 위험 완화 측면에서도 대담한 듯하다. 결과는 동일할 것이다.

몇 해 전 만우절에 구글에서는 이런 농담이 돌았다. 버글(구글과 버진을 합친 가짜 합작 회사)이라는 새로운 회사가 화성에 영구적인 인류 정착지를 세울 것이라는 소식이었다.[21] 유튜브에는 관련 동영상까지 돌았는데, 브랜슨과 브린, 페이지가 식민지 주민 지원서 작성법을 설명하면서 물리학과 엔지니어링 그리고 가장 중요한 '기타 히어로 3탄' 게임 부문의 전문가를 찾고 있다고 이야기하는 영상이었다. 하지만 정말로 재미있었던 것은 많은 사람들이 이것이 장난이라는 사실을 전혀 몰랐다는 점이다. 지금도 반신반의하는 사람이 많다. 브랜슨의 취향이 워낙 대담한 데다 그동안 대형 프로젝트들을 많이 추진하다 보니 그가 화성에 간다는 이야기를 믿지 않을 수가 없었던 것이다.

제프 베조스: 역사상 가장 성공한 만물상

• • • •

제프 베조스는 바쁜 사람이다. 5년쯤 전에 나는 아침 약속을 잡으려고 베조스에게 이메일을 보냈는데 돌아온 회신은 이러했다. "피터, 저는 지금 너무 바빠서 양치질할 시간도 최적화해야 해요." 그리고 그가 이렇게 눈코 뜰 새 없이 바쁜 데는 그럴 만한 이유가 있다. 에릭 슈미트가 구글, 애플, 페이스북과 함께 아마존을 기술계의 4대 기수 중 하나로 꼽은 것과 동일한 이유다. 베조스는 약간의 변화나 차근차근 밟아나가는 진보 따위에는 관심이 없다. 그는 거대한 변화를 원한다. 그리고 그런 혁신의 주된 원동력은 고객 중심적이고 장기적인 사고라고 생각한다.

제프 베조스는 1964년 1월 12일 뉴멕시코 주 앨버커키에서 태어났다.[22] 머스크처럼 베조스도 일찍부터 사물의 원리에 관심을 보였다. 막 아장아장 걷기 시작했을 때 이미 베조스는 드라이버로 자신의 침대를 분해했다. 나중에는 형제들을 자신의 방에서 쫓아내려고 정교한 전자 알람을 여러 개 만들기도 했다. 베조스가 어린 시절을 보냈던 휴스턴은 과학 프로젝트와 과학 박람회가 넘쳐나는 도시였고, 당시는 《스타트렉》 시리즈가 인기였다. 그는 마이애미에서 고등학생 시절을 보냈는데, 컴퓨터를 사랑하게 된 것은 이때부터였다. 그의 동생 마크 베조스는 언젠가 리포터에게 이런 이야기를 했다.[23] "지금으로 치면 분명 '컴돌이'였죠."

여전히 컴돌이인 채로 베조스는 프린스턴 대학교에 입학했다. 그곳에서 컴퓨터과학 및 전기공학 전공으로 1986년 최우등 졸업을 하게 된다. 졸업 후 베조스는 투자은행가가 되었고, 월스트리트에 있는 D. E. 쇼D. E. Shaw(투자신탁 회사)의 최연소 부사장이 된다. 하지만 그는 금융계에서 커리어를 쌓아나갈 운명은 아니었다. 겨우 4년 후 느낀 바가 있었던 베조스는 고액 연봉의 직장을 그만두고 시애틀로 옮긴다. 그리고 세상을 바꾸려고 시도한다. 전자상거래로 말이다.

2001년 워싱턴 D. C.에 있는 아카데미 오브 어치브먼트Academy of Achievement의 한 강연에서 베조스는 이렇게 말했다. "아마존닷컴을 만들어야겠다고 생각했던 건 1994년 봄에 연간 웹 사용량이 2,300퍼센트씩 증가하는 걸 봤기 때문입니다. 뭔가가 그렇게 빠르게 성장할 때는 이유가 있는 거죠. ……설사 당시에 제대로 된 조사 결과가 없었다고 해도 경험적으로 알았을 겁니다. 웹 사용량이 심상치 않다는 것을 말이죠. 그러니 문제는 그렇게 성장하는 웹을 이용해서 어떤 종류의 사업 계획을 세워야 할 것인가 하는 점이었죠. 저는 온갖 것을 다 생각해보았습니다. 가장 먼저 온라인에서 뭘 팔아야 할지, 20종의 제품 목록까지 만들어봤어요. 제가 책을 떠올린 데는 여러 가지 이유가 있습니다. 하지만 가장 큰 이유는 책이 한 가지 점에서 아주 독특했기 때문이에요. 책 카테고리는 다른 그 어느 카테고리의 제품보다 많은 제품들이 있지요. 말 그대로 수백만 권의 서로 다른 책이 있는 겁니다. 그리고 컴퓨터는 그렇게 많은 제품을 정리하는 데 아주 능하고요. 다른 어디에도 만들 수 없는 것을 온라인에서는 만들 수가 있습니다. 현실 세계에서 전 세계의 책을 모아놓은 서점을 만들거나 수백만 권의 책에 대한 카탈로그를 만들 수는 없었을 겁니다."[24]

초기의 아마존은 결코 성공을 장담할 수 없었다. 그러나 베조스는 언제나 아주 뛰어난 전도사였다. 그리고 정직한 전도사이기도 했다. 부모님이 평생 모으신 돈의 상당액을 아마존에 투자하기로 결정했을 때, 그는 부모님에게 "돈을 잃을 확률이 70퍼센트"라고 말했다(확률적 사고의 전형이다). 또한 베조스는 자신이 확률을 과장했다는 사실 역시 인정했다. "저는 제가 정상적인 확률보다 3배나 높은 확률을 가졌다고 믿었죠. 조금이라도 성공하는 스타트업은 겨우 10퍼센트 남짓이니까요. 당시 저는 제게 30퍼센트의 확률이 있다고 생각했습니다."

베조스는 부모님의 돈으로 시애틀의 집 근처에 그 유명한 '창고 작업실'을 꾸몄다. 그리고 곧 근처의 방 두 칸짜리 집으로 확장해 갔다. 아마존닷컴이 1995년 7월 16일 문을 연 곳이 바로 여기였다. 베조스가 꾸린 팀은 작은 개업식을 마련하여 친지들 200여 명을 사무실로 초대했다. 사업 가능성에 크게 고무된 팀원들은 전자벨을 하나 설치해서 거래가 성사될 때마다 울렸다. 베조스의 이야기를 들어보자. "주문이 하나 들어올 때마다 확인을 하던 시절도 있었지요. 주문자는 항상 가족 중 한 사람이었어요. 처음으로 낯선 사람한테서 주문이 들어왔는데, 회사에 아마 열 사람 정도가 있었을 겁니다. 벨이 울리자 다들 모여서는 주문 내역을 보며 이렇게 말했죠. '너네 엄마야?', '우리 엄마 아냐!' 그게 시작이었습니다."

그리고 멈추지 않았다.

얼마 지나지 않아 벨은 끊임없이 울리기 시작했고, 팀원들은 벨을 떼내야 했다. 한 달이 지나자 아마존은 미국 50개 주 전체와 45개국에 고객을 보유하고 있었다. 두 달이 지나자 주간 매출이 2만 달러에 달했다. 그렇게 1997년 5월 아마존은 시가총액 5억 달러로 주식시장에 상장되었다. 6개월 후에는 시가총액이 12억 달러까지 올라갔고, 2년 후에는 230억 달러가 되었다. 서른다섯 살이 된 베조스는 겨우 5년 만에 "괜찮은 아이디어가 있어."에서 "수십억 달러짜리 회사를 경영 중이야."로 옮겨 간 실

제 인물이 됐다.[25]

베조스의 성공에는 2가지 중요한 전략이 자리하고 있다. '장기적 사고'와 '고객 중심 사고'가 그것이다. 하나씩 살펴보기로 하자.

베조스는 조기의 수익이나 단기 보상에는 단 한 번도 관심을 가져본 적이 없었다. 출발부터 아마존은 장기적 게임을 했다. 베조스가 1997년 주주들에게 보낸 유명한 편지에서 그는 이렇게 말하고 있다.[26] "우리는 우리가 성공했는지 여부를 근본적으로 가름하는 것은 우리가 '장기적으로' 만들어내는 주주 가치에 있다고 생각합니다…… 우리는 장기적 가치를 강조하기 때문에 일부 회사들과는 다른 의사 결정을 내리거나, 중시하는 가치가 다를 수 있습니다."

지금은 널리 알려진 베조스의 사고 전략은 이 편지에 조목조목 설명되어 있다.

- 앞으로도 우리의 투자 의사 결정은 단기적 이윤이나 단기적 월스트리트의 반응보다는 장기적인 시장 주도권이라는 측면에서 내려질 것입니다. 이런 투자 중에서 일부는 그만 한 성과가 있을 것이고 일부는 그렇지 못하겠지만, 어느 쪽이 되었든 우리로서는 소중한 교훈을 얻게 될 것입니다.
- 우리가 대담한 결정을 내릴 때는 그 전략적 사고 과정을 (경쟁적 압박이 허락하는 범위 내에서) 주주 여러분과 공유할 것입니다. 그렇게 해서 여러분 스스로 우리가 장기적으로 시장 주도권을 유지할 수 있는 합리적 투자 결정을 내리는지 평가할 수 있도록 하겠습니다.
- 우리는 성장에 주목하면서도 장기적인 이윤 및 자본 운영과 균형을

맞춰나가겠습니다. 지금 단계에서 성장에 우선순위를 두는 이유는 우리의 사업 모델이 갖고 있는 가능성을 활짝 펴는 데 '규모'가 중심적 역할을 하리라 믿기 때문입니다.

이 편지는 이 문제에 관한 한 베조스의 관점을 가장 잘 요약하고 있는 것으로 자주 인용되곤 한다. 하지만 개인적으로 나는 '2012년 아마존 웹서비스 라이브'에서[27] 베조스가 누군가의 질문에 답한 내용이 훨씬 더 많은 힌트를 준다고 생각한다.

"앞으로 10년 동안 뭐가 달라질까요?" 정말 흥미로운 질문이죠. 아주 흔한 질문이기도 합니다. 하지만 제가 여태껏 한 번도 받아보지 못한 질문이 있습니다. "앞으로 10년 동안 바뀌지 않는 건 뭘까요?" 감히 말씀드리건대, 실은 두 번째 질문이 훨씬 더 중요합니다. 왜냐하면 시간이 지나도 바뀌지 않는 것을 중심으로 사업 전략을 세울 수 있게 되니까요. ……소매업에서 고객들은 값싼 제품을 원합니다. 이 점만큼은 10년이 지나도 변하지 않을 것임을 저는 알고 있죠. 고객들은 빠른 배송, 광범위한 선택권을 원합니다. 10년이 지나도 어느 고객이 제게 와서 "베조스 씨, 아마존은 다 좋은데요, 가격이 조금만 더 비쌌으면 좋겠어요."라든가 "아마존은 다 좋지만 배송이 좀 느리면 좋겠어요."라고 말하는 것은 상상할 수가 없습니다. 그런 일은 불가능해요. 그렇기 때문에 이런 요소들을 개선하기 위해 지금 우리가 에너지를 쏟아붓는다면 앞으로 10년 후에도 여전히 우리 고객들에게 혜택이 되리라는 것을 알 수 있습니다. 장시간이 지나도 변하지 않을 진실을 알고 있다면, 많은 에너지를 투입해도 될 겁니다.

윗글에는 베조스가 성공할 수 있었던 두 번째 비결 역시 드러나 있다. 바로 극단적인 '고객 중심주의'다. 이것 역시 아마존이 출발할 때부터 시작된 원칙이었다. 다시 한 번 1997년 주주들에게 보낸 편지로 돌아가 보면 한 항목에 이렇게 쓰여 있다. "우리는 계속해서 한순간도 방심하지 않고 고객들에게 집중할 것입니다." 그리고 편지의 마지막에서도 그는 다시 한 번 이렇게 강조한다.

처음부터 우리의 관심은 고객들에게 어필할 수 있는 강력한 가치를 제공하는 것이었습니다. 우리는 웹이 과거에도, 그리고 지금도 World Wide Wait('World Wide Web'에서 'Web'을 'Wait'로(기다리다) 바꾼 것―옮긴이)라는 사실을 알고 있습니다. 따라서 우리는 고객들에게 다른 식으로는 결코 얻을 수 없는 것을 제공하고자 했고, 그래서 책을 제공하기 시작했습니다. 우리는 고객들에게 현실의 서점에서는 결코 가능하지 않은 수많은 선택권을(우리 서점을 현실에 가져다놓으려면 미식축구장 6개가 필요합니다) 유용하고 검색하기 쉽고 둘러보기 쉬운 형태로 제공하고 있습니다. 365일 24시간 내내 열려 있는 공간에서 말입니다. 우리는 쇼핑 경험을 개선하기 위해 끈질기게 노력했고, 1997년에는 우리 서점을 눈에 띄게 개선했습니다. 현재 우리는 고객들에게 상품권과 원클릭 쇼핑, 방대한 고객 평가, 내용 설명, 브라우저 옵션, 추천서 목록 등을 제공하고 있습니다. 우리는 가격은 획기적으로 낮추면서도 고객 가치는 더욱 향상시켰습니다. 그로 인한 입소문이 아직도 우리의 가장 강력한 고객 유치 수단이며, 우리는 그동안 고객들이 보여준 신뢰에 깊이 감사하고 있습니다. 아마존닷컴이 온라인 서점 시장의 선두 주자가 된 것은 재구매와 입소문 덕분입니다.

하지만 아마존이 도서 분야를 넘어 시장을 계속 확장해갈 수 있었던 것은 장기적 사고와 고객 중심주의 덕분이었다. 베조스는 음악, 영화, 장난감, 전자 제품, 자동차 부품, 기타 거의 빠진 것이 없을 만큼 많은 분야로 모험을 감행했다. 아마존은 원래의 시장에서도 확장을 시도했는데, 단순한 책 판매에서 전자책으로, 전자책 리더기(킨들)로, 그리고 최근에는 출판 자체까지 손을 댔다. 한편 아마존의 클라우드 사업인 '아마존 웹서비스'는 자력으로 업계 괴물이 됐다(뉴스 웹사이트인 《비즈니스 인사이더》 Business Insider의 분석에 따르면 2013년 11월 기업 가치는 30억 달러다).[28] 모건스탠리의 애널리스트 스콧 데빗Scott Devitt은 《뉴욕 타임스》와의 인터뷰에서 이렇게 말했다.[29] "아마존은 남들과 다른 길을 가고 있습니다. 바로 장기 전략이죠. 아마존이 제대로 하고 있는 걸까요? 물론입니다. 아마존은 전체 전자상거래 시장의 성장률보다 2배나 빠르게 성장하고 있습니다. 전체 소매 시장보다는 5배나 빠른 속도이고요. 아마존은 성장을 위해 마진과 이익을 건너뛰고 있습니다."

베조스는 또한 장기적인 고객 중심주의를 정말로 성공시키는 유일한 방법은 실험이라는 점을 잘 이해하고 있다. 또 이런 방법을 취했을 때 때로는 처참한 실패를 경험할 수 있다는 것도 안다. 그는 최근 유타기술협의회 명예의 전당에서 열린 만찬에서 이렇게 말했다.[30] "제 생각으로는 무언가를 발명하고 싶다면, 정말로 혁신하고 싶고 새로운 일을 하고 싶다면, 분명히 실패를 겪을 겁니다. 왜냐하면 실험을 해야 하니까요. 유용한 발명을 얼마나 많이 할 수 있느냐는 매주, 매달, 매년 몇 번의 실험을 하느냐에 정확히 비례한다고 생각합니다. 그러니 실험의 수를 늘린다면 실패의 수도 늘어나겠죠.

그리고 무언가를 발명하고 싶다면 아주 오랫동안 사람들에게 이해받지 못할 것도 감수해야 합니다. 기존과 다르고 새로운 것들은 처음에는 항상 오해를 받으니까요. 악의 없이 오해하는 사람들도 있을 겁니다. 결과가 좋지 않을까 걱정이 되니까요. 사리사욕 때문에 비난하는 사람도 있을 겁니다. 옛날 방식의 이윤 흐름만 추구한다면 말이죠. 어느 쪽이 되었든 간에 이런 종류의 오해와 비난을 감당할 자신이 없다면, 뭐가 되었든 새로운 일은 시도하지 마십시오."

새로운 것을 추구하는 베조스의 추진력은 끝이 없다.[31] 그는 부업으로 블루오리진이라는 우주항공 사업을 한다. 블루오리진은 '수직 이착륙'이라는 로켓 발사 분야의 오래된 숙제를 풀려고 노력 중이다. 우주항공과 아마존이 만나 일종의 이종교배가 일어난 것일까. 2013년 12월 베조스는 향후 5년 내에 아마존의 배송 수단으로 드론이 사용될 것이라고 발표했다.[32] 이렇게 되면 30분 배송이 가능해질 뿐만 아니라 베조스의 오랜 염원인 식품 시장에도 뛰어들 수 있다. 마침내 월마트를 왕좌에서 끌어내리고 아마존이 역사상 가장 성공한 '만물상'으로 등극할 수 있게 되는 것이다.

베조스는 2014년 주주들에게 보낸 편지에서[33] 드론 계획을 설명하며 다시 한 번 자신의 실험과 신속한 새 버전 출시 원칙을 언급했다. "실패는 발명의 일부입니다. 그것은 우리가 선택할 수 있는 것이 아닙니다. ……

그 점을 알기에 우리는 가능한 일찍 실패하고, 방법을 찾을 때까지 반복해야 한다고 생각합니다. 이런 프로세스가 효과를 발휘한다면 우리의 실패는 상대적으로 작은 크기일 테고(실험은 대부분 작게 시작할 수 있으니까요), 정말로 고객들에게 딱 맞는 무언가를 찾아냈을 때 그 규모를 확대해서 훨씬 큰 성공을 이끌어낼 수 있을 것입니다."

2014년 테드 콘퍼런스에서 내가 베조스에게 기하급수 기업가들에게 조언을 해달라고 하자, 그는 머스크와 마찬가지로 유행이 아닌 열정에 집중하라고 충고했다.

"다들 뜨고 있다고, 아니면 뜰 거라고 알고 있는 내용을 가지고 성공하기는 아주 어렵습니다. 그러지 말고 내 자리를 정한 후에 파도가 다가오기를 기다리세요. 그러면 여러분은 이렇게 묻겠죠. 어디에 자리를 잡으라는 거냐고요. 여러분의 호기심을 자극하는 것, 여러분이 사명을 느끼는 것으로 하면 됩니다. 회사를 인수할 때 저는 항상 '이 회사의 리더가 자신의 미션을 갖고 있는가 아니면 돈에만 관심 있는가'를 파악하려고 애씁니다. 미션을 가진 리더는 고객을 사랑하고 제품과 서비스를 사랑하기 때문에 그런 제품이나 서비스를 만듭니다. 반면에 돈에만 관심 있는 사람은 회사를 넘겨서 돈을 벌 생각으로 제품이나 서비스를 만듭니다. 아이러니한 점은 결국에는 미션을 가진 사람이 더 많은 돈을 번다는 것이죠. 그러니 여러분이 열정을 가진 무언가를 고르십시오. 이게 제가 여러분에게 가장 해드리고 싶은 조언입니다."

래리 페이지: 합리적으로 미친 생각을 하라

· · · ·

안사리 엑스프라이즈가 끝나고 한 달 뒤인 2004년 11월, 나는 구글플렉스에서 2,000여 명의 구글 직원들을 대상으로 우주여행의 미래에 관해 프레젠테이션을 했다. 발표가 끝나자 이야기를 더 나누려 하는 사람들이 구름처럼 몰려들었는데, 긴 줄의 마지막에 30대 초반으로 보이는 젊은 남자가 서 있었다. 검정색 티셔츠에 배낭을 멘 남자는 이렇게 말했다. "안녕하세요. 저는 래리 페이지라고 하는데요. 점심 드실래요?"

점심 식사를 하면서 우리는 로봇에서부터 우주 엘리베이터, 무인 자동차에 이르기까지 이야기를 나누지 않은 주제가 없을 정도였다. 온갖 기술에 대단한 호기심을 갖고 있고, 한계를 넓히려는 지칠 줄 모르는 욕망을 가진 남자임을 한눈에 알아볼 수 있었다. 래리 페이지가 내게 계속했던 질문은 이런 것이었다. "왜 안 되나요?", "더 크게 하면 안 되나요?" 이 사람은 도무지 한계라는 것에 익숙지 않은 것이 분명했다. 래리 페이지와 이 대화를 나눈 지도 어언 10년이 지났고, 그 사이 세상은 상전벽해가되었다.

1973년 3월 26일 미시간 주 이스트랜싱에서 태어난 페이지는 유전적으로 컴퓨터를 좋아할 수밖에 없었다.[34] 어머니인 글로리아는 미시간 주립 대학교의 컴퓨터과학과 교수였고, 아버지인 칼은 컴퓨터과학 및 인공지능 분야의 개척자였던 것이다. 그러니 초등학생 페이지가 그 학교 최초로 워드 프로세서로 작성한 과제물을 제출한 것도 놀랄 일은 아니었다.

이후 페이지는 미시간 대학교 컴퓨터공학과를 졸업했는데, 그 유명한 레고 블록으로 조립한 잉크젯 프린터를 만든 곳도 바로 이곳이었다. 이후 그는 스탠퍼드 대학교로 옮겨서 컴퓨터과학 분야 박사 학위를 딴다. 논문 주제를 찾던 페이지는 웹의 수학적 속성이 궁금해졌다. 특히나 인용에 기초한 링크 구조와 이런 인용들을 거대한 하나의 그래프로 나타낼 수 있다는 점이 흥미로웠다. 결국 페이지는 스탠퍼드의 또 다른 박사 과정 학생이었던 세르게이 브린과 의기투합하게 된다. 백러브BackRub라고 불린 이 연구 프로젝트에서 만들어진 페이지랭크PageRank 알고리즘이 발전한 것이 곧 구글이다. 브린도, 페이지도 박사 과정을 끝내지 못한 것은 물론이다.

1998년 학교를 그만둔 두 사람은 회사를 차려 역사를 바꾸게 된다. 페이지랭크 알고리즘이 정보에 대한 접근성을 대중화했던 것이다.《와이어드》는 최근 한 기사에서 이렇게 표현했다. "구글의 핵심 제품인 검색엔진은 그 자체로 경이롭다. 하지만 반짝거리는 신상품과 달리 구글의 검색엔진은 인터넷의 당연한 일부가 된 나머지, 평범한 일상이 되어버렸다."[35] 한편 유튜브는 웹을 지배하는 동영상 플랫폼이 되었고, 크롬은 가장 인기 있는 브라우저가 되었으며, 안드로이드는 역대 가장 많은 휴대전화에 쓰이는 운영체제가 되었다. 손쉽게 비교해보면, 현재 아프리카 케냐 중심부에 살고 있는 마사이 족이 손에 든 스마트폰으로 구글에 접속한다면 18년 전 미국 대통령과 같은 수준의 정보에 접근할 수 있다.

그리고 이렇게 세상을 바꾸는 영향력이야말로 페이지의 관심사다. 싱귤래리티 대학 설립 콘퍼런스에서 래리 페이지는 즉석에서 자리에서 일어나 150명의 참석자들을 상대로 이런 이야기를 했다. "저는 나름의 아주 간단한 판단 기준을 갖고 있습니다. 지금 하는 일이 세상을 바꿀 수 있는 일인가? 사람들에게 단답식으로 물어보면 99.99999퍼센트는 아니라고 답합니다. 저는 우리가 사람들에게 세상을 바꾸는 법을 가르쳐야 한다고 생각합니다."

지금은 이 약속을 지키고 싶은 페이지의 욕망과 구글의 미래에 대한 비전을 따로 떼어놓고 볼 수가 없게 되었고, 페이지가 추진하는 여러 프로젝트로 인해 구글은 더 높은 위상과 더 큰 부를 쌓게 되었다. 페이지가 공동 회장에서 CEO로 승진한 2011년 이후 3년간 구글의 가치는 2배가 증가해 3,500억 달러가 되었다(페이지가 보유한 16퍼센트의 가치는 500억 달러 정도다). 현금 보유고는 750억 달러까지 늘어났고, 연간 연구개발비 예산도 85억 달러까지 커졌다.[36] 그리고 미래를 꿈꾸는 CEO 페이지는 그 돈을 거의 마음대로 원하는 곳에 사용할 수가 있다. 무인 자동차, 증강 현실, 노화 해결, 유비쿼터스 인터넷 등 페이지가 좋아하는 것들은 아주 크고 대담하다.

2012년 나는 구글의 연례 고객 콘퍼런스인 구글 자이트가이스트Google Zeitgeist에서 프레젠테이션을 했다. 주최 측에서는 나를 둘째 날 말미에 끼워 넣으면서 《어번던스》에서 이야기한 내용을 가지고 희망적인 연설을 해달라고 부탁했다. 페이지는 나 다음으로 강단에 올라 마무리 연설을 했는데, 이때 나는 그의 대담한 취향이 어디서 나왔는지 알게 되었다. 그는 이렇게 말했다. "제가 미시간 대학교의 학생이었을 때 여름학교 리더십 프로그램에 참가한 적이 있습니다. 그 프로그램의 강령이 바로 '건강한 방식으로, 불가능은 무시하라'였죠. 지금까지도 저는 이 말이 귓가에서 떠나지 않습니다. 말도 안 되는 소리처럼 들릴 것임을 알지만, 정말로 큰 야심을 가질 때 진전이 더 쉽게 이뤄지는 경우가 많습니다. 아무도 하려고 들지 않기 때문에 경쟁자도 없고, 최고의 인재들을 모두 끌어모을 수도 있습니다. 왜냐하면 최고의 인재들은 항상 가장 야심 찬 일을 하고 싶어 하기 때문입니다. 그렇기 때문에 저는 우리가 상상하는 모든 일이 아마도 가능할 것이라고 믿게 되었습니다. 그저 상상을 하고, 상상대로 이루기 위해 애쓰면 됩니다."[37]

페이지가 불가능한 것을 상상하는 데는 '합리적 낙관주의'에 대한 열렬한 믿음도 한몫을 하고 있다.[38] 작가 맷 리들리Matt Ridley가 사용한 이 용어는 《어번던스》에서 이야기한 낙관주의와도 일맥상통한다. 합리적 낙관주의는 하늘에 빵이 둥둥 떠 있다고 공상하는 것이 아니다. 오히려 사실을 면밀히 검토하는 것이다. 그래서 기술이 기하급수적으로 발달하면서 희소한 것들을 풍부하게 만들고 있다는 점과 미래의 툴들이 우리에게 점점 더 많은 문제 해결 능력을 주고 있다는 것, 세상이 기하급수적으로 좋아지고 있기 때문에[39] 작은 팀으로도 그 어느 때보다 큰 문제들을 해결할 수 있게 되었다는 사실을 깨닫는 것이다. 그렇기 때문에 합리적 낙관주의는 크게 생각하기 위한 중요한 전략이 된다. 래리 페이지가 2013년 구글I/O 콘퍼런스의 기조연설에서 말했던 것처럼 말이다. "부정적 생각으로는 진보가 만들어지지 않습니다."[40]

이것은 구글의 수장이 즉흥적인 감정으로 한 말이 아니다. 이것은 페이지의 핵심 철학이다. "저는 말도 못 하게 낙관적인 사람입니다. 어떤 난관이 되었든 우리가 합심하고, 좋은 기술이 있다면 해결할 수 있다고 확신합니다. 그렇게 된다면 정말 흥미진진한 일이 펼쳐지겠지요. 다시 말해 우리가 하는 일은 정말로 세상을 더 나은 곳으로 만드는 일입니다. 더 많은 사람들이 그렇게 해야 해요. 더 야심 찬 목표를 가져야 합니다. 모든 사람에게 질 높은 삶을 제공할 수 있을 정도로 세상에는 충분한 자원이 있습니다. 원자재는 충분합니다. 우리는 그저 더 잘 조직화하고 훨씬 더 빠르게 움직이면 됩니다."

속도는 페이지가 가장 중시하는 것이다. 그는 합리적 낙관주의를 가지고 미래를 바라볼 뿐만 아니라, 위험하고 대담한 혁신에 대해서도 건강한 시선을 유지하고 있다. 그는 안주하고 있는 틀을 깨도록 사람들을 독려하는 것으로 유명하다. 무인 자동차 개발을 위해 서배스천 스런Sebastian Thrun을 영입했을 때도 페이지는 무인 자동차라면 16만 킬로미터(10만 마일) 정도는 혼자서 운전해야 한다는 믿기 힘든 목표를 제시했다(지금 이 자동차는 80만 킬로미터 이상 운전한 상태다).[41] 구글이 동시 번역기를 개발하려고 했을 때도 마찬가지였다. 구글은 먼저 기계학습 연구자들을 찾아갔다. 페이지의 설명을 들어보자. "우리가 물었죠. '아무 언어나 두 언어를 인간보다 더 잘 번역할 수 있는 알고리즘을 만드는 게 가능합니까?' 그랬더니 연구자들은 우리를 비웃었습니다. 불가능하다면서요. 하지만 시도는 해보려고 하더군요. …… 그로부터 6년이 지난 지금 우리는 64개 언어를 번역할 수 있습니다. 평범한 번역가보다 우리가 더 잘 번역하는 언어도 많고요. 우리는 실시간으로, 공짜로 번역해주는데도 말이에요."[42]

《와이어드》에 실린 스티븐 레비Steven Levy의 글은 좀 더 재미있다. 애스트로 텔러가 상상 속의 타임머신을 만들어서 페이지의 사무실로 가져가 플러그를 꽂고 실제로 작동하는 것을 보여주면 페이지가 어떤 반응을 보일지에 관한 이야기다. "페이지라면 놀라 자빠지는 게 아니라 플러그가 왜 필요하냐고 묻겠죠. 전기를 전혀 사용하지 않는 편이 낫지 않겠냐면서요. 페이지가 타임머신을 보고 흥분하지 않는다거나 우리가 만든 것을 우습게 본다는 이야기가 아닙니다. 그냥 페이지는 뼛속까지 그런 사람이에요. 페이지는 언제나 더 개선할 게 있다고 생각하고, 다음번 10배의 개선은 뭐가 될지에 집중합니다."[43]

그렇다면 다음번 10배의 개선은 뭘까?

페이지 역시 머스크나 브랜슨, 베조스와 마찬가지로 그 답을 언제나 장기적 사고와 고객 중심 사고에 두고 있다.

우리는 언제나 장기적인 데 집중하려고 노력합니다. 우리가 만들어낸 많은 것들이 처음에는 미친 생각처럼 보였죠. 크롬처럼 말이에요. 그러면 우리가 뭘 할지 어떻게 결정할까요? 앞으로 매진해야 할 정말로 중요한 일이 무엇인지 어떻게 알까요? 저는 이걸 '칫솔 테스트'라고 부르는데, 아주 간단합니다. '우리가 칫솔만큼 자주 사용하는 것인가?' 대부분의 사람은 하루에 두 번 양치질을 할 겁니다. 저는 우리가 이런 것을 원한다고 생각합니다. 우리는 지메일을 하루에 두 번 이상, 훨씬 더 많이 이용합니다. 유튜브도 마찬가지고요. 놀라운 것들이죠. 그런데도 유튜브를 처음 본 사람들은 이렇게 말했습니다. "그걸로는 돈을 못 벌 텐데요. 14억 달러나 주고 사다니, 완전히 미친 생각이에요." 하지만 알다시피 우리는 합리적으로 미친 생각을 합니다. 실제로 유튜브는 4년간 해마다 매출이 2배씩 늘었습니다. 그리고 2배씩 늘다 보면, 시작 지점이 어디였건 급격히 빠른 성장을 보입니다. 우리의 철학은 이렇습니다. "사람들이 자주 사용하는 것이 사람들에게 정말로 중요한 것이다." 그러니 시간이 지나면 그런 것들로 돈을 벌 수 있을 겁니다.[44]

페이지가 인공지능에 막대한 자원을 쏟아붓는 것도 같은 맥락에서다.

"구글의 최종 버전은 인공지능이 될 겁니다. 궁극의 검색엔진 말이죠. 웹상의 모든 것을 이해하고, 질문자가 원하는 것을 정확히 이해해서, 옳은 답을 주는 거지요. 그렇게 되려면 아직 한참 멀었습니다. 그렇지만 한 걸음씩 가까이 다가갈 수는 있겠죠. 지금 우리가 하고 있는 일이 바로 그것입니다."

2014년 봄에 엑스프라이즈 구글엑스 기부자들이 모인 자리에서 페이지는 대담하고 야심 찬 계획의 장점에 관해 이야기했다. "우리가 야심 찬 일을 더 많이 할수록 실패율도 올라갈 거라고 생각하겠지만 실제로는 그렇지 않습니다. 저는 그 이유가 야심 찬 일에 실패하더라도 중요한 일을 해내기 때문이라고 생각합니다. 저는 우리가 처음 인공지능을 만들어보려고 했던 때의 예를 자주 드는데요. 그때가 2000년이니까 구글의 직원이 아직 200명도 안 되던 시절입니다. 우리는 인공지능을 만들지 못했지요. 하지만 우리는 애드센스를 만들어냈습니다. 웹페이지에 검색 광고를 띄우려고 했고, 지금은 그게 우리 매출의 상당 부분을 차지하고 있습니다. 그러니 우리는 인공지능은 만들어내지 못했지만 유용한 다른 것을 얻게 되었습니다. 이런 것들은 100퍼센트 이런 식으로 만들어집니다."

물론 구글이 작업 중인 미래 기술에는 인공지능만 있는 것이 아니다. 구글은 3000만 달러가 걸린 구글 루나 엑스프라이즈Google Lunar XPRIZE의 스폰서이기도 하다. 이 대회의 목표는 달에 첫 로봇을 올려놓는 것이다(지구 밖에서 인간이 경제적 영향력을 미칠 수 있는 첫 단계다). 이 말은 곧 페이지 역시 베조스나 브랜슨, 머스크와 마찬가지로 우주를 꿈꾼다는 이야기다. 하지만 페이지의 포부는 거기서 끝나지 않는다. 페이지는 다른 이들보다 훨씬 더 모험적이다. 2013년 11월 그는 생명연장 프로젝트를 추진할 스타트업 캘리코Calico를 발표했다. 구글도 노화 방지 업계에 진입하는 것이다.[45] 《타임》은 그것을 이렇게 표현했다. "구글 vs. 죽음."[46]

인터넷 사업가이자 블로거인 제이슨 캘러캐니스Jason Calacanis 는 유명한 에세이 〈구글은 항상 이긴다〉에서 이렇게 말했다. "래리 페이지 밑에서 일하면서 10배의 개선을 염두에 두지 않는다면 그 자리에서 오래 버티지 못할 것이다. 일부러 무모한 일에 덤벼드는 방식으로 구글은 남보다 앞서 나간다. 이것은 인류 역사상 유례가 없던 일이다. 래리의 작전이 성공한다면 카이사르와 나폴레옹, 콜럼버스, 라이트 형제, 아폴로 11호, 맨해튼 프로젝트(제2차 세계대전 시기에 진행된 원자폭탄 제조 계획 — 옮긴이), 미국 건국의 아버지들이 모두 무색해질 것이다."[47]

제3부

어떻게 대담하게
실현시킬 것인가

BOLD

제7장

떠오르는 10억 시장
_크라우드소싱

2000년 가을이었다. 인터넷에는 2000만 개가 넘는 웹사이트가 있었고,[1] AOL과 넷스케이프 사이에서는 브라우저 전쟁이 한창이었다. 닷컴 버블이 터진 지 얼마 되지 않은 때여서 일자리를 잃은 수많은 그래픽 디자이너들이 사이버 공간을 돌아다니며 일거리를 찾고 있었다.

그들 중에 제이크 니켈Jake Nickell과 제이컵 디하트Jacob DeHart도 있었다.

니켈과 디하트는 둘 다 열아홉 살이었고, 둘 다 일이 없었다. 두 사람이 만나게 된 계기는 온라인 티셔츠 디자인 대회였다. (이런 대회가 종종 열리기 시작하던 무렵이었다.) 두 사람은 이런 대회가 더 자주 열리면 좋겠다고 생각했고, 그래서 1년에 한 번 대회를 여는 대신 매주 대회를 개최하는 웹사이트를 만들자고 했다. 좋은 티셔츠 디자인을 가진 사람이라면 누구나 참가할 수 있고, 커뮤니티에 속한 사람이라면 누구나 투표할 수 있는 그런 사이트 말이다. 우승자는 100달러를 받았고, 우승 티셔츠는 사이트에서 판매됐다. 두 사람은 이 새로운 벤처 회사의 이름을 '스레들리스닷컴' Threadless.com으로 정했다.[2]

알고 보니 사람들은 티셔츠에 투표하는 것을 좋아했다. '정말로' 좋아했다. 몇 년 후 스레들리스는 연간 2000만 달러 이상의 수익을 내고 있었다. 생각지도 않게 니켈과 디하트는 미국에서 세 번째로 큰 티셔츠 제조업자가 되어 있었다.

급증하는 온라인 커뮤니티의 활용법을 찾아낸 사람은 스레들리스만이 아니었다. 같은 시기에 필립 로즈데일Philip Rosedale이라는 소프트웨어 디자이너가 있었다. 그는 하드코어 게이머들이 게임을 하는 데만 관심이 있는 것이 아니라 게임을 디자인하는 데도 관심이 있다는 사실을 알아챘다. 그래서 로즈데일이 만들어낸 것이 세컨드라이프Second Life다. 공짜로 지어진 이 거대한 가상 세계에서 로즈데일은 게임을 즐기는 크라우드에 소프트웨어 개발을 아웃소싱했다. 제프 하우Jeff Howe가 《와이어드》에 쓴 것처럼 크라우드는 "그 일을 하고 싶어서 안달이었다."[3]

게이머들이 어찌나 열심이었던지 2000년대 초 세컨드라이프가 만들어낸 콘텐츠는 개발자로 치면 하루 1만 시간 분량에 해당했다. 게임 속에서 새로운 경제 하나가 만들어진 것이다. 스레들리스가 연간 2000만 달러의 수익을 올리기 시작했던 바로 그 무렵 《비즈니스 월드》Business World의 표지에는 안시 청Anshe Chung의 기사가 실렸다. 세컨드라이프에서의 사업 때문에 실제로 백만장자가 된 첫 번째 가상 시민이었다.[4]

《와이어드》의 편집자 마크 로빈슨과 마찬가지로 스레들리스나 세컨드라이프 같은 데서 무슨 일이 벌어지고 있는지 알아채고 '크라우드소싱'이라는 단어를 만들어낸 것도 제프 하우였다. 하우는 크라우드소싱을 다음과 같이 정의했다. "회사나 기관에서 한때는 직원들이 하던 기능을 떼내 불특정인들의 (보통은 대규모) 네트워크에 공개 모집 형태로 아웃소싱하는 행위이다. 서로 협력해서 작업하는 피어 프로덕션peer production의 형태를 띨 수도 있지만 개인이 단독으로 작업하는 경우도 많다. 공개 모집 형태를 이용하고 대규모 네트워크의 잠재적 노동력이 있어야 한다는 점이 필수 선결 조건이다."[5]

크라우드소싱의 열기가 높아지고 있을 때 한쪽에서는 크라우드펀딩 (제8장에서 자세히 다룰 것이다)이 개발되고 있었다. 크라우드펀딩이라는 아이디어의 시작은 1970년대까지 거슬러 올라가지만, 주류 현상으로 자리 잡은 것은 키바Kiva.org라는 소액 대출 웹사이트가 처음으로 문을 연 2005년이었다. 키바는 크라우드가 개발도상국에 있는 사업가에게 아주 적은 돈(보통 100달러 미만)을 대출할 수 있게 해주었다. 2009년에 키바의 대출액은 1억 달러를 넘어섰고, 상환율은 98퍼센트라는 어마어마한 수치를 기록했다. 2013년이 되자 키바는 104만 7,653명의 대출자로부터 5억 2646만 675달러를 대출하고 있었고, 상환율은 여전히 98.96퍼센트에 달했다.[6]

인디고고Indiegogo나 킥스타터Kickstarter 같은 크라우드펀딩 사이트가 생겨나 창의적인 프로젝트에 투자금을 모집할 수 있는 새로운 길이 열린 것 역시 이 시기였다. 영화나 CD를 만들고 싶거나 새로운 시계를 디자인하고 싶다면, 이들 사이트에 동영상을 올리고 크라우드에게 투자를 요청하면 됐다. 얼마 지나지 않아 《뉴욕 타임스》는 킥스타터를 "국민들의 국립예술진흥기금"이라고 부르기 시작했고, 이 말은 농담이 아니었다.[7] 2010년에 킥스타터는 2700만 달러를 모집해 3,910개의 프로젝트에 자금을 지원했다. 이듬해에는 모집 금액이 9900만 달러로 늘어났고, 지원 프로젝트는 1만 1,836개에 달했다. 2013년에는 4억 8000만 달러에 1만 9,911개 프로젝트였다.[8] 킥스타터는 겨우 한 곳의 예에 불과하다. 인디고고는 성장률을 공개하지는 않았지만, 2014년 초에 이미 4000만 달러의 지분 투자로 인상 깊은 성공을 기록했다. 크라우드펀딩 스타트업으로서는 최대 규모의 벤처 투자였다. 이 분야 전체로 보면 수백 개의 크라우드펀딩 플랫폼이 생겨나 기업가들에게 자금을 제공하고 있으며, 연간 자금 규모는 곧 수십억 달러를 넘어서게 될 것이다.

크라우드펀딩이나 크라우드소싱 모두 빠르게 다각화되었고, 그 결과 온갖 상업적 응용 모델이 나타나기 시작했다. 예컨대 그래픽 디자인 허브인 99디자인스99designs 같은 경우에는 이용자들로 하여금 필요한 디자인과 관련 예산을 제출하게 하고, 크라우드가 사업화를 놓고 겨룬다. 겡고Gengo.com는 번역가들을 크라우드소싱하고, 캐스팅워즈CastingWords는 녹취 파일을 글로 옮겨준다. 그리고 글로벌 지식 시장이라고도 알려진 메이븐리서치Maven Research는 수십만 분야에 걸친 전문 지식을 제공한다.

대기업들도 이런 행렬에 동참하고 있다. 앤하이저 부시는 이제 크라우드에 의존해 맥주를 제조한다. 제너럴 밀스는 포장 디자인 혁신에서부터 새로운 성분 제안에 이르기까지 크라우드소싱을 활용하고 있다. 과학 조사 역시 크라우드소싱이 새롭게 성장하고 있는 분야다. 폴리매스 프로젝트Polymath Project는 풀리지 않는 수학 문제를 푸는 데 크라우드의 도움을 받고 있다. 폴드잇Foldit은 단백질 접힘 문제(생화학에서 단백질의 고유한 접힌 구조를 밝히려는 노력—옮긴이)에 크라우드를 활용하고, 주니버스Zooniverse는 누구든지 은하의 카테고리를 나누고, 새로운 행성을 발견하며, 외계 생명체를 추적하게 한다.

그렇다면 이 모든 크라우드소싱 분야가 기하급수 기업가에게 왜 그토록 중요할까? 인공지능에 대한 래리 페이지의 꿈이 마침내 현실이 된다면 어떨지 한번 생각해보자. 그 시스템은 우리의 의도와 욕망을 이해하고, 그 의도와 욕망을 현실로 만들도록 도와줄 것이다. 자비스에게 요청만 하면 인공지능이 데이터를 분석하고, 프로그램을 작성하고, 물건을 만들고, 디자인하고, (아마도 3D 프린팅으로) 제조까지 해줄 것이다. 언제 어디서나 우리가 요청한 그대로 말이다. 자비스 같은 시스템이 시제품을 제작하고 전체 시장에 대한 실시간 데이터 마이닝Data-mining(데이터 속에서 유용한 정보를 추출하고 분석하는 일—옮긴이)을 통해 결론까지 내려주는 일도 이제는 그리 멀지 않았다. 정말 신나는 일이다. 하지만 이런 대단한 일이 일어나려면 아직 10년은 남았다. 그리고 그사이에 우리에게는 크라우드가 있다.

제3부에서 우리는 '기하급수 크라우드 툴'이라는 것을 살펴볼 것이다. 이제는 누구나 활용할 수 있는 크라우드의 힘을 통해 과연 어떤 일들이 가능한지 살펴볼 것이다. 이 툴이 기하급수적 파급력을 갖는 데는 3가지 이유가 있다. 첫째, 앞으로 10년간 크라우드(온라인에 있는 그 사람들)의 규모는 대략 20억에서 50억으로 2배 이상 커질 것이다(아마 성층권 혹은 지구 궤도권 커뮤니케이션 설루션이 실행된다면 70억까지 늘어날 것이다).[9] 이 말은 곧 30

역의 새로운 지성들이 글로벌 대화에 참여하게 된다는 뜻이다. 둘째, 크라우드를 뒷받침해줄 커뮤니케이션 기술이 기하급수적으로 성장하고 있어서 보잘것없던 데이터 연결 수준이 어디서나 광대역을 이용할 수 있게 바뀌고 있다. 다국적 전문 서비스 회사인 프라이스워터하우스쿠퍼스 Pricewaterhouse-Coopers는 2017년 말이 되면 모바일 (광대역) 인터넷 서비스 보급률이 전 세계 인구의 54퍼센트에 달할 것으로 전망했다.[10] 그 결과 크라우드는 연결성과 반응성이 고도로 높아져가고 있다. 셋째, 아마도 이것이 가장 중요한 이유일 텐데, 우리가 제1부에서 이야기한 모든 기하급수 기술에 대한 대중들의 접근성이 높아지면서, 그렇지 않아도 연결성과 반응성이 높아진 크라우드의 능력을 배가시켜주고 있다는 점이다. 즉

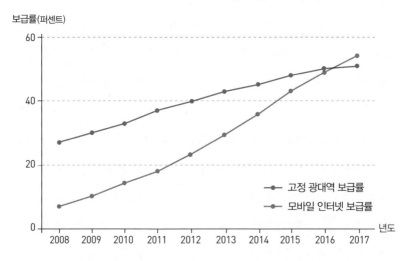

| 글로벌 고정 광대역 및 모바일 인터넷 보급률 |

(출처_http://www.pwc.com)

우리가 도움을 요청할 수 있는 사람들의 능력 자체가 이전보다 훨씬 더 좋아졌다.

크라우드소싱에 관해 자세히 알아보기 전에 잠깐 제3부 전체의 큰 맥락부터 짚어보자. 제7장에서 우리가 깊이 있게 알아볼 내용은 다음과 같다. 먼저, 원하는 모든 일을 이제는 특정 크라우드 플랫폼을 통해 해결할 수 있게 된 모습을 자세히 살펴볼 것이다. 또 크라우드소싱이 왜 그렇게 좋은 효과를 내는지, 어떻게 해야 크라우드소싱의 잠재력을 최대한 활용할 수 있는지 알아볼 것이다. 더불어 여러분이 직접 크라우드소싱 사이트를 개설할 경우에 대비해, 그동안 플랫폼을 구축한 사람들이 겪었던 온갖 난관과 그들이 배운 교훈들을 살펴볼 것이다. 마지막으로 기존의 플랫폼을 활용하고 싶은 사람들을 위해 기하급수 기업가들에게 최적화된 강력한 크라우드소싱 서비스를 몇 가지 소개할 것이다.

다음으로 제8장에서는 크라우드펀딩으로 초점을 넘길 것이다. 크라우드펀딩은 오늘날 기하급수 기업가들이 투자금을 모집할 수 있는 가장 훌륭한 방법 중 하나다. 이 분야를 깊이 있게 개관한 후, 그 잠재력을 극대화시킬 수 있는 방법들을 차례대로 안내할 것이다. 그런 다음 제9장에서는 여러분의 대담한 아이디어를 지원하고 발전시킬 수 있는, 열정적이고 헌신적이며 유능한 '기하급수 커뮤니티'를 형성하는 방법을 알아볼 것이다. 마지막으로 제10장에서는 경연대회에 관해 알아보며 이야기를 마무리할 것이다. 경연대회는 인간의 원초적 동기(경쟁하고 싶은 욕구)를 이용해 혁신의 속도를 급격히 높여주기 때문에 기업가들이 거대한 난관에 도전할 때 더없이 좋은 활용 수단이 된다.

이 마지막 부분에 관해 좀 더 설명을 덧붙일까 한다. 아주 최근까지 거대한 난관을 해결하는 것이 대부분의 인간에게는 범접할 수 없는 일이었다. 규모가 너무 크다는 것과 규모에는 항상 그만 한 돈이 수반된다는 점이 문제였다. 인간의 역사에서 큰 계획이란 막대한 자본 지출과 수십 년의 긴 도박을 의미했다. 수십, 수백 명, 때로는 여러 나라가 힘을 합쳐야 할 때도 있었다. 또한 끝도 없이 다양한 재능을 가진 사람들과 그들을 채용하고 보유할 인프라 그리고 기술이 진화하면 그들을 재교육할 인프라까지도 필요했다. 하지만 이제는 무대 자체가 달라지고 있다. 기하급수 기업가들이 다양한 기하급수 크라우드 툴을 이용할 수 있게 되면서, 믿기지 않게도 지금은 마우스 클릭 몇 번으로도 대규모 계획을 추진할 수 있게 됐다.

제3부에서는 이 모든 기하급수 크라우드 툴을 좀 더 잘 살펴보기 위해, 3D 프린팅을 논의할 때 사용했던 것과 비슷한 구성을 취할 것이다. 먼저 과거와 현재, 미래, 즉 해당 툴의 역사와 현재 상태 그리고 미래 가능성을 알아볼 것이다. 그런 다음 3가지 사례를 살펴볼 것이다. 이런 기하급수 조직 툴을 활용해서 크고 대담한 계획을 추진했던 기업가들을 살펴볼 것이다. 각 장의 마지막에는 누구든 곧장 실행에 옮길 수 있도록 아주 구체적인 방법론How-to 부분을 준비해놓았다.

제3부의 방법론 부분에 들어갈 내용을 엄선하기 위해 우리 팀은 철저한 조사를 실시했다. 최상위 100개의 플랫폼 공급자들, 다시 말해 이 모든 크라우드 활용 회사의 운영자들을 인터뷰했다. 그리고 이런 플랫폼의 최상위 이용자라고 할 수 있는, 크라우드 툴을 활용해 대담한 문제에 도전한 기하급수 기업가들과도 이야기를 나누었다. 또한 온라인 기사 및 주요 보고서에 나와 있는 수많은 방법론을 메타분석하여 핵심적인 교훈

과 통찰만 추려냈다. 이 작업을 진행하면서 나는 해당 조언들을 우리 회사에서 테스트해볼 기회가 있었다. 이 부분들이 종합적인 각본이 되어 말 그대로 이용자들이 큰 계획을 세우고, 부를 창출하고, 세상에 영향을 미칠 수 있는 안내서가 되길 바란다.

이제 시작해보자.

프리랜서닷컴: 시간제로 양자역학 전문가를 빌려드립니다[11]

• • • •

시간은 2000년대 말로 거슬러 올라간다. 벤처 캐피털리스트이자 정보보안 전문가이기도 한 기업가 맷 배리Matt Barrie는 몹시 짜증이 났다. 그는 한 웹사이트의 코딩을 하고 있었다. 기본적인 데이터를 입력해줄 사람이 필요했던 배리는 한 줄에 기꺼이 2달러를 지불할 요량으로 친구들의 동생들을 고용하려고 했다. 하지만 문제가 있었다. 축구 연습이니, 기말 시험이니 하면서 동생들은 꾸준하게 일을 해줄 수가 없었다. 그렇게 시간만 몇 달이 흘렀고, 일은 도무지 진척이 없었다. 배리의 말을 들어보자.

"대책이 없어서 '겟어프리랜서'Get a Freelancer라는 사이트에 일감을 제시했습니다. 3시간 후에 다시 컴퓨터로 돌아와 보니 74통의 메일이 와 있더군요. 100달러부터 1,000달러 사이를 받고 일하고 싶어 하는 사람들은 얼마든지 있었습니다. 저는 베트남에 있는 팀을 고용해서 사흘 만에 일을 끝낼 수 있었어요. 완벽했습니다. 일이 다 될 때까지는 돈을 줄 필요도 없었고요. 이 전체 과정 자체가 정말 끝내주더군요."

이런 사실을 알게 된 배리는 기존의 크라우드소싱 업체들을 사들이기 시작했다. 겟어프리랜서가 첫 번째 업체였다. 그다음이 스크립트랜스Scriptlance와 브이워커vWorker였고, 곧이어 7개 업체를 더 사들였다. 9개 업체를 모두 프리랜서닷컴Freelancer.com에 합병시키자, 프리랜서닷컴은 공룡이 되었다. 눈부신 발전이었다. 6년도 채 지나지 않아 프리랜서닷컴은 1000만 이용자를 보유한, 지구상에서 가장 큰 프리랜서 시장이 되었다. 540만 개 이상의 일감이 게시되었고, 13억 9000만 달러 규모의 일이 진행되었다. 전 세계 234개 국가 및 지역에 회원을 거느리고 있으며, 일하는 사람들의 75퍼센트는 인도, 파키스탄, 방글라데시, 필리핀, 중국 등에 살고 있다. 배리는 이렇게 말한다. "정말, 정말 롱테일long tail(몇몇 대형 수요자보다 수많은 사소한 수요자들이 의미를 갖는 시장—옮긴이)이지요. 일감 게시자 중에서 회사의 비중은 25퍼센트 정도에 불과하고, 대부분은 개인이나 자영업자니까요."

따지고 보면 프리랜서닷컴은 사실 두 종류의 기업가를 한데 모아주는 중계 비즈니스다. "이쪽 선진국에는 여러모로 자원이 부족한 소규모 기업가들이 있습니다. 시간도, 돈도 부족하지만 아이디어는 넘쳐나는 사람들이죠. 한편 저쪽 개발도상국에는 완전히 새로운 종류의 기업가들이 있습니다. 그런 아이디어를 현실로 만들 서비스를 제공할 수 있는 사람들이죠."

그렇다면 프리랜서닷컴에 등록된 전문가들은 얼마나 다양할까? "우리 사이트에는 부업으로 일하는 사람들이 많습니다. 배관공이나 해충업자만 이야기하는 게 아니라 상상할 수 있는 모든 직업을 말하는 겁니다. 우리 사이트에는 박사들도 있습니다. 저는 양자물리학과 우주항공 일을 둘

다 완벽하게 해내는 사람도 보았습니다. 거시적으로 보면 프리랜싱은 개발도상국 전역을 휩쓸고 있는 경제 혁명의 최선봉에 서 있습니다. 이제 개발도상국 사람들은 이런 이야기를 할 수 있게 된 거죠. '있잖아. 내가 기술 쪽으로 이런 틈새시장에서 일하고 싶은데, 아마 우리나라에는 그런 일감이 없겠지만 이제 전 세계 고객을 상대로 근사한 수입을 올릴 수 있게 됐어.'"

이 말은 곧 프리랜서닷컴을 통해 기업가들이 단순히 작업을 아웃소싱하는 차원을 넘어서 훨씬 더 많은 일을 할 수 있다는 의미다. 실제 프리랜서닷컴의 도움만으로 회사 하나를 통째로 세울 수도 있다. 호주 최고의 기술 기업가로 시작해 지금은 배리의 비즈니스 파트너이기도 한 사이먼 클로슨Simon Clausen의 경우를 살펴보자. 클로슨은 컴퓨터 바이러스 퇴치 회사인 PC툴스PC Tools를 세울 당시부터 첫 백신 애플리케이션을 아웃소싱했다. 인도의 어느 회사에 1,000달러를 주고 프로그램을 받은 것이다. 프로그램은 잘 작동했다. PC툴스는 연매출 1억 달러를 달성한 후 시만텍 symantec에 팔렸다.

배리는 이런 잠재력을 다음과 같이 명쾌하게 요약했다. "지금은 사람을 시켜 데이터를 분석하고, 멋진 숫자와 그래프를 조합하고, 숫자를 처리하고, 수학적 모델링을 합니다. 그건 생각하시는 것처럼 아주 정교한 작업이 맞아요. 앞으로 한계는 우리의 상상력뿐일 겁니다."《뉴욕 타임스》의 칼럼니스트 토머스 프리드먼Thomas Friedman은 이렇게 표현했다. "지금 아주 기가 막힌 아이디어가 떠올랐다고 치자. 대만에서 디자이너를 구해 디자인을 시키고, 시제품은 중국에서 만든 다음, 대량생산은 베트남에서 하면 된다. 프리랜서닷컴은 회사의 관리 업무, 로고 제작을 비롯해 무슨 일이든 해줄 수 있다. 그러니 이제 우리는 몇천 달러의 돈과 신용카드만 있으면 혼자 방 안에 앉아 수백만 달러짜리 회사도 세울 수 있게 됐다."[12]

통걸: 100분의 1 가격에 기발한 TV 광고를![13]
· · · ·

내가 살고 있는 LA는 어떻게 보면 기업 도시라고 할 수 있다. '할리우드'라는 기업을 중심으로 돌아가는 도시 말이다. 그러다 보니 커피숍이고 버스 정류장이고 시나리오 작가, 프로듀서, 감독 들의 광고로 도배가 되어있다. 이렇게 어마어마한 재능을 가진 사람들이 한자리에 모여 있고, 1080 HD 카메라 가격은 곤두박질치고 있으며, 어떤 컴퓨터로든 근사한 편집 프로그램을 이용할 수 있게 된 지금 우리는 영상 제작의 혁명을 경험하고 있다.

이용자들을 위해 이런 기회를 가장 잘 활용한 기업이 바로 통걸Tongal이다. 통걸은 TV 화질의 디지털 영상 광고나 TV 광고 제작을 도와주는 크라우드소싱 플랫폼이다. 통걸은 일반적인 프로세스보다 10배나 싼 가격으로, 10배 빠르게, 10배 더 많은 콘텐츠 옵션을 제공한다. 프리랜서닷컴과 마찬가지로 통걸도 대책이 없는 상황에 좌절했던 어느 기업가, 정확히는 제임스 더줄리오James DeJulio가 만든 회사다.

더줄리오는 처음에는 투자은행가로 커리어를 시작했다. 하지만 얼마 지나지 않아 금융은 자신의 분야가 아니라는 것을 깨달았고, 그래서 할리우드에 한번 도전해보기로 했다. 스펙 높고 재능 있는 사람들이 으레 그렇듯이 더줄리오도 바닥부터 시작했다. "그렇게 쥐꼬리만 한 월급을 주는 일자리가 왜 그렇게 구하기 힘들던지요."

결국 더줄리오가 안착한 직장은 파라마운트의 제작부였다. 이곳에서 그는 부사장까지 올랐고, 영화《10일 안에 남자친구에게 차이는 법》,《키드 스테이스 인 더 픽처》The Kid Stays in the Picture 등을 추진했으나 금세 환멸을 느꼈다. 금융 쪽에 있을 때와 마찬가지로 할리우드에 점점 실망했던 것이다. "너무나 많은 훌륭한 아이디어들이 빛을 보지 못하는 데 좌절을 느꼈습니다. 정말 몇 안 되는 사람들이 그 모든 창의적 작업을 손에 꽉 쥐고 조종하고 있었어요. 재능이 있음에도 그 체계 안으로 들어갈 수 없는 사람이 너무나 많았습니다."

결정적 계기는《다빈치 코드》였다. 더줄리오의 상사는 아직 출판도 되지 않았지만 곧 밀리언셀러가 될 댄 브라운의 책을 더줄리오에게 건네주며 한번 읽어보라고 했다. "읽어보니 정말로 책장이 휙휙 넘어가더라고요. 그래서 사장님께 드리며 '정말 흥미진진한 책이다. 이거 꼭 영화로 만들어야 된다.'고 이야기했죠. 하지만 스튜디오는 또 다른 사람에게 그 책을 건네줬고, 그 사람은 '엔터테인먼트적 가치가 전혀 없는 책'이라고 일갈했어요." 그해 여름 미국인들이 모두 이 스릴러물을 읽고 있을 때, 더줄리오는 분명 더 좋은 길이 있을 것이라고 결론을 내렸다.

그즈음 더줄리오는 우연히 크라우드소싱 소프트웨어 설루션 회사인 톱코더TopCoder의 설립자 잭 휴스Jack Hughes를 알게 됐다. 휴스는 톱코더가 각 회사의 소프트웨어 니즈에 대응하면서 사용하는 분산적인 크라우드 활용법이 할리우드에서도 효과가 있을 것이라고 일러주었다. 더줄리오는 말한다. "그때부터 저는 생각하기 시작했어요. 어떻게 하면 영화 업계를 완전히 뒤집어놓을 수 있을까, 어떻게 하면 상금에 기초한 방식으로 영상 콘텐츠 제작 문제를 판이하게 바꿔놓을 수 있을까 하고 말이죠. 주변을 둘러보면 HD 카메라와 맥 컴퓨터를 갖고 있으면서 이 일을 하고 싶어 하는 사람이 너무나 많았어요."

그리고 이것은 과장이 아니었다. 현재 통걸의 프리랜서 목록에는 4만 명 이상의 크리에이티브 업종 종사자들이 등록되어 있다. 주로 짧은 영상, 광고 등의 제작에 종사하는 이들은 유니레버unilever나 레고LEGO, 프링글스pringles, 스피드스틱Speed Stick 같은 대형 브랜드의 콘텐츠들을 제작했다. 그것도 기존 방식보다 훨씬 더 빠르고, 창의적이고, 비용 효율적인 방식으로 말이다.

"대형 브랜드라면 일반적으로 미디어에 지출하는 돈 중에서 10퍼센트에서 20퍼센트를 크리에이티브에 씁니다. 그러니까 미디어 예산이 5억 달러면, 콘텐츠 제작에 5000만 달러에서 1억 달러 징도를 쓰는 거지요. 그 돈이면 7개에서 10개 정도의 콘텐츠를 제작할 수 있을 겁니다. 하지만 즉시는 아니죠. 콘텐츠 하나에 100만 달러를 쓴다고 치면, 완전히 개발하는 데까지는 정말 오랜 시간이 소요되니까요. 6개월, 9개월 혹은 1년이 걸릴 수도 있습니다. 이 정도 예산에 이 정도 시간을 들이면서 창의적인 걸 시도할 수는 없겠죠."

반면에 통걸의 콘텐츠 제작 과정은 다음과 같다. 광고를 크라우드소싱하고 싶은 브랜드는 먼저 상금을 건다. 5만 달러에서 20만 달러 사이로 마음대로 걸면 된다. 그러면 통걸은 프로젝트를 세 부분으로 쪼갠다. 아이디어 창출, 제작, 유통이다. 이렇게 하면 각자의 특기(시나리오, 감독, 애니메이션, 연기, 소셜미디어 마케팅 등)를 가진 크리에이티브 인력들이 자신이 가장 잘하는 것에 집중할 수 있다. 첫 번째 대회(아이디어 창출 단계) 때는 의뢰사가 제작 목적에 관한 간단한 브리핑을 작성한다. 통걸 회원들은 그 브리핑을 읽고 500자 이내(트윗 3개 정도)로 자신이 생각하는 최선의 아이디어를 제출한다. 그러면 의뢰사는 마음에 드는 아이디어를 몇 개 골라 이들에게 상금의 일부를 지급한다.

그다음 단계는 제작이다. 감독들은 입상한 콘셉트 중 하나를 골라 자신의 촬영분을 제출한다. 그러면 여기서 다시 입상작들을 뽑아 정식 콘텐츠를 제작할 수 있게 상금을 지급하며 기한을 제시한다. 하지만 이 단계는 꼭 입상한 소수의 감독에게로 기회가 제한되지는 않는다. 통걸은 누구라도 와일드카드로 영상을 제출할 수 있도록 허용하고 있다. 마지막으로 스폰서가 가장 마음에 드는 영상(복수도 가능)을 선택하면 우승 감독은 상금을 받고 그 영상은 전 세계에 발표된다.

전통적인 방식으로 만들 수 있는 7개에서 10개의 콘텐츠와 비교하면 통걸의 경쟁 방식은 아이디어 창출 단계에서 평균 422개의 콘셉트, 영상 제작 단계에서 영상 완성본이 평균 20개에서 100개이니, 투자 비용 및 시간 대비 엄청난 결과인 셈이다.

또한 의뢰 회사들이 통걸을 통해 만날 수 있는 인재들의 수준도 계속 높아지고 있다. 더줄리오는 이렇게 말한다. "처음에는 통걸 커뮤니티에서 일하는 크리에이티브 인력 대다수가 취미로 하는 거였죠. 인터넷 콘텐츠를 만들며 성장한 사람들 말이에요. 하지만 상금이 계속 커지면서 아주 뛰어난 사람들도 등장하기 시작했어요. 전통적인 광고 업계에도 충분히 취업할 만한데 우리 플랫폼을 선택한 거죠. 통걸이 만들어내는 콘텐츠들의 수준이 계속 높아지다 보니 브랜드들이 제시하는 금액도 점점 커지고 있어요. 아주 긍정적인 선순환이죠. 그래서 이제는 기존의 에이전시 같았으면 몇백만 달러는 족히 주어야 했을 콘텐츠를 5, 6만 달러의 상금으로 얻는 경우도 드물지 않게 됐어요."

그러면 통걸의 작품은 얼마나 훌륭할까? 슈퍼볼 광고 정도라면 충분히 훌륭하다고 할 수 있지 않을까? 통걸은 2012년에 30초짜리 콜게이트 파몰리브Colgate Palmolive의 디오더런트 광고에 2만 7,000달러의 상금을 내걸었다. 그런데 최종 당선된 광고가 너무 훌륭해서 콜게이트 파몰리브는 이 광고를 모두 탐내는 슈퍼볼 광고 시간에 내보냈다. 이 광고는 실제로《USA투데이》USA Today's의 광고 순위에서 60개 중 24위를 차지했다. 말 그대로 500배나 더 큰 예산을 가지고 기존 방식으로 만든 30여 개의 광고보다 더 높은 순위를 차지한 것이다. 슈퍼볼의 TV 시청자는 1억 1000만 명이 넘는 것으로 추정되고, 유튜브에서 이 광고는 거의 120만 번이 조회됐다. 2만 7,000달러를 투자한 것치고는 나쁘지 않은 효과였다.

리캡차와 듀오링고: 이중 용도의 크라우드소싱[14]
. . . .

카네기멜론 대학교의 컴퓨터과학자 루이 폰 안Luis von Ahn은 불만이 하나 있었다. 2000년에 안은 캡차CAPTCHA라는 테스트를 발명한 사람들과 한 팀에서 일하고 있었다. (우리가 어느 웹사이트에 로그인하거나 회원 가입을 할 때 따라 쓰도록 되어 있는, 술 취한 것처럼 휘갈겨 쓴 글씨가 바로 캡차이다.) 캡차는 봇bot과 사람을 구별하기 위해 만들어진 것이었는데, 안의 불만은 캡차가 지나치게 성공했다는 점이었다.

안의 이야기를 들어보자. "그러니까 사람들이 하루에 입력하는 캡차 글씨가 2억 개 정도 돼요. 사람들은 그거 하나를 입력할 때마다 10초 정도를 낭비하고요. 이 둘을 곱해보면 인류 전체로 볼 때 그놈의 짜증 나는 캡차 글씨를 따라 쓰느라 매일 50만 시간이 낭비되고 있는 거예요."

그래서 안은 이 많은 시간과 에너지를 더 잘 사용할 수 있는 방법은 없을까 고민하기 시작했다. 그렇게 버려지는 10초를 실제의 일로 바꿀 수 있는 방법 말이다. "컴퓨터는 할 수 없고, 사람만이 할 수 있는 대대적인 규모의 일이 없을까 하는 생각을 했어요. 10초 단위로 나눠서 할 수 있는 일로 말이죠." 이렇게 해서 탄생한 것이 리캡차였다. 리캡차는 2가지 목적에 이바지하는 웹사이트다. 봇과 사람을 구별하고, 책들을 디지털화하는 것이다.[15]

보통은 책을 디지털화하려면 먼저 책장을 컴퓨터로 스캔하고, 광학 문자인식 프로그램을 이용해 본문을 검토한 후, 이미지를 실제 글자로 바꾸려고 시도하게 된다. 어떤 때는 이 방식이 아주 효율적이지만, 때로는 효과를 발휘하지 못할 때도 있다. 가장 큰 문제는 고서들인데, 특히나 책장이 누렇게 변색된 옛날 책들은 이런 방법을 쓰기가 어렵다. 평균적으로 봤을 때 만들어진 지 50년 이상 지난 책의 경우, 컴퓨터가 판독할 수 있는 내용은 겨우 70퍼센트 정도다. 그 나머지 30퍼센트가 바로 리캡차가 빛을 발휘하는 영역이다. 인식할 수 없는 글자가 있으면 컴퓨터는 그 글자를 캡차로 내보낸다. 그러니까 다음번에 여러분이 그 알아보기 힘든 글씨를 타이핑하고 있을 때는 실제로 전 세계의 도서관을 디지털화하고 있다고 생각하면 된다. 그리고 이 방법은 빠르기도 하다. 안이 고안한 이 이중 용도의 크라우드소싱 플랫폼은 하루에 1억 개가 넘는 단어를 디지털화하고 있다. 1년이면 책 250만 권에 해당하는 양이다.

하지만 안은 여기서 멈추지 않았다. "웹을 각종 주요 언어로 번역할 방법은 없을까 하는 고민을 하기 시작했어요. 중요한 이슈죠. 웹의 50퍼센트 이상이 영어로 쓰여 있지만, 전 세계에서 영어를 사용하는 사람은 50퍼센트가 안 되니까요."

하지만 어떻게 해야 웹 전체를 번역할 수 있을까? "번역가 50명, 100명 가지고는 어림도 없죠. 하지만 1억 명의 사람들이 웹의 주요 언어를 번역하게 한다면 어떨까요? 정말 근사한 생각이잖아요. 그렇지만 사람들이 이 일을 무보수로 하게끔 동기를 부여할 방법을 찾아야 해요. 1억 명한테 수고료를 줄 수는 없으니까요. 그리고 돈을 줄 수 있다고 해도, 전 세계에는 2가지 언어를 말하는 사람이 그렇게 많지도 않고요."

그렇게 해서 안과 동료들이 생각해낸 것이 또 다른 이중 용도 장치였다. 사람들에게 새로운 언어를 가르쳐주면서 동시에 웹을 번역하게 만들 수도 있겠다는 생각이 들었던 것이다. "세상에는 언제나 새로운 언어를 배우려는 사람이 12억 명 정도는 있어요. 그러니 외국어를 배우는 사람들이 웹을 번역하게 만들면 어떨까 하는 생각을 한 거죠."

이렇게 해서 탄생한 것이 외국어 교육 웹사이트이자 실제 번역 게임 웹사이트인 듀오링고이다. "성공 그 이상이었어요. 듀오링고에 들어온 사람들은 다른 번역 프로그램과 똑같이 외국어를 배웁니다. 하지만 진짜 콘텐츠(예컨대 《뉴욕 타임스》 기사 같은 것)를 번역하기 때문에 재미도 있고, 콘텐츠의 질이 높으니 동기부여도 더 되죠. 저희는 번역을 할 때 복수의 출처를 이용하기 때문에 우리 결과물은 전문 번역가가 번역한 것만큼이나 정확해요."

그리고 비교도 되지 않을 만큼 값싸다.

예컨대 지금 위키피디아에 스페인어는 20퍼센트밖에 되지 않는다. 나머지 80퍼센트를 번역하기 위해 번역가를 구한다면 대략 5000만 달러의 비용이 들 것이며, 끝내는 데까지 아주아주 오랜 시간이 걸릴 것이다. 하지만 듀오링고는 10만 명의 이용자를 동원해 무료로, 대략 5주 만에 이 일을 해낼 수 있다. 그리고 현재 듀오링고의 이용자 수는 30만 명에 이른다.

앞서 프리랜서닷컴과 통걸이라는 두 크라우드소싱 플랫폼은 오늘날의 기업가들에게 놀랄 만한 이점을 주는 경우였다. 하지만 듀오링고는 정반대다. 돈도 벌면서 동시에 더 좋은 세상을 만들 수 있기에, 어쩌면 대담한 기업가들이 만들어내고 싶어 할 만한 크라우드소싱 플랫폼이다.

크라우드소싱 방법론

· · · ·

앞서 사례들을 보면 알겠지만, 크라우드소싱은 매일매일 새로운 애플리케이션이 생겨나며 다채롭게 성장하고 있는 분야다. 이제 우리가 배워야 할 교훈들을 하나씩 살펴보기 전에 먼저 전체적인 그림을 그릴 수 있도록 가장 많이 사용되는 크라우드소싱 유형 4가지를 간단히 설명하기로 하자.

1. 과제를 크라우드소싱하는 경우

과제task 란 일이다. 과제를 크라우드소싱한다는 말은 다른 누군가에게 일을 시킨다는 뜻이다. 대부분은 결과물이 마음에 들 때만 대가를 지불한다. 일부는 과제 하나당 얼마의 돈을 지불할지 정해줄 수도 있고, 아니면 크라우드 시장이 경쟁하게 할 수도 있다. 이렇게 분류해보았을 때 과제는 기본적으로 2가지 유형으로 나눌 수 있다. 소형 과제와 대형 과제가 그것이다.

소형 과제는 독립적으로 작은 문제를 해결하거나 아니면 다른 다수의 소형 과제(예컨대 리캡차 같은 것)와 결합해 훨씬 더 큰 문제를 해결하는, 소화하기 쉬운 작은 크기로 잘 정의된 과제를 말한다. 그러니 크라우드소싱에 접근할 때 질문해봐야 할 가장 중요한 질문은 "더 작고 간단한 단위로 쪼갤 수 있는가?" 하는 점이다. 그렇다면 정의를 내려서 나눠 줄 수 있는 가장 간단한 형태의 소형 과제는 어떤 것일까?

언젠가 나는 《타임》의 표제 기사에 대해 의문이 생긴 적이 있었다. 표제 기사가 지난 60년간 더 부정적인 방향으로 바뀌었는지 알고 싶었던 것이다. 그래서 처음에는 비서에게 1945년부터 《타임》의 표제 기사들을 긍정적, 중립적, 부정적 카테고리로 나누게 했다. 하지만 저녁이 되어도 내 비서의 일에는 거의 진척이 보이지 않았다. 그제야 나는 크라우드에게 의뢰해봐야겠다는 생각이 들었다. 기사 하나를 분류할 때마다 0.05달러를 제안한 나는 총 3,000건에 가까운 65년치의 기사를 200달러도 안 되는 가격에 해결했다.

나는 아마존의 미캐니컬 터크 사이트www.mturk.com 를 이용해 이 표제 기사들을 분석했다. 더 복잡한 일이라면 미캐니컬 터크가 썩 유용하지 않을 수도 있지만, 간단한 과제를 빠르게 처리하고 싶다면 아주 유용한 사이트다. 가장 많이 사용하는 용도는 수집 및 분류 작업이다. 예컨대 빨간색 트럭 사진 수집이나 제품 설명서 작성, 트윗 수천 개에 대한 정서 분석 같은 것 말이다. 요청자(우리)가 HIT human intelligence tasks 라고 알려진 과제를 게시하면, 작업자(공급자)가 올라온 과제를 보고 완성하여 돈을 받는 것이다.[16]

전에 내가 도움을 잘 받았던 또 다른 소형 과제 사이트 하나는 최저 5달러부터 소형 과제를 해주는 온라인 마켓 파이버 www.fiverr.com 다. 전형적인 서비스 항목은 목소리 해설, 애니메이션, 공예, 프로모션 영상, 아트 작업 등이다. 다음과 같은 아주 재미난 제안도 볼 수 있다. "캐나다 토론토에서 전단지 500장 인쇄하여 나눠주는 데 5달러.", "캐리커처 그려주는 데 5달러." 관심 있는 서비스를 사이트에서 찾아봐도 되고, 따로 직접 요청을 해도 된다. 나는 내가 손으로 그린 스케치를 단돈 5달러에 아주 근사한 디지털 아트로 바꾼 적이 있다.[17]

위와 같은 소형 과제와 반대로 대형 과제는 (a)쪼갤 수 없고, (b)독립적으로 할 수 없으며 (c)일련의 특정 기술이나 사고 과정이 필요하거나 (d) 이미 되어 있는 일에 추가적으로 작업해야 하거나 (e)완성하는 데 어느 정도의 특정한 고정 시간이 걸리는 일이다. 앞서 이야기한 프리랜서닷컴이 가장 큰 사이트다. 작업 종류의 다양성에 관한 맷 배리의 이야기를 반드시 기억할 필요가 있다. "배관공이나 방역업자만 있는 것이 아닙니다. 우리 사이트에는 박사들도 있습니다. 저는 양자물리학과 우주항공 일을 둘 다 완벽하게 해내는 사람도 보았습니다."[18]

2. 크라우드소스를 활용한 크리에이티브 자산/영업 자산

개인에게 혹은 사업에 가치 있는 모든 것이 자산이다. 다시 말해 애플리케이션, 웹사이트, 비디오, 소프트웨어, 디자인, 알고리즘, 마케팅 자료, 유형 제품, 기계 장비, 기술 계획 등은 모두 자산이다. 자산을 어떻게 크라우드소싱하는지 좀 더 잘 이해할 수 있는 방편으로 나는 자산을 둘로 나눠보았다. 크리에이티브 자산과 영업 자산이 그것이다.

크리에이티브 자산은 로고, 영상, 웹사이트 디자인, CAD 모형, 마케팅 계획, 광고 계획 등 디자인 기반의 아주 다양한 자산을 망라한다. 크리에이티브 자산 개발 사이트 중에서 내가 가장 아끼는 2곳은 이미 살펴보았다. 통걸은 몇 주 만에 통상 가격의 10분의 1에 TV 광고나 인터넷 광고를 만들어주는 곳이다. 99디자인스www.99designs.com는 그래픽 디자인(로고, 앱, 웹페이지, 인포그래픽, 블로그 등)을 크라우드소싱하는 곳이다. 개인적으로 99디자인스를 수차례 이용해본 결과 상금 크기에 따라 보통 25개에서 400개 정도의 작품이 나오는 것을 알 수 있었다. 그리고 더욱 좋은 것은 마음에 드는 작품이 하나도 없을 경우에는 99디자인스가 상금 전액을 돌려준다는 점이다.

반면에 영업 자산은 사업을 효과적으로 운영하는 데 필요한 것들이다. 예컨대 소프트웨어 사업을 하는 사람에게라면 소프트웨어의 핵심 알고리즘이나 데이터베이스 아키텍처, 서버 구현, 기술 설계, 모형, 딜 플로Deal Flow와 고객 유치 전략 틀 같은 것들 말이다. 영업 자산을 크라우드소싱할 수 있게 해주는 회사는 많다. 실제로 데이터에 기반한 기하급수 기업이 되려면 영업 자산의 크라우드소싱이 그 핵심 열쇠 중 하나다.

그 훌륭한 예가 톱코더다. 해커톤hackathon에 관해 들어본 사람도 있을 것이다. 프로그래머들이 주말 동안 모여 최고의 소프트웨어를 누가 가장 잘 해킹하는지 겨루는 대회 말이다. 톱코더라면 60만 명이 넘는 개발자와 설계자, 데이터 과학자를 통해 고객에게 꼭 맞는 해킹 방지 솔루션을 제공해줄 것이다. 소프트웨어나 알고리즘 개발 같은 분야에서는 문제를 푸는 솔루션이 여러 가지다. 따라서 톱코더를 이용하면 복수의 솔루션을 제출받아서 각종 지표를 통해 성능을 비교한 후 최고의 솔루션을 고를 수 있다는 장점이 있다.

기그워크Gigwalk도 좋은 예다. 기그워크는 크라우드소싱을 활용한 정보 수집 플랫폼이다. 기그워크는 약간의 상금을 걸고 크라우드(기그워크 앱을 갖고 있는 사람이라면 누구나)가 특정한 장소와 시간에 간단한 과제를 수행하게 한다. 딜로이트 컨설팅의 마커스 싱글스Marcus Shingles는 이렇게 말한다. "크라우드소싱 플랫폼은 소매업과 소비자 제품 산업에도 빠르게 채용되고 있습니다."

소매상과 소비자 제품 제조사 들은 자신들의 제품이 어떻게 팔리고, 구매되고, 어떤 가격으로 판매되는지 중요 정보를 입수하기가 어렵다. 제품 재고는 있는가? 제품 가격은 매장 프로모션에 알맞은가? 디스플레이와 프로모션 팻말은 제자리에 있는가? 경쟁사 제품은 얼마에 팔리는가? 이런 것들은 아주 중요한 판매 변수로서, 이런 데이터를 통해 소매상과 제조사는 재고, 프로모션, 전체 판매 과정을 최적화할 수 있다. 하지만 이런 데이터를 매장 직원이 모니터링하도록 하는 것은 비용 효율적이지 않을 수도 있다. 또한 제조사의 영업 직원을 매장마다 파견해 확인하는 것도 그다지 효율적인 방법은 아니다. 크라우드소싱 플랫폼은 매일의 소비자를 활용해 이런 일을 대신해준다. 소비자는 얼마 안 되는 수수료를 받고(5달러라고 치자) 5분간 시간을 내서 선반 사진을 찍으며, 소매상과 제조사는 특정 데이터를 수집하는 데 필요한 그 5분에 대해서만 비용을 지불한다. 우리가 수천 건의 과제를 시범 운영해본 결과, 평균적으로 크라우드는 요청 1건당 5달러에서 8달러를 받고 1시간 이내에 데이터를 전송할 수 있었다. 이렇게 수집된 데이터는 소매상이나 제조사의 운영 시스템으로 전달되고, 데이터 시각화 기술을 통해 수집된 정보의 의미가 분석된 후 적시의 의사 결정에 이용된다.[19]

지금과 같은 기하급수의 시대에 우리는 그 어느 때보다 많은 데이터를 생성하고 있다. 하지만 안타깝게도 이렇듯 쇄도하는 데이터 속에서 가치 있는 통찰을 뽑아내는 방법을 모두가 아는 것은 아니다. 이럴 땐 인터넷에서 캐글www.kaggle.com이나 톱코더를 검색해보라. 두 사이트 모두 크라우드소싱을 통한 데이터 발굴대회 플랫폼이다. 조사의 목표나 알고 싶은 것을 정의하여, 상금을 정하고, 갖고 있는 데이터를 업로드하면, 수많은 (정확히 말하면 수만 명의) 데이터 과학자들이 해당 데이터를 검토할 최선의 방법을 찾아준다. 최적의 알고리즘이 우승자가 되는 것이다. 보상 수준은 상금은 전혀 없이 명예만 있는 것부터 대기업이 수십만 달러를 제시하는 경우까지 다양하다.

기하급수 기업가라면 이제는 더 이상 데이터를 활용하지 않을 도리가 없다. 딜로이트 컨설팅의 최고혁신경영자인 앤드루 바즈Andrew Vaz는 이렇게 설명한다. "빅데이터는 기존의 연산이나 분석 툴을 압도합니다. 그러니 인공지능과 빅데이터를 결합해 분석 '군비 경쟁'을 하게 될 겁니다.

새로이 출현하는 이런 기술들을 잘 활용하는 개인이나 기업이 경쟁 우위를 점하게 되는 거죠."[20]

3. 통찰을 테스트하고 발견하는 크라우드소싱

사업에 있어 통찰만큼 중요한 것도 없다. 통찰은 회사 전체의 목표와 운영을 좌우할 수 있고, 성과를 극적으로 향상하고 최적화하며, 생각지도 못한 아이디어나 숨겨진 데이터를 제공해 경쟁자보다 전략적 우위를 점하게 해줄 수 있다. 통찰을 얻기 위한 크라우드소싱에는 2가지 주요 변수가 있다. '테스트'와 '발견'이 그것이다.

테스트를 통한 통찰은 주로 기존의 가정과 현재의 성공 사례를 점검하는 방식으로 얻게 된다. 설문조사나 A/B테스트, 대표 샘플링, 고객 피드백, 사례연구 분석, 표적집단 심층 인터뷰 등이 바로 그런 예다. 테스트를 진행할 때는 특정한 하나의 질문에 집중하도록 하고, 동원 가능한 데이터나 자원을 적절히 활용해 질문을 구성해야 한다.

예컨대 소프트웨어 개발 업계에 종사한다면 테스트할 제품은 말도 못하게 지루하고, 어렵고, 시간도 오래 걸릴 것이다. 결코 오류가 있어서는 안 되기 때문에 가능한 많은 사람들이 달라붙어 출시 전에 버그를 잡아내야 한다. 이런 일을 해주는 곳이 유테스트www.utest.com다. 유테스트는 '프로 테스터'들로 구성된 대규모 커뮤니티를 통해 코드의 기능성, 편리성, 현지화, 부하, 안전성 등을 테스트해준다. 앞선 테스트의 크라우드 및 데이터를 활용함으로써 이 과정을 간소화하고 최적화하여 비용을 줄이면서도, 이탈율은 줄이고 기능성은 높이며 제품을 시장에 더 빨리 출시할 수 있게 해준다.

통찰을 뽑아내는 과정에 크리에이티브 인력이 참여하는 경우도 있다. 리버브네이션www.reverbnation.com이 바로 그런 경우다. 리버브네이션은 음악 유통, 출판 겸 크라우드소싱 테스트 플랫폼이다. 음악가가 되고 싶은 사람이 있다고 치자. 노래를 몇 곡 만들었는데 유료 광고와 매니지먼트에 돈을 쓰기 전에 사람들이 내 음악을 정말로 좋아하는지 알고 싶다면, 이제는 리버브네이션을 통해 미리 노래에 대한 점수와 감상평을 받아볼 수 있다.

통찰을 뽑아내는 또 다른 방법은 크라우드소싱을 통해 통찰을 '발견'하는 것이다. 여기에는 몇 가지 뜻이 있다. 먼저, 특정 문제나 의문에 대해 크라우드의 해석을 물을 수 있다. 예컨대 지니어스Genius는 크라우드에게 노래 가사에 주석을 달아달라고 한다. 캐글은 문제의 개요를 기술해 커뮤니티로 하여금 독창적인 알고리즘으로 문제를 해결하게 한다. 더 간단하게는 크라우드가 아이디어를 생각해내고 발명하도록 플랫폼을 제공하는 방법도 있다. 스레들리스가 티셔츠 디자인 대회를 이용하는 것처럼 말이다.

크라우드에게 답을 물은 뒤 최선의 설루션과 디자인, 발명이 나오기를 기다리는 것처럼 간단하게 통찰을 발견할 수도 있다. 나도 이런 경험이 있는데, 2014년 봄에 《어번던스》의 페이퍼백 출간을 준비하면서 부록에 실을 새로운 증거를 찾아달라고 크라우드에 요청한 적이 있다. 사람들은 자신이 가진 데이터와 차트, 그래픽 등을 'evidence@diamandis.com' (새로운 증거도 언제나 환영이다)로 보내주었다. 회신된 내용들은 정말로 뛰어났고, 진보가 계속 이루어지고 있다는 상당한 증거를 제시했다.

여기까지 크라우드소싱을 한번 개괄해보았다. 크라우드소싱은 새로운 시장 참가자가 나타나고 새로운 인공지능이 온라인으로 들어오면서 빠르게 변화하고 있는 분야다. 크라우드소싱의 새로운 경향을 놓치지 않도록 방문해볼 만한 웹사이트 몇 곳을 소개한다.

- **어번던스허브**AbundanceHub.com : 내가 직접 경험한 것들을 게시할 사이트다. 성공, 실패, 실험 등 내가 새롭게 배운 교훈들을 제공하고 풍요로운 세상을 만들면서 부를 창출하는 데 관심 있는 기업가들과 함께 작업할 것이다. 어번던스허브의 콘텐츠는 내가 25년간 지도해온 기업가들의 커뮤니티 '어번던스360'이 만들어나간다.

- **크라우드소싱**Crowdsourcing.org : 크라우드소싱의 모든 것에 관한 업계 최고의 정보원. 크라우드소싱 공간 중에서 최고의 영향력과 신뢰성을 자랑한다. 업계에 대한 심층 분석과 크라우드소싱 플랫폼에 대한 명확한 안내, 새로운 것에 대한 선입견 없는 생각을 접할 수 있다. 이 사이트의 임무는 애널리스트와 연구자, 언론인, 투자자, 기업 경영자, 크라우드소싱 전문가 및 크라우드소싱 플랫폼 참가자를 위한 자료를 망라해 제공하는 것이다.

- **크라우드소시엄**Crowdsortium : 크라우드소시엄은 아직 생긴 지 얼마 되지 않아 계속 진화 중인 크라우드소싱 업계를 분석하고 조직화하며 발전시키는 것이 목적이다. 기업들이 새로운 아이디어를 찾아내고, 평가하고, 실행할 수 있게 온라인 크라우드와 함께 작업하면서 이벤트와 만남, 자료, 안내문 등을 제공한다. 크라우드소시엄은 성공 사례와 교육, 자료 수집, 대중과의 소통을 통해 업계를 발전시키고자 하는 업계 종사자 그룹이 만들었다.

4. 크라우드소싱 성공 비법

크라우드소싱 플랫폼의 활용법을 모두 소개하기에는 너무 많지만, 거의
모든 경우에 적용할 수 있는 12가지의 성공 비법을 소개한다.

1) 조사하라

요즘은 온라인으로 하지 못하는 일이 거의 없다. 프리랜서닷컴 하나만
해도 600개 분야의 전문가를 보유하고 있다.[21] 핵심은 뭔가를 해야 할 때
당연하다는 듯이 평소의 프로세스를 따를 것이 아니라, 크라우드의 힘을
활용해 그 일을 더 빨리, 더 저렴하게, 더 잘할 수 있는 방법은 없는지 알
아보라는 것이다. 나에게 필요한 크라우드를 정의하고 이용 가능한 플랫
폼들을 숙지한 후 딱 맞는 플랫폼을 고르면 된다. 맷 배리는 이렇게 말한
다. "지금처럼 낮은 비용으로 쉽게 회사를 차릴 수 있었던 때는 없습니다.
오늘날 인터넷 회사를 세우는 데 필요한 툴들은 기본적으로 무료나 다름
없습니다. 리눅스, VOIP, 지메일 등 소프트웨어가 모두 무료니까요. 저
는 프리랜서닷컴에 있는 프로젝트들을 한번 훑어보라고 권하고 싶습니
다. 휴대전화 섹션이나 웹 개발 섹션 혹은 어떤 분야든 관심 있는 분야를
찾아보고, 다른 사람들은 뭘 하는지, 자신들의 프로젝트를 어떻게 표현
하는지, 돈은 얼마나 지불하는지 한번 살펴보세요. 거기서부터 시작하는
거예요."[22]

2) 바빠져라

우리 팀이 조사를 진행하는 동안 지속적이고 반복적으로 들었던 조언
은 가장 간단한 말이었다. "바빠져라." 대부분의 경우 사이트에 가입하고

프로젝트를 게시하는 것은 무료다. 그러고 나면 전 세계 사람들이 입찰에 참여한다. 그들과 이야기하고 그들의 샘플을 검토해보면 그들이 아이디어를 줄 것이다. "저기요, 저도 비슷한 프로젝트를 해봤어요. 이런 식으로 해보면 어떨까요? 아니면 저런 식은요?" 하고 말이다. 기업가 정신이 다 그렇지만, 가장 중요한 것은 일단 시작하고 시행착오를 겪으면서 앞으로 나아가는 것이다.

3) 인터넷 게시판을 활용하라

처음 몇 번은 크라우드소싱 프로젝트를 완성하는 일이 무척 힘들 수도 있다. 플랫폼마다 차이가 있을 뿐만 아니라 어디에든 헷갈리는 부분이 있기 때문이다. 각 플랫폼마다 정확한 가이드가 필요하다면 각 사이트의 커뮤니티 포럼을 참조하면 도움이 된다. 어느 틈엔가 전문가들과 포럼 운영자들이 나타나서 프로세스 전반에 걸쳐 믿기지 않는 여러 조언들과 안내를 해를 줄 것이다. 그리고 이런 도움은 모두 무료다.

4) 맥락을 알려주고 구체적으로 말하라

크라우드가 여러분 사업의 핵심 철학을 이해할 것이라고 기대하지 마라. 사람들이 더 많은 배경 정보를 원할 때 참조할 수 있게끔 프로세스의 전후 맥락을 알려주고 보충 자료를 제공하는 것이 매우 중요하다. 기초를 잘 세워놓으면 사람들은 당신이 무엇을 원하는지 추측하는 데 시간을 보내지 않고, 당신이 원하는 그 작업을 하는 데 더 많은 시간을 쓸 수 있다.

5) 데이터를 준비하라

디자인에 관한 과제가 아닌 이상 보통은 의뢰인이 데이터를 제출해야 분석이나 분류 작업 등이 시작된다. 완벽하게 정리된 .csv 파일이 없다면 크라우드에 도움을 청할 수도 있다. 대부분의 경우 크라우드소싱 작업을 하는 사람들은 자신의 프로젝트도 크라우드소싱해본 경험이 있기 때문에 데이터를 준비하는 방법도 잘 알고 있다.

6) 작업자를 걸러내라

안타깝지만 크라우드소싱은 원하지 않는 결과를 만들 가능성도 있다. 결과물의 질이 부족할 수도 있고, 인터넷에 도사리고 있는 사기꾼이나 봇의 공격에서 보호되지도 않는다. 하지만 다행히도 작업자를 검증하거나 믿을 만한 노동력을 확보한다면 이런 문제를 피할 수도 있다. 작업자를 검증하고 싶다면 아주 간단하고 비용이 적게 드는 일을 요청하여 작업자가 얼마나 빠르고 정확하게 일을 해내는지 보면 된다. 예컨대 만들어야 할 이미지가 100개이고 10여 명의 작업자 중에서 선택해야 한다면, 1명을 즉시 고르지 말고 이미지 몇 장을 추려 프리랜서 몇 명에게 그들의 스타일과 속도를 보여달라고 하면 된다. 그런 후에 가장 마음에 드는 사람을 골라 전체 작업을 맡기는 것이다. 이런 간단한 사전 심사를 진행하면 나중에 발생할 시간 낭비나 속상한 일들을 상당히 예방할 수 있다.

7) 분명하고 간결하며 구체적인 역할을 정해주라

프로젝트 안에서 크라우드에게 바라는 역할을 분명히 알려줄수록 결과도 더 좋다. 창의적인 방안을 원한다면 그렇게 이야기하라. 실용적인 방안을 도출하기를 바란다면 그 부분을 명확히 밝혀라. 크라우드소싱에서는 애매모호하면 안 된다. 필요한 제품이나 서비스의 모든 요소를 처음부터 끝까지 생각해본 후 질문이나 걱정, 중의적이거나 혼동을 일으킬 만한 말 등에 대처할 방법을 마련하라. 이런 요소들은 반드시 생긴다.

8) 분명하고 자세하게 자주 의사소통하라

프리랜서닷컴의 맷 배리는 이렇게 말한다. "때때로 함께 일하는 사람이 지금 지구 저편에 있다는 걸 명심하세요. 온라인에서 한 줄로 '웹사이트가 필요하다'고 써버리면 천만 가지 해석이 나올 수 있어요. 원하는 것이 무엇인지 잘 설명할수록 해석의 여지도 적고, 결과도 더 좋습니다."[23] 많은 플랫폼들이 의뢰 기간 동안 크라우드와 의사소통할 수 있게 해주고 있다. 이런 플랫폼을 골라 자주 의사소통하도록 하라. 최선의 결과를 만드는 데는 이런 협업 전략이 매우 중요하다.

9) 열린 마음으로 새로운 사고방식을 즐겨라

앞의 두 조언을 생각하면 이번 항목은 좀 이상하게 보일 수도 있지만, 크라우드소싱을 통한 최선의 결과는 예기치 못한 시각에서 나오는 경우가 많다. 물론 소형 과제를 맡기는 것이라면 창의성은 필요 없겠지만 더 큰 프로젝트라면, 예컨대 통걸의 영상 같은 것은, 사람들에게 여지를 주었을 때 놀라운 결과를 보게 될 것이다. 더줄리오는 이렇게 말했다. "뻔한 걸 하지 마세요. 새로운 걸 시도해보세요. 크라우드가 거침없이 대담한 아이디어를 생각해내도록 놔두세요. 여러분의 독특한 브랜드를 완성해 줄지도 모르니까요. 프로세스를 믿으세요. 평소에 하던 것을 재탕하려고 하지 말고, 뭔가 새롭고 신선한 것을 얻어내는 것을 목표로 하세요."[24]

10) 비용을 들여라. 가격보다는 품질이 우선이다

크라우드소싱은 저렴하지만 여러분이 저렴해져서는 안 된다. 예컨대 99디자인스에서 경연대회를 개최한다면 100달러를 쓸 때보다는 199달러와 299달러를 쓸 때 훨씬 더 많은 디자인을 제출받을 수 있다. 배리는 이렇게 말한다. "예산 범위 같은 건 내려놓으세요. 그러면 자유시장이 형성됩니다. 프리랜서들이 프로젝트에 입찰하면서 얼마를 받고 싶은지 이야기할 거예요. 시간당 얼마일 수도 있고, 고정 가격일 수도 있어요. 응모작들을 검토하면서 무엇보다 품질을 최우선에 놓도록 하세요. 가격이야 어찌 되었건 어차피 아주 저렴할 테고, 어마어마한 비용을 절약하게 될 테니까요. 그러면 초기 자본으로 할 수 있는 일이 훨씬 더 많아지죠."[25]

11) 홍수에 대비하라

크라우드소싱은 "좋은 아이디어가 충분하지 않다."는 전형적인 문제와는 정반대의 문제를 만들어낸다. 크라우드소싱의 문제는 좋은 아이디어가 넘쳐난다는 점이다. 아이디어의 홍수에 대비해야 한다. 나의 큰 목표가 무엇인지 명확히 하면서도 새로운 아이디어, 다시 말해 큰 목표로 가는 새로운 경로에 대해서도 마음이 열려 있어야 한다. 이런 아이디어의 홍수야말로 크라우드소싱의 진정한 이점이다.

12) 새로운 방법론을 받아들여라

배리는 이렇게 말했다. "얼마 전에 런던에서 금융 애널리스트를 한 사람 만났습니다. 집에서 인프라 프로젝트 등과 관련해 연금 기금의 금융 모형을 만드는 분이죠. 이분이 수학자가 한 사람 필요했어요. 조사를 할 수 있게 이런 모형을 매트랩MATLAB으로 만들어주고, 찾아낸 내용을 프레젠테이션 해줄 수 있는 사람 말이죠. 그래서 파키스탄에 있는 박사 과정 학생을 채용해 일을 맡겼죠. 두 사람은 스카이프Skype에서 만나 대화를 나눴죠. 파키스탄 같은 곳의 스트리밍 영상 화질이 이제는 정말 믿기지 않는 수준이거든요. 마치 그 청년이 같은 방에 있는 것 같죠. 이분이 아침에 일어나서 차를 한 잔 들고 자리에 앉아서 아이패드를 열고 영상 전화를 걸면 두 사람은 그 자리에 앉아 종일 대화를 하는 거예요. 마치 같은 방에 함께 있는 것처럼 말이죠. 지구상 어디에 있는 사람이든 이제 통신 능력은 점점 더 좋아지고 있어요. 그러니 지구상 어디에 있는 사람이든 아주 근사하게 함께 일할 수 있는 거죠."[26]

여기까지 기하급수적인 폭발적 성장을 경험하고 있는 크라우드소싱의 세계를 개관해보았다. 오늘날 가난한 사람들에게 크라우드소싱은 인공지능과 같다. 더욱 믿기지 않는 것은 이제 그 기하급수적 세계가 크라우드를 앞지르기 시작했다는 점이다. 최근 바이캐리어스Vicarious라는 이름의 인공지능 회사는(일론 머스크와 제프 베조스, 마커 저커버그, 피터 틸 등이 투자자로 지원하는 회사다) 자신들의 기계학습 소프트웨어가 구글과 야후, 페이팔, 캡차닷컴Captcha.com 등에 있는 캡차에 도전해 90퍼센트의 성공률을 기록했다고 발표했다.[27] 그러니 유심히 지켜볼 일이다. 크라우드조차 결국에는 소멸화되고 무료화될 수 있으니 말이다.

하지만 단기간 내에는 인공지능조차 범접하지 못할 크라우드의 효용이 하나 있다. 바로 전 세계 사람들이 여러분의 아이디어에 투자하기 위해 현금을 보내주는 일이다. 크라우드펀딩 공간으로 흘러들고 있는 수십억 달러가 어떤 돈이며, 그 돈을 차지할 수 있는 최선의 방법은 무엇인지 다음 장에서 자세히 살펴보기로 하자.

제8장

돈 없이는
아이디어도 없다
_크라우드펀딩

자본이 앞길을 가로막을 때

. . . .

이 책을 쓰기 시작했을 때 싱귤래리티 대학의 우리 조사 팀과 직원들은 기업가 지망생 1,000명과 기존 기업가 1,000명을 대상으로 설문조사를 실시했다. 사업을 시작할 때 마주치는 가장 큰 장벽이 무엇인지를 묻는 질문이었다. 그 결과 거의 모든 사람이 자금 조달을 1순위로 꼽았다. 뭐, 놀랄 일은 아니다.

해마다 약간씩 수치의 등락이 있기는 하지만, 언제 조사를 해보아도 미국에는 자본이 필요한 기업이 대략 2700만 개쯤 있다.[1] 미 중소기업협회에 따르면 새로운 기업이 5년 내에 실패하는 이유 중 50퍼센트는 자본 부족 때문이라고 한다. 이렇게 분명한 수요에도 불구하고 이 기업들의 23퍼센트는 자금 조달은 엄두도 못 내며 의기소침해하고 있고, 51퍼센트는 조달하려고 노력해보았으나 거절당했다고 말한다.[2]

하지만 이 모든 것이 이제는 바뀌고 있다.

역사적으로 자본에 접근하기가 쉽지 않았던 것은 사람에 접근하기가 어려웠기 때문이다. 대부분의 기업가들은 가족이나 친구에게 도움을 청하면서 사업을 시작하지만, 그런 이들은 수단이 한정적인, 매우 제한된 집단일 수밖에 없다. 그다음으로 생각해볼 수 있는 사람들이 전통적 투자자들이다. 에인절 투자자, 슈퍼 에인절 투자자, 벤처 캐피털리스트 같은 사람들 말이다. 하지만 내 경험상 이런 전문 투자자들은 지나치게 좁은 분야에만 집중하고 있거나, 근시안적이어서 대담한 모험을 시도하지는 않는 경우가 많다. 하지만 오늘날처럼 고도로 연결된 세상이라면 기업가들은 수백만 명의 잠재적 후원자 및 10억 명이 넘는 잠재적 고객과 즉시 연결될 수 있다.

크라우드펀딩이라는 기하급수 크라우드 툴은 이런 새로운 자원을 이용해 같은 생각을 가진 개인들과 열정적으로 추진되는 프로젝트들을 찾을 수 있게 해준다. 첫 크라우드펀딩 플랫폼이 등장한 것은 2000년대 후반이다. 초기 크라우드펀딩을 주로 이용했던 사람들은 대형 음반 회사나 영화 제작사의 후원 없이 프로젝트의 자금 조달 방안을 모색하고 있던 영화제작자나 음악인들이었다. 하지만 얼마 지나지 않아 훨씬 더 광범위한 분야의 기업가들이 크라우드펀딩에 합류했고, 계속 남게 됐다.

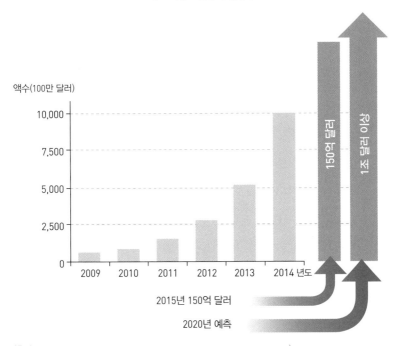

| 크라우드펀딩의 성장 |

액수(100만 달러)

(출처_www.forbes.com, www.entrepreneur.com, www.gsvtomorrow.com)

그로부터 7년도 지나지 않아 크라우드펀딩은 상당히 큰 경제 원동력으로 부상했다. 현재 온라인에는 700개가 넘는 크라우드펀딩 사이트가 있고, 하늘 아래 온갖 프로젝트에 자금을 조달하고 있다.[3] 그리고 이 수치는 몇 년 내에 2배가 될 것으로 예상된다. 전 세계적으로 모집된 투자금 총액은 2009년 5억 3000만 달러에서 2011년 15억 달러, 2012년에는 다시 27억 달러로 기하급수 곡선을 따르고 있다.[4] 전문가들은 2015년까지 크라우드펀딩 시장이 150억 달러 규모가 될 것으로 예상한다. 잡스법 JOBS Act(신생 기업 지원법)이 통과되고 지분투자형 크라우드펀딩이 나타나면, 믿기지 않겠지만 향후에는 크라우드펀딩 시장이 3000억 달러 규모가 될 수도 있을 것으로 보인다.[5]

크라우드펀딩 프로세스에 대한 확신이 커진 것도 중요한 변화다. 크라우드펀딩 초기에는 크라우드가 어느 영화에 자금을 댄다는 것은 사람들이 실제로 그 영화를 보고 싶어 한다는 확실한 신호였다. 제품이나 서비스의 경우도 마찬가지다. 킥스타터에서 27만 달러 이상을 모집했던 플러스풀+Pool만 해도 그렇다.[6] 플러스풀은 이스트 강 한가운데 떠 있는 필터를 사용한 수영장이다. 뉴요커들이 그렇게까지 수영을 하고 싶어 하는 줄 누가 알았을까? 하지만 플러스풀을 추진하는 사람들은 그렇게 생각했고, 킥스타터의 모금 운동은 그 사실을 확인시켜주었다. 이게 바로 크라우드펀딩만이 가진 힘이다.

기업가에게는 이런 사회적 증거가 더할 나위 없이 소중하며, 수익으로도 이어진다. 크라우드펀딩 전문가인 캔디스 클라인Candace Klein은 일반적으로 누구든지 사회관계망 속에서 10만 달러 정도는 모금할 수 있다고 한다. "저는 이게 어떤 사회적 계층에 속하든 마찬가지라고 봐요. 제가 그 완벽한 예시죠. 저는 트레일러 파크(집 대신 이동식 주택을 세워놓고 생활하는 일종의 빈민가—옮긴이)에서 자랐어요. 처음에 제가 주변 인맥을 이용해 모금을 하려 했을 때는 말이 안 되는 상황이었죠. 제가 알던 사람 중에 돈 있는 사람은 아무도 없었으니까요. 제 친구들은 고지서도 제때 납부하지 못하는 애들이 많았어요. 그렇지만 2년이 걸리긴 했어도 저는 20만 달러를 모았어요. 크라우드펀딩의 도움 없이도 말이에요. 오늘날에는 이런 플랫폼들이 모금 과정의 속도를 높여주고, 더 많은 사람과 접할 수 있게 해주고, 완전히 다른 종류의 투자자들을 상대로 마케팅을 하게 해줍니다."[7]

크라우드펀딩의 장점은 여기서 끝나지 않는다. 크라우드펀딩은 자금 조달자들의 끝없는 딜레마를 해결해줄 뿐만 아니라, 심리적으로도 기업가들에게 상당한 도움을 준다. 일단 뭐가 되었든 시작할 수 있게 해주는 것이다.

기업가에게 가장 중요한 것은 모멘텀(추진력)이다. 어떤 프로젝트가 되었건 가장 위험한 때는 "괜찮은 아이디어가 있어."에서 "그 아이디어를 실제로 추진 중이야."로 가는 도중의 그 힘 빠지는 시기다. 내 경우 옛날 방식을 사용한 첫 번째 엑스프라이즈 프로젝트는 필요 자금 수백만 달러를 모으는 데 거의 10년이 걸렸다. 하지만 나와 플래니터리 리소시스 팀이 크라우드펀딩으로 아키드ARKYD 우주망원경 발사 프로젝트에 필요한 150만 달러를 모으는 데는 단 34일밖에 걸리지 않았다.[8] 다시 말해 크라우드펀딩은 이렇게 에너지를 소진시키는 지루한 과정의 해독제가 되어 기하급수 기업가들이 즉시 본 게임에 뛰어들 수 있게 해준다.

그 요령은 다음과 같다.

빌어먹을 테슬라박물관 좀 지읍시다
· · · ·

크라우드펀딩은 투자자가 대가로 무엇을 받느냐에 따라 네 종류로 나뉜다. 기부형, 대출형, 주식형, 보상형이 그것이다.

1. **기부형** : 전통적인 자선 사업의 디지털 형태다. 기부자는 감사하다는 말과 함께 세금 공제에 사용할 수 있는 영수증 말고는 그다지 받는 것

이 없다. 대표적인 기관으로는 도너스추즈DonorsChoose, 글로벌기빙 GlobalGiving, 코지스Causes 등이 있다.

2. **대출형** : 소액대출 또는 P2P대출이라고도 불리는 이 방식은 기업가가 크라우드에게 대출을 요청하고 그 대출액에 이자를 붙여 갚는다. 키바나 렌딩클럽LendingClub이 그 예다.

3. **주식형** : 최신 형태의 크라우드펀딩이다. 최근 미 증권거래위원회 규제가 바뀌면서 가능해졌다.[9] 주식형 크라우드펀딩에서는 기업가들이 회사 지분을 온라인으로 팔면서 투자자들에게 현금을 요청할 수 있다. 크라우드펀더Crowdfunder, 스타트업 크라우드펀딩Startup Crowd funding, 에인절리스트AngelList 등이 있다.

4. **보상 또는 인센티브형** : 자신에게 의미 있는 제품이나 서비스가 만들어지게끔 돈을 보내고 나중에 보상을 받는 아주 간단한 방식의 크라우드펀딩이다. 25달러를 송금하고 티셔츠를 받거나 100달러를 송금하고 나중에 만들어진 제품을 받는 식이다(엄밀히 말하면 예약 판매다). 수치가 조금씩 다르기는 하지만 일반적으로 보상에 기반한 크라우드펀딩은 순전한 기부 방식보다 60퍼센트는 더 효과적이라고 한다. 인디고고, 킥스타터, 로켓허브RocketHub 등이 있다.

그렇다면 여러분의 프로젝트에는 어떤 유형의 크라우드펀딩이 알맞을까? 4가지 중에서 기부형은 사회적인 목적이나 정치 캠페인에는 좋지만 기업형 벤처에는 잘 이용되지 않는다. 반면에 대출형은 커뮤니티에 수혜를 주는 지역 프로젝트에 가장 적합하다. 누군가가 새로운 식당이나 미용실, 소매점 등을 개업한다든가 할 때 말이다. 기업적인 대형 벤처에는 잘 동원되지 않고, 지역 내에서 확장을 꾀하는 사업가라면 적절한 형태다.

주식형 크라우드펀딩은 가장 최근에 생긴 종류다. 주식형 크라우드펀딩이 가능해진 것은 오로지 2012년 잡스법이 통과된 덕분이다. 잡스법은 신규 사업체가 초기 단계에 크라우드펀딩을 이용해 지분에 기초한 자금 조달을 할 수 있게 허용하고 있다. 주식형 크라우드펀딩 사이트인 크라우드펀더의 CEO 챈스 바넷Chance Barnett의 말을 들어보자. "근 80년 만에 처음으로 민간 스타트업과 중소기업이 공개적으로 자금을 조달할 수 있게 됐습니다. 페이스북이나 트위터를 통해 자금을 모집한다는 소문도 낼 수 있게 되었고, 주식형 크라우드펀딩 사이트를 통해 온라인으로 투자도 받을 수 있게 되었지요. 주식형 크라우드펀딩 사이트는 투자 과정을 보다 공개적이고 협업적으로 만들어주었습니다."[10]

앞으로 주식형 크라우드펀딩 사이트의 시장 규모는 3000억 달러 수준까지 증가할 것으로 예상되고 있다. 하지만 주식형이 이제 막 생긴 지금도 관련 자금의 규모는 이미 상당한 수준이다. 2014년 7월 기준 크라우드펀더는 사이트에 등록된 1만 1,000개 이상의 기업과 6만 2,000여 투자자들과 함께 1억 520만 달러 이상의 거래를 진행했다.[11]

에인절리스트 역시 많은 관심을 받고 있는 주식형 플랫폼이다. 에인절리스트가 이렇게 관심을 받는 데는 그럴 만한 이유가 있다.[12] 2010년 바박 니비Babak Nivi와 나발 라비칸트Naval Ravikant가 설립한 에인절리스트는 스타트업과 에인절 투자자가 서로 만날 수 있게 도와주는 플랫폼이다. 투자자와 스타트업은 프로파일과 자신의 투자 목록을 작성하면 서로 연결될 수 있다. 이용자들은 업계 최고의 시장 참가자들이다. 일례로 앞서 이야기했던 우버 택시는 에인절리스트에서 첫 투자금 130만 달러를 조달했을 뿐만 아니라 투자자 셰르빈 피셰바Shervin Pishevar도 만났다. 피셰바는 나중에 멘로벤처스Menlo Ventures에서 추진한 우버의 3200만 달러 규모의 2차 자금 모집을 주도했다(피셰바는 또한 에인절리스트의 가장 큰 투자자 중 한 사람이기도 하다). 하지만 가장 좋은 소식은 이런 거래에 참여하기 위해 반드시 수백만 달러를 투자할 필요는 없다는 점이다. 2012년에 에인절리스트는 세컨드마켓SecondMarket과 손잡고, 1,000달러만 있으면 소규모 적격 투자자도 업계 최고의 기술 투자자들과 나란히 스타트업에 투자할 수 있는 기회를 주고 있다.[13]

주식형 크라우드펀딩이 이토록 어마어마한 잠재력을 갖고 있지만, 이번 장에서 우리가 초점을 맞출 것은 주로 네 번째 항목인 보상형 크라우드펀딩이다. 보상형 크라우드펀딩을 고른 이유는 주식형 크라우드펀딩이 아직은 너무 새로운 분야여서 믿을 만한 데이터가 부족해 정확한 전략 제안이 힘들기 때문이다. 또 대출형 크라우드펀딩은 주로 지역사회 중심으로 돌아가기 때문에 대담한 계획에는 적합하지 않다. 반면에 보상형 크라우드펀딩은 이미 성공한 기업들의 기록이 오랫동안 축적되어 있고 창의적인 프로젝트(영화, CD, 책) 및 실제 제품(시계, 망원경, 심지어 생명공학 식물bioengineered plants 까지)의 자금 조달 수단으로 효과적이라는 사실이 입증되어 있다. 그리고 앞으로 보겠지만 보상형 크라우드펀딩은 계속 범위가 넓어지고 있는 툴이기도 하다.

이제 우리는 보상형 크라우드펀딩 사례 3가지를 살펴볼 것이다. 첫 번째는 페블워치Pebble Watch다. 페블워치는 가장 성공한 크라우드펀딩 운동이기도 하고, 소규모 기업가들이 모여 자금을 조달하고 신제품을 출시할 수 있다는 것을 보여준 좋은 사례이기도 하다.[14] 두 번째는 테슬라박물관 설립 사례다. 이 사례는 아주 특이한 프로젝트에 대해서도 개인들의 자금 모집 능력이 확대되고 있음을 알려주었고, 거대한 열정이 제대로 된 파트너를 만났을 때 어떤 일을 이룰 수 있는지 잘 보여주었다. 마지막은 아키드 우주망원경이다. 플래니터리 리소시스에서 운영하는 이 프로젝트는 우주에 열광하는 이들의 열정적인 커뮤니티를 만들어냈고, 이런 종류의 미래 지향적 프로젝트에 반드시 필요한 후원도 이끌어냈다.[15]

이 사례들은 제10장에도 자세히 나오기 때문에 여기서는 간단히 설명하고 넘어갈 것이다. 뒤에서 크라우드펀딩을 시작하는 데 필요한 모든 것들을 하나씩 쪼개서 살펴볼 텐데, 주로 4가지 정보를 활용한다. 첫째는 지난 몇 년간 나타난 주요 크라우드펀딩 가이드(총 26개)에 대한 메타분석이다. 둘째는 인디고고, 로켓허브, 크라우드펀더 같은 주요 크라우드펀딩 회사의 설립자 및 CEO와의 인터뷰다. 셋째는 크라우드펀딩을 크게 성공시킨 기업가들과의 인터뷰다(페블워치 운동을 시작한 에릭 미기콥스키 Eric Migicovsky 등). 마지막은 크라우드펀딩을 통해 150만 달러(당시 킥스타터에서 진행한 프로젝트 중 25번째로 큰 성공이다)를 모았던 내 개인의 경험이다. 이렇게 해서 제8장에서는 여러분이 보상형 크라우드펀딩을 설계하고 시작할 수 있는 요령을 알려줄 것이다. 크라우드펀딩은 기하급수 기업가라면 누구나 실험해봐야 할 사항이며, 많은 기업가들이 그들의 과업을 이루는 데 핵심적 역할을 하게 될 것이다.

페블워치

자전거를 타면서 동시에 전화를 받을 수는 없을까? 이것이 2008년 에릭 미기콥스키가 해결하고 싶던 질문이었다. 캐나다 온타리오 소재 워털루 대학교의 공대생이던 미기콥스키는 당시 네덜란드에 있는 델프트 공과 대학에서 1년간 산업디자인을 공부하고 있었다. 네덜란드에서는 누구나 자전거를 타고 다녔고, 미기콥스키도 금세 적응해 자전거를 타고 온 동네를 누비고 다녔다.

하지만 미기콥스키에게는 불만이 하나 있었다. 자전거를 타고 있으면 항상 전화가 울리거나 문자 메시지나 이메일이 왔고, 그러면 두려운 결정을 내릴 수밖에 없다는 점이었다. 자전거를 세우고 전화를 받거나, 아니면 메시지를 놓치거나. 개중에는 중요한 메시지도 있었다. 슬쩍 누구에게서 온 전화(또는 문자 메시지, 이메일)인지만 볼 수 있어도, 혹은 자전거를 세우고 응답해야 할 만큼 중요한 내용인지만 알 수 있어도 정말 유용할 것 같았다. 그런 기능을 가진 기기도 일부 있었지만(예컨대 파슬 리스트넷 Fossil Wrist Net 같은 것), 그런 제품들은 모두 가격대가 어마어마했다. 미기콥스키는 저렴한 기기를 원했다. 누구나 쓸 수 있는 좀 더 '똑똑한 시계' 말이다. 그래서 미기콥스키는 직접 만들어보기로 했다.

캐나다로 돌아간 미기콥스키는 대학 4학년 때 자신이 저축한 돈과 사업계획 발표대회에서 우승하여 받은 상금, 부모님에게서 빌린 1만 5,000달러 등을 긁어모아 작은 팀을 꾸리고 시제품을 제작했다. 인펄스inPulse가 탄생한 것이다. 기본적으로는 시간도 보여주면서 모바일 기기와 연동되는 '스마트워치'였지만, 주된 용도는 커다란 스크린을 이용해 수신된 메시지를 한눈에 보여주는 것이다.

인펄스에는 핵심 팬층이 생겼지만, 첫 제품은 블랙베리 이용자만 사용할 수 있어서(당시는 2008년이었고 미기콥스키는 블랙베리가 태어난 캐나다 출신이었다) 센세이션을 일으키지는 못했다. 하지만 미기콥스키는 처음인데 이 정도의 인기라면 실리콘밸리에 있는 Y콤비네이터Y Combinator(창업 투자 회사)로 가져가 봐도 되겠다고 결심했고, 그곳에서 인펄스의 업데이트 버전을 제조할 종잣돈을 마련할 수 있었다. 미기콥스키가 벽에 부딪힌 것은 이때였다.

그는 고객들의 훌륭한 피드백 몇 가지를 받아들여 수차례 디자인을 개선하여 완전히 새로운 시계 '페블'을 만들었다. 페블은 정말 훌륭한 시계였다. 아이폰 및 안드로이드폰과 동기화되었고, 애플리케이션을 이용할 수 있었으며, 달력도 확인할 수 있었다. 미기콥스키는 나중에 《아이앤시》Inc.와의 인터뷰에서 이렇게 말했다. "기본적으로 그때까지 만들어진 시계 중에서 가장 똑똑한 시계였습니다."[16]

하지만 안타깝게도 세상에서 가장 똑똑한 이 시계를 완성하려면 추가적으로 20만 달러가 필요했는데, 미기콥스키 팀은 자금 모집에 난항을 겪었다. 여기저기 벤처 캐피털을 만나고 다녔지만(주로 이미 투자한 회사들) 계약은 성사되지 않았고, 아무도 모험을 감행하려고 하지 않았다. 남은 돈으로는 겨우 두 달 정도밖에 버틸 수 없었을 때 미기콥스키와 파트너들은 마지막으로 킥스타터에 의지해보기로 했다.

미기콥스키는 여기저기 전화를 돌려 팀원들을 모두 텍사스 주 오스틴에 있는 슈퍼메커니컬Supermechanical에 불러 모았다. 슈퍼메커니컬은 트와인Twine을 위해 '실수'로(당초 목표는 3만 5,000달러였는데) 50만 달러가 넘는 돈을 모은 적이 있는 곳이었다(트와인은 평범한 물건을 인터넷에 연결시켜주는 와이파이 센서다). 미기콥스키는 팀원들에게 영상을 어떻게 만들어서 어떻게 게시하면 뭘 기대할 수 있는지 기본적인 사항을 설명해주었다. 팀원들은 당장 추가 조사에 돌입했다. 자금 모집에 성공한 캠페인 수백 개를 분석해 어떤 전략을 사용했는지 연구한 것이다. 결국 페블 팀은 홍보 영상 하나를 만들어낼 수 있었다. 대단한 것은 아니었다. 1970년대 펑크와 컴돌이들의 잡담이 만난 듯한 영상이었다. "휴대전화 부품으로 시제품을 만들었죠." 하는 식이었다. 그래도 보상 수준만은 고객 피드백에 맞춰 설계했다. 시작부터 끝까지 전체 캠페인을 만드는 데 고작 6주밖에 걸리지 않았는데, 그럴 수밖에 없었던 것이 돈이 바닥나고 있었기 때문이다.

크라우드펀딩 캠페인은 시작 후 처음 몇 시간 동안 어떤 성과를 내느냐가 아주 중요하다. 그래서 페블 팀은 독점 미디어 파트너로 기술 블로그인 인개짓Engadget을 끌어들였다. 오전 7시에 캠페인이 시작됐고, 웹에는 인개짓의 기사가 떴다. 페블 팀은 숨을 죽였다.

미기콥스키는 이렇게 말했다. "목표액을 10만 달러로 정해놓았었죠. 하지만 실제로는 그렇지 않았어요. 실제로 우리가 시계를 만들어 출시하려면 20만 달러가 필요했거든요. 그래서 팀원들과 미리 약속을 했습니다. 목표액은 10만 달러지만 만약 20만 달러를 모으지 못하면 사람들에게 돈을 모두 돌려주자고요. 어차피 제품을 만들지 못할 테니까요."

그다음에 일어난 일에는 모두가 입이 떡 벌어질 뿐이었다. "인개짓의 기사가 나가고 2시간 후에 10만 달러를 달성했어요. 그리고 2시간 후에 20만 달러를 달성했고요. 28시간 만에 100만 달러가 모였어요. 첫날은 대체 우리가 뭘 한 건지 생각하느라 정신을 차릴 수가 없었어요. 캠페인이 끝났을 때는, 2012년 5월 18일이었는데, 1000만 달러를 훌쩍 넘긴 후였죠. 전 세계에서 후원자들이 줄을 이었습니다. 이런 결과를 얻게 될 줄은 정말 꿈에도 몰랐어요."

최종 합계액 역시 모두의 예상을 빗나갔다. 37일 만에 페블은 6만

8,929명의 후원자로부터 1026만 6,845달러를 모집했다. 당시로서는 세계 기록이었고, 이후의 결과도 눈부셨다. 불과 1년 전에 20만 달러의 투자도 거절당했던 미기콥스키는 크라우드펀딩 캠페인의 성공에 뒤이어 벤처 캐피털로부터 1,500만 달러를 추가로 투자받는 데 성공했다. 그리고 페블은 첫 12개월 동안 40만 개가 넘는 시계를 팔아 아이팟의 첫 해 기록(39만 4,000개)을 깼다.

빌어먹을 테슬라박물관 좀 지읍시다

블로그 '오트밀'the Oatmeal로도 잘 알려진 인기 웹툰 작가 매슈 인먼Matthew Inman은 발명가 니콜라 테슬라의 오랜 팬이었다. 당연한 일이었다. 테슬라는 교류(에디슨이 발명했다고 알려져 있긴 하지만)와 무선전신(노벨상은 마르코니가 받았지만), 엑스레이, 레이더, 수력 발전을 발명했고, 트랜지스터의 발명에도 상당히 큰 공헌을 한 인물이기 때문이다(정작 이 모든 공은 다른 사람에게 돌아갔다). 테슬라는 심지어 현장에서 실제로 '극저온학'이라는 학문의 이름이 생기기 50년 전에 이미 극저온학 실험을 하기도 했다. 때문에 테슬라의 마지막 실험실인 워든클리프Wardenclyffe(뉴욕 주 쇼어햄에 위치한 이 실험실에서 테슬라는 전 세계에 '무료'로 전기를 공급할 수 있는 발전소를 지으려고 했었다.)가 팔릴 형편이라는 사실을 알게 되자 인먼은 뭐라도 하지 않을 수가 없었다.

비영리 재단인 테슬라과학센터(18년간이나 이 땅을 매입하려고 노력 중이었다)와 힘을 합치기로 한 인먼은 크라우드펀딩 플랫폼인 인디고고를 활용하기로 했다. 그리고 재미난 장편 만화를 하나 그렸다. 테슬라가 누구이고, 왜 중요하고, 왜 전 세계가 그 땅을 사서 테슬라를 기리는 박물관을

지어야 하는지를 설명한 만화였다. 캠페인의 제목은 다소 희화적으로, "빌어먹을 테슬라박물관 좀 지읍시다."라고 정했다. 2012년 8월 인먼은 테슬라 박물관 캠페인을 공개했다.[17]

하루가 지나자 소식은 들불처럼 퍼져나가기 시작했다. 첫 주에 테슬라 박물관 프로젝트는 하루에 14만 5,000달러, 시간당 6,000달러, 분당 100 달러를 모금했다. 그 이후에 벌어진 과정은 정말로 흥미로웠다. 캠페인 기간 중 어느 시점에는 분당 1,000달러가 모금된 적도 있었다. 그 달이 끝날 때쯤에는 85만 달러라는 목표액을 훌쩍 뛰어넘어 102개국 3만 3,000명의 후원자로부터 130만 달러가 넘는 금액이 모였다.

페블워치 캠페인처럼 테슬라박물관 캠페인은 크라우드펀딩의 터닝포인트가 됐다. 테슬라박물관 캠페인의 특이한 점은 비영리 운동이었다는 점이다(크라우드펀딩 플랫폼에서는 보통 비영리 운동이 이렇게까지 성공하지는 않는다). 내놓을 만한 진짜 제품도 없었다(페블워치처럼 후원자가 우편으로 전자 기기를 배달받는 일은 없었다). 그 결과 테슬라박물관은 비영리 운동의 한계를 넘어 인디고고에서 실시된 캠페인 중 가장 성공한 사례가 됐고, 콘셉트가 있는 더 큰 프로젝트들을 위해 크라우드펀딩의 문을 활짝 열어젖혔다. 인먼은 자신의 새 작품 말미에 이 모든 일을 기념하면서 다음과 같이 썼다. "테슬라 씨…… 인류가 잠시 당신을 잊었던 점 미안합니다. 우리는 아직도 당신을 많이 사랑합니다. 그 빌어먹을 박물관이 여기 있어요."

아키드 우주망원경 : 모두를 위한 우주망원경

나와 에릭 앤더슨, 크리스 르위키가 소행성 채굴 회사인 플래니터리 리소시스를 출범시킬 당시, 우리는 우리를 지원해줄 강력한 커뮤니티가 있어야 한다는 점을 잘 알고 있었다. 소행성 채굴처럼 앞서가는 일을 추진한다면 열정적인 후원자 그룹이 반드시 필요하기 때문이다. 문제는 어떻게 우리가 적극적으로 그리고 진정성 있게 대중들을 우리의 우주 탐사 과업에 참여시킬 것인가 하는 점이었다. 우주는 돈이 많이 들어가고 접근이 어려울 뿐만 아니라 (지금까지 우리가 지켜보았듯이) 이해할 수 없는 것 투성이다. 사람들은 자신이 직접 영향을 미칠 수 있는 것에 주로 관심을 갖기 마련이다. 그래서인지 인류의 우주 개척은 처음부터 소규모 전문가 집단에 의해서만 진행되었으며, 지구를 벗어나는 데만도 수십 년이 걸렸다. 우리는 사람들의 관심을 자극하고 싶었다. 사람들이 직접 참여할 수 있는 방법을 내놓을 수 있다면 더없이 좋았다. 그때 떠오른 아이디어가 바로 크라우드펀딩이었다. 인류 최초로 크라우드가 조종하는 우주망원경, 아키드를 위한 크라우드펀딩을 추진하는 것이다.

이렇게 해서 장장 4개월간의 여정이 시작되었다. 우리는 킥스타터에서 이 캠페인을 추진하기 위한 사전 조사를 실시한 후, 계획을 세우고 차근차근 발전시키기 시작했다. 팀원 중 하나인 프랭크 마이크로프트Frank Mycroft를 전담 책임자로 임명하고, 함께 계획을 추진할 파트너들을 끌어모으기 시작했다. 그중에는 빌 나이Bill Nye, 행크 그린Hank Green, 브렌트 스파이너Brent Spiner와 같은 우주과학계의 저명인사들도 있었다. 또 우리가 '플래니터리 선봉대'라고 이름 붙인 유명 활동가들도 초대해서 캠페인 추진을 도와달라고 부탁했다. 미디어 팀에서는 바쁘게 우리의 홍보 영상을 촬영하고, 편집하고, 테스트했다. 기술 팀은 아키드의 시제품 디자인과 렌더링, 제작을 마무리하여 사람들이 최종 결과물이 어떤 모습일지 알 수 있게 했다.

하지만 문제가 하나 남아 있었다. 가장 성공적인 '제품' 캠페인들을 보면 실제로 제품을 제공했는데, 우리는 그렇지가 못하다는 점이었다. 우리가 만드는 것은 근사한 신형 시계가 아니라, 소행성을 찾는 망원경이었다. 후원자들에게 망원경이 촬영한 이미지를 줄 수는 있었지만(예컨대 소행성이나 은하, 달의 사진), 기존 커뮤니티에서 피드백을 받아보니 별로 호응이 없었다. 그렇게 캠페인 시작을 한 달여 앞두고 있을 때, 우리 팀원 하나가 '우주 셀카'를 제안했다. 누구든 자신의 사진을 우리 우주선에 보내서 그 사진이 스크린에 표시되게 하고 지구를 배경으로 사진을 찍은 다음 다시 후원자에게 보내주는 것이다(조금 후 자세히 설명하겠다). 25달러에 이 정도 보상이면 완벽한 해결책 같았고, 커뮤니티에서 테스트를 해보았더니 역시 마찬가지의 반응이 나왔다.

2013년 5월 29일 우리는 기자 회견을 열고 우주망원경 크라우드펀딩 캠페인을 출범시켰다. 목표는 100만 달러였다. 그 정도 자금이면 망원경을 궤도에 쏘아 올릴 수 있었다(실제 망원경 비용은 플래니터리 리소시스에서 부담했다). 이틀 만에 50만 달러 가까이 모였다. 우리 선봉대는 입소문을 퍼뜨리고 계획 추진에 힘을 보태면서 큰 역할을 해냈다. 32일 후 우리는 1만 7,614명의 후원자로부터 150만 5,366달러를 모금했다.[18] 이 금액은 지금까지도 우주 프로젝트와 관련된 크라우드펀딩 모금액으로는 가장 큰 금액이지만, 더욱 중요한 것은 우리가 커뮤니티를 형성하게 됐다는 점이다. 새롭고 대담한 계획을 추진하는 회사로서 열정적인 후원자 집단을 갖게 되었다는 것은 향후에 우리가 크라우드소싱이 필요할 때 더없이 소중한 자산이 될 것이기 때문이다.

크라우드펀딩 방법론

. . . .

이제 성공한 크라우드펀딩 캠페인들을 조사하면서, 또 내가 직접 캠페인을 추진하면서 알게 된 귀중한 교훈들을 알아볼 시간이다. 먼저 주제들을 개관한 후 하나씩 자세히 살펴보기로 하자. 여기에 공유하는 지식들을 통해 더 많은 혁신가와 파괴적 혁신을 꿈꾸는 기업가들이 성공적인 크라우드펀딩을 추진할 수 있게 되기를 바란다.

성공적인 펀딩의 특징을 파악하라

크라우드펀딩은 투자금을 조달하고 커뮤니티를 키우는 데 더없이 소중한 툴이지만, 모든 경우에 크라우드펀딩이 들어맞는 것은 아니다. 우리 팀의 조사 결과, 최고의 크라우드펀딩 캠페인은 5가지 공통된 특징을 가지고 있었다.

- 후원자가 될 사람들에게 무엇을 후원하는지 보여줄 수 있도록, 제품은 시제품 막바지 단계에 와 있다.
- 꼭 맞게 구성된 팀이 계획을 수행할 능력을 갖고 있다.
- 제품은 커뮤니티의 관심에 맞고 소비자를 지향한다.
- 팀원들이 직접적인 홍보 대상인 대규모 커뮤니티와 연계되어 있다. 또는 관심을 끌 수 있는 상당한 홍보 능력 또는 미디어 관계를 맺고 있다.
- 제품은 문제를 해결하거나, 기존 제품을 개선하거나, 새로운 이야기를 들려주는 것을 목표로 한다.

크라우드펀딩을 고려해야 하는 7가지 이유

크라우드펀딩은 자금 조달 외에도 다양한 이점을 갖고 있는데, 그중에서도 가장 중요한 것들을 다음에 열거한다. 캠페인을 어떻게 설계하는가는 다음의 이점 중에서 무엇을 가장 원하는가에 크게 의존한다.

1. 시장 검증 및 실수요 측정

아마도 가장 소중한 이점은 제품에 대한 실제 고객의 피드백을 받아볼 수 있다는 점일 것이다. 고객이 어떤 사양과 색상, 액세서리를 원하는지 알 수 있으며, 고객이 무엇을 '원치 않는지'도 알 수 있다. 설문조사나 표적집단 심층 인터뷰와 달리 크라우드펀딩에서는 고객들이 자신의 지갑을 열어 의사를 표현한다. 여기에 더해 전략 수립에 도움이 되는 일반적 자료(지역 정보, 가격 민감도 등)를 훨씬 많이 수집할 수 있다는 것도 좋은 점이다.

2. 상당액의 투자 자본 조달

흥미롭게도 일부 벤처 캐피털리스트들은 회사에 크라우드펀딩 캠페인을 진행해달라고 요구하기도 한다. 본격적인 투자에 앞서 시장의 관심을 확인하고 싶기 때문이다. 이 경우 크라우드펀딩이 성공한다면 회사에는 2가지 이점이 있다. 초기에 회사를 성장시킬 수 있는 비희석 자본이 생긴다는 점과 회사가 벤처 캐피털에게 더 높은 평가를 요구할 수 있다는 점이다. 페블워치가 달성한 결과만 놓고 봐도 그렇다. 크라우드펀딩 캠페인이 끝나고 12개월 후에 실시된 벤처 캐피털 투자금 모집에서 페블워치는 1500만 달러를 조달했다. 더욱 인상 깊은 사례는 오큘러스 리프트Oculus Rift인데, 오큘러스 리프트는 킥스타터에서 240만 달러를 모집하고 18개월 만에 페이스북에 20억 달러에 인수되었다.[19]

3. 유료 고객 커뮤니티 개발

유료 고객 커뮤니티를 형성하고 지속적으로 그 커뮤니티와 연락할 수 있다는 점은 어마어마한 가치가 있는 일이다. 그럼에도 일반 시장에서는 이런 기회를 만들기가 매우 어렵고, 심지어 제품 출시 전에는 이런 기회를 갖는 것이 거의 불가능하다.

4. 저렴한 고객 유치 비용

다른 수단으로 고객을 유치하려면 10배 이상의 비용이 드는 경우가 많다. 게다가 크라우드펀딩을 제대로만 추진한다면 무료 광고 효과뿐만 아니라 고객이 돈을 내고 참여하면서도 제품을 친구나 가족들에게 소개해주기까지 한다.

5. 제품에 대한 열정을 살릴 기회

좋은 아이디어가 있고 그 아이디어를 빨리 세상에 내놓고 싶다면 아마 크라우드펀딩보다 더 좋은 방법은 없을 것이다. 게다가 크라우드펀딩은 추진 과정이 빠르고, 잠재적으로 이익도 낼 수 있다.

6. 홍보 효과

성공이 성공을 낳는다. 크라우드펀딩의 성공으로 인한 미디어의 관심과 긍정적인 브랜드 이미지 형성은 그 자체로 가치가 있다. 회사를 유명하게 만들 수 있으며, 향후 신제품 출시 과정이 더 쉬워지고 수익도 늘어난다.

7. 현금 흐름 개선
빠른 시일에 자금이 유입되는 것도 분명한 이점이다. 비용과 수익의 균형을 잘 맞추면 제품 개발에 필요한 현금이 은행에 쌓인다.

실천편. 12단계 핵심 원칙
위와 같은 7가지 이유 중에서 마음에 와 닿는 것이 있었다면, 그래서 여러분의 크라우드펀딩 캠페인을 벌일 준비가 되었다면, 실천을 위한 12단계의 핵심 원칙은 다음과 같다.

1. 무엇을 가지고 크라우드펀딩할 것인가? : 제품, 프로젝트, 서비스
2. 얼마나 추진하나? : 목표액 정하기
3. 얼마 동안 추진하나? : 캠페인 기간을 정하고 일정 만들기
4. 보상 또는 인센티브와 확장 목표 정하기
5. 완벽한 팀 꾸리기
6. 도끼를 갈자 : 계획, 자료, 자원
7. 의미 있는 스토리텔링과 올바른 용어 선택
8. 홍보 영상 만들기 : 3가지 용도, 공유성, 인간화
9. 들어줄 사람 만들기 : 제휴자, 지지자, 활동가
10. 슈퍼 신뢰성을 가진 출범식, 초기 기부자 참여, 미디어 지원

11. 주별 실행 계획 : 참여, 참여, 참여

12. 데이터에 기초한 의사 결정을 내려라

1. 무엇을 가지고 크라우드펀딩할 것인가? : 제품, 프로젝트, 서비스

가장 기본적인 질문이다. 간단한 답은 2가지 요인이 만나는 곳에서 결정된다. 첫째, 만들고 싶은, 깊은 열정을 느끼는 대상을 찾아라. 둘째, 크라우드가 열정적으로 보고 싶어 하는 대상을 골라라. 인디고고나 킥스타터, 로켓허브 같은 사이트를 잠깐 둘러보면 요즘 크라우드펀딩의 대상이 얼마나 다양한지 알 수 있을 것이다(아래를 참조하라). 중요한 것은 여러분이 열정을 가진 대상은 모두 이미 누군가가 크라우드펀딩을 한 적이 있다는 점이다.

예술/엔터테인먼트

1. 영화 제작

2. 책 집필 및 출판

3. 새 연극 출시

4. 미술관 개관

5. CD 또는 뮤직비디오 제작

6. 콘서트 또는 페스티벌 제작

7. 비디오 게임 제작

자선

8. 일회성 자선 프로젝트(재난 구호 프로젝트)

9. NGO 출범 혹은 확대

10. 청소년 스포츠 팀 후원

11. 학교 지원

12. 동물 보호 운동

13. 개별 인물 후원

스타트업 및 기존 회사

14. 시제품 시장 테스트

15. 새로운 하드웨어

16. 새로운 소프트웨어 성능

17. 새로운 서비스 개시

18. 의류 및 패션 회사

19. 디지털 잡지 발행

20. 새로운 음식/간식/음료 제품

여러 크라우드펀딩 가능성을 고려하고 있지만 어느 것이 최선인지 모르겠다면 커뮤니티에 물어보라. 아이디어를 구글플러스, 페이스북 등 온라인상에 게시하고 피드백을 받아보라. 사람들이 해내지 못하리라고 믿는 아이디어를 고르고 싶을 수도 있다. 여러분의 제품이나 프로젝트가 아직 개발되지 않았다면 사람들은 여러분의 실행 능력을 의심할 것이므로 원하는 후원을 받지 못할 가능성이 크다. 반면에 제품이 너무 진행되어 있어도, 다시 말해 거의 개발 완료 단계여서 선적할 준비가 되었다면 사람들은 후원할 필요를 느끼지 못할 것이다.

2. 얼마나 추진하나? : 목표액 정하기

이제 크라우드펀딩을 하고 싶은 대상을 정했다면, 다음 질문은 어느 정도의 금액을 조달할 것인가이다. 여기에도 고려해봐야 할 약간의 심리적 전략이 있다.

크라우드펀딩은 인센티브가 핵심이다. 크라우드펀딩 캠페인의 성공은 순전히 초기의 흥분을 만들어내는 것과 독점적이고 가치 있으며 안달날 만한 인센티브를 제공하는 데 달려 있다.

• **기본 목표액** : 많은 크라우드펀딩 플랫폼들이 고정액 방식 캠페인만을 허용하고 있다. 즉 조달 목표액으로 써낸 금액을 달성했을 때만 현금을 가져갈 수 있다는 이야기다. 따라서 가장 중요하게 넘어야 할 고비는 목표액에 도달하는 데 필요한 금액이다. 하지만 이 수치는 추산하기 까다로울 수도 있다. 예컨대 2012년 인디고고가 발견한 바에 따르면, 평균적으로 목표액을 5만 달러에서 7만 5,000달러 사이로 설정한 캠페인들이 10만 달러 이상의 목표액을 설정한 캠페인보다 더 많은 금액을 모았다.[20]

고정액 방식 캠페인에서는 목표를 너무 높이 잡으면 수백만 달러를 조달하고 수천 명의 후원자가 생겼는데도 한 푼도 받지 못하는 경우가 생긴다. 예컨대 우분투Ubuntu는 새로운 전화기를 출시하기 위해 인디고고에서 3200만 달러를 모집하려고 했다. 최종 1280만 달러가 모였지만, 우분투는 기본 목표액을 너무 우습게 보는 바람에 1200만 달러는 전액 참가자들에게 되돌아갔다.

그러면 기본 목표액을 어떻게 잡아야 되는 걸까? 가장 먼저 기억해야 할 점은 크라우드펀딩은 프로젝트의 이윤을 만들어내는 곳이 아니라는 점이다. 크라우드펀딩은 비용의 일부를 충당하는 곳이다. '일부'라는 점을 기억해야 한다. 대부분의 경우 크라우드펀딩으로 개발비 전체를 조달할 수는 없다. 다만 크라우드펀딩이 아니었다면 투자 회사나 자신의 주머니에서 충당했어야 할 돈의 상당 부분을 조달할 수는 있다.

두 번째로 중요한 점은 누구나 승자를 좋아한다는 점이다. 사람들이 여러분의 크라우드펀딩 캠페인이 성공하리라고 믿는다면, 실제로 그렇게 될 것이다. 다시 말해 믿을 만하고 목표를 달성할 것처럼 보이면, 사람들은 후원에 나설 가능성이 더 크다. 하지만 이것은 반대로 말해서 사람들이 여러분을 믿지 않을 경우 절대로 신용카드를 꺼내지 않는다는 뜻이기도 하다. 실제 조사에 따르면 목표의 30퍼센트를 달성한 캠페인은 성공할(목표액을 달성할) 확률이 90퍼센트라고 한다. 페블워치의 경우 에릭 미기콥스키는 프로젝트를 추진하려면 20만 달러가 필요했음에도 목표액은 10만 달러로 잡았다. 아키드 우주망원경 캠페인의 경우 망원경 제조 및 발사 비용은 대략 300만 달러였지만 플래니터리 리소시스는 목표액을 100만 달러로 잡았다. 이 정도 자금이면 적어도 발사 비용 정도는 충당되리라고 기대했던 것이다. 여기서 목표는 '최소한의 절대 금액'을 알아내는 것이다. 조달될 경우 프로젝트를 추진할 수 있는 금액 말이다. 이 금액을 정할 때는 크라우드펀딩 캠페인을 벌이면서 추가 비용이 발생한다는 점도 반드시 기억해야 한다. (1) 거래 수수료. 신용카드 수수료가 4~5퍼센트, 플랫폼 수수료가 4~5퍼센트 정도 된다. (2) 보상에 드는 비용. 이 부분은 나중에 다시 이야기하도록 하자.

- **확장 목표** : 당초 목표액을 달성했다고 했을 때, 크라우드에게 계속 동기를 부여할 수 있는 것은 무엇일까? 이때 필요한 것이 바로 '확장 목표'라는 개념이다. 이것은 다음 목표 금액에 근접해감에 따라 추가로 설정하는 목표다. 아키드의 경우 100만 달러 목표를 달성한 후에 130만 달러, 그다음에 140만 달러, 최종적으로는 150만 달러를 설정했다. 기본적으로 각각의 확장 목표는 이용자들에게 참여할 수 있는 방법을 더 많이 제공하게 된다.

캠페인 조달 목표액 계산하기

프로젝트를 추진하는 데 필요한 최소 금액은 얼마인가? _____

+ 플랫폼 및 신용카드 수수료 등을 위한 10퍼센트의 마진 _____

+ 보상을 진행하는 데 필요한 총 금액 _____

합계 : 캠페인 조달 목표액 _____

---

3. 얼마 동안 추진하나? : 캠페인 기간을 정하고 일정 만들기

전형적인 캠페인은 30일에서 120일 정도 운영되지만, 인디고고의 자료에 따르면 기간이 짧은(평균 33일에서 40일 정도) 캠페인이 성과가 더 좋다고 한다.[21] 비교를 해보자면 페블워치는 37일짜리 캠페인이었고, 아키드는 32일, 테슬라박물관은 45일짜리였다. 시간의 흐름에 따른 모금액을 나타내는 다음 쪽의 그래프를 보면 알 수 있듯이, 아키드의 경우는 처음에 어마어마하게 치솟았다가 중간에 작은 상승이 있었고(캠페인이 100

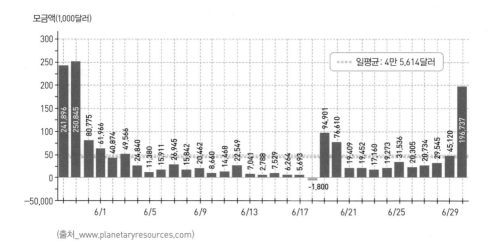

| 아키드의 모두를 위한 우주 망원경 캠페인 : 일일 모금액 |

모금액(1,000달러)

일평균 : 4만 5,614달러

241,896 250,845 80,775 61,966 40,874 49,566 24,840 11,380 15,911 26,945 15,842 20,462 8,660 14,468 22,549 7,041 2,788 7,529 6,264 5,693 -1,800 94,901 76,610 19,409 19,452 17,160 19,273 31,536 20,305 20,734 29,545 45,120 196,737

(출처_www.planetaryresources.com)

만 달러 목표액을 넘어섰을 때) 마지막에 큰 상승이 있었다. 캠페인 중간에 이렇게 참여율이 떨어지는 것은 전형적인 현상이며, 그렇기 때문에 캠페인을 너무 길게 끄는 것이 도움이 되지 않는다.

언제 캠페인을 시작할 것인가는 여러분에게 달려 있다. 하지만 미디어가 흥분할 만한 이유를 만들어주어야 한다. 뉴스거리가 될 만한 중요한 발표나 기념행사 등과 캠페인 출범 시기를 서로 맞추면 큰 도움이 된다.

준비 기간은 얼마나 걸릴까? 좀 작은 캠페인(1,000달러에서 5만 달러)은 아마도 한 달이면 모금이 끝나겠지만, 수십 혹은 수백만 달러를 모집할 생각이라면 훨씬 장기적으로 준비하는 것이 중요하다. 준비 기간을 추산해볼 수 있는 간단한 방법을 제안하면 아래와 같다.

예컨대 아키드 우주망원경 캠페인의 경우, 우리는 준비하는 데 대략 넉 달(120일) 정도가 걸렸다. 기억할 점은 중요한 자금 조달 목표를 세우

준비 기간 계산기		
기준		+30일
팀이 있는가? ────────────	없다면	+30일
커뮤니티가 있는가? ────────	없다면	+30일
목표액이 5만 달러 이하인가? ──	그렇다면	+30일
목표액이 25만 달러 이하인가? ──	그렇다면	+30일
목표액이 100만 달러 이상인가? ──	그렇다면	+30일
총 준비 기간		_____일

고 있다면, 추진 과정에서 출발 시점이 한두 번 연기되더라도 놀라지 말라는 것이다. 내가 하고 싶은 조언은 "준비가 되었을 때 출범시켜라."는 것이다. 스스로 불필요한 마감 시한을 잡아놓지 마라.

4. 보상 또는 인센티브와 확장 목표 정하기

보상이란 후원자들이 기여한 대가로 얻게 되는 것이다. 우리 조사에 따르면 별로 비싸지 않은 특전은 총 모금액을 늘려주고, 비싼 특전은 총 금액에서 차지하는 비중이 높다는 특징이 있다. 캠페인마다 다르기는 하지만 대부분의 사이트는 25달러, 50달러, 100달러, 500달러, 1,000달러마다 확실한 특전을 제시하라고 권한다. 25달러짜리 특전이 가장 많은 호응을 받았으며, 사람들이 선택한 전체 특전의 거의 25퍼센트에 달한다고 한다.[22]

가장 좋은 특전은 고객들이 어떤 경우에도 구매할 수 없는 것을 제안하는 것이다. 즉 고유하고 독점적이면서 캠페인을 통해서만 얻을 수 있

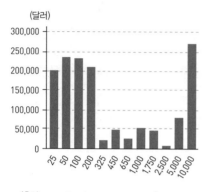

| 아키드 : 보상 수준에 따른 총 매출 |

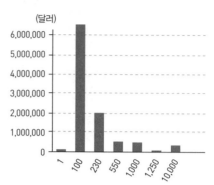

| 페블 : 보상 수준에 따른 총 매출 |

(출처_www.planetaryresources.com)

는 보상 말이다. 플래니터리 리소시스의 '우주 셀카'는 그 어디에서도 살수 없는 것이었고, 한 번도 시도된 적조차 없었다(고유한 것). 그리고 무엇보다 디지털이기 때문에 실시 비용이 사실상 '0'이었다. 또한 우리는 우주 셀카에 더해서 플래니터리 소사이어티 멤버십에서부터 전 학교 장학금에 이르기까지 온갖 것을 패키지로 묶었다. 우리 캠페인의 가장 낮은 보상 수준인 10달러짜리의 경우, 우리는 팬들이 더 많이 참여하고, 자신의 이메일 주소를 남기고, 커뮤니티에 기여하게 되기를 바랐다. 그러려면 간단하고 의미 있으면서도 우리 후원자들에게 가치 있는 보상을 만들어내는 것이 핵심이었다.

킥스타터의 경우 보상 수준은 최소 1달러에서 최대 1만 달러까지 다양하다(인디고고는 더 높은 수준의 특전도 허용한다). 가장 낮은 가격대에 디지털로 된 싼값의 보상을 마련해두는 것은 중요한 부분이다. 사실상 비용을 거의 들이지 않고 사람들을 커뮤니티로 끌어들일 수 있기 때문이다.

이렇게 되면 2가지 이점이 더 발생한다. 첫째, 같은 캠페인에 두 번 이상 참여하는 사람들이 생긴다. 성공적인 캠페인의 62퍼센트에는 모두 이 같은 후원자들이 존재했다. 사람들을 일단 등록하게 하라. 문 안쪽으로만 데리고 들어오면 나중에는 더 비싼 것도 팔 수 있다. 둘째, 목표가 커뮤니티(함께 작업을 진행하고, 캠페인이 끝나고 오랜 후에도 물건을 팔 수 있는 사람들)를 만드는 것이라면, 가격이야 어찌되었든 참여시키는 것이 더 중요하다.

목표가 홈런이고 25만 달러 이상을 모금할 계획이라면, 강력한 1만 달러짜리 보상을 마련하는 것도 중요하다. 이 부분은 나중에 다시 이야기하겠지만, 1만 달러짜리 보상은 슈퍼 신뢰성을 갖고 캠페인을 시작할 수 있게 해준다.

마지막 조언은 아주 뻔한 내용이지만 강조하지 않을 수 없는 점이다. 바로 "커뮤니티에 물어보라."는 것이다. 여러분이 무엇을 원하는지는 중요하지 않다. '저들이 무엇을 원하느냐'가 중요하다. 그러니 이메일이든, 구글플러스든, 페이스북이든, 무엇이든 동원해서 저들에게 어떤 보상을 받고 싶은지 물어보라. 아키드 캠페인 초기에 우리는 웹페이지를 하나 만들어서 기존 커뮤니티 회원들에게 보상을 제안하고 어떤 보상이 가장 좋은지 투표와 의견을 부탁했다.

- **희귀한 것이 좋다.** 다양한 크라우드펀딩 캠페인을 살펴보면 대부분의 보상이 선착순이라는 것을 알 수 있을 것이다. 100달러짜리 보상은 1,000개, 1만 달러짜리 보상은 20개 하는 식으로 말이다. 이렇게 한도 제한을 두면 뭔가 희귀한 것이라는 착각을 만들어내고 후원자들로 하여금 서둘러야겠다는 생각이 들게 만들어서 재빨리 참여를 약속하

게 한다. 하지만 실제로는 캠페인 기간 동안 언제든지 보상을 추가해도 된다. 어느 보상 수준에서 한도가 다 차면 같은 가격대에 비슷한 보상을 또 하나 만들면 된다.

- **보상을 추가하고 목표를 확장하라.** 앞서 이야기한 것처럼 캠페인을 진행하는 과정에서 새로운 보상 수준을 추가해도 된다. 여러 가지 이유로 이런 일이 생긴다. 첫째, 보상 수준 하나가 모두 팔리면 비슷한 가격대에서 다시 보상을 만들 수 있다. 둘째, 대중들이 좋아하리라고 생각한 보상이 실제로는 그렇지 않을 때가 있다. 따라서 빨리 실험해보고 필요하다면 보상을 바꿔야 한다. 셋째, 목표 금액을 달성했다면 확장 목표가 필요하다. 확장 목표에는 새로운 보상이 필요하다. 성공한 캠페인의 62퍼센트에는 반복해서 참여하는 사람들이 존재한다. 그리고 이렇게 반복해서 참여하는 사람들의 20퍼센트는 캠페인이 진행되는 동안 추가된 특전 때문에 유입된다.

5. 완벽한 팀 꾸리기

요즘 실리콘밸리에 가보면 누구라도 이런 이야기를 들려줄 것이다. 훌륭한 팀을 꾸리는 것이 훌륭한 제품이나 회사를 만드는 데 가장 중요한 단계라고 말이다. 훌륭한 크라우드펀딩 캠페인을 꾸리는 데도 마찬가지다. 하지만 크라우드펀딩의 팀 구성은 다소 특이한 점이 있다. 페블워치의 설립자인 에릭 미기콥스키는 첫 번째 스마트워치를 친구 세 사람과 함께 만들었다. 세 사람 다 엔지니어였다. 하지만 페블의 킥스타터 페이지가 알려지기 시작하자 미기콥스키는 외부 홍보 팀 한 팀을 고용해 밀려드는 관심을 처리해야 했다. 이것은 비단 페블워치만이 아니다. 전반적으로 그리고 목표액이 훨씬 적다고 해도 이런 캠페인에는 공이 많이 들어간다. 계획을 짜고 실행할 시간과 노력이 필요하므로 훌륭한 팀을 구성하는 것에 따라 많은 부분이 달라질 것이다.

우리 연구 팀은 성공 확률을 최대로 높이는 데 필요한 팀 내의 핵심적 역할을 7가지로 나눠보았다. 5가지는 반드시 있어야 하고 2가지는 선택 사항이다. 목표액이 5,000달러에서 2만 5,000달러 정도라면 혼자나 둘이 해낼 수도 있겠지만, 수십, 수백만 달러를 조달하려고 한다면 훨씬 큰 팀이 필요할 것이다. 내가 추천하는 사항은 다음과 같다.

• **유명 인사(캠페인의 얼굴)** : 캠페인의 얼굴이 되어줄 사람이다. 주력 홍보 영상에 등장하고, 캠페인의 새 소식을 전하며, 지원을 끌어모으기 위한 다른 홍보 활동도 주도한다. 프로젝트에 대해 정서적으로도 깊이 동조해야 하며, 똑똑하고 달변에, 겸손하면서도 권위가 있어야 한다. 재미난 사람이면 더욱 좋다. 이 유명 인사는 여러분이 제시하는 제품 또는 서비스에 관해 전문가가 되어야 한다. 또한 캠페인의 각 단계를 계획하고 시작하고 수행하고 마무리 짓는 전 과정에서 끊임없이 조력해야 한다. 회사에서 쓰는 말로 바꿔 말하면 '유명 인사'는 회사의 CEO일 수도 있고, 설립 팀에서 보다 카리스마 있고 열정적인 팀원일 수도 있다. 그렇지 않으면 홍보 활동을 이끌 수 있도록 외부 인사를 영입하는 것도 좋다. 테슬라박물관이 그랬던 것처럼 말이다. 테슬라과학센터는 테슬라의 실험실을 보존할 수 있는 돈을 모금해보려고 18년 동안이나 애썼지만, 매슈 인먼이 참여한 후에야 일의 진척을 볼 수 있었다.

- **캠페인 매니저와 전략가** : 캠페인에서 가장 중요한 역할을 담당하는 사람은 아마 캠페인 매니저일 것이다. 계획 초기부터 쇼를 만들어가는 사람은 캠페인 매니저다. 가장 중요한 시장 조사를 마친 후부터 캠페인 매니저는 약속 단계에서부터 보상, 유통 경로, 파트너십에 이르기까지 모든 단계를 진행하고 추진한다. 매일의 실행계획 관리에서부터 캠페인 전반에 걸쳐 막힘없이 일이 진행되도록 계획하고, 조직하고, 관리한다.

- **전문가** : 유명 인사가 제품이나 서비스의 기술 쪽으로 잘 아는 사람이 아니라면 유명 인사의 바로 옆자리에 앉힐 사람에 유의해야 한다. 제품을 위한 자금 조달이라면 팀원 중 한 사람이 전문가 역할을 맡아서 실제로 제품을 어떻게 출시할 것인지에 관한 어려운 질문들에 답하는 것이 좋다. 후원자들에게 약속할 수 있는 것과 없는 것을 제대로 알고, 제품 사양 및 스케줄, 기술적 부분 등을 설명하면서 전체 프로젝트에 신뢰성을 주는 것이다. 실제로 제품을 개발할 때는 전문가가 더욱 중요해진다.

- **그래픽 디자인 담당자** : 나는 팀원 중에 반드시 정식 그래픽 디자이너(또는 디자인 담당자)를 한 사람 끼워 넣으라고 권하는 편이다. 디자이너는 모든 로고와 인포그래픽, 시각적 언론 보도 자료, 영상 자료, 프로젝트 업데이트, 만화, 이메일, 티셔츠 디자인, 경품, 전단, 스티커, 팸플릿 등을 만들어낸다. 다시 한 번 말하지만 이런 것들은 앞 장에서 이야기한 사이트들을 통해 크라우드소싱할 수 있는 (그리고 그래야 하는) 것들이다. 하지만 디자인 담당자가 있다면 모든 콘텐츠를 조율할 수 있다. 아키드 캠페인 당시를 회상해보면 2가지가 중요했다. 첫째, 일관성이다.

우리는 캠페인 내내 비슷한 모습과 느낌의 디자인을 사용해 빠르게 성장할 수 있었다. 둘째, 작은 것에 신경 쓰는 것이다. 블로그 '오트밀'로 잘 알려진 웹툰 작가 매슈 인먼은 플래니터리 리소시스의 가장 큰 조력자 중 한 사람이 됐다. 인먼은 자신의 돈도 1만 달러를 기부했을 뿐만 아니라 우리 캠페인에 어마어마한 관심을 끌어들였는데, 이 모든 것의 시작은 그가 시애틀 한가운데서 기둥에 붙은 10센티미터 정도의 아키드 망원경 스티커를 본 덕분이었다. 여러분이 만든 홍보물도 언제 누가 우연히 보고, 감화되어 합류하게 될지 모른다.

• **기술 매니저** : 크라우드펀딩은 디지털을 다소 다룰 줄 알아야 한다. 기술 매니저는 IT 전문가이자 웹 개발자이자 영상제작자여야 하며, 기술 경영의 우수 사례들을 꿰뚫고 있어야 한다. 아키드의 경우 기술 매니저가 킥스타터 웹사이트를 만들고, 영상을 편집하고, 라이브 스트리밍과 구글 행아웃Google Hangout을 설치하고, 행사에서 음향 영상 장비를 설치하고, 서로 다른 플랫폼 사이의 설루션 통합까지 도왔다.

• **홍보 매니저(선택적)** : 앞서 이야기했듯이 에릭 미기콥스키는 캠페인이 알려지고 미디어의 요청이 쇄도하자 외부 홍보 팀을 채용했다.[23] 니치마켓에 집중하여 이 정도의 관심을 끌지 않는 프로젝트도 있다. 하지만 대규모 자금을 조달하고 싶다면 많은 사람에게 알려야 한다. 온라인상에서 여러분의 캠페인이 회자되고, 특히나 그런 디지털 미디어가 다시 캠페인 페이지로 링크될 수 있다면 아주 유용하다. 홍보 매니저는 관심을 만들어내는 데도 도움을 줄 뿐만 아니라, 기업가들이 품고 있는 환상을 쫓아내는 데도 도움이 된다(제품만 훌륭하면 《와이어드》에서 당장 취재해갈 것이라는 환상 말이다). 전문가가 옆에 있으면 뜬

구름 잡는 일을 피하고 실무 진척에 집중할 수 있다.

- **슈퍼 인맥(선택적) :** 슈퍼 인맥Super-Connector은 중요한 사람들과 돈, 아이디어 등에 방대한 네트워크를 가진 영향력 있는 개인이다. 자신을 추종하는 사람도 많고, 그래서 아이디어를 어떻게 퍼뜨려야 성공할 수 있는지도 잘 알고 있다. 이들은 캠페인의 마케팅 전략을 브레인스토밍하는 과정이나 내부에 동기를 부여하는 일, 팀원들을 격려하는 일, 보다 야심 찬 목표를 수행하는 일, 막후에서 자금을 조달하는 일 등을 도울 수 있어서 캠페인의 추진 속도를 높여준다. 슈퍼 인맥을 알고 있거나 캠페인을 돕도록 설득할 수 있다면(보통은 캠페인의 목표와 그들의 목표가 서로 합치해야 한다), 캠페인 전반에 걸쳐 어마어마한 이점이 될 것이다.

6. 도끼를 갈자 : 계획, 자료, 자원

에이브러햄 링컨은 이런 유명한 말을 했다. "나무 한 그루를 6시간 동안 베라고 한다면 나는 처음 1시간 동안 도끼를 갈겠다."[24] 크라우드펀딩도 마찬가지다. 크라우드펀딩에서는 준비가 전부다.

- **계획과 조율 :** 크라우드펀딩 캠페인은 보통 많은 부분이 움직이기 때문에 사전 계획이 매우 중요하다. 극도로 자세한 전략과 실행 계획서를 가지고 캠페인에 돌입하라. 캠페인 매니저는 모든 미팅과 회합과 이벤트, 확인 사항, 결정 사항 등이 적힌 통합 달력을 가지고 있어야 한다. 팀원들 모두가 이 달력을 볼 수 있어야 서로 일이 진행되는 사항을 알 수가 있다. 2주마다 혹은 3주마다 팀원들 및 제휴사, 후원자,

고객과 일을 확인하는 일정을 잡아두라. 여러분이 하고 있는 여러 노력들을 조율할 수 있고, 다음 단계 및 조정이 필요한 사항이 또 무엇인지 알 수 있다.

- **자료** : 캠페인은 다양하지만, 몇 가지 공통적으로 필요한 자료들은 제품의 시제품 내지는 렌더링과 캠페인 영상, 크라우드펀딩 플랫폼의 웹페이지, 회사 또는 제품 웹페이지, 이메일 및 발표문 초안, 프로모션 자료 및 유인물, 로고, 콘텐츠 디자인, 인포그래픽, 각종 인센티브 및 특전(티셔츠나 포스터 등) 등이다. 이런 것들은 많은 경우 내부에서 개발하거나 프리랜서닷컴, 통걸, 99디자인스 같은 웹사이트에서 크라우드소싱을 통해 개발해야 한다. 요점은 시작하기 전에 더 많이 만들어두는 것이 후일을 위하는 길이라는 것이다.

- **자원** : 크라우드펀딩 캠페인 하나를 운영하는 데 들어가는 시간 및 비용은 과소평가하기가 쉽다. 플래니터리 리소시스의 경우 우리는 캠페인을 시작한 후 넉 달 동안 꼬박 계획을 짜고 조직하고 전략을 세웠다. 캠페인 기간 동안 발생한 비용으로는 광고비(구글, 페이스북 등), 공급자 수수료(마케팅, 크리에이티브, 홍보, 법률), 킥스타터 수수료(아마존 호스팅 비용, 킥스타터 중개 수수료), 경품비(티셔츠, 패치, 모형, 카드 등), 웹 애플리케이션, 교육, 하도급비, 월급 등이 있다. 모든 디지털 제품의 출시가 그렇듯이 잘못 결제하거나 환불하는 비용, 처리 비용 등이 생각보다 많이 들 수도 있다는 점도 염두에 두어야 한다.

7. 의미 있는 스토리텔링과 올바른 용어 선택

전통적 방식의 자금 조달 과정은 일종의 니치 게임이다. 목표는 특정한 유형의 사람들, 다시 말해 벤처 캐피털리스트나 은행의 대출 담당자를 만족시키는 것이다. 크라우드펀딩은 정반대다. 크라우드펀딩의 초점은 아주 좁은 대상이 아니라 유달리 넓은 대상이다. 크라우드펀딩 캠페인의 요소는 하나하나 모두 대중에게 호소력 있어야 한다. 그 가장 좋은 방법이 뭘까? 간단하다. 최고의 책과 영화, 노래들이 채용하는 바로 그 전략, 훌륭한 이야기를 풀어내는 것이다.

최고의 크라우드펀딩 캠페인은 강력하고 설득력 있는 이야기로 후원자들을 끌어들인다. 테슬라박물관 캠페인만 해도 그렇다. 이 캠페인의 목표는 테슬라의 오래된 실험실을 구입해 박물관으로 바꾸는 것이었다. 하지만 캠페인의 내용은 부동산을 구입한다거나 전시를 기획하는 것이 아니었다. 오히려 오트밀의 웹툰은 니콜라 테슬라를 이야기하면서, 그가 얼마나 근사한 것들을 발명했는지, 얼마나 큰 공헌을 했고 그에 비해 얼마나 인정을 받지 못했는지를 설명했다. 뛰어난 이야기꾼인 오트밀의 웹툰은 삽시간에 퍼져 나갔고, 페이스북에서 82만 개가 넘는 '좋아요'와 4만 3,000개가 넘는 트위터 멘션을 받았다. 사람들은 테슬라의 이야기에 감동했고, 그래서 그의 실험실을 보존하는 일을 돕고 싶어 하게 되었다.

그렇다면 의미 있는 이야기를 하려면 어떻게 해야 할까?

- **응집력 있게 만들어라.** 최고의 이야기는 논리적 전개를 따른다. 기승전결이 있고, 주인공은 몇 사람에 불과하다. 너무 많은 정보로(너무 많은 사실 관계, 숫자, 대변인 등) 잠재적 후원자들을 혼동시키는 것은 캠페인이 퍼져 나가는 데 도움이 되지 않는다.
- **욕구나 욕망을 채워주라.** 스토리텔링을 할 때는 절대로 감성의 힘을 과

소평가해서는 안 된다. 바보 같은 아이디어처럼 보이더라도(예컨대 우주 셀카처럼) 설득력 있고 기본적인 욕구를 충족시켜준다면 크라우드는 귀를 기울일 것이다. 사람들은 매력적인 일이나 중요한 이벤트, 감화를 주는 사람들과 함께하고 싶어 한다. 인간의 구매 결정은 정서적 충동에 기초한 경우가 많다.

- **'대상'이 아니라 '이유'에 초점을 맞춰라.** 제품이나 서비스에 있어 스토리텔링을 하는 가장 쉬운 방법은 '이유'에 초점을 맞추는 것이다. 대상이 무엇이고, 어떤 원리로 작동되는지 설명하는 일은 크게 걱정할 필요가 없다. 다시 말해 내부에서 보는 것과 외부에서 보는 것은 전혀 다르다는 점을 기억해야 한다. 수년간 해당 제품이나 서비스를 개발해온 사람으로서는 그 많은 중요 세부 사항들이 너무나 근사하게 보이겠지만, 문제는 그 부분이 듣는 사람들에게는 별로 근사하지 않다는 점이다. 오히려 대부분의 사람들은 그 제품이나 서비스, 아이디어가 왜 자신들의 삶을 개선해주는지 듣고 싶어 한다. 그것이 왜 자신들이나 세상에 중요하고, 멋지고, 중요한지 듣고 싶은 것이다. 세부 사양이나 설명이 아니라 해결책과 개선점을 제시하라.

- **듣는 사람을 고려하라.** 이상적인 청자에 맞게 이야기를 조정하라. 듣는 사람이 기술적으로 잘 알면 기술을 이야기하라. 박애주의자라면 그 해결책이 세상을 어떻게 바꿔놓을 수 있는지 강조하라. 하지만 앞서 이야기한 것처럼 아무리 기술적인 아이디어라고 해도 그것이 훌륭한 이야기 속에 녹아들어야 한다. 이야기가 떠오르지 않는다면 당신이 왜, 어떻게 그런 제품을 만들게 되었는지 이야기하라. 진실이야말로 언제나 가장 좋은 이야깃거리이기 때문이다.

- **단어 선택을 제대로 하라.** 2014년 조지아 공과대학 연구진이 발표한 내용이다. 연구진은 킥스타터에서 사용된 단어 및 표현 900만 개 이상을 검토하여 어떤 언어가 성공으로 연결되는지 알아보았다.[25] 그 결과 호혜성과 권위를 연상시키는 단어나 표현이 가장 좋은 반응을 이끌어냈고, 자금의 필요성을 지나치게 강조한 프로젝트는 실패했음을 알 수 있었다.

  그중에서도 가장 성공적인 언어는 다음과 같은 종류였다.

  (1) '2개를 받는다', '약속한 분들은 향후', '선행 그리고' 등 호혜성 또는 도움을 받은 후 그 도움을 돌려주겠다는 뜻의 언어.

  (2) '옵션은', '기회를 받게 된다' 등 희소성 또는 희귀한 어떤 것과의 연관성을 뜻하는 언어.

  (3) '약속했다'처럼 사람들이 사회적 신호에 따라 어떻게 행동해야 하는지를 암시하는 사회적 증거의 언어.

  (4) '이것을 만들어나가기 위해', '이용 가능한' 등 사회적 정체성 내지는 특정 사회 집단에 대한 소속감을 표현하는 언어.

  (5) 홍보 대상인 사람이나 제품에 다른 사람들도 동조한다는 사실을 반영하는 선호의 언어.

  (6) '할 수 있고', '프로젝트는 향후' 등 권위를 나타내는 언어. 사람들은 빠르고 효율적으로 의사 결정을 내리기 위해 전문가의 의견에 의존하곤 한다.

8. 홍보 영상 만들기 : 3가지 용도, 공유성, 인간화

대부분의 크라우드펀딩 플랫폼은 프로젝트의 성격과 중요성에 대한 잠재적 후원자들의 이해를 돕기 위해 짧은 영상을 게시할 수 있게 하고 있다. 그렇다면 영상은 필수가 아닌 선택처럼 들릴 수도 있지만, 정말로 자금을 조달할 생각이라면 영상은 필수다. 고정액 방식 캠페인의 경우 홍보 영상이 있으면, 없는 경우보다 239퍼센트의 금액을 더 모았다.

다음은 영상 제작에 관한 조언이다.

- **3가지 용도를 정하라.** 최고의 크라우드펀딩 캠페인은 1개에서 3개의 시장을 목표로 한다. 예컨대 미기콥스키의 영상은 자전거 타는 사람, 조깅하는 사람, 오픈소스 개발자가 각각 페블을 사용하는 모습을 보여주었다. 페블을 사용할 수 있는 다른 방법도 많지만, 미기콥스키는 가장 큰 수요자에게 초점을 맞춰 간결하고 명확한 메시지를 전했다.
- **아이디어에 얼굴을 결합시켜라.** 영상은 팀원들을 소개할 수 있는 완벽한 방법이다. 최대한 많은 팀원들을 보여주는 것도 중요하지만, 한 명의 주인공(유명 인사)이 이야기하면서 제품을 설명하는 것이 가장 좋다. 영상을 보는 사람들은 제품과 연관시킬 수 있는 얼굴이 필요하다. 얼굴이 너무 많으면 헷갈릴 수 있다.
- **말하지 말고 보여주라.** 사람들이 뭔가 믿을 만한 것을 볼 수 있어야 한다. 하지만 그보다 더 중요한 것은 지갑을 꺼낼 만한 것을 봐야 한다는 점이다. 신제품에 대한 캠페인이라면 시제품이나 렌더링이 영상에서 가장 돋보이는 부분이 될 것이다. 또 제품이 가만히 놓여 있기만 해서는 안 된다. 당신이 가진 아이디어의 가치를 가장 쉽게 보여줄 수

있는 방법은 그것을 사용하는 모습을 보여주는 것이다. 좋은 소식은 요즘에는 3D 프린팅과 컴퓨터 애니메이션이 워낙 발달하여 제품의 모습을 설득력 있게 보여주기가 아주 쉬워졌다는 점이다.

- **짧게 만들어라.** 인디고고가 발견한 바에 따르면 5분 이하의 영상을 만든 캠페인은 더 긴 영상의 캠페인보다 목표액을 달성할 확률이 25퍼센트 더 높다. 2012년에 인디고고에 올라간 캠페인 영상들의 평균 길이는 3분 27초였지만, 목표액을 달성한 캠페인 영상은 평균 16초가 더 짧았다(3분 11초).[26]

- **피드백을 받아라.** 미기콥스키는 이렇게 말한다. "페블을 출시하기 전에 100명이 넘는 사람들이 우리의 영상과 웹페이지를 보고 피드백을 했습니다."[27] 페블 팀은 그렇게 하여 영상을 더 좋게 만들었을 뿐만 아니라 자신들의 아이디어를 검증할 수 있었고, 캠페인의 초점을 어디에 맞출지도 정할 수도 있었다.

9. 들어줄 사람 만들기 : 제휴사, 지지자, 활동가

캠페인을 시작하기 전에 확실한 후원자와 파트너들의 커뮤니티를 만드는 것은 매우 중요한 일이다. 이들은 캠페인 초기에 활력을 불어넣을 것이며, 제대로만 관리한다면 캠페인의 신뢰성을 더해줄 것이다. 또한 그들의 네트워크로 여러분의 정보를 전달해 자금 모집에 시동을 걸어줄 수도 있다. 이런 커뮤니티는 간단히 셋으로 나눌 수 있는데 제휴사, 지지자, 활동가이다.

- **제휴사 :** 제휴 마케팅이란 제품이나 서비스를 출시하기 위해 영향력

있는 개인이나 회사, 커뮤니티 운영자와 파트너 관계를 맺는 것이다. 여기에는 2가지 핵심 열쇠가 있다. 첫째, 올바른 제휴사를 선택하는 것과 둘째, 비용을 최소화하고 가치를 극대화하며 참여를 자극하기 위해 적절한 인센티브를 설계하는 것이다. 어느 경우에나 중요한 것은 노선을 일치시키는 것이다.

이상적인 제휴사는 비전과 고객 기반을 공유하는 곳이다. 제휴사의 이용층은 제휴사가 무언가를 요청했을 때 기꺼이 해줄 수 있는 사람들의 연합이어야 한다. 플래너터리 리소시스에서 아키드 출시를 계획하기 시작했을 당시 우리는 과학박물관이 최고의 파트너가 되리라고 생각했고, 그래서 5곳의 과학센터와 동맹을 맺었다. 하지만 잘못된 판단이었다. 알고 보니 과학박물관의 이용층은 연령대가 아주 높거나 낮아서 인터넷이나 크라우드펀딩에 익숙하지 않았다. 결국 우리는 빌 나이(플래너터리 소사이어티의 회장인 과학 전문가), 브렌트 스파이너(《스타트렉》에 출연한 배우), 행크 그린, 호르헤 챔Jorge Cham, (《PHD 코믹스》의 웹툰 작가), 레인 윌슨Rainn Wilson(작가), 매슈 인먼(웹툰 작가) 등과 파트너 관계를 맺게 됐는데, 이들은 모두 광적인 팬층을 거느리고 있었다. 여러분에게도 바로 이런 파트너가 필요하다.

다음으로, 적절한 인센티브 설계는 어떻게 해야 할까? 보통 제품 출시의 경우에는 제휴사들이 제품의 판매와 홍보를 도와준 대가로 매출의 일정 비율을 가져간다. 크라우드펀딩에서는 그렇게 하려면 너무 복잡하고 비용이 많이 든다. 대신에 우리는 파트너들을 신나게 만들 수 있는 창의적인 방안을 생각해냈다. 예컨대《PHD 코믹스》PHD Comics 의 경우 팬들이 우리 캠페인을 자신들의 커뮤니티에 공유하면

팬 한 사람의 실제 논문을 우주로 보내주기로 한 것이다. 팬들은 이 아이디어를 무척 좋아했다. 요점은 이것이다. 파트너에게 매력적이면서, 여러분의 프로젝트에 관한 소문을 낼 수 있는 프로그램을 설계하라.

- **지지자 :** 지지자들은 여러분의 대의를 따르는 팬이자 후원자를 말한다. 여러분의 소셜 네트워크를 따르고, 이메일 주소를 제공하고, 친구들에게 캠페인이 시작됐다고 이야기할 수 있는 사람들이다. 캠페인을 시작하기 몇 달 전에 이메일 목록과 추종자들을 만들어두는 일은 매우 중요하다. 플래니터리 리소시스의 경우 웹사이트에 우리의 과업에 동참해 이름과 이메일 주소를 남겨달라는 스플래시 페이지를 만들어두었다.

에릭 미기콥스키는 인펄스의 기존 팬들에게 페블의 디자인에 관한 피드백을 요청했고, 이들을 크라우드펀딩의 첫 후원자로 만들었다. 이 팬들은 캠페인이 시작되자 킥스타터의 페이지를 홍보하고 공유함으로써 캠페인이 널리 퍼질 수 있게 도왔다.

활동적인 추종자들이 없다면 어떻게 할까? 첫째, 시간을 갖고 가능성을 확인해보라. 이 프로젝트에 누가, 왜 관심을 가질지 생각해보라. 다음으로 그 사람들이 온라인상에서 어디에 모이는지 알아보고, 그들을 여러분의 웹사이트로 초대하라. 마지막으로 여러분의 웹사이트에 그들이 여러분의 커뮤니티에 들어오게끔 초대하는 캡처 페이지를 만들라. 이메일 주소를 얻는 가장 좋은 방법 중 하나는 '윤리적 뇌물', 다시 말해 거래를 제안하는 것이다. 잠재적 고객이 여러분의 커뮤니티에 가입하여 이메일 주소를 남긴다면 여러분은 무엇을 줄 수 있을까? 때로는 가장 쉬운 답이 최선이다. 여러분의 월간 블로그에 접속할 수 있도록 초대하거나, 향후 제품에 대한 할인, 한정판 제품을 다른 사람보다 먼저 접할 수 있는 기회, 행사 초대 그리고 드물기는 하지만 돈을 주는 경우(초창기 페이팔이 그랬던 것처럼)도 있다. 창의적으로 생각해보라.

- **활동가** : 캠페인을 위해 많은 일을 하고 싶어 하는 열렬한 서포터들을 말한다. 플래니터리 리소시스의 경우 이런 핵심 서포터를 '선봉대'라고 불렀다. 이들을 동원하기 위해 우리는 캠페인 몇 달 전부터 우리가 가진 명단에 있는 2만 5,000명에게 다음과 같은 감질 나는 이메일을 보냈다.

안녕들 하신가요?

플래니터리 팀원들은 모두 '그 순간'을 알고 있습니다. 한계를 깨고 인류를 별에 보내는 것이 우리의 소명임을 알았던 순간 말이지요. 우리는 멘토나 자원봉사자, 선생님, 때로는 과학센터나 박물관을 통해 그 순간을 경험했습니다.

그렇기 때문에 우리는 다음 세대를 교육하고 격려하기 위해 많은 일들을 해왔습니다. 이번 달에 우리는 한 주요 과학 기관과 파트너 관계를 맺고, 우주를 닿을 수 있고, 대화할 수 있고, 재미있는 곳으로 만들어줄 혁신적 방법을 모색하려 합니다. 그리고 그러려면 여러분의 도움이 필요합니다. 우리는 우리의 서포터, 바로 여러분들 중에서 200명가량을 선발해 팀을 구성하고, 선택된 이 소수의 인원을 '플래니터리 선봉대'라고 이름 붙일 것입니다. 자세한 내용을 모두 공유할 수는 없지만, 분명히 말씀드릴 수 있는 것은 우주를 성큼 닿을 수 있는 곳으로 만드는 데 '플래니터리 선봉대'가 중요한 역할을 하게 되리라는 사실입니다. '플래니터리 선봉대'에 관심이 있으신 분들은 아래와 같이 해주십시오.

1. 여기 있는 지원서를 작성하세요. 플래니터리 선봉대의 일원이 되기에 꼭 맞는 사람들을 찾아내는 데 도움이 됩니다.
2. 여러분이 정말로 관심이 있는지, 연락처는 정확한지 확인하기 위해 저희가 연락을 드리도록 하겠습니다. 일부 선봉대원께서는 비밀유지약정에 서명해주셔야 할 수도 있습니다.
3. 여러분은 우리의 공동 회장 겸 공동 설립자인 피터 H. 디아만디스와 함께 쌍방 대화가 가능한 팀 전용 구글 행아웃에 초대되어 비공개 브리핑을 받게 될 것입니다.

소행성 채굴 책임자
크리스 르위키

보다시피 우리는 세부 내용과 이름, 캠페인 날짜를 비밀에 부쳤다. 우리 데이터베이스에는 수천 통의 회신이 쏟아졌고, 우리는 그들에게 질의서에 답해달라고 요청했다. 매주 얼마만큼의 시간을 낼 수 있고, 구글플러스나 페이스북, 트위터에 팔로어를 얼마나 갖고 있는 사람인지 알기 위해서였다. 그렇게 해서 우리는 500명 정도를 추려 팀 전용 구글 행아웃에 초대하고 비공개 브리핑을 했다. 이렇게 한 데는 팬들을 사로잡기 위한 목적도 있었지만, 이들을 대상으로 크라우드펀딩 망원경이라는 아이디어를 테스트해보기 위함이었다.

캠페인 시작 몇 달 전에 우리는 플래니터리 선봉대에게 과제를 내주었다. 개인적으로 모임을 가져 우리가 고려하고 있는 여러 전략을 한번 실험해달라는 내용이었다. 그러고 나서 크리스 르위키와 에릭 앤더슨 그리고 내가 시애틀에서 실시간 이벤트로 캠페인 시작을 알리는 자리에는 50명이 넘는 플래니터리 선봉대원들이 직접 행사장에 모습을 드러냈다. 그중에는 멀리 유럽에서 비행기를 타고 온 사람들도 있었다. 모두가 기꺼이 우리를 도와줄 준비가 되어 있었다. 돈 한 푼 받지 않고 말이다. 저들은 중요한 사건에 함께하기 위해 자비를 들여 그곳까지 와주었다.

이런 핵심 서포터들이 얼마나 중요할까? 캠페인 첫날 우리가 받았던 1만 건(중복 제외)의 클릭 중에서 거의 50퍼센트가 이들 선봉대 덕분이었다. 그렇다면 교훈은 분명하다. 여러분의 가장 열정적인 팬층을 찾아내 그들이 움직이도록 하라. 그들은 기꺼이 도와주려고 할 것이며, 그들의 공헌이야말로 캠페인의 성공에 더없이 소중한 요소다.

10. 슈퍼 신뢰성을 가진 출범식, 초기 기부자 참여, 미디어 지원

캠페인을 어떤 식으로 발표하느냐는 매우 중요하다. 시작 후 며칠 동안이 가장 많은 관심을 받고, 가장 많은 모금을 할 수 있는 시간이다. 떠들썩한 캠페인을 시작하려면 3가지 핵심 사항을 기억해야 한다.

- **슈퍼 신뢰성을 가진 출범식** : 제5장에서 이야기한 것처럼 슈퍼 신뢰성
보다 더 높은 수준에서 시작하면 사람들은 즉시 해당 프로젝트를 진짜라고 받아들이며 성공할 것이라고 진심으로 믿는다. 핵심은 믿을만한 자원을 최대한 많이 끌어모아 여러분의 노력과 일치시키는 것

이다. 영상의 수준과 영상에 등장하는 인물, 크라우드펀딩 웹사이트에서 지지 성명을 해주는 사람들이 모두 신뢰를 형성한다. 그리고 혹시 출범일에 기자회견을 할 수 있다면 그 자리에 참석하는 사람도 중요하다. 캠페인이 일찌감치 성공해도 슈퍼 신뢰성이 생긴다. 사람들은 승자를 응원하는 것을 좋아하기 때문이다. 시작할 때 성과가 좋을수록 더 많은 사람이 도와주려고 한다.

- **기부 예약** : 앞서 저가의 보상 못지않게 5,000달러 혹은 1만 달러 수준의 보상도 중요하다고 설명했다. 그 이유는 바로 이 때문이다. 아키드 캠페인을 시작하기 몇 주 전에 나와 에릭 앤더슨, 크리스 르위키는 개인적인 네트워크에 연락해 도움을 청했다. 캠페인이 시작되기 전날 우리는 각자 다음과 같은 이메일을 몇십 통씩 보냈다.

래리께

내일 5월 29일 수요일에 제 생에 가장 크고 흥분되는 온라인 프로젝트가 시작됩니다. 과장이 아닙니다. 도와주신다면 정말 감사드리겠습니다. '아키드 : 모두를 위한 우주망원경'이라는 프로젝트인데요, 궤도를 도는 우주 천문대(아키드)를 크라우드펀딩하려고 합니다. 크라우드펀딩을 이용해 전 세계에 이 프로젝트를 알리고 여러 과학센터와 초중고등학교에 기부할 수 있는 관측 시간도 늘리려고 합니다. 우주를 닿을 수 있는 곳으로 만드는 것이 이 프로젝트의 목표랍니다!

처음 한두 시간 동안 이루어지는 이 크라우드펀딩 캠페인의 성과(참여 약속 등)가 전체 성공에 '어마어마한' 영향을 미치게 될 겁니다. 그래서 친한 분들에게 개인적으로 연락을 돌리고 있는 중이에요. 참여해주실

수 있는지 한번 봐주시고 지인들에게도 이 메일을 전달 부탁드립니다. 참여할 수 있는 규모는 2가지(1만 달러와 5,000달러)가 가능합니다. 둘 다 원하시는 학교나 박물관, 대학 등에 상당한 시간의 망원경 이용권을 기부하실 수 있습니다. 자세한 사항은 모두 캠페인이 시작되면 캠페인 페이지에서 읽으실 수 있습니다. 가장 좋은 혜택들은 이 2가지 참여 수준에 모두 묶어두었습니다. ……심지어 우리가 발견하는 소행성에 당신의 이름도 붙여드릴 겁니다!

여기 캠페인을 엿볼 수 있는 페이지가 있으니 한번 둘러보십시오. 하지만 혼자서만 보세요. www.kickstarter.com/projects/1458134548/1966069095?token=2ab031d1

캠페인이 시작되면 페이지가 링크된 이메일을 보내드리겠습니다. 연락주십시오. 감사합니다!

피터

우리 캠페인이 시작되었을 때 사람들은 1시간 만에 우리가 20만 달러를 모으는 것을 보았다. 초기의 이런 추진력 덕분에 우리는 일찌감치 신뢰성을 쌓고, 볼거리를 제공하며, 캠페인이 널리 퍼지게 만들 수 있었다. 이렇게 튼튼한 모금 기반을 가지고 있으니 목표를 달성하게 될 것은 의심의 여지가 없었다. 언제, 얼마만큼 초과 달성하느냐만 남아 있을 뿐이었다.

- **의미 있는 흥분을 만들어내라.** 사람들이 캠페인에, 특히나 초기에 참여하기 위해서는 강력한 이유가 필요하다. 아키드의 경우 우리는 캠페인 시작 몇 주 전부터 커뮤니티 구성원들을 감질나게 만들었다. '뭔가

대단한 것'이 오고 있다는 힌트를 던지면서 긴장을 고조시켜나간 것이다. 그러고 나서 각종 인맥과 제휴 파트너들을 동원해 시애틀 항공박물관에서 열리는 실시간 기자회견을 홍보했다. 우리는 미리미리 준비하여 (시애틀 현지의) 400여 명의 열정적인 팬들이 이벤트 현장에 나타나게 했다. 실시간 스트리밍으로 함께하는 사람들을 위해서는 발표가 진행되는 동안(약 1시간) 참여를 약속하는 사람들에게 따로 특전(티셔츠)을 준비했다.

막후에서 우리는 네트워크를 움직였다. 크라우드펀딩에 대해 사람들이 흔히 오해하는 것 중에 하나가 후원자 대부분이 낯선 사람일 것이라고 생각하는 점이다. 사실은 그렇지 않다. 크라우드펀딩은 일반적인 자금 조달 전략(개인적인 네트워크를 통한 자금 모집)과 크라우드펀딩 전략(익명의 공공 기부자를 찾는 것)이 결합된 형태인 경우가 많다.

- **미디어를 끌어들여라.** 크라우드펀딩에서 대분의 사람들이 저지르는 커다란 실수가 인디고고나 킥스타터에 캠페인을 게시하기만 해도 되리라고 착각하는 것이다. 그렇지 않다. 캠페인 페이지로 사람들을 끌어오는 것은 플랫폼이 아니라 여러분의 책임이다. 페이지를 방문하는 사람이 많을수록 더 많은 금액을 모집할 수 있다. 간단한 이치다.

소셜 미디어나 이메일, 제휴사, 지지자 등을 통해 직접 연락하는 외에 또 하나 사람들을 끌어올 수 있는 중요한 수단은 디지털 미디어다. 온라인 기사나 블로그가 캠페인 페이지로 바로 연결되게 하는 것이다. 몇 가지 아이디어를 제시하면 다음과 같다. 첫째, 아는 미디어에 접근하라. 여러분이나 여러분의 회사가 미디어에 실린 적이 있다면, 그렇게 여러분의 실적에 익숙한 미디어들의 목록을 만들어라. 그들에게 연락해서 먼저 브리핑을 해주는 것이다. 그들이 쉽게 사용할 수 있는 이미지나 콘텐츠가 담긴 보도 자료나 링크를 제공하라. 둘째, 관련 있는 블로거나 저널리스트 목록을 만들어라. 여러분의 분야에 관심 있는 블로거는 누구인가? 페블워치는 이 부분에 능했다. 미기콥스키의 말을 들어보자. "저희는 첨단 제품 블로그 공간에 있는 블로거들을 일일이 검토해서 킥스타터 프로젝트에 관해 자주 글을 올리는 블로거들로 80명 정도의 명단을 만들었습니다. 그다음에는 엑셀에 킥스타터 프로젝트가 생중계될 때 연락해야 할 만한 언론 기자 60~70명의 명단을 만들었습니다."

페블은 캠페인 출범 독점 미디어 파트너로 인개짓을 선택했다. 인개짓은 이 뉴스를 가장 먼저 전하는 대신 페블에 대한 심층 인터뷰 기사를 싣기로 했다. 파트너십은 효과가 있었다. 하나씩 늘어나는 뉴스들은 모두 인개짓의 기사를 참조했고, 캠페인 소식은 널리 퍼져 나갔다.

11. 주별 실행 계획 : 참여, 참여, 참여

캠페인 내내 후원자 및 후원 예정자들과 연락을 유지하는 것은 매우 중요하다. 이는 캠페인 출범 전에 시작해서 계속 이어져야 한다. 2012년 인디고고에서 조사한 바에 따르면, 정기적으로 업데이트(블로그 포스트, 영상 등)를 하는 프로젝트는 그렇지 않은 프로젝트보다 218퍼센트 더 많은 금액을 모금했다.[28] 이제는 아주 쉽게 연락할 수 있는 채널이 훨씬 더 많아졌다는 점을 생각하면, 커뮤니티의 참여를 더 많이 이끌어내는 일은 그 어느 때보다 쉬워졌다.

그렇다면 참여가 왜 그렇게 중요할까? 첫째, 후원자들은 자신이 낸 돈에 관심이 많다. 따라서 프로젝트가 어디까지 진행되었는지 지속적으로 정보를 얻기를 바란다. 이들은 여러분의 첫 고객인 만큼 이들의 열정이 식지 않도록 유지하는 것이 무엇보다 중요하다. 이 점은 특히나 고정액 모금 캠페인에서는 더욱 중요한데, 실제 지불이 모금 목표액에 도달한 후에나 진행되기 때문이다. 캠페인 기간 도중 언제든지 불만이 생긴 서 포터는 약속한 금액을 낮추거나 심지어 취소할 수도 있다. 그러니 이들을 붙잡아두는 것이 아주 중요하다.

둘째, 계속 관심을 두는 후원자들은 친구들을 초대한다. 크라우드펀딩에서 조달되는 모금액의 상당 부분은 소개를 통해 만들어진다. 그리고 가장 잘 소개해줄 수 있는 사람은 이미 캠페인에 참여했고, 캠페인의 성공 가능성에 고무되어 있는 사람들이다.

셋째, 아키드 캠페인 때 모금액의 10퍼센트 이상은 업셀링upselling(처음에 판매하려던 제품보다 더 비싼 제품을 파는 일—옮긴이)에서 나왔다. 캠페인 기간 동안 이미 참여했던 후원자들이 더 좋은 특전을 위해 더 많은 액수의 참여를 결정한 것이다. 이런 일은 후원자의 적극적 참여를 높일 수 있는 활동이 있어야 가능하다. 이 부분을 좀 더 자세히 살펴보자.

- **프로모션과 경연대회** : 사람들은 놀이를 좋아한다. 아키드 캠페인 때 우리가 성공했던 전략 중 하나는 프리랜서닷컴에서 실시한 디자인 콘테스트였다. 우리는 맷 배리와 파트너 관계를 맺고 아키드 우주망원경을 가장 잘 형상화한 티셔츠 디자인에 7,000달러의 상금을 내걸었다. 우리는 제출작이 200여 개 정도 되리라고 예상했다. 그때 배리가 자신이 갖고 있던 명단 전체로 이메일을 보냈다. 800만 명 전부에게

말이다. 순식간에 우리는 2,500개의 우수한 디자인 작품을 제출받았고, 참여율은 어마어마했다. 그리고 우승한 티셔츠 디자인은 또 다른 특전이 되어 더 많은 판매를 이끌어냈다.

또 하나 일러둘 점이 있다. 프로모션을 계획할 때는 경연대회를 캠페인의 궁극적인 과제와 일치하도록 해야 한다. 우리는 인터넷이나 크라우드펀딩과 익숙하지 않은 커뮤니티에서도 경연대회를 몇 번 개최해봤는데, 그런 경연대회들은 흐지부지되고 말았다.

- **실시간 스트리밍** : 아키드 캠페인을 시작할 때 우리는 유명 인사들과 함께한 질의응답 시간을 실시간 스트리밍으로 방송했다. 이때 나는 레인 윌슨과 빌 나이, 브렌트 스파이너를 인터뷰했다. 이런 이벤트는 캠페인을 보다 투명하게 만들었고, 사람들의 더 깊은 참여를 이끌어냈으며, 사람들을 우리의 캠페인 페이지로 끌어오고, 궁극적으로는 모금액을 어마어마하게 늘릴 수 있었다.

12. 데이터에 기초한 의사 결정을 내려라.

데이터를 보면 모든 세부 사항이 드러난다. 크라우드펀딩 캠페인이 점점 커지면 트렌드는 줄어들고 커다란 패턴이 나타나기 시작한다. 이런 정보를 활용하는 법을 안다면 캠페인에 큰 도움이 될 수 있다. 살펴봐야 할 패턴 몇 가지를 예시하면 다음과 같다.

- **타이밍** : 크라우드펀딩에서는 타이밍이 전부다. 특히 주의해야 할 타이밍은 시장 타이밍과 출범 타이밍 2가지다.

먼저, 시장 타이밍이란 세상이 여러분의 설루션에 준비되어 있어야 한다는 뜻이다. 페블은 어떻게 그렇게 큰 히트를 기록했을까? 일반인들이 값싼 스마트워치에 목말라 있었기 때문이다. 개발 트렌드를 알고 있어야 한다. 비슷한 제품의 판매가 증가하는지 면밀히 살펴보며 꼭 해야 할 조사를 진행하라. 시장을 테스트하는 가장 좋은 방법 중 하나는 가족이나 친구, 동료 수백 명에게 물어보는 것이다. 또 하나 특별히 더 중요한 것은 전혀 모르는 사람에게 여러분의 제품이나 서비스, 아이디어에 대해 어떻게 생각하는지 물어보는 것이다. 캠페인을 시작하기 전에 이런 테스트를 반드시 실시하라.

다음으로 출범 타이밍에 유의하라는 말은 사람들이 제각각 자신의 스케줄을 가지고 있다는 점을 염두에 두라는 이야기다. 여름이나 주말에는 컴퓨터 앞에 앉아 있는 사람이 적다. 최적의 캠페인 출범일을 고를 때는 학교 휴일, 종교 행사, 스포츠 경기 스케줄까지도 고려하라. 인터넷 트래픽은 주초가 더 높다. 금요일 혹은 주말에 캠페인을 시작하는 것은 미디어의 관심이라는 측면에서 끔찍한 선택이므로, 월요일에서 목요일 사이에 캠페인을 시작할 수 없다면 차라리 며칠 미루는 편이 낫다. 타이밍을 잘못 잡아서 초기의 추진력을 잃지 않도록 하라. 대부분의 크라우드펀딩 캠페인은 아주 초기와 제일 마지막에 정점을 찍으며, 중간에는 잠잠하게 마련이다. 이에 맞는 계획을 세워라.

- **트렌드 서핑** : 상승세일 때 캠페인을 시작해야 한다. 그래서 트렌드가 중요하며, 용어 자체의 인기가 중요하다. 'Google.com/trends'를 확인해보라. 트렌드 서핑이란 유행하는 키워드가 막 퍼져 나갈 때 그 흐름을 타는 것이다. 정확하게 당신의 자리를 찾는다면 키워드가 정점

에 있을 때 그 흐름을 타고 키워드의 인기를 캠페인으로 끌어올 수 있을 것이다. 아키드 캠페인을 시작했을 때 우주 셀카가 바로 이런 아이디어에서 나온 것이었다. 구글 트렌드에서 '셀카'라는 단어를 검색해 보기 전에는 우리도 이 아이디어가 그다지 탐탁지 않았다. 하지만 전 세계적인 검색 숫자를 보니 이 단어의 인기가 급상승하고 있는 중이라는 사실을 알 수 있었고, 그래서 한번 시도해본 것이었다. 결과적으로 아주 훌륭한 선택이었음은 말할 것도 없다.

- **업셀링** : 캠페인 기간 동안 추진력을 얻을 수 있는 가장 좋은 방법 중 하나는 후원자들의 참여 금액을 높이는 것이다. 트래픽이 높을 때 이런 '발 들여놓기' 기법을 사용한다면 판매액을 상당히 늘릴 수 있다. 하지만 후원자들에게 더 사달라고 구걸을 해서는 안 된다. 그 대신 각 보상 수준의 참여 가치를 높여서 후원자들이 참여 수준을 높였을 때 훨씬 더 크게 동참할 수 있게 만들어주면 된다.

- **글로벌 시장** : 글로벌 시장에 맞춰라. 인터넷 덕분에 크라우드펀딩 캠페인은 이제 더 이상 어느 지역에 한정된 사건이 아니다. 아키드의 경우, 우리는 해외 참여자들을 위해서 캠페인 페이지를 여러 나라 언어로 번역했다. 아키드는 매출의 20퍼센트 이상이 유럽 국가에서 나왔고, 3퍼센트는 중국에서 나왔다. 페블의 6만 8,000명의 후원자는 인터넷 곳곳, 세계 각지에서 나왔다. 미기콥스키는 이렇게 말한다. "우리 소식이 북미에서 중국으로, 유럽으로, 벨기에로, 네덜란드로, 중동으로, 싱가포르로, 인도네시아로, 중국으로, 일본으로 퍼져 나갔어요. 전체적으로 통계를 보면 우리 후원자의 50퍼센트는 북미에서, 50퍼센트는 그 외 전 세계에서 왔습니다. 영어권 국가만도 아니었고요."

그러니 조사를 통해 글로벌 시장을 이해하라.[29] 그리고 그에 맞춰서 캠페인을 준비하라.

- **커뮤니티** : 커뮤니티에 물어보고 커뮤니티에 귀 기울여라. 캠페인은 결코 정적인 과정이 아니다. 시작해놓고 잊어버려도 되는 활동이 아니라는 이야기다. 출범시키고 나면 더욱 바빠져야 한다. 데이터를 바쁘게 연구하라. 끊임없이 고객들의 의견을 파악하라. 수집된 정보를 바탕으로 지속적으로 개선하라. 캠페인 기간 내내 데이터에 기초한 의사 결정을 내린다면 성공 확률을 극적으로 끌어 올릴 수 있다. 몇 가지 지표를 살펴보면 다음과 같다.

커뮤니티에 귀를 기울이면 캠페인 모금에도 도움이 될 뿐만 아니라 제시하고 있는 제품이나 서비스 및 바람직한 인센티브 구조에 대해서도 중요한 피드백을 받아볼 수 있다. 데이터를 수집하면서 2가지를 이해하려고 노력하라. 사람들이 무엇을 원하는가? 사람들이 그것에 얼마의 돈을 지불할 의향이 있는가? 이런 부분에서는 설문조사가 효과를 발휘한다. 때로는 알고 싶은 것만 콕 집어서 고객이나 커뮤니티에 물어보는 것도 좋은 방법이다. 특히 다음과 같은 것들에 유의하자. 첫째, 듣는 사람을 나눠라. 커뮤니티 내의 특정 집단 사람들에게 연락함으로써 더 좋은 결론을 끌어낼 수 있다. 둘째, 하나만 물어라. 사람들은 바쁘다. 하지만 1개의 질문에 답하는 것은 쉽고 또 시간도 별로 걸리지 않는다. 꼭 맞는 질문을 하라. 셋째, 과장이 있을 수 있다. 설문조사에서 사람들은 양 극단을 고르는 경향이 있다. 그러다가 실제로 참여할 때 설문조사에서 골랐던 금액을 정말로 내놓는 사람은 소수일 것이다.

여기까지다. 어번던스의 홈페이지www.AbundanceHub.com를 방문하면 온라인으로 훨씬 더 많은 정보를 볼 수 있다. 마지막 조언은 나이키에서 하는 말 그대로다. "저스트 두 잇."Just do it 크라우드펀딩의 큰 물결은 이제 막 밀려오고 있다. 크라우드펀딩은 앞으로 7년 내에 10배로 성장할 것이다. 기회를 놓치지 마라. 프로젝트와 제품, 서비스를 고르고, 바쁘게 움직여서 여러분의 캠페인을 만들어라.

마지막 조언 몇 가지

. . . .

이 책의 원고를 출판사에 넘기고 얼마 지나지 않아 포틀랜드에 사는 제품 개발 전문가 라이언 그레퍼Ryan Grepper가 크라우드펀딩의 이전 기록(페블워치와 우분투 포함)을 모두 경신했다. 그가 진행한 쿨리스트 쿨러Coolest Cooler 캠페인에 6만 2,642명의 사람들이 1328만 5,226달러의 후원을 약속한 것이다. 사람들은 왜 이 캠페인을 후원했을까? 21세기에 해변용 아이스박스를 만든다는 데 말이다. 이 제품은 믹서가 내장되어 있고 휴대전화 충전기와 블루투스 스피커 그리고 해가 진 이후에도 음료를 구별할 수 있게 방수 조명 시스템이 설치된 아이스박스였다. 내 친한 친구이기도 한 마케팅 전문가 브렌던 버차드Brendon Burchard가 그 캠페인을 도왔기 때문에 나는 버차드에게 연락해서 어떻게 그들이 그런 일을 해냈는지 물어보았다. 들어보니 브렌던과 라이언은 앞에서 우리가 논의하지 않은 사항을 4가지 더 발견했다. 중요한 내용이기 때문에 여기에 소개한다.

1. 진취적으로 실패하라

어마어마한 성공에도 불구하고 쿨리스트 쿨러는 하루아침에 센세이션을 일으킨 것이 아니었다. 실제로 라이언은 이 쿨러를 가지고 크라우드 펀딩을 두 번째로 시도해 1300만 달러라는 대성공을 거둔 것이었다. 그의 첫 번째 시도는 12만 5,000달러를 모집하는 데 실패했으니, 이 제품은 거의 세상에 나오지 못할 뻔했다.

긴 이야기라고 라이언은 설명한다. "10년도 더 전에 제가 오래된 제초기로 해변용 믹서를 만들었습니다. 가족 나들이에 제격이었죠. 그다음 해에는 오래된 자동차에서 떼낸 스테레오를 아이스박스에 붙여서 놀러 갈 때 음악을 들을 수 있게 했어요. 그렇게 몇 년간 이 장치들을 잘 쓰다가 이사하면서 창고에 넣어두고는 잊고 지냈습니다. 그랬는데 작년에 그 아이스박스와 믹서를 꺼내보니 제가 그것들을 만든 이후로 기술이 참 많이도 발전했다는 생각이 들더라고요. 지금은 더 작고 휴대하기 편한 아이스박스에 더 많은 기술을 결합시킬 수도 있겠다 싶은 거죠. 그때 그런 생각이 든 겁니다. 이걸로 크라우드펀딩 프로젝트를 만들면 대박이겠다."

하지만 그렇게 쉽게 성공할 수는 없었다. 라이언의 첫 번째 크라우드펀딩 도전은 사실상 실패였다. 2013년 말에 그는 쿨리스트 쿨러를 가지고 12만 5,000달러를 모금하는 데 도전했지만 10만 달러밖에 모으지 못했다. 실망은 했어도 단념하지는 않았던 라이언은 첫 시도 때 지지해준 서포터들의 재촉을 받아 쿨러의 디자인을 다시 살피기 시작했다. 그렇게 수정하고, 다시 만들어, 결국은 성공한 것이다. 여기서 첫 번째 교훈을 얻을 수 있다. "진취적으로 실패하라." 라이언은 이렇게 말한다. "첫 크라우드펀딩이 실패했다고 해서 다시 선보이지 말라는 법은 없죠. 일반적으로 크라우드펀딩은 크리에이티브에 종사하는 사람들이 잠재적 고객 앞에 아이디어를 제시할 수 있는 아주 근사한 방법이에요. 가장 생생하고 솔직한 피드백을 받아볼 수 있죠. 사람들이 지갑으로 피드백을 해주니까요. 자금이 조달된다면 더없이 멋지겠지만, 실패하더라도 '내 생각만큼 훌륭하지 않았네. 뭘 바꾸고 개선해서 다시 만들면 될까?'라고 생각하면 됩니다. '일찍 실패하고, 자주 실패하고, 진취적으로 실패하라.'는 말처럼요."

2. 크라우드와 함께 시작하라

라이언이 배웠던 두 번째 교훈은 해당 제품에 관심 있는 사람들로 이루어진 커뮤니티의 중요성이다. 앞서 나는 이런 역할을 수행하도록 선봉대를 구성하는 방법을 설명했다. 쿨리스트 쿨러의 경우 라이언의 첫 캠페인 때의 서포터들이 그 역할을 해주었다. 라이언의 설명을 들어보자. "첫 캠페인 때 우리는 많은 활동을 했죠. 야외 파티를 열고 네트워크를 구성하면서 서로 가까워졌어요. 바로 그 사람들이 제게 다시 한 번 시도해보라고 용기를 줬습니다. 그리고 제가 다시 시도했을 때는, 그러니까 두 번째 캠페인을 벌였을 때는 이런 기존의 팬들이 처음부터 함께였어요. 연못에 던져 넣을 커다란 돌덩이가 되어주었죠. 팬들은 아주 큰 파문을 만들었고, 엄청난 영향력을 발휘했습니다."

3. 실물 모형이 중요하다

인터넷은 시각적인 매체다. 그렇기 때문에 사람들이 화면 크기에 그렇게 민감한 것이다. 앞에서도 캠페인 영상을 잘 만들어야 한다고 이야기했다. 여기서 한발 더 나아가 라이언은 그 영상에서 보여지는 제품 실물 크기 모형도 아주 중요하다고 말한다. "캠페인과 캠페인 사이에 생긴 시간 덕분에 아주 근사한 모형을 만들 수 있었습니다. 그게 차이가 크더라고요. 단순히 외형의 문제가 아니라 신뢰성에 영향을 줘요. 크라우드펀딩에서는 모르는 사람들에게 나와 내 콘셉트를 믿어달라고 부탁하는 거잖아요. 그건 상당한 신뢰를 필요로 하는 일이죠. 실제 제조 모형에 얼마나 근접해 있는지, 근사하고 완성도 있는 모형을 보여주면 훨씬 더 도움이 될 겁니다."

4. 표적 광고

시장 세분화가 중요하다. 라이언의 설명을 들어보자. "듣는 사람에게 맞는 메시지를 만들어내는 게 아주 중요합니다. 첫 번째 실패를 통해 우리는 후원자들에 대한 데이터를 일부 얻을 수 있었죠. 우리를 후원해주는 사람들이 누구이고, 그들을 흥분시키는 게 무엇인지에 대해서 말이에요. 그래서 우리는 페이스북에 표적 광고를 내고 보트나 야외 파티, 캠핑, 피크닉 등에 열정을 가진 사람들을 공략했습니다. 구매자가 누구인지를 안다면, 이런 플랫폼들의 표적 광고가 굉장한 힘을 발휘하죠." 그래서 우리의 네 번째 교훈은 이것이다. 페이스북이나 유튜브, 링크드인 같은 플랫폼의 유료 표적 광고를 활용하라. 데이터에 기초한 회사가 돼라. 들인 광고비보다 더 많은 돈을 모금할 수 있다면 기꺼이 광고를 내라.

마지막으로 내가 정말 근사하다고 느낀 부분을 덧붙이려고 한다. 라이언의 캠페인이 믿기지 않을 정도의 성공을 거두자, 완전히 다른 종류의 이점이 따라왔다. 라이언은 이렇게 회상한다. "어느 날 웬 남자가 연락을 해왔더라고요. '사업 자금 2000만 달러가 필요하세요? 제가 팀을 보유하고 있는데요. 쿨리스트 쿨러를 2억 달러짜리 회사로 만들어드릴 수 있습니다.' 게다가 어지간한 부품 제조사들에서 전부 협력하자는 연락을 받았어요. 배터리 업체, 믹서 업체, 스피커 업체까지요. 심지어 앞으로 유통을 맡아주겠다면서 연락해 온 회사도 있었습니다."

제9장

커뮤니티를
형성하라

똑같은 열정을 가진 사람들
· · · ·

"지구상 인류가 의미 있는 일에 보내야 할 수조의 여가 시간." 뉴욕 대학교의 클레이 셔키Clay Shirky 교수는 '인지 잉여'를 이렇게 정의한다.[1] 이 책의 제3부는 바로 이 인지 잉여의 활용 전략을 알아보는 데 온전히 바치려고 한다. 앞서도 살펴보았듯이 우리에게 가장 중요한 문제는 이것이다. 어떻게 하면 크고 대담한 목표를 성취하는 데 동원하고, 협업하고, 활용할 수 있는 커뮤니티를 형성할 것인가?

우선 '커뮤니티'의 의미에서부터 시작해보자. 먼저, 커뮤니티는 크라우드와는 다르다. 크라우드는 온라인상의 모든 사람을 뜻하지만, 커뮤니티는 그중에서 떼어져 나온 일부를 말한다. 커뮤니티는 당신과 실제로 의미 있는 관계를 맺고 있는 모든 사람을 말한다. 커뮤니티에는 여러 종류가 있다. 하지만 제9장에서 우리는 2가지 종류의 커뮤니티에 집중할 것이다. DIY 커뮤니티와 기하급수 커뮤니티다. DIY 커뮤니티는 거대한 변화를 목적으로 뭉친 사람들의 집단이다.[2] 진심으로 믿고 있는 프로젝트에 기꺼이 자신의 시간과 마음을 기부하려는 열정을 가진 사람들의 모임이다. 이런 사람들은 대가도 없이 일하고, 오랫동안 일하며, 계속해서 헌신한다. 이들이 그렇게 하는 것은 그 일이 의미 있고 중요하다고 느끼기 때문이다. 한편 기하급수 커뮤니티는 특정한 기하급수 기술(기계학습, 3D 프린팅, 합성생물학 등)에 어마어마한 열정을 가진 사람들이다. 이들은 기술과 경험을 공유하기 위해 서로 뭉친다.

어찌 보면 여기에 새로운 것은 전혀 없다. 무리를 이루어 살아온 이래로 인간은 언제나 열정을 공유하고 문제를 해결하기 위해 결속했다. 하지만 오늘날 DIY 커뮤니티와 기하급수 커뮤니티는(이하 합쳐서 그냥 '커뮤니티'라고 부른다) 지리적, 규모적, 구조적 측면에서 옛날과는 차이가 있다. 좀 더 자세히 알아보자.

지리적 측면이야말로 가장 눈에 띄게 변화한 부분이다. 역사적으로 내가 배를 만들고 싶은데 돛 만드는 장인이 산 너머에 살고 있다면, 그것은 그저 운이 없는 일일 뿐이었다. 그러나 인터넷은 이런 장벽을 제거했고, 이는 아주 중요한 변화다. 빌 조이Bill Joy가 지적한 유명한 이야기처럼, 지구상에서 가장 똑똑한 사람들은 보통 남의 회사에서 일하고 있다.[3] 기술은 이제 내가 어디에 살고 있는 누구이든, 기존의 여러 편견 없이 이렇게 똑똑한 사람들에게 접근할 수 있게 해준다. 온라인에서는 피부색이 어떤지, 어떤 신을 섬기는지, 무엇을 입었는지, 헤어스타일은 어떤지, 담배를 많이 피우는지, 냄새가 나는지, 지나치게 웃는지 아무도 알 수 없다. 이런 익명성 덕분에 예전 같으면 공원 벤치에 나란히 앉지도 않을 사람들이 서로 의미 있는 경험을 공유하고 이윤을 창출할 이야기를 나눈다.

더불어 거리의 제약과 여러 편견을 벗어나자 새로운 아이디어를 접할 수 있는 기회도 늘어났다. 창의성이란 곧 재결합이다. 새로운 아이디어가 오래된 생각과 만나 신선한 통찰을 낳을 때 돌파구가 마련된다. 이렇게 새로운 아이디어를 접할 기회가 늘어나면서 커뮤니티 내의 혁신 속도도 증폭되고 있다. 이렇게 혁신의 속도가 빨라지고, 세상 모든 곳의 전문가를 활용할 수 있고, 3D 프린팅이나 클라우드 컴퓨팅 같은 강력한 기술이 생기고, 이런 벤처에 자금을 댈 수 있는 크라우드펀딩의 힘까지 합쳐지면서 오늘날 커뮤니티가 지닌 두 번째 특징이 나타났다. 바로 커뮤니티가 맡을 수 있는 프로젝트의 규모가 기하급수적으로 커졌다는 점이다.

커뮤니티는 이제 범위와 규모 면에서 이전과는 비교할 수도 없을 만큼 방대한 일에 도전할 수 있게 되었다. 온라인 취미 커뮤니티인 DIY 드론스DIY Drones는 군용 수준의 무인 비행기를 만들 수 있다. 로컬 모터스는 완벽한 주문형 자동차를 제조한다.[4] 10년 전이었다면 이런 규모의 과제는 오로지 대기업이나 정부만이 할 수 있는 영역이었다. 하지만 오늘날에는 인터넷에 접속만 할 수 있다면 누구에게나 기회가 열려 있다.

구조적 측면에서도 커뮤니티는 상당히 변화했다. 20세기에는 정보의 보급 구조(라디오, 텔레비전, 인쇄)가 주로 일방향이었다. 의사소통은 위에서 아래로 내려오는 상의하달 방식이었으며, 그마저도 오늘날의 기준에서 보면 매우 드물었다. 하지만 오늘날에는 인터넷 덕분에 위에서 아래로, 아래서 위로, 양옆으로도 의사소통이 가능하다. 커뮤니티에서는 이런 새로운 의사소통 방식 덕분에 리더들이 선도하는 데서 그치지 않고 다른 형태의 리더들이 출현하게 만들고 있다. 10년 전에는 생각조차 하지 못했을 협업 구조가 가능해진 것이다.

더욱 좋은 것은 많은 경우 이런 구조가 저절로 조직된다는 점이다. 커뮤니티가 제대로 갖춰지기만 하면, 그때부터는 성장이 유기적으로 일어나기 때문에 지나친 간섭이나 집중적인 자본 지출이 필요하지 않다. 예컨대 페이스북의 최고운영책임자_COO_ 셰릴 샌드버그는 여성들에게 야망을 추구하라는 격려의 메시지를 담은 베스트셀러 《린인》을 집필한 후, 책을 통해 만들어진 에너지를 결집하기 위해 온라인 여성 커뮤니티를 만들기로 했다. 성장 전략의 일환으로 나온 아이디어 중 하나가 '린인 서클'을 만드는 것이었다. 지역별로 8명에서 10명 정도의 여성이 모여 경험을 나누고 서로를 지원하는 것이다. 린인 커뮤니티(이런 플랫폼에 대한 더 자세한 내용은 제10장에서 살펴보겠다.)의 중추 역할을 하고 있는 온라인 커뮤니티 형성 툴 마이티벨_Mightybell_의 CEO 지나 비앵키니_Gina Bianchini_는 이렇게 이야기한다. "이런 서클은 거의 전적으로 저절로 조직된 거예요. 린인 측에서 한 일이라고는 커뮤니티에 아이디어를 제안하고, 이런 서클이 어떻게 형성되고 기능해야 할지 느슨한 기준을 제시한 게 전부죠. 린인 조직에서 새로운 서클을 만들거나 기존 서클을 관리하는 일을 맡고 있는 담당자는 아무도 없어요. 하지만 1년 정도가 지나자 1만 3,000여 개의 서클이 만들어졌고, 매주 새로운 서클이 만들어지고 있습니다."[5]

저절로 조직되든 아니든, 이 모든 새로운 협력 구조를 뒤에서 추진하는 힘은 기술 전문가들과 저자 조슈아 클라인Joshua Klein이 '평판의 경제학'reputation economics이라고 부르는, 완전히 새로운 종류의 가치 제안이다.[6] 여기에 담긴 아이디어는 이중적이다. 먼저 이 아이디어는 현재 온라인에서 평판을 가진 사람이 20억 명쯤 된다는 사실에서부터 출발한다. 이베이의 판매자 순위가 되었든, 페이스북 페이지에 있는 콘텐츠가 되었든, 혹은 소셜 미디어 분석을 이용해 이용자들의 온라인 소셜 영향력 순위를 매기는 클라우트 스코어Klout score가 되었든, 뭐가 되었든 사람들은 이전보다 서로에 관해 훨씬 더 많은 것을 알고 있다. 그리고 이런 평판은 중요하다. 강력한 블로그 포스트를 줄줄이 가지고 있다면 데이트 상대뿐만 아니라 금요일 밤에 콘퍼런스에서 강연을 할 기회까지 온갖 기회가 생길 수 있다. 기술 전문가들이 서로의 질문에 답하고 최고의 대답에 투표하는 웹사이트인 '스택오버플로닷컴'StackOverflow.com에서의 경험 덕분에, 혹은 온라인 컴퓨터 프로그래밍 대회를 개최하는 '톱코더' 점수 덕분에 취업을 하는 사람들도 있다. 다시 말해 온라인에서의 평판이 실제 세계에서도 영향력을 가지는 것이다.

게다가 이런 평판은 온갖 종류의 수혜를 주기는 해도 늘 금전적으로 환산되는 것은 아니다. 조슈아 클라인은 이렇게 설명한다. "이제는 전 세계 누구에 대해서도 맥락에 필요한 정보를 얻을 수 있기 때문에 어떻게 하면 양측 모두에게 도움이 되는 방식으로 개인적으로 활발히 교류할 수 있을지 알 수 있습니다. 본질적으로 온라인에서 힘을 합치는 모든 커뮤니티는 바로 이렇게 해서 만들어집니다. 오늘날에는 대부분이 그렇지요."[7]

하지만 흥미로운 부분은 이제 우리가 여기서 한발 더 나아갈 수 있다는 점이다. 예컨대 지역의 어느 제과 클럽이 휘핑크림 컵케이크를 만들기 위해 이산화탄소를 사용한다고 치자. 어느 날 클럽 회원 한 사람이 공업용 주입 기계가 필요하다고 느낀다. 그는 몇 분 뒤 웹사이트에서 꼭 맞는 기기를 만든다는 사람을 아주 먼 지역에서 발견한다. 하지만 그 사람은 시제품 2개밖에 가지고 있지 않고, 시제품을 공유할 생각도 없어 보인다.

클라인은 이렇게 설명한다. "예전 같으면 그 사람이 혹시나 신문에 썼을지도 모를 기사를 통해 그가 무엇을 하는지 알아내야 했겠지요. 아니면 편지를 써서 정보를 더 달라고 애걸하거나요. 하지만 이제는 이 남자에 관한 모든 걸 알 수가 있습니다. 정말로 바이에른 포크 음악을 좋아하는지도 알아낼 수 있을 겁니다. 농담이 아니에요. 클럽 내 제빵사의 장모의 친척이 바이에른 사람이니까요. 알고 보니 그분의 조카가 고향에서는 포크 음악계의 유명 인사이고 말이죠. 공업용 컵케이크 주입기를 만드는 이 남자가 그 조카를 소개받는 데 관심이 있을까요? 남자의 기계를 한번 사용해보는 대가로 말이죠. 바로 이런 게 10년 전에는 불가능했던 일이에요. 하지만 이제는 숨 쉬는 것처럼 일상적인 일이 되었죠."

가치 제안을 근본적으로 바꿈으로써 평판의 경제학은 DIY 커뮤니티 및 기하급수 커뮤니티 양쪽 모두에서 혁신의 속도를 높이고 있다. 이 말은 곧 커뮤니티들이 즉시 쓸 수 있는 돈이 없더라도 멈추지 않는다는 뜻이다. 실제로는 오히려 정반대인 경우가 많다. 참여자들에게는 구식 화폐 교환보다 서로에게 이익이 되는 비금전적 거래(다시 말해 가치를 더하는 것)가 실은 더 좋을 수도 있다. 이런 거래는 마찰이 적기 때문에 거래를 시도하기가 더욱 쉬운 것이다. 그 결과 지리적 장벽이 사라져서 빨라진 혁신은 더욱더 빨라지고, 기업가들은 A에서 B까지 그 어느 때보다 빠르게 움직일 수 있게 되었다.

지나 비앵키니는 이렇게 설명한다. "저는 줄곧 DIY 커뮤니티와 함께 일했지만 이런 일들은 계속해서 저를 놀라게 만듭니다. 일단 커뮤니티가 한번 움직이기 시작하면 깜짝 놀랄 만한 아이디어들이 쏟아져 나와요. 한 번도 생각해보지 못한, 상상조차 해보지 못한 방향으로 말이죠. 너무 자주 벌어지는 일이기 때문에 당연히 이번에도 그럴 거라고 믿어도 좋을 정도입니다. 대담한 과제에 도전하는 데 있어서 DIY 커뮤니티가 그토록 강력한 툴이 되는 것도 바로 이런 이유라고 생각합니다. 어떻게 해내야 하는지 미리 알지 않아도 되기 때문에 오히려 큰 계획을 꿈꿀 수 있는 거지요. 커뮤니티가 길을 내고 속도를 높여줄 겁니다. 충격적일 만큼 큰 영향력이지요."[8]

DIY 커뮤니티, 갤럭시 주

2007년 초, 옥스퍼드 대학교에서 천체물리학 박사 과정을 밟고 있던 케빈 샤빈스키Kevin Schawinski는 슬론 디지털 스카이 서베이Sloan Digital Sky Survey에서 '푸른 타원은하'를 찾고 있었다. 푸른 타원은하는 과도기의 은하로서 별을 형성 중인 은하와 죽은 지 오래된 은하 사이의 빠진 연결고리일지도 모르기 때문이었다. 천문학 역사상 아주 야심찬 계획의 하나인 슬론 서베이는 우주의 구조적 틀을 밝힐 수 있다는 희망에서 하늘의 거의 4분의 1에 해당하는 면적을 이미지화하여 기존보다 10배나 많은 데이터로 대규모 우주의 모습을 제공하는 것을 목표로 했다. (《뉴욕 타임스》는 이것을 '하늘의 센서스'라고 부르기도 했다.)[9] 이렇다 보니 겨우 몇천 장의 사진을 갖고 있던 슬론 이전의 천문학자들과는 달리 샤빈스키에게는 100만 장에 가까운 사진이 있었다. 하지만 안타깝게도 당시에는 최고의 컴퓨터 알고리즘조차 푸른 타원은하를 찾아낼 수가 없었다. 그런 일을 해 낼 수 있는 것은 오직 사람의 눈뿐이었다. 즉 이 일은 샤빈스키의 몫이었 던 것이다.

샤빈스키는 하루에 10시간씩 5일 동안 꼬박 작업하여 5만 장의 이미 지를 분류했지만 거기까지였다. 샤빈스키의 설명을 들어보자. "도저히 그 이상은 할 수 없었어요. 그런데도 우리는 제가 분석한 것으로 아주 흥 미로운 과학적 사실들을 뽑아냈고, 많은 논문을 발표했죠. 하지만 또 뭘 할 수 있을까에 관해 이야기를 나눌 때마다, '100만 개를 다 분류하면 얼 마나 근사할까'라는 생각을 하지 않을 수 없었어요."[10]

그러던 샤빈스키는 어느 날 옥스퍼드의 동료 천문학자 크리스 린톳 Chris Lintott과 함께 맥주를 한잔하러 갔다가 이미지를 웹페이지에 올리자 는 아이디어를 내게 됐다. "우리는 외부에도 몇 사람이 있을지 모른다는 생각을 했어요. 기꺼이 우리를 도와줄 의향이 있는, 정말로 헌신적인 아 마추어 천문학자가 두세 사람 더 있을 수도 있다고요. 그렇게 생각하고 대충 한 번 끄적여보았더니 100만 개의 은하 모두를 한번 분류하는 데 5 년이 걸린다는 계산이 나왔어요."

이 아이디어는 2주 만에 몇몇 친구의 도움을 받아 '갤럭시 주'Galaxy Zoo 프로젝트로 발전했다. 거의 최초라고 할 수 있는 시민 과학자 웹사이트 중 하나가 온라인상에 나타난 것이다.[11] 사람들에게 이 웹사이트를 알리 기 위해 두 사람은 간단한 언론 발표를 하고 기다렸다. 하지만 오래 기다 릴 필요는 없었다.

몇 시간 지나지 않아 사람들은 샤빈스키가 일주일 동안 분류한 것보다 더 많은 은하를 분류하고 있었다. 24시간 만에 사람들은 거의 시간당 7

만 개의 은하를 분류하고 있었다. "여기에 참여하고 싶은 사람들의 수요가 어마어마하다는 사실을 금세 알 수 있었어요. 처음에 우리는 사람들이 왜 웹사이트에 가서 그렇게 어마어마한 수의 은하를 분류하려고 할까 이해가 가지 않았죠. 그러다가 깨달았어요. 우리가 사람들의 충족되지 않은 욕구를 건드렸다는 걸요. 사람들은 뭔가에 기여하고 싶어 했어요. 실제로 저희가 사회과학자 몇 명과 팀을 이뤄 발견한 사실인데, 사람들이 갤럭시 주를 하는 가장 큰 이유는 진짜 과학에 기여하고 싶은 바람이더라고요. 사람들은 뭔가 쓸모 있는 일을 하고 싶어 했어요."

이런 욕구를 가진 사람은 많다. 샤빈스키와 동료들은 '거대한 변화를 불러올 목적'을 만난 것이다. 갤럭시 주의 첫 번째 버전에는(지금은 다섯 번째 버전까지 와 있다.) 15만 명이 참여해 5000만 개의 은하를 분류했다. 후속 버전은 25만 명이 넘는 참여자를 끌어들였고, 총 6000만 개 이상의 은하를 분류했다. 이후 갤럭시 주는 시민 과학 프로젝트의 집합소처럼 되었으며 주니버스Zooniverse에서 운영하고 있다. 달 표면을 탐험하고 싶다면? 플래니터리 리소시스와 나사에 합류해 채굴 가능성이 있는 지구 근접 소행성을 찾고 싶다면? 역사적 항해 일지들을 활용해 수백 년간의 기후 변화를 모형화하고 싶다면? 연구자들을 도와 고래들의 의사소통을 이해하고 싶다면? 이런 것들도 모두 머지않아 선택 가능한 일들이 될 것이다.

그리고 그것이 중요하다. 샤빈스키와 추종자들이 우연히 발견한 것을 나는 '니치 법칙'Law of Niches이라고 부른다. 니치 법칙은 별것이 아니라 "우리는 혼자가 아니다."라는 아이디어다. 이것은 웹의 가장 두드러진 특징 중 하나다. 우리가 깊은 열정을 느끼는 것이 아무리 괴짜 같은 생각이라 해도, 실제로는 똑같은 열정을 가진 사람은 아주 많다. 조슈아 클라인은 이렇게 설명한다. "기업가들이 틈새시장의 관심을 빠르게 찾아내 공략하는 능력이 그 어느 때보다 좋아졌어요. 그런 그룹들이 집단적으로 그들의 욕구를 충족시킬 수 있는 플랫폼을 만들어주는 거지요. 전에는 스타트업들이 이미 자리 잡고 있는 기존 업계와 경쟁해야 했어요. 자동차 부품 업체라고 해보세요. 제 친구 중에는 프리우스 소유자들을 중심으로 사업 하나를 만든 친구도 있습니다. 자신의 자동차에 있는 전기 시스템을 해킹해서 연료 효율을 높이고 싶어 하는 소유자들을 공략한 거예요. 아주 작은 하위문화지만, 요즘에는 이 정도면 사업 하나를 시작하고도 남죠."

DIY 커뮤니티, 로컬 모터스

존 제이 로저스John Jay Rogers는 어린 시절부터 자동차를 좋아했다. 오토바이도 좋아했다. 일종의 집안 내력이었다. 할아버지인 랠프 로저스는 전설의 인디언 오토바이 회사의 마지막 소유주였고, 미국 동부 해안에 커민스 엔진을 최초로 보급한 사람이었다. 성장하는 내내 로저스는 자신이 자동차 디자인 쪽에서 일하게 되리라고 생각했다. 하지만 대학에 들어가고 보니 전통적인 대학 체계 내에는 자동차 디자이너를 위한 자리가 없었다. 그래서 로저스는 어린 시절의 열정을 제쳐두고 프린스턴 대학교에서 국제문제 및 공공정책 전공으로 학교를 졸업했다.

로저스는 의료 스타트업에 일자리를 얻어 중국에서 3년을 보낸 뒤 금융 애널리스트로 직업을 바꿨다. 직장에서는 경영대학원에 갈 것을 제안했고, 로저스는 스탠퍼드 대학원에 입학 허가를 받았다. 이를 축하하는 저녁 식사 자리에서 동료 하나가 로저스에게 살면서 정말로 하고 싶은 일이 뭐냐고 물었다. "저는 손에 잡히는 무언가를 만들고 싶다고 말했어요. 실제로 사람들을 리드할 수 있는 무언가를요. 친구는 제게 사람들을 리드하는 법을 아냐고, 실제로 리더십을 경험해본 적이 있냐고 물었어요. 제가 없다고 하니까 군대에 입대해보라고 하더군요."[12]

그래서 로저스는 군대에 들어갔다.

스물여섯 살에 로저스는 스탠퍼드 대학원 입학을 포기하고 해병대원이 됐다. 1999년에 입대해 6년 반을 복무하면서 태평양의 여러 지역과 이라크를 다녀왔다. 2004년, 두 번째 파병 길에 로저스는 환경주의자 에이머리 로빈스Amory Lovins가 쓴 《석유 종반전에서 승리하는 법》Winning the Oil Endgame을 가지고 갔다. 어떻게 하면 사회가 화석 연료에 대한 의존에서 벗어날 수 있는가에 관한 책이었다. 이 책이 터닝 포인트가 됐다. 로저스가 이 책을 읽고 있을 즈음 친한 친구 둘이 전투에서 죽었는데, 2가지 사건이 결합되자 로저스는 깨달았다. 자신이 정말로 인생을 바치고 싶은 일은 바로 '누구도 석유 때문에 죽는 일이 없게 하는 것'이라는 점을 말이다. 미국이 수입한 화석 연료의 71퍼센트는 미국인들의 자동차와 소형 트럭에 연료를 공급하는 휘발유가 된다. 그래서 로저스는 자신의 목표를 달성하는 최선의 방법은 전혀 새로운 종류의 친환경 자동차를 만드는 것이라고 생각했다.

로저스는 자신의 꿈을 실현하려면 자신보다는 사업을 잘 아는 사람이 필요하다는 것을 알았다. 그래서 군대를 떠난 로저스는 다시 학교로 돌아가 하버드 대학교에서 경영대학원 과정을 밟기로 했다. 그리고 바로 그곳에서 로저스는 앞서 이야기한 오픈소스 티셔츠 회사 '스레들리스'에 관한 프레젠테이션을 들었다. 로저스는 크라우드소싱이 발휘하는 어마어마한 힘에 깜짝 놀랐다. 물론 자동차를 만드는 것은 티셔츠를 디자인하는 것보다야 훨씬 어렵겠지만, 로저스는 자신이 필요로 하는 인재들이 이미 대기 중이라는 사실을 알았다. 니치 법칙의 또 다른 예로, 로저스는 자동차 디자이너가 되고 싶었지만 나중에야 그것이 아주 희귀한 직업이라는 사실을 알게 된 사람이 자신뿐만이 아님을 알게 되었다. 로저스의 설명을 들어보자. "자동차를 전공한 산업 디자이너 중 겨우 12퍼센트에서 20퍼센트만이 자동차 업계에서 일하게 됩니다. 그리고 이것은 자동차를 만들고 싶었지만 산업 디자이너가 되지 않았거나 되지 못한 사람들은 계산에 넣지도 않은 거죠. 이렇게 자동차를 만들고 싶지만 억눌린 커다란 욕구, 심하게 좌절된 열정이 사람들한테는 있어요."

이런 거대한 변화의 목적이 만들어낸 결과가 세계 최초로 오픈소싱 자동차를 생산한 로컬 모터스였다.[13] 100배나 적은 자본으로도 전통적인 자동차 제조사보다 5배나 빠르게 자동차를 디자인하고 만드는 로컬 모터스는 현대의 기적이라고도 볼 수 있다. 로컬 모터스는 자동차 제조를 가속화하고 무료화할 방법을 찾아냈다. 더구나 이때는 미국의 자동차 산업이 서서히 죽어가면서 디트로이트의 실업률이 23퍼센트를 넘나들 때였는데 말이다.[14]

잠깐만 한번 생각해보자. 한때는 대기업이나 정부만이 할 수 있었던 일을 이제는 소규모 조직들도 이룰 수 있다는 것은 이 책에서 누누이 이야기했다. 일론 머스크의 테슬라 모터스를 제외하면 미국에서 지난 30년간 새로운 자동차 회사가 나타나 성공한 사례는 없다. 그리고 지난 7년간 미국 정부는 자동차 3사를 구제하느라 수백만 달러를 들였다. 다시 말해 로컬 모터스는 단순히 대기업과 정부가 할 수 있던 일을 하고 있는 것이 아니라 제도권이 할 수 없었던 일을 해내고 있다. 자동차 산업을 구제하는 일 말이다.

그렇다면 로컬 모터스는 무엇을 해낸 걸까? 간단하다. 로컬 모터스는 어떻게 하면 믿기 힘들 만큼 튼튼한 DIY 커뮤니티를 활용해 집합적으로 자동차를 디자인하고 만들지를 알아냈다. 현재 로컬 모터스가 자신들의 웹사이트에서 개최하는 디자인 경연대회는 아주 특정한 시장을 겨냥하고 있다(소노란 사막에서 탈 수 있는 오프로드 차량, 캘리포니아의 막히는 고속도로에서 믿기지 않을 만큼 연료 효율성이 뛰어난 차량). 경연대회는 전 세계 출신의 디자이너, 엔지니어, 열혈 팬들로부터 온갖 종류의 자동차 콘셉트를 수집한다. 그러면 커뮤니티 구성원들은 가장 마음에 드는 것에 투표하고, 로컬 모터스는 우승작이 제작되도록 돕는다.

특히 로컬 모터스는 이 모든 단계에 커뮤니티가 참여할 수 있게 유의한다. 첫 디자인 경연대회가 끝나고 나면 로컬 모터스는 환풍구나 인테리어, 기타 핵심 사양에 대해 추가적인 디자인 및 제작대회를 조직한다. 로컬 모터스는 대량생산품도 활용하는데, 커뮤니티 구성원들이 해당 자동차에 들어갈 기성품 부품도 투표하게 하는 것이다. 예컨대 로컬 모터스가 출시한 첫 번째 차량인 2009년형 랠리 파이터Rally Fighter는 사막을 달리기 위한 오프로드 차량(도로 주행도 합법이다.)인데, 이 차량에는 마츠다 미아타의 도어 핸들과 혼다 시빅의 미등이 달려 있다. 로컬 모터스는 크리에이티브 코먼스 라이선스Creative Commons license(일정한 조건을 붙여서 저작물을 자유롭게 사용하도록 허가하는 것—옮긴이)로 최종 디자인을 공개했기 때문에, 커뮤니티 회원들은 계속 제품을 개선할 수 있고, 사업적 관심이 있는 사람들은 특수 부품을 만들어 커뮤니티에 판매할 수도 있다. 마지막으로 차량을 소유하려면 고객은 반드시 조립 과정에 실제로 참여해야 한다. '마이크로팩토리'microfactory라고도 불리는 로컬 모터스의 제작 시설에서 완제품을 함께 만드는 것이다.

물론 여기서 우리가 말하려는 것은 '참여'다. 하지만 이 단어는 종종 오해되곤 한다. 지나 비앵키니는 이렇게 설명한다. "참여는 페이스북의 '좋아요'랑은 다릅니다. '좋아요'는 일방향 소통일 뿐이죠. 그걸로는 아무것도 안 되잖아요. 실제로 커뮤니티가 무엇인지 생각해봐야 합니다. 커뮤니티란 사람들이 서로에게 이야기하는 거예요. 참여란 그런 대화가 언제나 지속될 수 있게 하는 겁니다."[15]

로컬 모터스가 그런 대화를 가능하게 하는 방법은 프로세스의 모든 단계에 걸쳐 자동차 광팬들이 그동안 발휘하지 못한 창의성을 발휘할 수 있도록 의미 있는 배출구를 마련해주는 것이다. 로컬 모터스는 단순히 회원들이 자동차 디자인이라는 세계의 커튼 뒤를 훔쳐볼 수 있게 해주는 것이 아니라 마법사가 되게 해준다. 그런 근본적인 열정을 해소할 수 있게 해주기 때문에 로컬 모터스는 거대한 커뮤니티가 되지 않더라도, 크리스 앤더슨이《와이어드》에 쓴 것처럼 "미국 제조업의 미래"가 될 것이다.[16]

그리고 이것은 농담이 아니다. 2013년에 로저스와 GE의 CEO 제프 이멀트Jeff Immelt는 힘을 합쳐 로컬 모터스 스타일의 마이크로팩토리를 함께 만들기로 했다. 목표는 GE의 가전제품이 아이디어 단계에서 시장에 출시될 때까지의 시간을 획기적으로 단축하는 것이다. 이 공장은 2014년에 문을 열었다. 완공식 당시에 이미 GE의 가전제품은 2종이 생산에 들어간 상태였다. 이 성공에 뒤이어 로컬 모터스는 다른 산업 분야에서도 혁신에 박차를 가할 수 있는 마이크로팩토리 50개를 추가적으로

건설 중이다.[17]

　DIY 커뮤니티를 통해 정말로 대담한 과제에 도전하려면 과제의 크기에 걸맞게 커뮤니티도 아주 커야 될 것이라는 잘못된 인상이 있다. 하지만 그렇지 않다. 지금 로컬 모터스 커뮤니티에는 13만 명이 넘는 적극적 회원들이 있고, 100만 명 정도의 소극적 회원(지켜보기만 할 뿐 아직 참여하지 않은 회원)들이 있지만, 첫 랠리 파이터를 만들었을 때의 회원은 500명 정도에 불과했다. 기억할 점은 이것이다. 사람들의 좌절된 열정을 정당하게 배출할 수 있는 커뮤니티라면 역사상 가장 강력한 힘을 발휘하게 될 것이다.

기하급수 커뮤니티, 톱코더

시작은 1990년대 말이었다. 잭 휴스는 코네티컷에서 소프트웨어 개발회사를 운영하고 있었다. 프로젝트와 프로젝트 사이의 한가한 기간에 휴스는 사내 프로그래밍 대회를 열어 직원들을 바쁘게 만들곤 했다. 몇 년 후 그 회사를 팔고 다음에는 무엇을 할지를 탐색하고 있던 휴스는 프로그래밍 대회 같은 것을 기초로 무엇인가를 만들어야겠다고 생각했다.

　휴스는 이렇게 설명한다. "저는 형과 함께 간이 테이블에 앉아서 사업의 근본적 문제에 관해 이야기를 나누고 있었습니다. 정말로 적합한 사람을 어떻게 찾아야 할까? 훌륭한 개발자, 뛰어난 크리에이티브 담당자를 찾는 일은 정말 쉽지 않으니까요. 하지만 저는 사내 프로그래밍 대회를 운영해본 경험 덕분에 이미 알고 있었어요. 개발자들이 경쟁을 좋아한다는 것과 그런 경연대회는 뛰어난 인재를 알아볼 수 있는 좋은 수단이라는 점을요. 개발 작업의 많은 부분이 웹 작업이었기 때문에 저는 이런 경연대회를 온라인에 올리면 어떨까 궁금해졌죠."[18]

2002년, 휴스는 궁금증에서 그치지 않고 형과 함께 톱코더라는 웹사이트를 만들었다. 그리고 경연대회를 개최하기 시작했다. "처음에는 상금을 좀 걸었어요. 순전히 재미로 말이죠. 하지만 경연대회는 주로 자존심이 걸린 거였어요."

알고 보니 자존심이야말로 마법의 약이었다.

휴스는 오랫동안 스포츠 팬이었다. 휴스는 미 대학경기협회에서 사용하는, 둘씩 맞붙는 방식의 토너먼트 구조를 좋아했다. 또 야구 분석가들이 단순한 홈런이나 타점을 넘어 아주 다양한 통계를 활용하는 점도 좋아했다. 그래서 휴스는 미 대학경기협회 토너먼트에서 사용하는 것과 유사한 톱코더 리더보드(높은 순위의 명단을 보여주는 게시판―옮긴이)를 만들었다. 그리고 각 프로그래머마다 전자 '야구카드'를 게시하고, 박스 스코어에는 해당 프로그래머가 얼마나 많은 경기에 참여했고 최고 점수와 최저 점수는 얼마였는지 등 각종 통계 자료를 표시했다.[19] 이런 점수 시스템은 사실 프로그래머들이 다른 참가자의 이름과 점수를 보고 우승할 확률이 있는지, 이번 대회가 참가할 만한 것인지 판단 기준을 마련해주려던 것이었지만, 얼마 지나지 않아 곧 자존심 싸움의 주된 기준이 됐다.

휴스는 이렇게 설명한다. "실은 저희가 코딩을 마치 다중 이용자 게임처럼 바꿔놓았던 거죠. 저희가 문제를 게시하고 프로그래머가 문제를 열자마자 시계는 똑딱똑딱 흘러가기 시작합니다. 참가자들은 얼마나 빨리 답을 제출하고, 해당 코드가 얼마나 정확한가에 따라서 점수를 얻게 되고요. 점수가 얼마나 높으냐가 바로 훈장이 되는 거예요. 사람들은 돈을 놓고 경쟁하는 게 아니라 순위에 들고 싶어 했습니다."

돈이 있어서 나쁠 것은 없었다. 그래서 휴스는 커뮤니티에서 그냥 대회를 열기보다는 외부 사업을 끌어왔다. 큰 프로젝트를 나누어 각 부문별로 대회를 만들었고, 톱코더 커뮤니티 내의 전문가들이 한 번에 한 부문씩 해결책을 내놓게 한 것이다. 어떤 사람들은 코드 안에 들어 있는 버그를 찾아내는 데 능했고, 어떤 사람들은 버그를 고치는 데 능했다. 이런 개별 대회에서 우승자가 선정되고 나면, 전체 프로젝트가 재조립되어 고객에게 전달됐다. 아주 훌륭한 크라우드소싱 모델이었다.

그리고 그 효과는 엄청났다. 처음에 톱코더는 대략 2만 5,000명쯤 되는 커뮤니티 회원들이 가이코GEICO나 베스트 바이Best Buy 등의 회사가 겪는 심각한 문제를 해결하고 있었다. 하지만 얼마 지나지 않아 회원 수는 늘어났고, 톱코더 커뮤니티는 훨씬 더 먼 영역에까지 진출해 있었다. 예컨대 보스턴 베스 이스라엘 병원Beth Israel Deaconess Medical Center의 라미 아르노Ramy Arnaout 박사는 면역 체계에 관한 거대한 유전 정보 파일을 샅샅이 뒤지려고 하고 있었다. 그는 동료 과학자들에게 자문을 구하는 대신 톱코더를 한번 이용해보기로 했다.

이와 관련해 《보스턴 글로브》의 캐럴린 존슨Carolyn Johnson은 다음과 같이 썼다. "면역 체계가 미생물을 확인하는 데 관여하는 단백질 생산 유전자에 대한 분석은 무척이나 심오한 생물학적 지식이 필요한 문제다. 그런데 이 같은 문제에 가장 빠르고 효율적인 답을 내놓은 집단은 다름 아닌 40만 명의 이상의 컴퓨터 프로그래머로 구성된 커뮤니티였다."[20]

더욱 놀라운 것은 커뮤니티가 실제로 이 작업을 하는 데 들인 시간과 비용이 너무나 적다는 점이다. 2주짜리 대회에는 70여 개국의 프로그래머 100명 이상이 참여했고, 그중 16명은 미 국립보건원이 사용하는 알고리즘보다 뛰어난 성과를 냈다. 그리고 프로그래밍을 크라우드소싱하기 위해 톱코더를 이용하고 싶은 사람들을 위해서 말해두자면, 전체 대회에 들어간 비용은 6,000달러에 불과했다.

하지만 기하급수 커뮤니티를 만들기 위한 목적으로 톱코더를 바라본 다면, 가장 중요하게 기억해야 할 점이 있다. 이 커뮤니티의 성장을 이끈 것이 단순한 경쟁이 아니라는 사실이다. 휴스는 이렇게 말한다. "경쟁은 어쩌다 보니 가장 먼저 우리 커뮤니티와 맞아 들어간 요소일 뿐이에요. 톱코더의 다른 많은 측면은 '협업'에 있어요. 사람들은 돈 때문에, 후원사 때문에, 혹은 일자리가 생길지 몰라서 참여하는 게 아니에요. 사람들은 어울리기 위해서 참여하는 겁니다. 우리는 뭉치고 싶어 하는 사람들에게 뭉칠 수 있는 공간을 줬어요. 그래서 효과가 있었던 거죠."

2013년 말, 클라우드 서비스 컨설팅 회사인 아피리오Appirio가 톱코더를 사들였고, 톱코더 커뮤니티는 아피리오의 공동 설립자인 나린더 싱 Narinder Singh의 리더십 아래 놓였다. "우리는 톱코더가 이뤄낸 놀라운 성 공을 목격했습니다. 하지만 그런 성공을 제한된 환경에서 상대적으로 적 은 수의 고객들만이 이용하고 있었어요. 회사들이 더 많은 혁신을 원한 다면 강력한 기술에 더 많이 접근할 수 있어야겠지요. 우리가 톱코더를 인수한 목적은 톱코더를 주류 기술로 만들어서 중소기업이든, 대기업이 든 톱코더 같은 기하급수적 능력을 그들 기술의 일부로 만들어야 한다는 걸 보여주기 위함입니다."[21]

DIY 커뮤니티를 왜 만들어야 하는가?

· · · ·

니치 법칙을 다시 한번 떠올려보자. 자존심 상하는 일이기는 하지만 인터넷이 보여준 것 하나는 우리 중 그 누구도 우리 생각처럼 특별하지 않다는 사실이었다. 그리고 이것은 좋은 소식이다. 왜냐하면 우리가 무언가에 열정을 갖고 있다면 다른 사람들도 그 열정을 공유하고 있을 확률이 꽤 크기 때문이다. DIY 커뮤니티를 만들어야 할 가장 큰 이유는 바로 이 짝사랑 때문이다.

만약 기존의 커뮤니티를 이용해 당신의 꿈을 이룰 수 있다면, 그 길을 가라. 하지만 당신이 열정을 갖고 있는데 다른 누구도 욕망을 채워주지 않는다면, 당신이 선발자 우위를 가진 것이다. 선발자 우위의 힘을 과소평가하지 마라. 갤럭시 주를 처음 시작했을 때 과학자들은 은하의 분류 작업에 지원할 사람은 겨우 몇 명뿐일 것이라고 확신하고 있었다. 하지만 이 프로젝트에는 순식간에 수만 명의 사람이 참여했다. 이유가 뭘까? 사람들은 천문학에 참여하고 싶은, 채워지지 않은 깊숙한 욕구를 갖고 있었고, 갤럭시 주가 그 욕구를 분출할 수 있는 유일한 방편이었기 때문이다.

우리는 아스테로이드 주Asteroid Zoo에서도 비슷한 것을 목격했다. 아스테로이드 주는 주니버스가 주선한 플래니터리 리소시스와 나사 간의 협업 프로젝트로, 사람들을 이용해 지금까지 한 번도 발견된 적 없는 새로운 소행성을 확인하려는 작업이다. 그렇게 해서 만들어진 철저한 데이터를 가지고 인공지능을 훈련시켜 같은 일을 대규모로 실행하게 만들려고 말이다. 하지만 이것은 너무 특정한 욕구였고, 그래서 우리는 얼마나 많은 사람이 반응할지 확신할 수가 없었다. 하지만 갤럭시 주 때와 똑같이 크라우드는 우리의 예상을 가뿐히 뛰어넘었다. 6일 만에 100만 개 이상의 이미지가 검토되었고, 40만 개의 소행성이 분류된 것이다.

이것은 당연한 결과다. 만약 선발자 우위가 없다면, 다른 새롭고 흥분되는 요소를 소개할 수는 없을지 생각해보면 된다. 크로스핏CrossFit만 해도 그렇다. 이 운동 열풍이 소개되자 피트니스 공간은 사람들로 발 디딜 틈 없이 북적댔다. 하지만 크로스핏은 2가지 요소를 활용한 것에 불과하다. 사람들은 끼리끼리 모여 있을 때 더 열심히 운동한다는 점과 요가 외에는 직접적으로 남성을 겨냥한 피트니스 수업이 없다는 점 말이다. 그래서 크로스핏은 선발자 우위가 없었음에도 새로운 차별점이 있었고(다른 대안이 없었다) 흥미진진했다(운동이 더 잘 된다). 그 정도면 인기를 끌기에는 충분했다.

또 하나 기억해야 할 점은 사람들이 커뮤니티에 들어가는 것은 자신의 정체성을 강화하기 위해서이지만, 커뮤니티에 머무는 것은 대화를 하기 위해서라는 점이다. 그렇기 때문에 최고의 커뮤니티들은 실제로 회원들 간의 상호작용을 강제한다. 실제로 대화를 이끌어내는 것이다. 만약 여러분이 새로운 커뮤니티를 조직한다면,[22] 가장 중요하게 생각해야 할 것은 높은 수준의 상호작용을 이끌어내는 일이다. 모든 커뮤니티 관리자들은 다른 무엇보다 대화를 잘 관리해야 한다. 크리스 앤더슨은 처음에 DIY 드론스를 만들고 나서 하루에 서너 시간씩을 투자해 커뮤니티를 관리했다. 간단히 말해서 그다지 사교적인 사람이 아니거나 그만 한 시간을 투자할 수 없을 만큼 바쁘다면, 커뮤니티를 만드는 일은 당신에게 맞는 일이 아니다.

DIY 커뮤니티를 왜 만들면 안 되는가?

. . . .

정말 많은 사람들이 잘못된 이유로 커뮤니티를 만들려고 한다. 이것은 썩은 땅 위에 집을 짓는 일이나 마찬가지다. 썩은 땅 위에 집을 지었다면 문고리가 아무리 예뻐도 집은 결국 무너진다. 커뮤니티도 마찬가지다. 그러니 시간을 내서 온라인 커뮤니티를 만들어야 할 이유를 이야기하기 전에, 커뮤니티를 만들면 안 되는 주된 이유 3가지부터 살펴보기로 하자.

탐욕

온라인 커뮤니티는 거대한 변화를 불러올 목적을 성취하기 위한 것이지 현금을 끌어모으기 위한 것이 아니다. 이것은 커뮤니티를 통해 돈을 벌 수 없다는 이야기가 아니라, 그런 일이 당장 일어나지는 않는다는 뜻이다. 커뮤니티는 진정성과 투명성이 가장 중요하다. 돈을 벌려고 들기 전에 진정성부터 증명해야 한다.

명예

평판의 경제학을 보면 알 수 있듯이 사람들이 온라인 커뮤니티에 가입하는 주된 이유 중 하나는 인정을 받기 위해서다. 하지만 커뮤니티의 목적은 회원들을 인정하기 위한 것이지 여러분을 인정하기 위한 것이 아니다.

단기적 욕망

먼저 활발한 DIY 커뮤니티를 운영하는 일은 하루아침에 이뤄지지 않는다. 게다가 사람들은 커다란 비전에 끌린다. 플래니터리 리소시스가 우리 선봉대(사실상 우리 커뮤니티의 토대)를 끌어들였을 때 선봉대원들은 새로운 망원경을 만든다는 데서 흥분한 것이 아니다. 그들은 우주 개척 시대를 열어간다는 데 흥분했다.

커뮤니티 형성 방법론

. . . .

커뮤니티를 만들기로 마음먹었다면 9개의 핵심적 단계를 하나씩 밟아나가야 할 것이다.

1. 정체성 : 거대한 변화를 불러올 목적이 무엇인가?

2. 커뮤니티 포털 설계

3. 커뮤니티 형성 자원

4. 커뮤니티 형성 초기

5. 커뮤니티 콘텐츠 만들기

6. 참여와 참여 전략

7. 커뮤니티 경영

8. 성장 견인

9. 활용

정체성 : 거대한 변화를 불러올 목적이 무엇인가?

사람들이 DIY 커뮤니티에 가입하는 것은 자신의 정체성을 강화시켜주기 때문이다. 그러니 여러분의 사람을 찾는 데서부터 시작하라. 여러분과 같은 종족은 누구인가? 거대한 변화를 불러일으킬 여러분의 목적은 무엇인가? "열정이 바로 차별점"이라고 로컬 모터스의 제이 로저스는 말한다. "그러니 깃발을 세우고 하려는 게 뭔지 분명히 표현하세요." 최대한 구체적으로 표현하라. 이루어낼 미션이 무엇인지 선언문을 쓰고 웹사이트의 눈에 띄는 곳에 게시하라. 그리고 그 선언문을 붙들고 늘어져라. 남과 다르게 표현하라. 니치 법칙은 여러분이 그 니치가 무엇인지 아주 정확히 알고 진정성 있게 그 니치를 지지할 때에만 효과가 있다.

그렇기 때문에 여러분의 이야기를 들려주는 것이 중요하다. 미션 선언문도 근사하지만, 여러분이 유명인이 아닌 이상, 사람들은 여러분이 누구이고 왜 그런 일을 하는지 알고 싶어 한다. 글로 써도 되지만 더 좋은 것은 카메라를 켜고 영상을 촬영하는 것이다. 여러분의 열정이 빛을 발하게 하라.

커뮤니티 포털 설계

커뮤니티 포털의 모습과 분위기, 참여를 설계하는 데는 6가지 기본 사항이 있다.

1. 일단 시작하라. 진정성 있는 무언가를 디자인하라

링크드인의 설립자 리드 호프먼은 이런 유명한 말을 했다. "기업가가 자기 제품의 첫 번째 버전이 부끄럽지 않다면, 출시가 너무 늦은 것이다." 똑같은 말이 커뮤니티에도 적용된다. 일단 '시작하는 것으로 시작'하라. 제대로 된 포털을 설계하겠다고 수년을 낭비하지 마라. 가진 돈을 다 날리지도 마라. 진정성이 중요하다. 특색을 갖는 것이 핵심이기는 하지만

(사람들이 당신과 같은 종족임을 얼른 알아볼 수 있게) 사람들에게 대화를 나눌 장소를 제공하는 것이 더 중요하다. 그 외의 치장은 나중에 해도 된다.

2. 내비게이션

사람들에게 포털 내에서 쉽게 돌아다니는 방법을 알려주어야 한다. 어디로 가야 할지, 그곳에 가면 무엇이 있는지 알려주어야 한다. 이런 정보를 빠르고 분명하게 알려주지 못한다면 온라인에는 다른 방문할 만한 곳이 차고 넘친다. 다시 말해 좌측의 메뉴탭은 창의성을 발휘할 곳이 아니라는 이야기다. 드론 애호가들의 커뮤니티인 DIY 드론스를 예로 들어보자. 사이트를 방문하면 가장 먼저 보게 되는 것은 커다란 박스에 쓰인 글씨다. "DIY 드론스에 오신 것을 환영합니다." 그리고 사이트 이용법이 어디에 적혀 있는지 표시되어 있고, 가장 중요한 "처음 방문했는데요. 어디서부터 시작하면 되나요?" 탭이 눈에 확 띄게 표시되어 있다.

3. 간소한 회원 가입 절차

커뮤니티의 회원이 되는 데 30초 이상이 걸린다면 회원 수가 많지 않을 것이다. 마찬가지로 이메일 주소 이상의 것을 요구한다면 몰래 내 개인 정보를 팔아서 돈을 벌려는 것은 아닐까 의심되어 가입하지 않을 것이다. 이메일만 물어봐라. 그리고 이메일을 기재하면 뭘 얻을 수 있는지 정확히 이야기하라. 개인 정보를 되팔지 않겠다고 약속하라. 그리고 친구들을 초대할 수 있는 쉬운 방법을 제시하라.

4. 정보

플랫폼에 무엇을 게시할 것인지는 개인적인 선호의 문제이기는 하지만, 사람들이 온라인 커뮤니티에 가입하는 주된 이유 4가지를 기억해두면 도움이 될 것이다. 그 4가지는 '소속감, 지원 네트워크, 영향력 증대, 호기심을 충족시키고 새로운 아이디어를 탐험할 수단'이다. 여러분이 사이트에 게재하는 대부분의 내용은 이런 욕구를 충족시키도록 설계되어야 한다.

5. 인정

리더보드나 순위 시스템을 만들든 혹은 블로그를 개방하든(누구나 게시할 수 있게), 인기 콘텐츠는 눈에 띄게 하라(예컨대 DIY 드론스의 오른편은 가장 인기 있는 게시글에 할애되어 있다). 블로그 포스트에 대한 짧은 설명과 게시자의 커다란 사진 같은 것이면 더 좋다. 평판의 경제학을 기억하라. 사람들은 자신이 기여한 것에 대한 찬사를 듣고 싶어 한다.

6. 확장성

커뮤니티를 만든 당신은 잘 짜여진 회원 조직을 바랄 수도 있지만 훌륭한 커뮤니티는 어수선한 곳임을 알아야 한다. 이것이 핵심이다. 그리고 어느 정도의 어수선함은 좋다. 새로운 아이디어를 더 많이 만들어내고, 혁신의 속도를 높여주며, 상명하달식의 권위를 싫어하는 멤버들을 더 편안하게 만들어주기 때문이다. 하지만 이런 어수선함을 어느 정도(통제가 아니라) 조종할 필요도 있다. 회원들이 더 작은 그룹으로 나뉠 수 있는 길도 제공해야 한다. 그렇기 때문에 DIY 커뮤니티나 기하급수 커뮤니티에게 페이스북은 가장 좋은 홈페이지가 아닐 수도 있다.

커뮤니티 형성 초기

다른 방법은 없다. 시작은 누구에게나 어렵다. 하지만 회원 수가 많아야만 영향력이 생기는 것은 아니다. 실제로 커뮤니티 컨설팅 회사인 피버비FeverBee의 설립자인 밀링턴Millington은 자신의 블로그에 다음과 같이 썼다. "커뮤니티가 커질수록 참여하는 사람은 줄어든다. 그러면 버려지는 부분이 생기고, 커뮤니티 관리자가 우수 회원을 식별하거나 우수 회원과 함께 작업하기가 불가능하다. 활동을 거의 하지 않는 5만 명의 회원을 보유하는 것보다 헌신적인 100명의 회원이 하루 1시간을 내주는 것이 낫다. 작은 규모를 유지하라. 다수에게서 작은 가치를 얻지 말고, 소수에게서 최대의 가치를 뽑아내라."[23]

그렇다면 실제로 어느 정도의 회원이 필요할까? 다시 한 번 말하지만, 생각처럼 많지 않다. 대부분의 전문가들은 처음 10명에서 15명 정도의 회원을 직접 뽑으라고 추천한다. 그래야 방문자가 들렀을 때 뭔가 흥미로운 일이 진행 중일 수 있기 때문이다. 마이티벨의 CEO 지나 비앵키니가 발견한 바에 따르면, 커뮤니티 스스로 대화를 이어가는 데 필요한 회원 수는 150명이었다.

그러면 어떻게 시작할지 알아보자.

1. 선발자가 되라

당연한 소리 같지만, 어느 공간에서 첫 번째 회원이 된다는 것은 상당한 이점이 있다. 사람들이 대화를 원하고, 대화할 수 있는 장소가 여러분의 커뮤니티뿐이라면 이미 게임에서 이긴 것이다. 어느 공간에서 선발자가 될 수 없다면, 여러분이 덤벼들려고 하는 문제점(여러분의 거대한 변화를 불러올 목적)이 경쟁자의 그것과 판이하게 다르거나 훨씬 더 비전이 있어야 할 것이다.

2. 초기 회원은 직접 뽑아라

조사 결과에 따르면 얼리어답터들은 가장 열렬한 서포터가 된다고 한다. 처음 10명에서 15명 정도의 회원을 직접 뽑는 것에서부터 시작하라. 이들을 커뮤니티 형성 과정에 반드시 참여시키도록 하라. 조언을 구하고 의견을 받아들여라. 유명 인사들을 쫓아다니느라 시간을 낭비하지 마라. 일반적으로 유명인들은 자신의 커뮤니티만으로도 바쁘다.

3. 신입 회원의 통과의례를 만들어라

회원들에게 소속감을 주어야 하지만, 소속감은 회원들 스스로 노력해서 느끼게 만들어야 한다. 통과의례를 만들고 특정 멤버십 단계와 연계시켜라. 신입 회원이 다섯 번째 블로그 포스트를 올렸거나, 그의 코멘트가 페이스북에서 10번의 '좋아요'를 받으면, 참여 수준에 걸맞은 보상을 줘라.

4. 들어라

여러분의 핵심 비전이 무엇이건 회원 없이는 아무것도 할 수 없다. 그러니 회원들의 말에 귀를 기울이고 필요할 때는 방향을 바꿀 준비를 하라.

커뮤니티 콘텐츠 만들기

온라인 커뮤니티를 운영한다는 말은 콘텐츠 비즈니스를 한다는 말에 다름 아니다. 커뮤니티 매니저가 너무 많이 참여하는 것은 좋지 않다고 느끼는 전문가들이 많지만, 커뮤니티 매니저가 너무 적게 참여하는 것도 회원 유출을 부추기는 일이다. 우리가 이야기를 나눈 설립자들은 대부분, 특히 출범 6개월 동안은, 사이트에 상주하면서 커뮤니티를 돌보았다고 말했다. 다시 말해 그들은 콘텐츠 제조 기계였다. 커뮤니티 매니저라면 마땅히 해야 할 일인 것이다. 당연하게 생각하고, 계획을 짜고, 실행하라.

다음은 5가지 기본적인 콘텐츠 종류이다.

1. 미래

여러 형태가 있다. 다가올 이벤트나 제품 출시, 다음 일주일 동안 사이트에서 벌어질 일 등에 대해 예고하는 포스트를 작성할 수도 있고 내년에 일어날 일을 예측할 수도 있다. 예고 포스트는 커뮤니티에 소식을 전하는 좋은 방법이고, 예측은 토론을 일으킬 수 있는 훌륭한 방법이므로 둘 다 유용하다.

2. 뉴스

뉴스 모음이나 속보, 신제품 뉴스, 제품 사용 후기 같은 것들이다. 흔히 이용되는 콘텐츠이지만 효과도 좋다. 하지만 다른 많은 사이트들도 같은 전략을 취하고 있기 때문에 새로운 뉴스를 발굴할 방법을 찾아야 할 것이다. 날카롭고 재미있는 뉴스를 준비하라. 그리고 회원 뉴스 섹션을 반드시 만들도록 하라. 커뮤니티에서는 어떤 일이 일어나고 있는가? 회원

중에 누가 놀라운 일을 해내거나 직업을 바꾸거나 VIP를 만나지는 않았는가? 사이트를 회원들의 성취를 축하하는 자리로 만드는 것은 회원들의 충성도와 열정을 키우는 훌륭한 방법이다.

3. 인터뷰

인터뷰는 참여를 형성하는 가장 강력한 툴 중 하나다. 이달의 회원을 골라서 인터뷰하라. 가장 오래된 회원을 골라서 인터뷰하라. VIP를 인터뷰하는 것도 똑같이 중요하다. VIP 인터뷰와 관련해 잠깐 조언할 것이 있다. 기존에 아는 사람이 있는 것이 아니라면 차근차근 올라가면 된다. 꼭대기보다 살짝 아래에 있는 VIP를 찾는 것부터 시작하라. 이런 사람들은 CEO에 비해 인터뷰할 기회가 훨씬 적기 때문에 미디어와 이야기하기를 좋아하는 경우가 많다.

4. 조언

물론 설립자의 조언도 포함된다. 사람들은 실제로 겁 없는 리더의 이야기를 좋아하기 때문이다. 하지만 회원들의 조언을 구할 수도 있고, 커뮤니티에서 일반적인 조언들을 모을 수도 있고(무척 유용함에도 많이 활용되지 않는 편이다), 인접 분야의 사람들에게서 조언을 들을 수도 있다.

5. 외부 필진

전문가 칼럼이 되었든, 전문가 게스트의 블로그가 되었든 외부인에게 여러분의 커뮤니티와 소통할 수 있는 포럼을 마련해주는 것은 커뮤니티의 갈증도 해소하고 회원 수도 확대할 수 있는 기회다. 하지만 사람들은 바쁘고, 빈 페이지만큼 사람을 기죽게 만드는 것도 없다. 그러니 공동 집필도 제안하라(상당 부분을 직접 작성해야 할 것에도 대비하라).

참여와 참여 전략

가장 중요한 참여에는 2가지 종류가 있다. 첫 번째는 '마찰이 적은 참여'다. 페이스북의 '좋아요'나 리트윗 같은 것이다. 마찰이 적은 참여가 중요한 이유는 오직 하나, '보여주기식 증거' 때문이다. 신입 회원들은 자신이 우연히 발을 들인 이 커뮤니티가 '진짜'라는 사회적 증거를 원하는 경우가 많다. 이럴 때 페이스북에 '좋아요' 1만 개가 생긴다면 도움이 될 것이다. 하지만 '좋아요'가 깊이 있는 참여는 아니다. 마찰이 적은 참여에 반대되는 '깊은 참여'를 만들기 위해서는 커뮤니티 회원들 간의 살아 있는 다리를 놓는 작업이 필요하다. 살아 있는 다리란 사람들이 여러분과 그리고 회원들 서로 간에 진짜 감정을 만들어내는 방식으로 연결되는 것을 뜻한다. 이 부분은 매우 중요하다. 사람들은 아이디어를 찾아서 커뮤니티에 들어오지만, 커뮤니티를 떠나지 않는 것은 이런 정서적 측면 때문이다.

커뮤니티 내에 정서를 만들어낼 수 있는 방법은 아주 많다. 이제 그 강력한 방법 몇 가지를 살펴보겠지만, 가장 중요한 것은 깊은 참여를 만들어내려면 빠른 실험이 필요하다는 점이다. 이런 실험의 목적은 사람들이 서로 대화하고 협업하게 만드는 것이라는 점을 기억하라. 소통을 더 쉽게 만들 협업 기회를 늘릴 수 있는 방법을 계속 시도해보라.

다음에 소개하는 것은 가장 유용한 참여 전략 5가지다.

1. 평판

톱코더의 사례를 살펴보면서 순위 시스템과 리더보드가 회원들의 참여를 유도하는 데 얼마나 효과적인지 보았을 것이다. 이제는 톱코더 점수가 없으면 새로운 인재를 채용하지 않는 소프트웨어 기업 수십 곳까지 생겨났을 정도다. 이렇게 참여 전략이 사업의 기본이 되면 어마어마한 상승효과가 있다. 한편 리더보드는 커뮤니티에 게임 같은 재미를 가져다 준다. 사람들에게 공개적으로 자신의 실력에 책임을 지게 하면 재미난 사회적 역학 관계가 만들어진다. 경쟁적인 회원들에게는 이런 역학 관계가 더 열심히 작업해서 리더보드의 순위를 높이려는 동기로 작용한다. 그다지 경쟁적이지 않은 회원들로서는 리더보드가 있으면 커뮤니티 회원 간에 전문 분야를 확인할 수 있어 매우 좋다. 이런 일이 반드시 복잡해야 할 필요는 없다. 그저 회원들의 기여도나 성취를 강조해주는 것만으로도 회원들의 평판을 높일 수 있다.

2. 모임

목표는 '진짜 감정'을 만들어내는 것이다. 진짜 감정을 만들어내는 데 체온을 가진 육체들이 한 방에 모이는 것보다 더 좋은 방법은 없다. 더욱이 셰릴 샌드버그의 '린인 서클'처럼 이런 모임이 스스로 조직되게 할 수 있다면 훨씬 적은 노력으로도 깊은 참여의 모든 이점을 누릴 수 있다. 물론 모든 사람을 물리적으로 한자리에 불러 모을 수 없다면 가상 공간에 불러 모으면 된다. 정형화된 토론을 개최하는 것을 두려워하지 마라. 사람들은 바쁘다. 일정한 선을 긋고 대화의 초점을 잡아주는 것은 그들의 시간을 존중한다는 좋은 표현이다.

3. 도전

경연대회를 열든(다음 장에서 상세히 알아볼 것이다.), 그룹 프로젝트를 추진하든, 잘 준비된 토론을 벌이든 간에 커뮤니티에 도전 과제를 만드는 것은 회원들 간에 끈끈한 응집력을 형성할 수 있는 아주 좋은 방법이다. 도전 안에 또다시 도전을 집어넣을 수도 있다. 마감 시한을 설정하면 도전 과정이 재미있어진다. 협업이 필요한 규칙을 추가하라. 예컨대 경쟁 참여 작품이 되려면 특정 수 이상의 회원이 먼저 보아야 한다고 정하는 것이다.

또한 도전 과제는 '기득권'을 최소화하는 데도 도움이 되기 때문에 필요하다. 엑스프라이즈의 커뮤니티 선임 디렉터인 조노 베이컨Jono Bacon은 이렇게 말한다. "모든 커뮤니티의 목표는 소속감을 만들어내는 것입니다. 하지만 여기에는 이면이 있죠. 소속감의 반대는 '기득권'이에요. 많은 커뮤니티들이 기득권과 싸웁니다. 기득권을 가진 회원들이 혁신의 속도를 늦추면 커뮤니티가 침체될 수 있어요. 커뮤니티는 스스로에게 도전하지 않으면 언제든 침체될 수 있는 위험을 안고 있습니다."[24]

4. 시각화

커뮤니티의 설립자가 '하우투'How-to 비디오를 만들든, 이용자들이 만든 사진이나 파워포인트가 되었든, 웹은 시각적 매체라는 점을 잊지 말아야 한다. 사람들은 매일 온라인상에서 어느 정도의 눈요깃거리를 기대한다. 눈요깃거리는 크라우드소싱하기도 쉽고, 공유하기도 쉽다.

5. 연결고리가 되라

커뮤니티의 조직자로서 여러분은 회원들의 관심사와 활동, 배경 등에 관한 정보를 갖게 될 가능성이 크다. 특히 초기에 회원들의 참여를 유도하고, 그룹 내에서의 가치를 높이기 위한 최선의 방법 중 하나는 생각이 비슷한 회원들을 서로 소개해주는 것이다. 소개를 하고, 만남을 제안하고, 대화의 불을 지필 수 있는 화제나 과제를 제시하라. 그리고 파급 효과가 번져 나가는 것을 지켜보라.

커뮤니티 경영

커뮤니티는 어수선한 곳이다. 하지만 아무리 거친 폭풍우가 몰아친다고 해도 여러분은 배를 조종해야 한다. 지혜롭게 배를 조종할 수 있는 방법은 많지만, 다음은 특히 커뮤니티를 경영하는 데 있어서 가장 중요한 5가지 교훈이다.

1. 온건한 독재자가 되라

우리가 이야기를 나눠본 사람들은 모두 같은 이야기를 했다. "최고의 커뮤니티는 자애로운 폭군이 운영한다." 로컬 모터스의 설립자 제이 로저스의 설명을 들어보자. "온건한 독재자가 되어야 할 때가 있습니다. 우리의 경우에는 우리가 차를 만들 계획이라는 것은 알고 있었지만 어떤 차를 만들지 결정해야 했어요. 커뮤니티가 결정하게 둘 수도 있었지만, 그렇게 간단하지가 않았습니다. 저희는 사람들이 지적인 호기심이나 학문적 이유에서 특정 디자인을 고르지는 않을까 걱정이 되었거든요. 그렇게 되면 우리의 사업 모델에는 맞지 않으니까요. 그리고 팔 수 있는 자동차를 만들어야 했습니다. 그래서 우리는 일정한 기준선을 정해놓고 그 안에서 커뮤니티가 제안을 내놓도록 했습니다. 그리고 최종 결정권은 우리가 갖는 것으로 보류해두었어요. 투명하게 그렇게 밝혔죠. 저희는 온건한 독재자이긴 했지만, 어쨌든 그래도 독재자여야 했어요."

2. 평정을 유지하라

아이들을 놀도록 놔두면 가끔은 큰소리가 나는 것이 당연하다. 하지만 작은 소란은 좋은 것이다. 약간은 헤매는 것도 좋다.《매셔블》Mashable에 기고한 글에서 기술 평론가 졸리 오델Jolie O'Dell은 이것을 다음과 같이 설명했다. "종종 우리는 너무 빨리 뛰어들 때가 있습니다. 대화를 우리가 시작했더라도 우리의 개입 없이 몇 시간 정도는 들끓게 나둬야 할 때도 있는데 말이죠. 때로는 주제에서 벗어나기도 해야 하고, 부정적인 글을 썼다가 파워유저에게 혼쭐이 나기도 하고, 한편에서는 딴 이야기를 나누고 있고, 그래도 아무도 뭐라 하는 사람은 없고 말이죠. 하루 종일 모니터링 당하고 있다는 느낌을 좋아하는 사람은 없어요."[25]

3. 구걸하지 마라

커뮤니티에 물건을 팔려고 하지 마라. 여러분은 회원들을 지원하려고 커뮤니티를 운영하는 것이지, 회원들에게 무언가를 팔기 위해 커뮤니티를 운영하는 것이 아니다. 장터는 대화를 통해 유기적으로 나타날 것이다. 억지로 만들 수 있는 것이 아니다.

4. 유지가 중요하다

온종일 새로운 회원만 쫓아다니는 커뮤니티 리더가 너무 많다. 그렇게 하지 말라. DIY 커뮤니티가 크다고 항상 좋은 것이 아니다. 게다가 계속해서 회원 수를 늘리려고 애쓰다 보면 기존 회원들에게 소홀해지게 되고, 그렇게 되면 그들을 잃기 쉽다. 기존 회원들을 잘 유지하고, 그들이 즐겁게 참여하고 있는지 확인하라. 그 편이 훨씬 더 중요하다.

5. 위임하라

리더십의 분산이 핵심 열쇠다. 커뮤니티에 리더들이 나타나게 하고, 반드시 권력을 분산하라. 블로그 포스트를 가장 잘 올리는 회원을 찾아서 댓글 책임자로 임명하라. 상냥한 파워유저는 신입 회원맞이 전담자로 임명하라. 경연대회와 연구 프로젝트, 그 밖의 모든 것을 위임하라. 그리고 이 모든 작업을 권위 있게 진행하라. 여러분은 자애로운 독재자이므로 가이드라인과 명확한 책임을 설정하라. 필요하면 교육하고 이 모든 참여 과정에 보상의 특전을 마련하라.

성장 견인

꼭 거대해야만 효과적인 것은 아니다. 하지만 성장할 방법을 찾고 있다면 가장 먼저 기본에서부터 시작하는 것이 최선이다. 거대한 커뮤니티를 갖고 있는 작가 세스 고딘Seth Godin은 언젠가 이런 말을 했다. "사람들은 서로 이야기하는 것을 좋아합니다. 우리는 대화를 원하도록 진화되었죠. 그러니 부족을 키우는 가장 강력하고 확실한 방법은 사람들을 서로 연결해주는 겁니다. 하지만 그것만 있다면 커피숍과 다를 게 없겠죠. '그 위에' 여러분, 그러니까 리더의 메시지가 있어야 합니다. 어디로 가고 싶은 지, 세상에 어떤 변화를 만들고 싶은지 말이에요. 과업, 운동, 사람들이 닿고 싶은 목표가 있어야 합니다."[26] 다시 말하면 분명하게 정의된 '거대한 변화를 불러올 목적'과 그 목적을 성취하기 위해 사람들을 한자리로 모을 장소가 있어야 한다.

이런 기본이 자리 잡고 나면 효과적인 확장 전략으로는 다음과 같은 7가지가 있다.

1. 전도

입소문이야말로 아직도 커뮤니티를 성장시키는 가장 효과적인 방법 이다. 회원들이 여러분의 노력을 이야기하게 만들어라. 로컬 모터스 초기에 관심을 불러일으키려고 스태프들은 자동차 디자이너들로 붐비는 사이트를 방문했다. 제이 로저스는 이렇게 설명한다. "그냥 이렇게 이야기했어요. '우리가 여러분이 디자인한 자동차를 만들려고 하는데요. 어떻게 생각하세요?' 중요한 건 깃발을 꽂는 거예요. 뭘 할 건지 사람들한 테 이야기하세요."

2. 어울리기

이웃 조직들과 협력 관계를 맺어라. 실제 공간에서도, 가상 공간에서도 그렇게 하라. 톱코더의 회원 수가 폭발적으로 늘어났던 데는 톱코더가 선 마이크로시스템스Sun Microsystems 와 협력 관계를 맺은 까닭도 있었다. 선 마이크로시스템스는 더 많은 회원을 불러왔을 뿐만 아니라 사람들에게 이 커뮤니티가 뭔가 특별한 일을 하고 있다는 인상을 심어주었다.

3. 대회

사람들은 대회를 좋아한다. 리더보드든, 순위 시스템이든, 경연대회든, 뭐가 되었든 사람들이 경쟁할 수 있는 것을 주라. 그러면 사람들이 나타날 것이다.

4. 싸움

커뮤니티를 강화하는 가장 좋은 방법 중 하나는 공공의 라이벌과 전투에 돌입하는 것이다. 적을 찾고, 편을 먹어라.

5. 노이즈 마케팅

신기술이나 신제품, 새로운 아이디어를 근사하게 보여주면 노이즈를 일으키고 추종자들을 끌어모을 수 있다. 예컨대 베터 블록스Better Blocks는 커뮤니티 개선 플래시몹을 만들었다. 베터 블록스는 사람들을 불러 모아 자전거 전용도로를 색칠하고, 공공장소에 나무를 심고, 야외 카페를 만들고, 도깨비 시장을 연다. 정부의 승인 없이 말이다. 이것은 그들의 커뮤니티 구축에도 도움이 될 뿐만 아니라, 크라우드소싱을 통해 이렇게 일시적으로 도시 환경을 개선하면 보통은 입법의 변화와 장기적인 도시 재개발로 이어진다.[27]

6. 이벤트 개최

앞에서도 이야기했지만, 다시 한 번 말해둘 필요가 있다. 사람들을 실제로 불러 모으는 것만큼 사람들을 가깝게 해주는 것은 없다.

7. 기술적 최적화

온라인상의 존재감을 더 넓히고 싶다면 이미 검증된 진실을 잊지 마라. 검색엔진 최적화 전략과 애드워즈AdWords, 페이스북 광고 등을 활용하라.

활용

자, 그럼 이제 무엇보다 여러분은 기업가이기에, (언젠가는) 돈을 버는 것이 중요하다. 커뮤니티를 활용해 수익을 내는 것은 과학이라기보다는 예술에 가깝다. 하지만 여기에도 몇 가지 기억할 만한 분명한 규칙은 있다.

1. 투명성과 진정성

DIY 커뮤니티는 개방성 위에 만들어진다. 따라서 커뮤니티를 통해 돈을 벌 계획을 하고 있다면 이 점을 숨기지 마라. 그런 사실을 미션 선언문에 넣고, 사이트에 게시해두라. 우리가 인터뷰한 사람들은 모두 돈 문제에 관해서는 솔직한 것이 장기적으로는 더 좋다고 입을 모았다. 게다가 커뮤니티 회원들도 자신들의 열정을 이용해 돈을 벌 방법을 찾고 있을 가능성도 크다. 그러니 돈을 버는 문제를 토론 주제로 만들어 참여를 유도하라.

2. 커뮤니티가 만드는 것을 팔아라

회원들을 소외시키지 않고 돈을 버는 가장 쉬운 방법은 회원들 역시 돈을 벌도록 도와주는 것이다. 로컬 모터스나 톱코더, 그 외 많은 커뮤니티들에게 바로 이 전략이 적중했다. 여러분의 커뮤니티가 제품을 만들지 않는다고 해도 여전히 뭔가 전문 지식을 쌓아가고 있을 것이다. 안내문,

요약문, 전자책, 강연, 팟캐스트 등을 통해 그런 것 역시 팔 수 있다.

3. 핵심에 부합하라

사람들이 원하는 것을 줘라. 진정성 있는 제품을 팔되, 명성을 확립한 후에 하라. 크리스 앤더슨은 몇 년을 기다린 후에야 DIY 드론스를 통해 수익을 내려고 시도했다. 그것도 그의 커뮤니티가 디자인했으나 시간이나 자원이 없어서 실제로 만들 수 없었던 물건(완전 조립식 헬리콥터)을 만들자고 제안한 것이었다.

4. 그 밖의 것들

물론 외부인에게 광고를 팔거나 내부인에게 프리미엄 회원권을 팔 수도 있다(전형적인 접근법이다). 그러나 다시 한 번 말하지만 핵심에 부합해야 한다. 광고자들이 커뮤니티가 정말로 원하는 물건을 팔도록 하라. 마찬가지로 프리미엄 회원권도 좋은 방법일 수 있지만, 그 회원권이 정말로 특권이 있는지, 그런 특권이 기존 커뮤니티를 손상시키지는 않는지 확인하라. 유료 가입자만이 구인구직란을 볼 수 있도록 하는 것은 효과가 좋다. 유료 회원에게만 이벤트 참가권을 주는 것도 좋지만 토론방이 내부인들끼리의 수다로 채워지면, 다시 말해 그곳에 있는 사람이 아니면 이해하지 못하게 될 때, 해당 이벤트에 참가하지 않았던 사람은 머지않아 커뮤니티를 떠날 것이다.

* * *

이번 장을 끝맺으면서 언급하고 싶은 것은 제3부에서 논의하는 기하급수 크라우드 툴 2가지가 그 자체로 크라우드를 커뮤니티로 전환시킬 수 있는 메커니즘이라는 사실이다. 그 첫 번째는 제8장에서 설명한 크라우드펀딩이다. 크라우드펀딩 캠페인이 성공적으로 완성되면 지원을 약속했던 모든 이들이 이제는 커뮤니티의 일원이 된다. 아키드 캠페인을 마무리하면서 우리는 우리의 거대한 변화를 위한 목적에 계속 함께할 새로운 회원 1만 7,000명을 얻었다.

두 번째 메커니즘은 바로 다음 장에 다룰 내용이다. 마지막 장의 주제는 믿을 수 없을 만큼 혁신을 가속화시켜주는 전략이자, 개인적으로는 내 커리어를 만들어준 커뮤니티 형성 전략인 '경연대회'다.

가장 뛰어난 이들이
문제를 해결하게 하라
_경연대회

제10장에서는 기하급수 기업가가 크고 대담한 전 세계적 문제를 해결하려고 할 때 이용할 수 있는, 가장 강력한 메커니즘에 초점을 맞추려고 한다. 유력 기업과 성공한 기업가들이 사용하고 있는 툴이기도 한 이 기하급수 크라우드 툴은 바로 '상금이 걸린 경연대회'다. 상금을 건 경연대회는 이 책에서 논의한 모든 교훈들을 결합한 것이면서, 인간 정신의 가장 강력한 유인인 '중요해지고 싶은 욕구'를 십분 활용하는 전략이다.

상금을 건 경연대회는 아주 단순하다. 측정 가능하고 분명한, 객관적인 목표를 세운 다음 가장 먼저 달성하는 사람에게 커다란 상금을 주면 된다. 앞으로 보겠지만 상금이 걸린 경연대회는 기하급수 기술의 사용, 크게 생각하기, 크라우드소싱, 크라우드펀딩의 기회 제공, DIY 커뮤니티 조성 등 앞서 제9장까지 보았던 모든 지식을 한데 모아놓은 메커니즘이다. 게다가 상금이 걸린 경연대회는 잔인할 만큼 객관적이다. 어느 학교를 나왔고, 몇 살이고, 어떤 경력을 쌓았는지는 중요하지 않다. 수십억 달러짜리 회사와 직원 둘의 스타트업이 동등하게 경쟁한다. 경연대회가 평가하는 것은 오직 하나뿐이다. "경연이 목표로 한 것을 제대로 보여주는가?"

기하급수 기업가에게 상금을 건 경연대회란 개인적인 도전 과제나 국제적 불공정을 해결하는 메커니즘 혹은 신기술을 만드는 메커니즘이다. 앞서 이야기했듯 내가 당초 상금을 건 경연대회를 시작하게 된 것은 어떻게 하면 내가 우주에 갈 수 있을까 하는 욕망 때문이었다. 나사는 우주로 가는 티켓이 될 수 없었고, 그래서 나는 우주로 갈 수 있는 기술을 개발하고 동시에 부를 창출할 수 있는 방법으로서 민간 우주비행에 눈을 돌리게 됐다. 하지만 거기에는 또 다른 자극도 있었다.

1993년에 나는 1954년 퓰리처상 수상작인 찰스 린드버그Charles Lind-bergh의 《스피릿 오브 세인트루이스》The Spirit of St. Louis를 한 권 선물받았다. 내 친구 그레그 매리니액의 선물이었는데, 그레그는 내가 조종사 면허를 딸 수 있도록 영감을 주고 싶어 했다(나는 조종사 면허를 따기 위해 벌써 세 번이나 도전했지만 돈이 없거나 시간이 없어서 늘 흐지부지됐다). 그리고 그레그의 작전은 효과가 있었다. 내가 마침내 면허를 땄으니 말이다. 하지만 영감은 거기서 그치지 않았다.

《스피릿 오브 세인트루이스》를 읽기 전에 나는 린드버그가 어느 날 아침에 일어나서 즉흥적으로 대서양을 건너 동쪽으로 가기로 마음먹은 줄 알았다. 나는 그가 오티그 상을 타기 위해서 그 유명한 비행을 한 줄은 꿈에도 몰랐다. 오티그 상은 파리에서 뉴욕까지(혹은 반대 방향으로) 최초로 솔로 비행을 한 사람에게 2만 5,000달러를 지급한 대회였다. 나는 그런 대회가 어떤 특별한 동기를 부여할 수 있는지 잘 몰랐다. 이 경우에는 레이먼드 오티그의 상금을 타기 위해 9팀이 사용한 돈이 총 40만 달러에 달했다. 상금보다 16배나 많은 돈을 쓴 것이다. 그리고 오티그는 실패자에게는 단돈 1센트도 지불하지 않았다. 대신에 오티그가 만든 상금 기반의 메커니즘은 자동적으로 린드버그를 후원했다. 어느 모로 보나 린드버그는 가장 자격이 부족한 참가자였는데 말이다. 이 대회로 인한 언론의 호들갑이 대중들을 너무나 흥분시킨 나머지 완전히 새로운 산업 하나가 통째로 생겨나기도 했다. 오늘날 3000억 달러 규모에 달하는 전 세계 항공 시장이 바로 그것이다.[1]

《스피릿 오브 세인트루이스》를 다 읽었을 즈음에는 이미 내 마음속에 상금 경연대회를 열어 '완전히 재사용이 가능한 민간 준궤도 우주선'을 만들겠다는 생각이 굳어진 후였다. 나의 '오티그'가 누가 될지도 모르는 상태에서 나는 책 여백에 '엑스프라이즈'X' PRIZE라고 썼다. 엑스X는 빈자리를 표시한 글자였다. 누구든 1000만 달러의 상금을 제시할 개인이나 기업의 이름이 그 자리를 채우게 될 것이었다. 내가 왜 상금의 금액을 1000만 달러로 정하게 되었는지, 어떻게 그 돈을 모았는지, 어떤 규칙들을 만들었는지는 잠시 후에 설명할 예정이다. 상금을 건 경연대회가 나의 개인적인 문샷을 완수하는 데 도움이 될지도 모른다는 사실을 알게 된 후 내가 가장 먼저 한 일은 상금 제도의 역사와 방법, 상금이 왜 효과가 있는지까지, 상금에 관해 알 수 있는 모든 것을 공부한 것이다.

상금을 건 경연대회의 힘

. . . .

상금 제도를 발명한 것은 오티그가 아니다. 린드버그가 비행기로 대서양을 횡단하기 300년 전에 이미 영국 의회는 배로 대서양을 횡단하는 데 도움이 필요했다. 그래서 1714년 사상 최초로 바다의 경도를 정확히 측정하는 사람에게 2만 파운드의 '경도상'Longitude Prize이라는 것을 수여하기로 했다. 이 방안은 효과가 있었는데, 1765년 시계공이던 존 해리슨 John Harrison이 그 일을 해낸 것이다. 이 경연대회는 바다에 항해길을 연 것 외에도 (혁신을 주도하는 방법으로서) 상금 제도라는 것을 대중들에게 알리는 역할도 했다.

상금을 건 경연대회의 아이디어는 빠르게 확산되었다. 예컨대 1795년에 나폴레옹은 러시아로 진격하는 대장정 기간 동안 군대에 식량을 공급하기 위해 음식 보존법을 발명하는 사람에게 1만 2,000달러의 상금을 내걸었다. 이 상금을 탄 사람은 니콜라 아페르라는 프랑스의 사탕 제조업자였는데, 그가 정립한 기본적인 통조림법은 지금까지도 사용되고 있다.[2] 1823년에 프랑스 정부는 또 다른 상금을 내걸었는데, 이번에는 상업적인 대형 수차를 개발하는 사람에게 6,000프랑을 지급하겠다고 했다. 이때 우승한 디자인은 당시 급성장하던 직물 산업에 전기를 공급하는 데 일조했다. 그 밖에도 여러 상금이 교통과 화학, 건강 등의 분야에서 돌파구를 마련하는 원동력이 됐다.[3] 딜로이트 컨설팅의 마커스 싱글스는 이렇게 말한다. "역사적으로 왕족들에게도, 기업가들에게도 상금 제도는 혁신을 육성하는 오랜 툴이었습니다. 하지만 이런 상금 경연대회가 절정에 오른 것은 오늘날에 와서입니다. 지금처럼 소셜 미디어가 성숙하고 크라우드소싱 능력이 폭발하여 고도로 연결된 세상에서는 이런 상금을 설계하고 활용하여 돌파구를 마련할 수 있는 힘이 그 어느 때보다 강해졌습니다."[4]

이런 상금 경연대회의 성공에는 몇 가지 기본적인 원칙이 있다. 첫째, 상금이 크면 대회가 더 눈에 띄고, 전 세계 혁신가들과 남다른 생각을 하는 사람들을 더 많이 끌어들인다. 이런 대회는 또한 해당 과제가 실제로 해결 가능하다는 믿음을 심어주는 데도 도움이 된다. 인지 편향에 관해 알려진 바를 생각해보면, 사소한 세부 사항이란 없다. 안사리 엑스프라이즈를 시작하기 전에는 민간 우주비행을 진지한 시장으로 고려하는 투자자는 거의 없었다. 순전히 정부의 영역으로 생각했던 것이다. 하지만 안사리 엑스프라이즈 이후 대여섯 개의 회사가 새로 만들어졌고, 10억 달러가 넘는 돈이 투자되었으며, 수억 달러어치의 우주행 티켓이 팔려나갔다.[5]

둘째, 시장 실패로 투자가 침체되고 기존 방식이 단단히 뿌리내려 진보가 가로막혀 있을 때는 상금대회가 병목 현상을 깨줄 수 있다. 큰돈이 나가는 대회를 조직함으로써 새로운 형태의 자금이 문제 분야에 유입될 수 있다. 순전히 투자 기회로만 가능성 있는 팀을 지원하는 것이 아니라, 후원 기업이나 후원가들은 광고 효과를 목적으로 스포츠 팀들을 지원한다. 크기와 모양만 달랐지, 이런저런 공을 들고 잔디밭을 뛰어다니는 팀을 위해서도 후원 기업들이 매년 450억 달러를 쓴다는 점을 생각하면,[6] 이제 커다란 과제에 도전하는 팀들을 위해서도 기업이 돈을 쓰지 못할 이유가 없는 것이다.

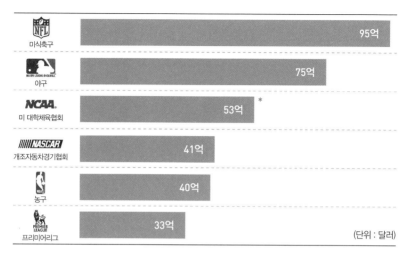

(＊ 디비전1 대학 체육 매출, 출처_스포츠비즈니스저널, Bizofbaseball.com, NCAA / 자료_딜로이트 리서치)

상금 경연대회의 커다란 성공 뒤에 숨어 있는 또 하나의 요소는 참여의 폭이 넓다는 점이다. 경연대회에는 초보부터 프로에 이르기까지, 자영업자부터 대기업까지 참여한다. 여러 분야의 전문가들이 틀에 박히지 않은 아이디어들을 잔뜩 가지고 오는 것이다. 제도권 밖에 놓여 있던 사람들이 핵심 플레이어가 될 수도 있다. 영국의 경도상 경연대회 때는 다들 천문학자가 상금을 차지할 것이라고 생각했지만, 우승자는 뜻밖에도 독학으로 공부한 시계공 존 해리슨이었다.[7] 비슷한 맥락에서 '웬디 슈미트 기름 정화 엑스챌린지'Wendy Schmidt Oil Cleanup XCHALLENGE 때는 20개국이 넘는 곳에서 350개 팀이 경연에 참여하겠다고 사전 등록을 했는데, 그중에는 오일 청소 사업에는 한 번도 참여해본 적이 없고 그저 라스베이거스의 문신 가게에서 만난 사람들도 있었다.

경연대회의 이점은 여기서 끝나지 않는다. 경쟁이라는 틀은 사람들이 더욱 위험 부담을 하게 만들고, 그러면 더 큰 혁신이 가능해진다. 게다가 이런 경연에서 팀을 운영하려면 상당한 자본이 필요한 경우가 많기 때문에 크라우드펀딩으로 필요한 자금을 끌어올 수도 있고, 그렇게 되면 전 세계에 잠재적 후원자들이 생길 수도 있다. 마지막으로 경연대회는 수백 가지의 서로 다른 기술적 접근을 자극하기 때문에 단순히 하나의 해결책을 낳는 데서 그치지 않고 산업 하나가 통째로 새로 생겨날 수도 있다.

가장 강력한 혁신은 제약에서 나온다

• • • •

미국의 인류학자 마거릿 미드Margaret Mead는 이런 말을 했다. "소수의 사려 깊고 헌신적인 시민들이 세상을 바꿀 수 있다는 데는 의심의 여지가 없다. 사실 그 방법 말고는 세상이 바뀐 적이 없다."[8] 사실 똑같은 생각이 켈리 존슨의 스컹크 워크스 세 번째 법칙에도 나왔었다. "프로젝트와 조금이라도 관련이 있는 사람의 수를 극도로 제한해야 한다." 이런 의견이 나오는 데는 그럴 만한 이유가 있다. 기업이 되었든, 사회 운동이 되었든, 큰 규모 혹은 중간 규모만 되어도 기민할 수가 없을 뿐만 아니라 대형 위험을 감수하려고 들지 않는다. 그런 조직은 꾸준한 진보를 이루려고 하고, 잃을 것이 너무 많아서 어떤 돌파구 마련에 필요한 큰 도박은 할 수가 없다.

하지만 다행히도 소그룹에서는 이런 일이 벌어지지 않는다. 관료주의도 없고, 잃을 것도 없고, 오직 열정만이 있는 작은 팀들은 혁신에 관해서라면 언제나 더 큰 조직들을 앞서 왔다. 그리고 그 에너지를 완벽하게 활용하도록 설계된 것이 바로 상금 제도다.

여기에는 또 하나 강력한 심리적 원칙이 작용한다. 바로 '제약의 힘'이다. 창의성은 자유로이 거칠 것 없이 흘러가는 "뭐든 된다."는 식의 사고라고 흔히들 이야기한다. 그에 맞춰 '틀에 박히지 않은' 비즈니스 전략에 관한 책들도 수두룩하다. 하지만 정말로 혁신이 목표라면 베스트셀러 《스틱》의 저자 댄 히스와 칩 히스가 《패스트 컴퍼니》Fast Company에서 지적한 내용을 떠올려볼 필요가 있다. "틀 밖에서 생각하지 마라. 틀을 사러 다녀라. 당신의 사고를 촉진하는 틀을 찾을 때까지 계속 새로운 틀을 시도해보라. 좋은 틀이란 고속도로 위의 차선과 같은 것이어서 우리를 자유롭게 하는 제약이다."[9]

제약이 없는 세상에서는 대부분의 사람이 프로젝트에 마음껏 시간을 들이고 위험을 감수하지 않으면서 받을 수 있는 만큼의 돈을 쓰려고 한다. 편안하고 보수적인 방식으로 목표를 달성하려는 것이다. 하지만 그렇게 해서는 결코 새로운 곳에 도달할 수 없다. 상금 경연대회가 그토록 효과적인 변화의 매개체가 되는 것은 바로 이 때문이다. 예산도 10분의 1이고, 사용할 수 있는 자원도 10분의 1뿐이라고 말하면(또는 거꾸로 말하면 같은 예산으로 10배 큰 결과를 얻어야 한다고 말하면, 즉 문샷 사고를 해야 한다고 하면) 대부분의 사람은 불가능하다면서 포기하고, 모험심 강한 몇몇 기업가만이 도전해보기로 마음먹을 것이다. 그리고 이들이 주의를 기울인다면 똑같은 옛날 방식으로 문제를 풀려고 해서는 안 된다는 사실을 처음부터 알아차리게 될 것이다. 남은 방법은 과거의 경험과 전제 조건들을 떨쳐

버리고 빈 종이에서 시작하는 길이다. 그리고 진지한 혁신이란 바로 여기서부터 시작된다.

엑스프라이즈가 제약의 힘을 어떻게 활용했는지 간단히 한번 살펴보자. 먼저 상금의 액수는 지출 한도를 정한다. 안사리 엑스프라이즈는 1000만 달러였다. 대부분의 팀은 후원자들에게 "더 적은 돈으로도 우승할 수 있다."고 낙천적으로 이야기했을 것이다(사실 낙천적이지 않고서야 누가 우주 프로젝트를 추구할까?). 하지만 실제로는 대부분의 팀이 예산을 초과했고, 문제를 해결하려는 과정에서 상금보다 훨씬 더 많은 돈을 썼다. 이후 비즈니스 모델에서 투자금 회수가 예상되었기 때문이다. 하지만 이런 체감 상한선은 위험을 회피하는 전통적 시장 참가자들을 배제하는 효과가 있다. 엑스프라이즈의 경우 보잉이나 록히드 마틴, 에어버스 같은 대기업들이 대회에 참여하지 못하게 하는 것이 내 목표였다. 대신에 나는 신세대 기업가들이 대중들을 위한 새로운 우주여행을 개발해주기를 바랐다. 그리고 그것이 바로 우리가 이룬 성과였다.

경연대회의 시간 제한 역시 또 하나의 자유로운 제약이다. 대회의 긴장이 차츰 고조되고 마감 시한이 서서히 다가오면, 각 팀은 옛날 방식으로는 안 될 것이라는 사실을 빠른 시간 내에 받아들일 수밖에 없다. 어쩔 수 없이 새로운 것을 시도하고, 옳든 그르든 한 가지 길을 택해서 어떻게 되는지 두고 볼 수밖에 없다. 대부분의 팀은 실패하겠지만 수십, 수백 팀이 겨루는 마당에 그것이 문제가 될까? 그런 여러 제약 속에서 한 팀만 성공한다면 그 팀은 진정한 돌파구를 마련한 것이다.

마지막 제약은 대회를 위해 대담하고 분명한 목표를 갖는 것이다. 이렇게 거대한 변화를 불러일으킬 목적은 열정을 자극하고, 최고의 인재들을 끌어들이며, 그 인재들이 자신의 전부를 바치게 만든다. 3000만 달러 짜리 구글 루나 엑스프라이즈의 경우, 2007년 이 대회가 시작되었을 당시만 해도 달에 착륙해본 국가는 둘 뿐이었고, 30년 이상 아무도 달에 발을 들여보지 못한 상태였다. 구글 루나 엑스프라이즈의 거대한 변화를 불러일으킬 목적은 새로운 세대의 기하급수 기업가들이 100분의 1에 해당하는 제작비로 우주선을 만들어 우주개척 시대를 열어가게 만드는 것이었다. 그리고 전 세계에서 가장 뛰어난 인재들로만 구성된 25개가 넘는 팀이 대회에 참가했다.[10]

요약하자면 지난 300년의 역사가 보여주듯이, 열정을 활용하고 관료제로부터 자유로우며 제약의 힘을 활용하는 상금 경연대회야말로 가장 강력한 혁신의 원동력이다.

웬디 슈미트 기름 정화 엑스챌린지

2010년 4월 브리티시 페트롤리엄의 딥워터 허라이즌Deepwater Horizon 석유 굴착 장치가 미국 멕시코 만 연안에서 폭발해 가라앉았다. 석유 산업 사상 최악의 기름 유출 사고가 발생한 것이다. 뚜껑을 만들어 덮기까지 마콘도 유전에서는 7억 6000만 리터가 넘는 기름이 바다로 뿜어져 나왔고, 이것은 악명 높은 1989년 엑손 발데즈 호 유출 사태보다 18배가 많은 양이었다. 이로 인해 멕시코 만에 생긴 기름띠가 4,000제곱킬로미터에서 6,500제곱킬로미터에 이르렀으니, 대략 하와이 본섬 크기였다.[11]

기름 제거 팀은 전통적인 여러 방법을 조합해 유출량의 절반이 못 되는 약 2억 6000만 리터 정도의 기름을 제거했다. 그리고 자연적으로 분산되고 증발한 것이 3억 리터 정도 되었다. 하지만 유출량의 26퍼센트에 이르는, 나머지 2억 리터의 기름은 바다와 인접 해안을 오염시키고 있었다.

한 달이 지난 2010년 5월, 아직도 기름은 멕시코 만으로 쏟아져 나오고 있었고, 뉴스에서는 기름 유출의 끝이 보이지 않는다고 했다. 엑스프라이즈에 새롭게 선임된 이사로, 바다 탐험가이자 아카데미상 수상 제작자 겸 영화감독인 제임스 캐머런이 내게 이메일을 보내온 것은 바로 그때였다. 캐머런 감독은 이 재난에 신속하게 대응하기 위한 '반짝 상금대회'를 만들자고 제안했다. 당시 역시나 해양 탐험가로 포상 개발을 맡고 있던 부회장 프랑시스 벨랑Francis Beland이 이 문제를 조사했다. 분출구를 막는 방법에 상금을 거는 것은 아예 논외로 했다. 브리티시 퍼트롤리엄에서는 절대로 우리에게(혹은 누구에게도) 자신들의 자료를 공개하지 않을 것이기 때문이었다. 다음으로 우리가 관심을 가진 것은 기름 제거 작업에 영향을 주는 방법이었다. 그 결과 우리는 엑손 발데즈 호 기름 유출 사태 이후 지난 21년간 기름 유출 제거 기술이 크게 개선되지 않았음을 쉽게 알 수 있었다. 사실 멕시코 만에서 사용되고 있는 장비의 다수는 수십년 전 알래스카에서 사용했던 바로 그 장비였다. 이유가 뭘까?

알고 보니 여기에는 인센티브가 역으로 작용하는 다중적인 문제가 있었다. 보통 어부들로 구성된 기름 제거 팀은 시간제로 돈을 받는 경우가 많았다. 그렇다 보니 더 빨리 혹은 더 효율적으로 일해야 할 이유가 없었다. 반면에 석유 회사들은 더 나은 기술을 위해 돈을 쓸 의지가 없었다. 기존 방법으로도 보험사나 규제 당국이 요구하는 최소한의 요건은 만족시킬 수 있었기 때문이다. 마지막으로 기름 제거 기술을 개선시킬 만한 정부나 규제 기관의 압박도 없었다. 다시 말해 업계에 널리 퍼진 오래된 무관심은 경연대회를 통한 혁신이 필요할 만한 완벽한 조건을 형성하고 있었다. 바다 표면의 기름 유출 제거 속도를 높여서 브리티시 페트롤리엄의 기름이 해안을 다 망치기 전에 그것을 제거하는 데 상금을 걸 만했다.

나는 우리 이사회의 전 구성원들과 주요 후원자들에게 이메일을 보내 이 아이디어를 알렸다. "저희는 멕시코 만의 비극이 다시는 일어나지 않도록 유출된 기름을 제거하는 법을 다시 찾아보고자 합니다. 이 시급하고 중요한 대회의 상금과 운영비를 지원해주실 후원자를 찾고 있습니다." 잠시 뒤 나는 구글 회장 에릭 슈미트의 부인이자 슈미트 가족 재단의 회장인 독지가 웬디 슈미트로부터 연락을 받았다. 그녀는 포상금을 지원하겠다고 했다. 하루도 지나지 않아 우리는 2쪽짜리 계약서에 서명을 했고 140만 달러짜리 '웬디 슈미트 기름 정화 엑스챌린지' 발표를 서두르고 있었다.[12]

성공 정도를 측정하기 위해 우리는 업계에 정립된 2가지 기준을 이용하기로 했다. 1분 동안 회수될 수 있는 기름의 양을 나타내는 기름회수율 ORR과 물 일정량당 회수된 기름의 양을 나타내는 기름회수효율ORE이 그것이었다. 수십 년간 기름회수율은 기껏해야 분당 4,000리터가 최고였다. 우리는 도전 과제의 설득력을 높이기 위해 최소한 2배의 회수율을 조건으로 내세우고 싶었다. 그리하여 최소 회수율은 분당 9,400리터, 회수 효율은 70퍼센트 이상으로 기준을 정했다.

웬디와 나는 2010년 7월 26일 내셔널 프레스 클럽의 무대에 올라 기름 정화 엑스챌린지를 발표했다. 순식간에 세계 곳곳에서 350개 팀이 대회에 참가하겠다고 사전 신청을 했고, 그중 27개 팀이 2011년 4월 마감 시한까지 계획을 제출했다. 우리 심사위원들은 다음과 같은 5가지 기준에 따라 최종 참가 10개 팀을 선발했다.

1. 기술적 접근과 상업화 계획

2. 환경에 부정적 영향이 없을 것

3. 기술의 확장성 및 배치의 용이성

4. 실행에 필요한 비용 및 노동력

5. 기름 수집 및 제거에 있어 기존 기술 대비 개선 정도

　최종 참가 팀들의 구성은 다양했다. 6개 팀은 기존의 정화 기술 혹은 개발 중인 기술을 보유한 석유 업계의 베테랑들이었다. 나머지 4개 팀은 석유 업계와는 거의 관련이 없는 스타트업이었다. '우리는 미국 기름 유출 대응 및 재생 에너지 테스트 시설'에 있는 '기름 및 위험물질 자극 환경 테스트 탱크'OHMSETT에서 현장 테스트를 시행했다.[13] 가로 200미터, 세로 20미터, 깊이 3미터에 약 100만 리터의 소금물이 채워져 있는 세계에서 가장 큰 탱크 중 하나인 이곳은 진짜 해양과 동일한 조건에서 기름 유출을 시뮬레이션하는 곳이었다. 그리고 예술적 수준의 데이터 수집 및 비디오 시스템이 결과를 테스트하고 기록했다. 이 테스트 탱크를 사용해 각 팀은 여섯 번씩 테스트를 시행했다. 세 번은 잔잔한 물에서, 세 번은 파도가 치는 상황에서 진행됐다. 테스트 장소에는 깊이 2.5센티미터의 기름띠가 대략 18미터 폭으로 120미터 길이에 걸쳐 뻗어 있었다. 약 102리터의 기름이었다.

　결과는 눈부셨다. 업계의 기존 회수효율보다 2배나 잘 해낸 팀이 7개 팀이었다. 1등을 차지한 일래스텍/아메리칸 머린Elastec/American Marine은 회수효율 89.5퍼센트에, 분당 1만 7,600리터의 회수율로 업계의 역대 최고 기록을 400퍼센트나 경신했다. (대회가 끝난 후 일래스텍/아메리칸 머린 팀

은 실제로 회수율을 분당 2만 2,000리터 이상까지 개선했다.)

가장 주목할 만한 결과는 우승하지 못한 최종 참가 팀에서 나왔다. 보텍Vor-Tek은 기름 유출 정화율을 2배로 끌어올렸지만 3위 안에 들지 못한 팀 중 하나였다. 이들은 기름 정화 사업과는 거리가 먼, 순전히 초짜들로 구성된 팀으로, 라스베이거스의 문신 가게에서 만났다. 기술 설계자는 문신 아티스트였고, 그의 고객이 작업 비용을 지원했다. 팀원들은 아이디어를 시험하려고 욕조에 축소 모형을 만들었다. 온전한 크기의 기름과 물에서 자신들의 기술을 사용한 것은 테스트 탱크가 처음이었음에도 이들은 기존 정화율을 2배로 경신했다. 경험에 관해서 문자 보텍의 구성원이자 문신 아티스트인 프레드 지오바니티Fred Giovannitti는 이렇게 말했다. "사람들이 자꾸 '석유 업계에 얼마나 있었냐'고 묻는데요, 저는 이렇게 되묻습니다. '오늘까지 쳐서요?'"

여기서 알 수 있는 교훈은 상금 경연대회의 결과가 전혀 뜻밖의 곳에서 나올 수 있다는 점이다. 결코 예상치 못한 뜻밖의 참가자 혹은 생각도 해보지 않은 뜻밖의 기술에서 말이다. 엑스프라이즈의 후원자인 리 스타인Lee Stein은 이렇게 말한다. "모래밭에서 바늘을 찾고 있을 때 상금 경연대회는 바늘이 우리를 찾아오게 도와줍니다."

넷플릭스 프라이즈

최고의 상금 경연대회라면 사람들이 풀리길 바라고, 또 풀고 싶어 하는 중요한 문제를 풀어주는 대회일 것이다. 하지만 여기에는 차이가 있다. 웬디 슈미트 기름 정화 엑스챌린지는 정확히 전자에 속한다. 내가 안사리 엑스프라이즈를 위한 자금을 모집하는 데는 10년이 넘게 걸렸지만,

기름 정화 챌린지는 48시간도 되기 전에 웬디 슈미트가 나서주었다. 기름 정화 챌린지에 필요한 상금을 그토록 빠르게 조달할 수 있었던 데는 내가 이미 성공의 기록을 갖고 있는 데다 매우 두터운 인적 네트워크를 구성하고 있었다는 이유도 있지만, 더 중요한 요소는 매일 300만 리터가 넘는 원유가 멕시코 만으로 쏟아져 나오고 있었다는 점 때문일 것이다. 재앙이 동기가 되는 것은 공감이 동기이기 때문이다. 텔레비전에서 한 달이 넘도록 계속 똑같은 재앙 영화가 나오고 있는데, 이보다 더 많은 공감대가 형성될 수는 없다. 하지만 여기서 하려는 말은 불행을 잘 활용하라는 것이 아니라 모멘텀이 생겼을 때 잘 포착하라는 것이다.

모든 훌륭한 대회에는 반드시 이런 모멘텀이 필요하다. 여러 명의 의사들보다 질병을 더 잘 진단할 수 있는 휴대용 기기를 만드는 팀에게 1000만 달러를 수여하기로 한 퀄컴 트라이코더 엑스프라이즈Qualcomm Tricorder XPRIZE에는 12개월 동안 33개국 330팀이 참가 신청을 했다.[14] 이유가 뭘까? 질병을 빠르고 정확하게 진단한다는 것이 대담한 공익적 목표이기 때문이다. 이 프로젝트는 헬스 케어 분야에서 수십억 달러를 절약할 수 있을 뿐만 아니라 의사가 충분하지 않아 고통받는 세계 각지의 사람들을 살리는 데도 기여한다. 이런 종류의 모멘텀을 얻기 위해 반드시 불행을 활용할 필요는 없다. 대담한 비전을 활용하는 것 역시 똑같은 효과를 가져온다.

하지만 상금을 설계할 때는 두 번째 종류의 모멘텀을 활용할 수 있다. 바로 경쟁하고 싶은 우리 안의 욕구다. 코더들만 봐도 그렇다. 잭 휴스를 만나고 톱코더를 탐구하면서 알게 된 사실들을 한번 생각해보자. 첫째, 코더들은 경쟁적인 사람들이다. 최고가 누구인지 겨루는 것을 좋아하고,

순위를 자랑할 수 있는 리더보드를 좋아한다. 하지만 그들이 또 좋아하는 건 뭘까? 그들은 영화를 많이 본다.《스타워즈》최신작이 개봉하면 사흘 전부터 줄을 서는 사람들이며, 프레디와 제이슨을 놓고 사흘 밤낮을 토론하는 사람들인 것이다. 그러니 이런 코딩에 대한 경쟁적인 사랑과 영화를 놓고 토론하기를 좋아하는 성향을 활용한 상금 경연대회를 만든다면, 다시 말해 코더 문화의 핵심에 놓여 있는 내적 동기를 활용한 상금을 디자인한다면 어떤 일이 가능해질까?

넷플릭스의 경우에는 영화 추천엔진을 개선할 수 있었다.

영화 추천엔진이란 이용자가 이미 보고 (별 1개에서 5개로) 점수를 매긴 영화들을 토대로 다음에는 어떤 영화를 보고 싶어 할지 말해주는 작은 소프트웨어다. 넷플릭스의 당초 추천엔진인 시네매치Cinematch는 2000년에 만들어져서 대단한 성공을 거두었다. 몇 년 지나지 않아서 넷플릭스의 대여 사업 중 거의 3분의 2가 추천엔진에서 나왔다. 그러니 결론은 뻔했다. 추천엔진이 더 좋을수록 사업도 더 잘될 것이다. 그리고 그것이 문제였다.

2000년대 중반이 되자 넷플릭스의 엔지니어들은 쉬운 열매는 다 따먹었고 시네매치의 최적화 비율은 바닥을 기기 시작했다. 추천엔진이 추천해주는 것은 매번 빗나갔다.《티파니에서 아침을》을 보았다고 해서《네이키드 런치》를 추천해주니 고객들은 화가 날 수밖에 없었다. 훌루, 아마존, 유튜브 같은 새로운 경쟁자들이 우후죽순 생겨나는 상황에서 고객들의 분노는 점점 비싼 값을 치르게 만들고 있었다. 그래서 넷플릭스는 문제에 정면으로 부딪혀보기로 했다. 2006년 10월 넷플릭스 프라이즈Netflix Prize를 발표한 것이다. 넷플릭스는 누가 되었든 자신들의 기존 시

스템을 10퍼센트 개선할 수 있는 알고리즘을 만드는 사람에게 100만 달러를 지급하기로 했다.[15]

그리고 이 경연대회야말로 내적 동기를 활용한 상금을 설계했을 때 어떤 일이 일어나는지 완벽히 보여준 사례가 됐다. 대회, 코딩, 영화가 있는데 이보다 재미난 것이 뭐가 더 있을까? 2주도 되지 않아 넷플릭스는 거의 170개의 알고리즘을 제출받았고, 그중 3개는 시네매치를 능가했다. 10개월 후에는 150개국 출신의 2만 팀이 참여하고 있었고, 대회가 끝난 2009년에는 참가 팀이 곱절이 되어 4만 팀에 이르렀다.

그러나 넷플렉스가 얻은 결과는 단순히 대회에 참가한 사람의 수보다 훨씬 큰 것이었다. 조던 엘런버그Jordan Ellenberg는《와이어드》에서 이렇게 설명했다. "넷플릭스 대회에서 비밀은 거의 없었습니다. 상금을 노리는 사람들도, 심지어 넷플릭스의 리더들도 자신들이 어떤 방법을 쓰고 있는지를 놀릴 만큼 공개적으로 알렸어요. 100만 달러의 상금을 두고 겨루는 기업가들이 아니라 마치 골치 아픈 문제를 두고 모여 있는 대학원생들 같았죠. 2006년 사이먼펑크simonfunk라는 참가자는 자신의 알고리즘 전체(당시 3등이었다.)를 온라인에 게시해서 누구든지 그가 이룬 발전에 업혀 갈 수 있게 해줬어요. 넷플릭스의 추천 시스템 담당 부사장이던 짐 베넷이 '사람들이 이렇게까지 서로 협업할 수 있을 줄은 몰랐다'고 했을 정도죠."[16]

그리고 이는 특별한 행동이 아니었다. 지금까지 실시된 8차례의 엑스프라이즈를 살펴보면 깜짝 놀랄 만큼의 협업이 진행된 걸 알 수 있다. 참가 팀들은 부탁하지 않아도 서로 조언을 해주고, 팀들이 서로 합쳐지기도 하고, 기술이나 전문가를 끌어오고 공유했다. 대회의 목적이 거대한 변화를 불러오기 위해서일 때, 각 팀들은 대회에서 이기는 것을 첫 번째로 두기는 해도, 그에 못지 않게 공통의 목적이 달성되는 것을 보고 싶어했다. 그렇기 때문에 참가 팀들은 훨씬 더 기꺼이 서로 정보를 공유하고자 한 것이다.

잘 설계된 상금 경연대회는 "전체가 부분의 합보다 크다."는 마음가짐을 갖게 만든다. 올바른 동기부여는 협업을 증가시키고 이것은 다시 예측할 수 없는 네트워크 효과를 가져오기 때문이다. 예컨대 2007년 11월, '넷플릭스의 10퍼센트 개선'이라는 과제는 발전이 상당히 정체되고 있었다. 컴퓨터꾼들이 거의 한계라고 할 만한 곳까지 다다랐을 때 개빈 포터 Gavin Potter라는 영국의 심리학자가 끼어들었다. 포터는 대부분의 다른 팀이 사용하는 순전히 수학적인 접근법 대신 인간적인 측면을 고려해 놀랄 만한 발전을 이루었다(실제로 그는 어려운 수학은 당시 고등학생이던 딸에게 아웃소싱했다). 결과적으로 포터는 대회에서 우승하지는 못했지만 우승 팀은 포터 덕분에 인간적 요소를 고려한 알고리즘을 만들어 우승할 수 있었다.[17]

앞으로는 넷플릭스 프라이즈와 같은 대회는 더욱더 중요해질 것이다. 요즘 세상에는 데이터가 넘쳐난다. 이 보물에서 유용한 이야깃거리를 파낼 수 있다면 수십억 달러어치의 가치가 있을 수 있다. 미래 세상에는 지금보다 더 많은 정보가 가득할 것이다. 수조 개의 센서와 유비쿼터스 네트워크 시대에 들어서면 우리는 앞으로 언제, 어디서든 모든 것에 관한 데이터를 수집할 수 있을 것이다. 상금 경연대회는 역사상 유례없는 혁신 가속 엔진을 제공하여 기하급수 기업가가 믿기지 않을 만큼 효율적인 방법으로 어마어마한 지식을 추출할 수 있도록 해준다.

히어로엑스

지금껏 나는 많은 기업들에게 프레젠테이션을 해왔다. 경영자들을 대상으로 이야기할 때는 6가지 핵심 포인트가 있다.

1. 변하지 않는 것은 '변화'뿐이다.
2. 변화의 속도는 증가하고 있다.
3. 스스로 파괴적 혁신을 감행하지 않는다면 다른 사람이 할 것이다.
4. 경쟁과 파괴적 혁신은 이제 더 이상 해외의 어느 다국적 기업 때문에 생기지 않는다. 그것은 어느 스타트업의 창고에서 기하급수 기술을 활용하고 있는 젊은이들로부터 온다.
5. 빌 조이의 유명한 말처럼 "당신이 누구든, 가장 똑똑한 사람들은 대부분 남의 회사에서 일한다." 이들을 어떻게 활용할 것인가?
6. 내부로부터의 혁신에만 의존하고 있다면 회사는 이미 죽은 것이다. 경쟁력을 유지하려면 반드시 크라우드를 활용해야 한다.

그동안 엑스프라이즈 재단은 믿기지 않을 만큼의 성공을 거뒀지만, 몇 년 전 나는 남들에게 조언하듯이 스스로에게 자문해보았다. "어떻게 내 회사에 파괴적 혁신을 일으킬 것인가?" 좀 더 구체적으로는, 다른 사람이 엑스프라이즈에 파괴적 혁신을 일으킨다면 어떤 식일지 생각해보았다. 이제는 명확해진 것이지만, 그 답은 누구나 도전 과제를 제시할 수 있는 온라인 플랫폼을 만드는 것이었다. 누구나 어떤 분야에서든 도전 과제를 내놓으면 크라우드가 상금을 설계하고, 상금 비용을 조달하고, 궁극적으로는 경쟁하여 상금을 가져가는 플랫폼 말이다. 구닥다리의 폐쇄된 혁신

시스템을 파괴할 수 있는 그런 시스템이 있다면 해마다 수십만 개의 작은 도전 과제들이 나타날 수 있을 것이고, 그렇게 해서 매년 엑스프라이즈가 시작하는 수백만 달러짜리 프로젝트를 능가하게 될 것이다. 말하자면 크레이그스리스트가 인디고고를 만난 셈이랄까.

지금은 히어로엑스[18]라고 불리는 이 플랫폼이 만들어진 것은 엑스프라이즈 본부에서였다. 하지만 스컹크 워크스가 모두 그렇듯이 모선으로부터 분리되는 것이 중요했다. 그래서 히어로엑스는 소규모의 열정적인 사이버 팀을 채용했다. 팀원들은 캐나다부터 우크라이나까지 전 세계 곳곳에 있었다. CEO인 크리스천 코티치니는 이 벤처 회사의 첫 번째 외부 지분 투자자가 됐다.[19]

새로운 스타트업이 으레 그렇듯이 빠르게 출범하는 것이 중요했다. 그래서 우리는 기존의 후원자들에게 도움을 요청했다. 랙스페이스Rackspace의 공동 설립자인 그레이엄 웨스턴Graham Weston이 우리의 첫 고객이 되어주었다. 웨스턴은 멕시코 인 기업가들이 미국 쪽 국경 너머, 특히나 그의 고향인 샌안토니오에서 상점을 열도록 도와주고 싶어 했다. 이런 목표로 웨스턴은 히어로엑스 플랫폼에서 24개월간 50만 달러의 상금을 건 '샌안토니오 엠엑스 챌린지'San Antonio Mx Challenge를 시작했다.

웨스턴의 말을 들어보자. "멕시코 기업가들이 직면해 있는 가장 큰 장애물 2가지는 비자 접근성과 정보 접근성입니다. 미국에서 일을 하기 위해 비자를 받는 것은 아주 어렵죠. 법률이 기술 기업가들에게 적합하게 되어 있지 않거든요. 둘째는 미국에서 회사를 차리는 데 필요한 전략적인 부분에서 어려움을 겪는 멕시코 기업인들이 많아요. 자금 조달이며 인력 채용, 부동산, 고용법 같은 것들 말이죠. 어디에 가서 정보를 얻고 도움을 청해야 할지 모르는 겁니다."[20]

이런 장애물들을 넘기 위해 샌안토니오 엠엑스 챌린지는 멕시코 기술 기업이 샌안토니오에 사무실을 열도록 도울 반복적인 사업 모델을 만들고 시행할 수 있는 개인 또는 팀, 조직에 50만 달러를 지불할 예정이다. 우승자는 점수제 평가 시스템에서 최고점을 받은 팀이 될 텐데, 이 시스템은 3가지를 측정한다. 2년간 끌어들인 멕시코 기업의 수, 2년간 해당 기업들의 매출 총합 그리고 해당 기업들과 비즈니스 모델의 지속 가능성이다.[21]

이 프로젝트는 성공적으로 출범하여 현재 히어로엑스는 수십 개 도시에서 수십 개 도전 과제를 추진 중이다. LA 시와 함께 설계 중인 챌린지는 405번 주간 고속도로의 교통 체증을 감소시키는 과제다. 심플리뮤직 Simply Music은 히어로엑스를 이용해서 가상 피아노를 만들고 있다. 음악적 표현이 더 이상 물리적인 악기에 얽매이지 않아도 되도록 말이다. 교육용 소프트웨어의 거물인 엘루션Ellucian은 히어로엑스를 이용해 학생보유율과 졸업률을 높이려 하고 있다.

하지만 여기서 정말로 중요한 점은 접근성이다. 히어로엑스는 열정적이고 박식한 대회 개발자 커뮤니티를 육성하려고 한다. 어떤 기업가이든 대회를 설계하고, 시작하고, 크라우드펀딩을 이용해 상금을 조달하고, 대회를 운영하고, 마지막에는 수상자를 가려내 시상할 때까지 도울 수 있도록 말이다. 히어로엑스의 큰 목표는 사람들의 사고방식을 바꿔놓는 것이다. 문제가 생겼을 때 더 이상 불평만 하지 말고 상금 경연대회를 열어서 문제를 해결하도록 말이다.

상금 경연대회를 이용할 때의 이점

. . . .

이 장의 목표는 2가지다. 첫째, 여러분과 여러분의 사업에 유용한 포상 주제를 확인하는 것이다. 둘째, 히어로엑스를 이용해 포상 경연대회를 설계하는 방법을 아는 것이다. 하지만 먼저 당초 상금 경연대회를 활용해야 할 이유부터 생각해보자. 이런 대회가 여러분과 여러분의 회사 그리고 사회에 무슨 도움이 되는 걸까?

1. 문제를 해결하는 혁신가에게 새로운 자금을 끌어온다

우리는 보통 혁신의 주된 자금원은 정부 기관이나 대기업이라고 생각한다. 하지만 상금 경연대회는 혁신 게임에 아주 다양하고 비전통적인 자원을 끌어온다. 특히나 수십억 달러의 자금은 보통 독지가와 후원사들이 나눠 내게 된다.[22]

2. 승자에게만 돈을 준다

상금은 효율적이다. 상금은 어마어마한 양의 혁신을 만들어내서 종종 새로운 산업 하나를 일으키기도 하지만, 우리는 승자에게만 돈을 지불하면 된다. 시도했으나 실패한 팀에게는 전혀 돈을 지불할 필요가 없다. 오티그 상의 경우 당시의 유명한 조종사들은 대부분 처참하게 실패했고, 상대적으로 알려지지 않은 파일럿이던 린드버그가 대회에서 우승했다. 만약 오티그가 몇 팀에 투자를 하겠다고 생각했다면 결코 린드버그를 떠올리지는 않았을 것이다.

3. 크라우드소싱의 귀재

상금은 새로운 참가자를 끌어들인다. 제도권 내에서 일하고 있지 않은 외부인이나 독자적인 노선을 걷는 사람들, 혁신가들 말이다. 상금을 제대로만 설계하면 전통적인 방식으로 찾을 때에 비해 훨씬 더 넓은 분야에서 세계적으로 인재를 끌어들일 수 있으며, (나이나 인종, 성별에 관계없이) 세계에서 가장 뛰어난 이들로 하여금 더 열심히, 더 빨리, 때로는 (같은 팀에서) 협업하며 일하게 할 수 있다.

4. 대중의 인지도를 개선하고 해당 문제를 부각시킨다

상금 경연대회의 홍보 효과는 문제의 중요성에 이목을 집중시키며 교육적 기능을 수행한다. 그리고 그렇게 만들어진 전 세계적 미디어의 관심은 참가자들이 더 열심히 일하게 만들고, 많은 경우 더 큰 위험을 감수하게 한다.

5. 기존의 제약을 극복하게 한다

상금 경연대회는 사회적 제약과 법적, 규제적 장애, 정권 등을 초월해 '가능한 것'의 범위를 다시 설정한다. 상금은 참가자가 몇 살이고 어디에서 일하는지 묻지 않는다. 상금은 오직 참가자의 아이디어와 그것을 실행했을 때의 질을 측정할 뿐이다. 마찬가지로 따분한 CEO나 폐쇄적인 노동조합에 가로막혀 있던 해결책들이 실행에 옮겨질 수도 있다.

6. 패러다임을 변화시킨다

상금이 걸린 대회는 사람들이 가능하다고 믿는 것의 패러다임을 바꾸는 데 도움이 된다. 린드버그의 비행 이전에 비행기는 조종사와 무모한 사람들만을 위한 것이었다. 하지만 이후 비행기는 파일럿과 승객들을 위한 것이 됐다. 대서양 횡단비행에 대한 일반의 인식이 바뀌었고, 항공 산업이 출현하는 길을 열었다. 안사리 엑스프라이즈가 있기 전에 우주비행은 정부에서만 하는 게임이었다. 하지만 이후에는 누구에게나 열린 분야가 되었다.

7. 새로운 산업이 출현하고 지속적으로 혜택과 영향을 미친다

상금 경연대회를 설계할 때는 상금을 수여하는 것으로 이야기가 끝나는 것이 아니라 새로운 산업이 시작될 수 있게 해야 한다. 그러려면 혁신만으로는 부족하다. 인류에게 도움이 되는 돌파구를 마련하려면 이런 혁신이 시장으로 연결되어야 한다. 궁극적인 목표는 문제를 해결하고 기업가 정신을 자극하여 새로운 산업의 중추가 될 신제품과 서비스를 만들어내는 것이다.

8. 금융 레버리지를 제공한다

잘 설계된 도전 과제는 상금보다 10배나 많은 투자도 쉽게 만들어낸다. 혁신가와 발명가들이 보통 상금보다 더 큰 투자도 기꺼이 하려는 데는 2가지 이유가 있다. 첫째, 대회에 참가하는 팀들은 보통 낙관주의자들이다. 이들은 처음에는 상금보다 적은 돈을 써서 대회에서 우승할 수 있다고 믿다가도 시간이 지나면서 점점 투자가 늘어나는 것을 합리화한다. 둘째, 적절하게 설계된 상금은 참가 팀들이 투자한 것을 회수할 수 있는 추후 사업 모델을 갖고 있다.

9. 시장 수요를 창출한다

오티그 상 이전에는 대서양 횡단비행에 대한 공공의 수요가 없었다. 왜냐하면 그런 일이 가능하다고 믿은 사람 자체가 거의 없었기 때문이다. 우주비행과 안사리 엑스프라이즈 역시 마찬가지였다. 성공적으로 설계되고 시행된 상금 경연대회는 상당한 시장 수요를 창출한다. 그리고 이것은 시장을 정립하고 투자 자금을 끌어들인다.

10. 새로운 전문 지식과 분야를 뛰어넘는 해결책을 끌어온다

진정한 돌파구는 정상적인 전문 분야 바깥에서 만들어지는 경우가 많다. 강력하게 설계된 도전 과제는 문제를 눈에 확 띄게 만들고, 비전통적인 혁신가들을 끌어오며, 서로 어울리지 않을 것 같은 분야 사이의 협업을 유도한다.

11. 규제 혁신을 유도한다

어떤 경우에는 강력한 경연대회가 관련된 규제 이슈를 부각시켜 정부의 변화를 이끌어내기도 한다. 대회를 둘러싼 일반인들의 관심에 참가자의 수까지 커지면 변화에 필요한 정치적 압박을 가할 수도 있다. 안사리 엑스프라이즈가 그 예다. 이 대회는 미 연방항공청으로 하여금 재사용이 가능한 민간 우주선을 통한 우주 여객 사업을 허용하는 규제를 채택하도록 만들었다.

12. 동기와 희망을 부여하고 똑똑한 위험을 부담시킨다

궁극적으로 경연대회는 틀에 박혀 꼼짝 못하는 분야에 혁신을 배양하고 희망을 만들어내는 것이 핵심이다. 위험을 회피하는 기존 세력들이 지배하는 분야에서 남다른 팀들이 똑똑하게 위험을 부담한다면 진정한 돌파구가 마련될 가능성은 훨씬 더 커질 것이다. 기억하라. 진정한 돌파구도 그 전날까지는 미친 생각이라는 소리를 듣는다.

언제 경연대회가 필요한가?

· · · ·

경연대회가 만병통치약은 아니다. 상금을 내걸기에는 너무 복잡한 과제도 많고, 여러 팀이 경쟁하기에는 너무 많은 돈이 드는 경우도 있다. 경험상 경연대회가 가장 효과적인 경우는 다음과 같다.

1. 목표는 분명히 이해하고 있지만 도달하는 방법을 모를 때

안사리 엑스프라이즈의 경우 나는 일반인들을 우주 100킬로미터까지 운반할 우주선이 필요하다는 사실은 잘 알고 있었다. 내가 알지 못했던 것은 (혹은 신경 쓰지 않았던 것은) 우주선이 어떤 종류의 추진 장치와 착륙 장치 혹은 소재를 사용해야 하는가 하는 점이었다.

2. 활용할 수 있는 혁신가 크라우드가 충분히 있을 때

모든 분야의 혁신가가 도움이 될 것이다. 대회의 참가 조건을 제한해서 참여할 수 있는 인재의 폭을 좁힌다면 결과 역시 줄어들 수밖에 없다. 웬디 슈미트 기름 정화 챌린지는 전 세계 350개 팀을 끌어들였다. 만약 우리가 대회 참가 자격을 어느 대학교 학생으로 한정했더라면 우리는 결코 바라던 목표를 달성하지 못했을 것이다.

3. 소규모 팀으로 문제를 해결할 수 있을 때

이상적인 경연 과제는 합리적인 수준의 소규모 팀이 해결할 수 있는 것이어야 한다. 무인 자동차에 도전한 다르파 그랜드 챌린지DARPA Grand Challenge 의 경우 스탠퍼드 대학원생들이 우승을 차지했다. 안사리 엑스프라이즈는 스케일드 콤퍼지트Scaled Composites 출신의 엔지니어들 30명이었다. 이것보다 훨씬 더 큰 팀이 필요한 프로젝트라면 자금 조달이나 운영 면에서 어려움이 생길 가능성이 크다.

4. 스케줄이나 해결책의 종류, 우승자 등에 유연하게 대처할 수 있을 때

상금이 걸린 경연대회를 활용할 때는 특이한 참가자를 통해 예기치 못한 돌파구를 기대할 수 있는 대신에 어느 정도의 통제권은 포기해야 한다. 도전 과제의 한도가 지나치게 제한되어 있으면, 예컨대 어느 기술은 반드시 사용해야 하고, 혁신가는 어느 곳 출신이어야 한다는 식으로 제한하면, 바라던 결과를 얻을 가능성은 오히려 낮아진다.

5. 훗날의 지적 재산권 소유에 관한 유연성이 있을 때

지적재산권에 관해서는 잠시 후에 자세히 다룰 것이다. 하지만 엑스프라이즈의 경우는 대부분 지적재산권을 우승 팀이 보유한다. 상금 후원사가 그렇게 하는 이유는 홍보 목적도 있고, 세상에 진정한 변화를 가져오고 싶기 때문이기도 하다. 하지만 히어로엑스의 경우는 반드시 그렇지만은 않고, 훗날 지적 재산권을 대회 후원사가 가질 수도 있다.

사람들의 참여를 극대화시키는 법

• • • •

경연대회에 관해 연구할 때 나는 여러 팀이 경쟁하도록 끌어들이는 주된 동기 유발 요인 3가지를 확인했다. 이 원칙들을 이해한다면 경연대회를 세밀하게 조정하여 사람들의 참여를 극대화할 수 있을 것이다.

1. 중요도 및 인정

스스로를 세상에 증명하고 싶은 잠재적 인재는 아주 많다. 경연대회, 특히나 추구하는 목적이 높고 주목을 받는 경연대회는 우승 팀에게 빠른 시일 내에 명성을 얻을 기회를 제공한다.

2. 상금

때로는 현금이 진정한 동기 유발자가 될 수도 있다. 고서머 콘도르 Gossamer Condor를 설계하고 만들었던 폴 맥크레디Paul MacCready 박사처럼 말이다. 고서머 콘도르는 사람의 힘으로 가는 비행기로, 800미터 떨어진 두 지점 사이를 8자를 그리며 날았다. 맥크레디 박사는 크레머 상에서 우승한 5만 파운드로 개인 빚을 갚았다.[23]

3. 좌절

웬디 슈미트 기름 정화 챌린지와 마찬가지로 참가 팀들은 현 상태에 깊은 좌절을 느껴 문제를 해결하고 싶어 하는 경우가 많다. 이럴 때 경연대회는 달려들 수 있는 목표가 될 뿐만 아니라 참가자들이 좌절감을 다스릴 수 있는 방법을 제시한다.

경연대회 설계의 가이드라인

• • • •

직접 경연대회나 히어로엑스 챌린지를 설계한다면 고려해봐야 할 중요한 기준 15가지를 소개한다.

1. 간단하고 측정 가능하며 객관적인 규칙을 정립하라

경연대회를 만들 때는 간단하고 측정 가능하며 객관적인 규칙을 만들려고 최대한 노력해야 한다. 결승선은 모든 사람이 우승자를 수긍할 수 있도록 설계되어야 한다. 오티그 상의 경우, 규칙은 '중간에 멈추지 않고 뉴욕에서 파리까지 비행'이었다. 안사리 엑스프라이즈의 경우, 규칙은 간단히 표현하면 '2주 동안 2번, 똑같은 3인용 우주선을 고도 100킬로미터 지점까지 비행하는 것'이었다. 물론 상세한 규칙이야 훨씬 더 복잡하지만, 훌륭한 대회는 설명하거나 이해하기 쉬워야 한다.

2. 해결책이 아니라 문제를 정확히 제시하라

대회 규칙은 해결해야 할 문제를 정의해야지, 시행될 해결책을 정의하면 안 된다. 예컨대 안사리 엑스프라이즈는 발사 우주선에 관한 구체적 사항(추진 장치, 착륙 메커니즘 등)에 대해서는 신경 쓰지 않았다. 유일한 목표는 세 사람을 2주 동안 두 번 100킬로미터 지점까지 이동시키는 것이었다. 그 결과 대회에서는 10가지가 넘는 독특한 접근법들이 출현했다.

3. 적합한 구조를 골라라

상금 경연대회도 여러 가지 구조가 있다. 몇 가지를 제시하면 다음과 같으며, 가장 적합한 것을 고르면 된다.

- **결승선 통과** : 설정된 목표를 가장 먼저 달성하는 팀에게 현금을 지급한다.
- **마감 시한 내에 결승선 통과** : 안사리 엑스프라이즈에서 사용한 방법이다. 우리는 2004년 12월 31일 이전에 가장 먼저 100킬로미터 고도까지 두 번 비행하는 사람에게 1000만 달러를 제안했다.
- **요리대회형** : 올림픽 게임과 가장 비슷하다. 정해진 날에 다 함께 경쟁하여 가장 훌륭한 성과를 낸 사람이 상금을 받는 것이다.
- **최소 기준 이상의 요리대회형** : 웬디 슈미트 기름 정화 챌린지에서 사용한 방법이다. 각 팀은 본인들의 장비를 같은 장소로 가지고 와서 맞대결을 펼쳤다. 최소 기준(분당 9,400리터 이상 기름 제거) 이상을 달성한 팀들 중에서 가장 잘해낸 팀이 대회에서 승리했다.

4. 시장 실패에 접근하라

상금을 건 경연대회는 종종 진퇴양난에 빠진 산업에 활기를 불어넣고 새로운 시장을 증명해야 한다. 대회 주제는 시장 실패로 해결책이 나오지 않고 있는 문제에 접근해야 한다. 시장 실패의 흔한 유형을 몇 가지 살펴보면 다음과 같다.

- 사람들이 문제가 해결될 것 같지 않다고 믿는다. 제도적이거나 대중의 인식상 오해가 있다.
- 특정한 종류의 편견에 사로잡혀 있어서 사람들이 문제를 해결하려고

시도조차 하지 않는다.

- 확고하게 자리 잡고 있는 기존 주자들이나 조합이 공정한 경쟁을 가로막고 있거나 산업 또는 기술의 변화를 방해하고 있다.
- 중요한 문제 영역으로 자본이 흘러들어 가지 않는다.
- 규제 구조상 혁신이 구체화되지 못하고 있다.

5. 대담함과 성공 가능성 사이의 적절한 균형을 잡아라

대회 주제는 사람들을 자극할 만큼 충분히 대담하면서도 너무 어렵지는 않아서 달성 가능해야 한다. 처음에 내가 안사리 엑스프라이즈의 목표를 궤도 이하 100킬로미터까지 비행이라고 발표하자, 많은 사람들이 이를 비난했다. 목표가 지구 궤도권까지 민간 비행이어야 한다고 말이다. 하지만 그것이 목표였다면 대회는 우승자가 나오지 않았을 가능성이 크다(에너지 측면에서 궤도권은 궤도 이하 100킬로미터보다 50배나 오르기가 힘들다). 다시 말해 궤도 이하 비행이면 충분히 대담하면서도 달성 가능했다. 패러다임을 바꾸기 위해 더 멀리 나아갈 필요는 없었다.

6. 상금 규모를 고려하라

상금 규모는 다양하다. 엑스프라이즈는 보통 200만 달러에서 3000만 달러의 상금 규모로 운영되고, 히어로엑스는 1만 달러에서 100만 달러 정도다. 상금 규모를 정하는 변수는 많다. 참여를 유도하는 데 필요하다고 생각되는 상금의 규모, 후속 시장의 가치, 과제에 도전하는 데 필요한 최소한의 자금(각 팀이 사용할 것으로 예상되는 최소 금액에 맞춰 상금을 정할 수도 있다), 체감되는 문제의 중요성, 후원사의 브랜딩 욕구('사상 최대'라는 홍보 문구 같은 것) 등이다. 참가 팀들은 대회가 끝난 후에도 비즈니스 모델이 있어서 투자분을 회수할 수 있을 것 같으면 상금보다 더 많은 금액도 기꺼이 투자하려고 한다. 상금의 규모가 클 때는 미디어의 이목을 집중시키고, 문제를 부각시키며, 비전통적인 주자들을 끌어들이기 위해 큰 상금(예컨대 1000만 달러)을 이용하기도 한다.

7. 경연대회에 대한 미디어 노출이 지속적으로 이루어져야 한다

잘 설계된 경연대회는 지속적인 미디어의 관심을 생산한다. 이렇게 꾸준한 관심이 있어야 자금 지원자를 끌어들이고, 커뮤니티가 형성되며, 희망했던 사고방식의 변화가 생길 수 있다. 안사리 엑스프라이즈의 경우 경연대회는 2주 동안 두 번의 비행을 요구했다. 단, 하루 한 번의 비행을 요구했을 때에 비해 참가 팀들은 훨씬 더 많이 미디어에 노출되었다. 가장 잘 설계된 대회는 처음부터 끝까지 이야깃거리가 떨어지지 않게 한다.

8. 눈길을 사로잡는 결승 장면이 필요하다

생중계할 만한 결승 장면, 다시 말해 눈길을 사로잡는 방식으로 대미를 장식하는 일은 미디어의 관심을 불러일으킬 것이고, 이것은 다시 각 팀이 대회에 우승하기 위해 더 많은 시간과 돈을 쏟아붓게 만들 것이다(누구나 유명해지길 바란다). 또한 이런 마지막 장면이 만들어내는 미디어의 감동은 대중들에게 세상에 어떤 변화가 생겼는지 일깨워주는 교육 효과가 있다.

9. 복수의 상금 및 보너스를 고려하라

2등, 3등까지 다수에게 상금과 보너스를 지불하면 참가 팀의 수를 늘릴 수 있고, 그들이 다양한 접근법을 시도하게 만들 수 있다. 2등 상금이 있으면 유력 우승 후보가 있더라도 참가 팀들이 계속 노력하게 되고, 1등상이 수여된 이후에도 계속 경쟁하게 만들 수 있다. 또한 이런 상금은 경쟁 시간을 늘려주기 때문에 패러다임의 변화를 이룰 가능성도 더 커진다.

10. 슈퍼 신뢰성을 넘어서서 시작하라

경연대회를 최초로 발표할 때는 반드시 눈에 띄면서도 슈퍼 신뢰성을 가져야 한다. 대회 시작은 언론 노출을 최대화해야 하며, 대회 자체와 후원사 모두를 홍보해야 하고, 처음부터 경연대회가 진지하게 받아들여지도록 해야 한다. 제대로 추진된다면 슈퍼 신뢰성을 가진 대회는 시작 지점에서 대중들의 인식을 "가능하겠어?"에서 "언제 이루어질까?", "누가 우승할까?"로 바꿔놓을 것이다. 출범식 때는 (자신의 이름을 걸고 있는) 유명한 지지자들 및 겨룰 준비가 되어 있는 수많은 팀들이 함께 참여해야 한다.

11. 글로벌하게 모두에게 개방되어야 한다

최고의 경연대회는 당연히 글로벌하게 이루어져야 한다. 나이나 교육, 경험 등을 떠나 실력 있는 팀들을 폭넓게 찾아야만 돌파구가 될 결과를 얻을 기회가 극대화된다. 다시 말해, 해결책이 어디서 나올지 미리 예측하지 마라. 경도상의 경우 영국 해군성은 별을 보고 경도를 정하게 될 것이라고 너무나 확신한 나머지 우승자 선정 위원회를 천문학자들로 채워놓았었다. 그 결과 시계공이던 존 해리슨은 10년 가까이 상금을 받지 못했다.

12. 적절한 스케줄 및 마감 시한을 설계하라

상금 스케줄은 대회의 과제가 얼마나 어려우냐에 따라 달라진다. 히어로엑스 같은 작은 대회의 경우는 6개월에서 1년이면 상금을 수여할 수도 있지만, 1000만 달러쯤 되는 매우 큰 엑스프라이즈 과제의 경우는 3년에서 8년 정도의 시간 계획을 가지고 설계된다. 적절한 스케줄과 마감 시한을 결합한다면 더 많은 참여를 얻을 수 있을 것이다. 1996년 5월에 시작된 안사리 엑스프라이즈는 8년이 걸렸는데, 2004년 12월 31일인 마감 시한보다 석 달 앞서서 우승자가 가려졌다.

13. 지적 재산권 소유 및 언론권의 범위를 규정하라

엑스프라이즈의 경우는 보통 참가 팀들이 지적재산권을 보유하고, 언론권은 엑스프라이즈 재단에서 가진다. 다른 대회들은 지적재산권을 공공의 것으로 하거나 일부를 후원사가 갖거나 라이선스하도록 요구할 수도 있다. 만약 상금을 지원한 대가로 후원사가 지적재산권을 가진다면 상업적 대회가 된다. 지적 재산권을 우승 팀이 보유하거나 공개한다면 상금은 기부로 간주되어 보통 세금 공제를 받게 된다. 일반적으로 4가지 변수를 고려할 만하다.

- 기부. 우승자가 지적 재산권 보유.
- 기부. 지적 재산권 공개.

- 상업적. 후원사가 지적 재산권 소유.

- 상업적. 후원사가 지적 재산권 라이선스(또는 공유).

14. 후속 비즈니스 모델을 상금 설계에 통합하라

이상적인 대회는 대회가 끝난 후에도 참가 팀들이 후속 비즈니스 기회를 가질 수 있도록 설계된다. 예컨대 안사리 엑스프라이즈는 1인용 우주선이 아니라 3인용 우주선을 요구했다. 그랬기 때문에 우주 관광의 가능성이 열렸고, 민간 비즈니스 모델이 가능했기에 참가 팀들은 자금을 조달하기가 더 쉬웠다. 그리고 그것이 참가 팀들이 우승을 위해 상금보다 더 많은 비용도 기꺼이 지출하려고 했던 주된 이유 중 하나였다. 어느 팀이 우승을 하면 그에 따른 홍보 효과는 자본 투자를 불러오고, 기술이 전개되도록 만들며, 기술의 시장 수용을 이끈다. 나아가 대회가 처음에 목표로 했던 시장 실패에 대한 장기적 해결책이 될 수 있는 새로운 산업을 불러올 수도 있다.

15. 최종적인 규칙을 작성하라

규칙은 경연대회의 DNA다. 규칙은 경연대회의 성패를 가름하며 시간이 지난 후에도 대회의 결과를 유효한 것으로 만들어준다. 기술이 변화하거나 정치적, 사회적 조건이 문제가 되면 규칙은 효력을 잃을 수 있다. 단순하게 생각하거나 쉽게 변동될 수 있는 규칙은 부정적이거나 공허한 결과를 낳을 수 있다. 노벨상 수상자인 리처드 파인먼Richard Feynman의 유명한 일화가 보여주는 것처럼 말이다. 그는 1959년 "바닥에는 공간이 많다."라는 강연을 하면서 2가지 과제에 각각 1,000달러의 상금을 걸었다.

하나는 1밀리미터의 정육각형 내에서 작동하는 모터를 만드는 사람에게, 다른 하나는 책에 있는 정보를 2만 5,000분의 1 크기로 쓸 수 있는 사람에게 지급하는 것이었다.[24] 첫 번째 상금은 규칙을 잘못 정했다. 파인먼은 나노 기술을 홍보하려는 목적이었지만, 그가 받은 결과는 어느 대학원생이 정교한 수공업 기술과 기존의 도구(보석 세공사의 집게와 현미경)로 만들어낸 모터였다. 파인먼은 상금을 지급했지만 자신이 원했던 목표는 달성하지 못했다. 하지만 1985년 스탠퍼드 대학원생이던 톰 뉴먼Tom Newman이 받아간 두 번째 상금은 성공적이었다. 그는 《두 도시 이야기》의 첫 단락을 2만 5,000분의 1로 줄였다.[25]

* * *

오늘날 엑스프라이즈는 많은 시간을 들여 기본적 목적에 관해 생각하고 있다. 어떻게 해야 프로세스를 구체적으로 특정하지 않고도 목표를 달성하며 가짜 우승(전통적인 도구로 만든 마이크로 모터 같은 것)을 피할 수 있을지 말이다. 대회 초반에 우리는 가이드라인을 제시하고 공개적으로 회람하며 의견을 듣는다. 참가 팀들과 광범위한 의논을 하고 나면, 몇 달 후 가이드라인은 최종 규칙으로 바뀐다. 스페이스십원을 공개하면서 버트 루탄은 이렇게 말했다. "엑스프라이즈의 규칙이 지금까지 유효하다는 게 놀랍습니다. 1996년에 발표되고 8년이 지났는데도 말이죠." 중요한 교훈이다.

단계별 상금 경연대회 설계 요령

. . . .

앞서 이야기한 모든 기준을 염두에 두고, 이제는 여러분의 대회를 직접 설계하고 만들고 출범시켜볼 차례다. 히어로엑스 플랫폼의 도움을 받아도 좋고, 직접 추진해봐도 좋다. 다음과 같은 단계를 밟게 될 것이다.

1. 아이디어 창출 : 해결하고 싶은 문제가 무엇인가?

핵심 이슈를 확인하라. 당신을 잠 못 들게 하는 문제가 무엇인가? 그 문제는 기술적인 것, 사회적인 것, 시장적인 것일 수도 있다. 경연대회를 통해 어떤 패러다임을 바꾸고 싶은가? 우승자가 선발되고 나면 세상은 어떤 모습이 될까? 이런 교착 상태를 이끈 시장 실패가 무엇인지 연구해보라. 껍질을 하나씩 다 벗겨내고 핵심이 무엇인지 찾아라. 이 과정에서 문제의 어떤 부분을 해결하는 데 초점을 맞추는 것이 최선일지 분명해질 것이다.

2. 가이드라인과 기준 : 어떤 항목들을 측정할 것인가?

다음 단계는 성공의 핵심 요소를 정의하는 것이다. 대회 기간 동안 참가 팀들이 무엇을 이뤄주길 바라는가? 결승선이 어떤 모습이길 바라는가? 무엇을 측정할 것인가? 어떻게 측정할 것인가? 대회 결과를 판단하는 데는 비용이 들지 않는가, 그것이 아니면 노동력이 많이 드는 과정인가? 목표가 무모하지는 않은가? 대중들은(혹은 여러분의 커뮤니티는) 여러분이 설정한 목표를 어떻게 느낄 것인가?

3. 기타 세부 사항 : 이름, 상금, 기간 및 형식, 지적재산권

- **이름** : 대회 이름을 무엇으로 할 것인가? 눈에 확 띄는 이름을 바라는 가? 아니면 기억하기 쉬운 이름, 유행하는 이름, 산뜻한 이름을 원하는가? 대회의 핵심을 표현하면서도 널리 전파되기 쉬운 이름이 좋다.

- **상금** : 상금을 어느 규모로 정할 것인가? 이 문제에 대한 해결책이 얼마만큼의 가치가 있는가? 혁신가들을 끌어들일 정도 규모의 상금이어야 하겠지만, 기존 주자들이 함께 경쟁하고 싶을 만큼 커서는 안 된다. 적절한 상금은 보통 혁신적인 팀 하나가 사용하게 될 기본 비용을 감당할 정도는 되어야 한다. 또한 현금이 충분하지 않다면 크라우드 펀딩도 생각해볼 수 있다. 하지만 반드시 여러분의 커뮤니티가 참여하고 싶게 만드는 대회 이름과 목표, 거대한 변화의 목적을 골라라.

- **기간 및 형식** : 대부분의 대회에는 마감 시한(언제든지 연장할 수 있다)이 필요하다. 문제를 해결하는 데 시간이 얼마나 걸려야 한다고 생각하는가? 마감 시한이 짧으면 더 큰 위험을 감수하게 만들겠지만, 지나치게 짧으면 많은 팀이 참가하지 않을 수도 있다. 여러분의 대회에 꼭 맞는 구조는 어떤 것인가? 최소한의 기준을 만족시킨 첫 번째 팀을 우승시킬 것인가? 해마다 열리는 대회, 다시 말해 매년 같은 날 최고의 성과를 낸 팀에게 시상하는 대회(올림픽처럼)로 만들 것인가? 각 방법마다 이점이 있지만, 방법에 따라서 대회 운영 비용이 달라진다는 점을 고려해야 한다.

- **지적재산권** : 대회가 끝나면 지적재산권을 누가 소유할 것인가? 여러분이 지적재산권을 소유해야 할 필요가 없고 참가 팀들이 보유하도록 할 수 있다면 참가 팀이 더 많아질 수도 있다. 그렇지 않으면 참가

팀에게 라이선스를 요청하거나 공유 저작물로 만들 수도 있다.

4. 상금 설계 손질하기

대회를 출범시키기 전에 시간을 들여 고민해봐야 할 규칙들이 몇 가지
더 있다. 다음과 같은 기준에 따라 대회를 최적화시킬 필요가 있다.

- 속임수를 쓰기 어렵게 만들어라. 파인먼의 상금을 생각해보자. 대학
  원생이 집게로 마이크로 모터를 만들었다. 이런 종류의 속임수 혹은
  가짜 우승을 예방하도록 규칙을 더 잘 만들 수는 없는가?
- 핵심 지표들이 충분히 객관적이고 측정 가능한지 규칙을 점검하라.
  다시 말해 우승자를 어떻게 정할지 정확히 알고 있어야 한다. 심사위
  원들이 쉽게 성공 여부를 판단할 수 있는가? 그렇지 않으면 고가의
  득이한 장비가 필요한가? 이런 질문에 미리 답해본다면 나중에 크게
  상심할 일을 막을 수 있을 것이다.
- 대회 운영비의 견적을 내보았는가? 대회를 개최하고, 시사하고, 홍보
  하는 더 저렴한 방법은 없는가?
- 대회를 친구들에게 설명했을 때, 그들이 우승 팀이 해야 할 일을 분명
  하게 이해하는가? 아이들이 식탁에서 부모에게 이 대회를 설명할 수
  있는가? 쉽게 소통할 수 있는 한 줄짜리 설명을 가지고 있는가?
- 대형 미디어들이 관심을 느낄 만큼 대회의 결승 순간이 흥미진진한
  가? 그렇지 않으면 인쇄물에서 숫자 하나만 바꾸면 우승자가 바뀔 지
  루한 대회를 설계한 것인가?
- 최종적으로 우승자가 선정되었을 때, 우승한 기술이 실제로 여러분

이 바랐던 효과를 낼 수 있는가? 그 기술이 기존 시장의 실패를 해결할 것인가? 그 기술이 새로운 산업을 탄생시킬 것인가?

5. 대회 출범식, 참가 팀 등록

다음은 슈퍼 신뢰성을 가진 대회를 출범시키는 것이다. 미디어와 SNS가 여러분의 대회로 인해 떠들썩해지도록 만들어야 하며, 이에 자극받은 팀들이 쉽게 대회에 참가를 신청하게 해야 한다. 참가 팀이 어느 곳에서 나올지도 생각해봐야 한다. 대학일지, 중소기업 혹은 여러분의 직원, 지역 사회일지 말이다. 그리고 여러분의 출범식이 정확한 커뮤니티를 노릴 수 있게 해야 한다. 대회의 핵심은 참가 팀이라는 점을 기억하라. 참가 팀을 모집하고, 그들의 요구에 맞추는 것이야말로 가장 중요한 성공 요인이다.

6. 대회 운영

대부분의 사람들은 상금 경연대회를 운영하는 일이 공짜가 아니라는 사실을 알지 못한다. 사실 엑스프라이즈의 운영비는 종종 상금액 자체와 비슷한 수준이 되기도 한다. 대회를 운영하고, 참가 팀들과 연락하고, 법률적 문제를 해결하고, 공정한 경기 준비를 하고, 홍보 활동을 관장하는 등에는 시간과 인력이 필요하다. 이 과정에 짧게는 몇 달부터 길게는 몇 년이 걸릴 수도 있다. 이런 문제들을 해결할 수 있는 여건이 조성되어 있는지 확인하라.

이 모든 요구 조건을 대부분 도와주고 운영비를 현저하게 줄여주는 플랫폼인 히어로엑스를 이용하더라도, 대회에는 여전히 다음과 같은 요소들이 뒤따른다.

- **법률** : 참가 등록을 하려면 신청 팀은 간단한 계약서에 서명을 해야 한다. 계약서는 대회의 규칙과 각각의 상황에서 어떤 일이 벌어질지를 개괄해야 한다. 새롭게 합류하려는 팀이 대회에 대한 관심을 표현하기 쉬운 구조로 만드는 것이 좋다. 참가 팀의 상세한 연락처를 수집하는 간단한 형식이면 된다. 그다음에 참가자들은 팀별 계약서에 서명해야 한다. 이 계약서는 여러분의 법률 팀이 준비하되, 우승 팀은 뭘 해야 하고, 어떤 권리는 여러분이 가지며, 어떤 권리는 참가 팀이 갖는지 명기해야 한다.
- **대회 주연배우** : 대회의 얼굴이 될 사람이 필요하다. 비전과 임무에 관해 이야기하고, 늘 튀어나오는 어려운 질문들을 받아넘길 수 있는 사람 말이다.
- **커뮤니티 및 팀 매니저** : 참가 팀 및 커뮤니티 전체를 관장할 사람이 필요하다. 모든 질문에 답해주고, 대회가 최대의 영향력을 발휘할 수 있도록 해줄 사람이다.
- **심사위원** : 온전히 독립적인 개인들로서, 우승자 결정을 도와줄 사람이다.

7. 심사, 시상, 홍보

대회의 마지막 단계는 우승자를 선발하는 것이다. 심사는 여러분과 모든 참가 팀, 미디어, 일반인들이 누가 왜 우승한 것인지를 논란의 여지없이 알 수 있어야 한다. 그다음은 상금(및 트로피 등) 시상이다. 이때 목표는 우승 순간의 홍보 효과를 극대화하여 깊은 변화를 이끌어내는 것이다. 이것은 오직 미디어 노출을 통해서만 가능하다. 이처럼 불가능해 보이던 문제가 이제 해결될 수 있다는 사실을 많은 사람들이 알아야 한다. 미디어를 집중시킬 화려한 마무리가 그토록 중요한 이유다.

대담한 리더십을 요청하며

. . . .

지난 몇 년간 나는 나 자신의 '거대한 변화를 불러올 목적'을 정의 내렸다. 몇 번을 잘못 시작하고, 다시 시작하고, 다시 시작하면서 나는 내가 가장 행복해하는 일이 무엇인지 알게 됐다. "기업가들이 풍요로운 세상을 만들면서 대단한 부를 창출하도록 돕는 것." 이것은 세상의 가장 큰 골칫거리들이 곧 가장 큰 사업 기회라는 깨달음에서 나온 결론이기도 하다. 이런 골칫거리들이 곧 현대판 노다지이기 때문이다. 문제가 클수록 그 해결책은 더 중요하고 소중해진다.

그리고 이런 난관에 도전해 금맥을 캘 수 있는 사람의 수는 그동안 폭발적으로 증가했다. 몇백 년 전만 해도 그런 활동은 순전히 왕족들의 영역이었고, 몇십 년 전에는 국가 지도자나 다국적 기업의 수장들에게만 속하는 영역이었다. 하지만 지금은 열정만 있다면 누구라도 세상을 진정으로 변화시킬 수 있는 힘을 갖고 있다.

그 점이 바로 이 책에서 궁극적으로 말하려는 바다. 제1부에서 이야기한 기하급수 기술은 급격한 변화를 위한 물리적 툴을 제공한다. 제2부에서 설명한 심리적 전략은 성공할 수 있는 정신적 틀이 되며, 제3부에서 이야기한 기하급수 크라우드 툴은 결승선을 넘을 수 있는 온갖 추가적 자원들(인재, 자금 등)을 제공한다.

가장 중요한 것은 이것이다. 풍요는 기술 유토피아의 비전이 아니다. 기술 자체만으로는 그렇게 더 나은 세상을 가져올 수 없다. 그것은 여러분과 나에게 달린 일이다. 더 나은 세상을 만들려면 역사상 가장 큰 규모의 협력으로도 부족할지 모르기 때문이다. 다시 말해 대담하고 밝은 미래는 바로 저기에 있다. 하지만 모든 일이 다 그렇듯이 다음에 어떤 일이 벌어질지는 전적으로 우리에게 달려 있다.

그래서 나는 마지막으로 이런 생각에 이르렀다. 《어번던스》에서 스티븐과 나는 기하급수 기술의 위험을 지적하며 책을 마무리했다. 하지만 이번에는 리더십으로 시선을 돌려보려고 한다. 리더십의 중요성이라는 화두를 꺼낸 사람은 앞서 이야기한 딜로이트 컨설팅의 혁신 리더 마커스 싱글스이다. 그는 이렇게 말했다. "앞으로 다가올 기하급수의 시대는 게임의 판도를 바꿔놓을 기술들을 모든 사람의 손에 쥐여줄 겁니다. 그것이 우리를 풍요의 길로 이끌 것은 의심의 여지가 없지요. 하지만 그것은 또한 부와 권력을 소수의 손에 집중시킬 가능성도 갖고 있습니다. 이 격변의 시기를 헤쳐 나가려면 우리에게는 새로운 종류의 윤리적 리더가 필요합니다. 절대 권력에도 부패하지 않을, 그런 리더 말입니다."[26]

싱글스가 말한 새로운 차원의 도덕적 리더십은 부인할 수 없는 시의적절한 지적이다. 비록 이 책은 대담한 기업가 정신과 대담한 영향력을 이야기했지만, 우리는 대담한 리더십을 요청하는 것으로 책을 마무리하고자 한다.

사악한 일들은 대부분 밤에 벌어진다. 독재자와 폭군은 보는 사람이 별로 없을 때 몰래 여성들과 아이들, 소수자들을 억압한다. 하지만 앞으로 다가올 기하급수의 시대에는, 수조 개의 센서와 드론과 위성, 투명창이 있는 세상에서는, 언제나 누군가는 지켜보고 있을 것이다. 이것은 사생활에 대한 심각한 우려를 낳기도 하지만, 동시에 압제의 끝을 뜻하며 어쩌면 완전히 새로운 종류의 도덕적 글로벌 리더십이 시작될 수 있다는 희망 역시 품게 만든다.

누가 기하급수 시대의 마틴 루터 킹, 마하트마 간디가 될 것인가? 역사를 보면 이런 리더들은 극히 드물고, 첫눈에 인정받지 못한 경우도 많았다. 어쩌면 그런 리더십은 가상 세계의 실험을 통해 구체화되거나, 크라우드소싱 대회에서 나타나거나, 자애로운 인공지능을 통해 제시될지도 모른다. 어느 쪽이든 이는 역사상 처음으로 정말로 가능성 있는 이야기가 되었다. 또 어쩌면 그런 리더십은 옛날 방식으로 나타날지도 모른다. 장시간 외로운 시간을 견디며 더 멀리 보고, 더 많이 바라며, 아직도 너무나 자주 우리를 갈라놓는 거대하게만 보이는 간극 사이에 다리를 만들어보려고 애쓰는 소수의 시민들 사이에서 말이다.

단 하나 확실한 것은 볼테르가 남긴 말이다(마블 코믹스 회장인 스탠 리가 《스파이더맨》에서 훔쳐 쓴 것으로도 유명하다). "큰 힘에는 큰 책임이 따른다." 그리고 좋든 싫든 이제는 우리 모두가 그 큰 힘을 건네받았다. 이 말은 곧 이제 우리가 세상의 큰 난관들을 해결하고 풍요의 세상을 만들 수 있는 힘을 갖고 있다는 뜻이다. 하지만 이것은 또한 오래되고 나쁜 버릇들을 이겨내야 한다는 뜻이기도 하다. 탐욕, 공포, 노예 근성, 잔인함, 폭정 같은 것들 말이다. 이제는 이런 저주들을 풀 때도 되지 않았는가?

우리가 얼마나 멀리 왔는지 한번 생각해보자. 비바람을 피할 곳을 찾는 것은 인류의 오랜 숙제였지만, 이제 우리는 3D 프린팅으로 하루에 집 열 채를 만들 수 있게 되었다. 다음으로 중요한 것이 건강이었지만, 앞으로 5년 안에 우리는 인공지능으로 질병을 진단하며 의료 서비스를 대중화할 것이다. 우리는 고개를 들어 하늘의 경이를 볼 수 있었던 이래로 언제나 별들을 동경해왔다. 그리고 이제 10년 정도 후면 최초의 소행성 채굴 과업이 시작될 것이다. 우리가 대담함을 타고난 종種인 것은 의심의 여지가 없다. 하지만 그 노선을 잡아줄 대담한 리더십 없이는 긴긴 시간 잘못된 결정들의 사막 속을 헤매고 다닐 수도 있다고 역사는 말해준다.

이론 생물학자 스튜어트 코프먼Stuart Kauffman은 새로운 발견이 하나 이뤄질 때마다 열리는 수많은 길, 간단한 아이디어 하나에 숨겨진 수많은 우주를 가리켜 '인접 가능성'The adjacent possible[27]이라는 멋진 말로 표현했다. 풍요가 바로 그런 간단한 아이디어다. 그리고 그 시대는 도래했다. 그 인접 가능성을 열어젖히고 인류가 기하급수적 가능성을 한껏 발휘할 수 있느냐는 오직 대담한 사람들에게 달려 있다.

《볼드》가 나오게 된 것은 많은 이들의 지혜가 모인 덕분이다. 가장 먼저 저자들은 가족에게 깊은 감사를 표하고 싶다. 제트와 댁스, 크리스틴 디아만디스와 조이 니콜슨 코틀러의 믿기지 않는 인내와 지원에 감사한다. 또한 우리 에이전트 존 브록먼과 편집자 토머스 르바인, 브릿 바이드 그리고 이 프로젝트를 위해 뼈 빠지게 고생해준 사이먼 앤드 슈스터Simon & Schuster의 모든 이들에게 감사를 표한다.

설림 이즈메일, 마커스 싱글즈, 앤드루 헤셀, 마이클 와튼, 제이미 윌런드, 프레드 맥도널드 등 훌륭한 의견을 준 전문가들 및 친구들에게도 감사한다.

PHD 벤처스에 있는 피터의 팀원들(머리사 브래스필드, 코디 랩, 맥스 브리클린, 켈리 루한)에게도 특별한 감사를 전한다. 이들은 밤낮을 가리지 않고 조사를 진행하고 크라우드소싱 콘텐츠를 수집해주었다. 그리고 피터의 스케줄과 생활을 조율하느라 감당 못 할 업무들을 처리해낸 코니 폭스에게도 감사를 전한다.

연구 및 동기부여에 관해서는 공동 설립자이자 총장인 레이 커즈와일 및 CEO 롭 네일 이하 싱귤래리티 대학의 동문들과 교수진, 직원들에게 감사한다. 또한 인류의 거대한 도전 과제들을 풀기 위해 헌신하면서, 한편으로 우리가 이 책을 쓰도록 지원하고 격려해준 엑스프라이즈 가족들에게도 고맙다. 특히 밥 와이스, 에일린 바톨로뮤, 트리시 헤일러맨더리스, 폴 래포트, 크리스 프런지오네를 비롯한 엑스프라이즈 직원 전체에 감사한다.

마케팅 조언과 코칭을 제공한 댄 설리번(그리고 전략코치 팀), 조 폴리시, 브렌든 버차드, 마이크 클리인의 멘토링을 받을 수 있어 우리는 운이 좋았던 것 같다.

《볼드》의 콘텐츠를 조사한 초창기 블로그의 작가 밥 휴스에게도 깊은 감사를 표하며, 이 책의 프로모션을 도와준 마이클 드루에게도 고맙다.

마지막으로 우리가 이 콘텐츠를 개발하는 동안 구글플러스와 페이스북 그리고 이메일을 통해 피드백을 보내준 수십만 명의 독자와 팬들에게도 감사를 표하고 싶다.

들어가는 말

1. Mary Bagley, "Cretaceous Period: Facts About Animals, Plants & Climate," *Live Science*, May 1, 2013.
2. Paul R. Renne et al., "Time Scales of Critical Events Around the Cretaceous-Paleogene Boundary," *Science* 339, no. 6120 (February 8, 2013): 684~687.
3. 이에 관한 자료는 어디서나 찾아볼 수 있다. 그중에서도 근사한 그래프를 동원해 스마트폰과 1985년경의 슈퍼컴퓨터를 비교해놓은 자료가 보고 싶다면 http://www.charliewhite.net/2013/09/smartphones-vs-supercomputers/를 참조하라.
4. Ray Kurzweil, "The Law of Accelerating Returns," *Kurzweil Accelerating Intelligence*, March 7, 2001, http://www.kurzweilai.net/the-law-of-accelerating-returns.
5. 《어번던스》는 《포춘》과 《머니》(Money) 모두에서 '올해의 책 Top 5'에 선정되었다.

제1장 어제의 세계는 잊어라, 기하급수 시대를 준비하라

1. Elizabeth Brayer, *George Eastman: A Biography* (Baltimore, MD: The Johns Hopkins University Press, 1996), 24~72. Or see http://www.kodak.com/ek/US/en/Our_Company/History_of_Kodak/George_Eastman.htm.
2. http://www.kodak.com/ek/US/en/Our_Company/History_of_Kodak/George_

Eastman.htm.

3. Ibid.

4. "Kodak Moments: Steve Sasson, Digital Camera Inventor," https://www.youtube.com/watch?v=wfnpVRiiwnM.

5. John Pavlus, "How Steve Sasson Invented The Digital Camera," *Fast Company*, April 12, 2011, http://www.fastcodesign.com/1663611/how-steve-sasson-invented-the-digital-camera-video.

6. Steve Sasson, "Disruptive Innovation: The Story of the First Digital Camera," Linda Hall Library Lectures, October 26, 2011.

7. Andrew Martin, "Negative Exposure for Kodak," *New York Times*, October 20, 2011, http://www.nytimes.com/2011/10/21/business/kodaks-bet-on-its-printers-fails-to-quell-the-doubters.html?pagewanted=all.

8. Pavlus, "How Steve Sasson Invented The Digital Camera."

9. Gordon E. Moore, "Cramming more components onto integrated circuits," *Electronics*, April 19, 1965, 4.

10. Ray Kurzweil, "The Law of Accelerating Returns."

11. Michael J. de la Merced, "Eastman Kodak Files for Bankruptcy," *New York Times*, January 19, 2012, http://dealbook.nytimes.com/2012/01/19/eastman-kodak-files-for-bankruptcy/.

12. Chris Anderson, *Free: How Today's Smartest Businesses Profit by Giving Somethingfor Nothing* (New York: Hyperion, 2010), 2~3.

13. Elizabeth Palmero, "Google Invests Billions on Satellites to Expand Internet Access," *Scientific American*, June 5, 2014.

14. Richard Foster and Sarah Kaplan, *Creative Destruction: Why Companies That Are Built to Last Underperform the Marke-And How to Successfully Transform Them* (New York: Crown Business, 2001), 8.

15. Babson Olin School of Business Advertisement, *Fast Company*, April 2011, 121.

16. Foster and Kaplan, *Creative Destruction*.

17. Salim Ismail, AI, 2012.

18. Virginia Heffernan, "How We All Learned to Speak Instagram," *Wired*, April 2013, http://www.wired.com/2013/04/instagram-2/.

19. Chenda Ngak, "Instagram for Android gets 1 million downloads in first day," CBS News, April 4, 2012, http://www.cbsnews.com/news/instagram-for-android-gets-1-million-downloads-in-first-day/.

20. Joanna Stern, "Facebook Buys Instagram for $1 Billion," ABC News, April 27, 2012, http://abcnews.go.com/blogs/technology/2012/04/facebook-buys-instagram-for-1-billion/.

21. Austin Carr, "Inside Airbnb's Grand Hotel Plans," *Fast Company*, April 2014.

22. Serena Saitto and Brad Stone, "Uber Sets Valuation Record of $17 Billion in New Funding," Bloomberg.com, January 7, 2014. See http://www.bloomberg.com/news/2014-06-06/uber-sets-valuation-record-of-17-billion-in-new-funding.html.

제2장 대담한 비즈니스 기회를 발견하는 법

1. Edwin A. Locke, *The Prime Movers* (New York: AMACOM, 2000).

2. 2013년 오디오 인터뷰.

3. Steven Kotler, "The Whole Earth Effect," *Plenty*, no. 24 (October/November 2008): 84~91.

4. J. C. R Licklider, "Memorandum For Members and Affiliates of the Intergalactic Computer Network," Advanced Research Projects Agency, April 23, 1963. See http://www.kurzweilai.net/memorandum-for-members-and-affiliates-of-the-intergalactic-computer-network.

5. Chris Anderson, "The Man Who Makes the Future: *Wired* Icon Marc Andreessen," *Wired*, April 24, 2012, http://www.wired.com/2012/04/ff_andreessen/all/.

6. Ian Peter, "History of the World Wide Web," Net History, http://www.nethistory.info/History%20of%20the%20Internet/web.html.

7. McKinsey Global Institute, "Manufacturing the future: The next era of global growth and innovation," McKinsey & Company, November 2012, http://www.

mckinsey.com/insights/manufacturing/the_future_of_manufacturing.

8. Institute of Human Origins, "Earliest Stone Tool Evidence Revealed," *Becoming Human*, August 11, 2010, http://www.becominghuman.org/node/news/earliest-stone-tool-evidence-revealed.

9. Pagan Kennedy, "Who Made That 3-D Printer," *New York Times Magazine*, November 22, 2013, http://www.nytimes.com/2013/11/24/magazine/who-made-that-3-d-printer.html.

10. 참고로 피터 디아만디스는 3D시스템스의 이사회 구성원임을 밝혀둔다.

11. 애비 레이첸털과 관련한 모든 인용은 2012년과 2014년 사이에 실시한 여러 차례의 오디오 인터뷰에서 나온 것이다.

12. 2014년 평균 주가 근사치에 기초함.

13. 2014년 6월 2013년 오디오 인터뷰.

14. 2014년 제이 로저스 오디오 인터뷰.

15. David Szondy, "SpaceX completes qualification test of 3D-printed Super-Draco thruster," *Gizmag*, May 28, 2014, http://www.gizmag.com/superdraco-test/32292/.

16. James Hagerty and Kate Linebaugh, "Next 3-D Frontier: Printed Plane Parts," *Wall Street Journal*, July 14, 2012, http://online.wsj.com/news/articles/SB100014240527023039334045777505080296858896.

17. Tim Catts, "GE Turns to 3D Printers for Plane Parts," *Bloomberg Businessweek*, November 27, 2013, http://www.businessweek.com/articles/2013-11-27/general-electric-turns-to-3d-printers-for-plane-parts.

18. 메이드 인 스페이스와 관련한 모든 인용은 2013년 마이클 첸과 실시한 오디오 인터뷰에서 나온 것이다.

19. Brian Dodson, "Launch your own satellite for US $8000," *Gizmag*, April 22, 2012, http://www.gizmag.com/tubesat-personal-satellite/22211/.

20. Statista, "Statistics and facts on the Toy Industry," Statista.com, 2012, http://www.statista.com/topics/1108/toy-industry/.

21. 다른 설명이 없으면 앨리스 테일러와 관련한 모든 인용 및 사실은 2013년에 실시한 오디오 인터뷰에서 나온 것이다.

22. Cory Doctorow, *Makers* (New York: Tor Books, 2009).

1. Adrian Kingsley-Hughes, "Mobile gadgets driving massive growth in touch sensors," *ZDNet*, June 18, 2013, http://www.zdnet.com/mobile-gadgets-driving-massive-growth-in-touch-sensors-7000016954/.

2. Peter Kelly-Detwiler, "Machine to Machine Connections-The Internet of Things-And Energy," Forbes, August 6, 2013, http://www.forbes.com/sites/peterdetwiler/2013/08/06/machine-to-machine-connections-the-internet-of-things-and-energy/.

3. http://www.shotspotter.com.

4. Clive Thompson, "No Longer Vaporware: The Internet of Things Is Finally Talking," *Wired*, December 6, 2012, http://www.wired.com/2012/12/20-12-st_thompson/.

5. Brad Templeton, "Cameras or Lasers?," *Templetons*, http://www.templetons.com/brad/robocars/cameras-lasers.html.

6. http://en.wikipedia.org/wiki/Passenger_vehicles_in_the_United_States.

7. 민간 소유 지구 저궤도 위성군을 개발하는 회사로는 플래닛랩스(PlanetLabs, 이미 발사), 스카이박스(Skybox, 발사했고 구글에 인수됨), 어스캐스트(Urthecast, 발사 완료) 등이 있고, 아직 공개되지 않은 두 회사가 개발 중이다(피터 디아만디스가 직접 알고 있는 사실).

8. Stanford University, "Need for a Trillion Sensors Roadmap," Tsensorsummit.org, 2013, http://www.tsensorsummit.org/Resources/Why%20TSensors%20Roadmap.pdf.

9. Rickie Fleming, "The battle of the G networks," NCDS.com blog, June 28, 2014, http://www.ncds.com/ncds-business-technology-blog/the-battle-of-the-g-networks.

10. 2013~2014년 댄 해시(Dan Hesse)와의 오디오 인터뷰.

11. 다른 설명이 없으면 모든 사물 인터넷 및 패드마 워리어에 관한 인용문은 2013년 패드마 워리어와의 오디오 인터뷰이다.

12. Cisco, "2013 IoE Value Index," Cisco.com, 2013, http://internetofeverything.cisco.com/learn/2013-ioe-value-index-whitepaper.

13. NAVTEQ, "NAVTEQ Traffic Patterns," Navmart.com, 2008, http://www.navmart.

com/pdf/NAVmart_TrafficPatterns.pdf.

14. Juho Erkheikki, "Nokia to Buy Navteq for $8.1 Billion, Take on TomTom(Update 7)," *Bloomberg*, October 1, 2007, http://www.bloomberg.com/apps/news?pid=n ewsarchive&sid=ayyeY1gIHSSg.

15. John Swartz, "Show me the Waze: Google maps a $1 billion deal," *USA Today*, June 12, 2013, http://www.usatoday.com/story/tech/2013/06/11/google-waze/ 2411871/.

16. Cisco, "2013 IoE Value Index."

17. http://www.getturnstyle.com.

18. http://www.adheretech.com.

19. http://www.coherohealth.com/#home.

20. 2014년 브리그스와의 오디오 인터뷰.

21. J. P. Mangalindan, "A digital maestro for every object in the home," *Fortune*, June 7, 2013, http://fortune.com/2013/06/07/a-digital-maestro-for-every-object-in-the-home/.

22. 다른 설명이 없으면 모든 칼 배스에 관한 인용문과 오토데스크 관련 정보는 2012년에서 2014년 사이에 진행된 오디오 인터뷰 내용이다.

23. Michio Kaku, "The Future of Computing Power [Fast, Cheap, and Invisible]," *Big Think*, April 24, 2010, http://bigthink.com/dr-kakus-universe/the-future-of-computing-power-fast-cheap-and-invisible.

24. 2013년 그레이엄 웨스턴과의 오디오 인터뷰.

25. 2001: A Space Odyssey, directed by Stanley Kubrick (1968; Beverly Hills, CA: Metro-Goldwyn-Mayer), DVD release, 2011.

26. *Iron Man*, directed by Jon Favreau (2008; Burbank, CA: Walt Disney Studios), DVD.

27. 2013년 레이 커즈와일과의 오디오 인터뷰.

28. http://www.xprize.org/ted. As of the end of 2014, this prize is only in concept form. A detailed design and a design sponsor is still required.

29. "Ray Kurzweil: The Coming Singularity, Your Brain Year 2029," *Big Think*, June 22, 2013, https://www.youtube.com/watch?v=6adugDEmqBk.

30. John Ward, "The Services Sector: How Best To Measure It?," *International Trade Administration*, October 2010, http://trade.gov/publications/ita-newsletter/

1010/services-sector-how-best-to-measure-it.asp.

31. 2013년 제러미 하워드와의 오디오 인터뷰.

32. 독일 교통신호 인식 정보와 관련해서는 "http://benchmark.ini.rub.de" 참조.

33. Geoffrey Hinton et al., "ImageNet Classification with Deep Convolutional Neural Networks," http://www.cs.toronto.edu/~fritz/absps/imagenet.pdf.

34. John Markoff, "Armies of Expensive Lawyers, Replaced By Cheaper Software," *New York Times*, March 4, 2011, http://www.nytimes.com/2011/03/05/science/05legal.html?pagewanted=all.

35. David Schatsky and Vikram Mahidhar, "Intelligent automation: A new era of innovation," Deloitte University Press, January 22, 2014, http://dupress.com/articles/intelligent-automation-a-new-era-of-innovation/.

36. John Markoff, "Computer Wins on 'Jeopardy!': Trivial, It's Not," *New York Times*, February 16, 2011, http://www.nytimes.com/2011/02/17/science/17jeopardy-watson.html?pagewanted=all.

37. "IBM Watson's Next Venture: Fueling New Era of Cognitive Apps Built in the Cloud by Developers," IBM Press Release, November 14, 2013, http://www-03.ibm.com/press/us/en/pressrelease/42451.wss.

38. Nancy Dahlberg, "Modernizing Medicine, supercomputer Watson partner up," *Miami Herald*, May 16, 2014.

39. 2014년 대니얼 케인과의 오디오 인터뷰.

40. Ray Kurzweil, "The Law of Accelerating Returns."

41. Daniela Hernandez, "Meet the Man Google Hired to Make AI a Reality," *Wired*, January 2014, http://www.wired.com/2014/01/geoffrey-hinton-deep-learning/.

42. 2014년 조디 로즈와의 오디오 인터뷰.

43. See http://1qbit.com.

44. John McCarthy, Marvin Minsky, Nathaniel Rochester, and Claude E. Shannon, "A Proposal for the Dartmouth Summer Research Project on Artificial Intelligence," *AI Magazine*, August 31, 1955, 12~14.

45. Jim Lewis, "Robots of Arabia," *Wired*, Issue 13.11 (November 2005).

46. Garry Mathiason et al., "The Transformation of the Workplace Through

Robotics, Artificial Intelligence, and Automation," *The Littler Report*, February 2014, http://documents.jdsupra.com/d4936b1e-ca6c-4ce9-9e83-07906 bfca22c.pdf.

47. See http://www.rethinkrobotics.com.

48. 이 장에 있는 모든 댄 배리에 관한 인용문은 2013년 실시된 오디오 인터뷰이다.

49. 캄브리아기 대폭발은 5억 4200만 년 전에 일어난 진화론적 사건으로 이 기간에 대부분 의 주요 동물문이 출현했다.

50. See "Amazon Prime Air," Amazon.com, http://www.amazon.com/b?node=80377 20011.

51. Jonathan Berr, "Google Buys 8 Robotics Companies in 6 Months: Why?" CBSnews.com, *CBS Money Watch*, December 16, 2013, http://www.cbsnews. com/news/google-buys-8-robotics-companies-in-6-months-why/.

52. Brad Stone, "Smarter Robots, With No Wage Demands," *Bloomberg Businessweek*, September 18, 2012, http://www.businessweek.com/articles/2012-09-18/ smarter-robots-with-no-pesky-uprisings.

53. Aviva Hope Rutkin, "Report Suggests Nearly Half of U.S. Jobs Are Vulnerableto Computerization," *MIT Technology Review*, September 12, 2013, http://www. technologyreview.com/view/519241/report-suggests-nearly-half-of-us- jobs-are-vulnerable-to-computerization/.

54. Lee Chyen Yee and Jim Clare, "Foxconn to rely more on robots; could use 1 million in 3 years," *Reuters*, August 1, 2011, http://www.reuters.com/article/ 2011/08/01/us-foxconn-robots-idUSTRE77016B20110801.

55. Jennifer Wang, "Cutting-Edge Startups Leading the Robotic Revolution," *Entre preneur*, June 3, 2013, http://www.entrepreneur.com/article/226397.

56. 합성 생물학에 관한 소개 및 개관은 앤드루 헤셀의 블로그인 "www.andrewhessel. com"를 참조.

57. Elsa Wenzel, "Scientists create glow-in-the-dark cats," CNET, December 12, 2007, http://www.cnet.com/news/scientists-create-glow-in-the-dark-cats/.

58. 앤드루 헤셀 인용문은 모두 2013년 실시된 여러 차례의 오디오 인터뷰에서 나온 것이다.

59. 벤터 박사의 발견과 관련해서는 아래 논문 및 사이트 참조. Steven Kotler, Marc Goodman, and Andrew Hessel, "Hacking the President's DNA," *The Atlantic*,

October 24, 2012, http://www.theatlantic.com/magazine/archive/2012/11/ hacking-the-presidents-dna/309147/.

60. 2013년 실시한 카를로스 올긴과의 오디오 인터뷰. 다음 사이트 역시 참조. http:// www.autodeskresearch.com/projects/cyborg.

61. http://www.humanlongevity.com.

62. Walter Isaacson, *Steve Jobs* (New York: Simon & Schuster, 2011), 92.

제4장 스컹크 워크스와 몰입

1. "Skunk works," Worldwidewords.com, http://www.worldwidewords.org/qa/ qa-sku1.htm.

2. Lockheed Martin, "Skunk Works Origin Story," Lockheedmartin.com, http:// www.lockheedmartin.com/us/aeronautics/skunkworks/origin.html.

3. Matthew E May, "The Rules of Successful Skunk Works Projects," *Fast Company*, October 9, 2012, http://www.fastcompany.com/3001702/rules-successful- skunk-works-projects.

4. 다른 설명이 없으면 개리 레이섬 및 에드윈 로크의 인용은 모두 2013년 실시한 일련의 오디오 인터뷰에서 따온 것이다.

5. Edwin Locke and Gary Latham, "New Directions in Goal-Setting Theory," *Current Directions* in Psychological Science 15, no. 5 (2006): 265~68.

6. Lockheed Martin, "Kelly's 14 Rules & Practices," Lockheedmartin.com, http:// www.lockheedmartin.com/us/aeronautics/skunkworks/14rules.html.

7. Jeff Bezos, "2012 re: Invent Day 2: Fireside Chat with Jeff Bezos & Werner Vogels," November 29, 2012. See https://www.youtube.com/watch?v=O4Mt QGRIIuA.

8. Dominic Basulto, "The new #Fail: Fail fast, fail early and fail often," *Washington Post*, May 30, 2012, http://www.washingtonpost.com/blogs/innovations/post/ the-new-fail-fail-fast-fail-early-and-fail-often/2012/05/30/gJQAKA891U_ blog.html.

9. John Anderson, "Change on a Dime: Agile Design," *UX Magazine*, July 19, 2011, http://uxmag.com/articles/change-on-a-dime-agile-design.

10. 2013년 설림 이즈메일과 실시한 오디오 인터뷰.

11. 이와 관련한 자세한 내용은 아래 글 및 사이트 참조. Dan Pink, "RSA Animate-Drive: The surprising truth about what motivates us," RSA, April 1, 2010, https://www.youtube.com/watch?v=u6XAPnuFjJc.

12. Daniel Kahneman, "The riddle of experience vs. memory," TED, March 1, 2010, http://www.ted.com/talks/daniel_kahneman_the_riddle_of_experience_vs_memory.

13. Daniel H. Pink, *Drive: The Surprising Truth About What Motivates Us* (New York: Riverhead Books, 2010).

14. Christopher Mims, "When 110% won't do: Google engineers insist 20% time is not dead-it's just turned into 120% time" qz.com, August 16, 2013.

15. James Marshall Reilly, "The Zappos Story: How Failure can Fuel Business Success," Monster.com, http://hiring.monster.com/hr/hr-best-practices/workforce-management/hr-management-skills/business-success.aspx.

16. 애스트로 텔러의 모든 인용은 2013년에서 2014년 사이 실시한 여러 차례의 오디오 인터뷰이다.

17. Susan Wojcicki, "The Eight Pillars of Innovation," thinkwithgoogle.com, July 2011, http://www.thinkwithgoogle.com/articles/8-pillars-of-innovation.html.

18. 몰입 및 그 영향에 관한 더 깊이 있는 내용은 아래 서적 참조. Steven Kotler, *The Rise of Superman: Decoding the Science of Ultimate Human Performance*(New York: New Harvest, 2014).

19. 2014년 실시한 존 헤이글과의 오디오 인터뷰.

20. Steven Kotler and Jamie Wheal, "Five Surprising Ways Richard Branson Harnessed Flow to Build A Multi-Billion Dollar Empire," *Forbes*, March 25, 2014, http://www.forbes.com/sites/stevenkotler/2014/03/25/five-surprising-ways-richard-branson-harnessed-flow-to-build-a-multi-billion-dollar-empire/.

21. Steven Kotler, "The Rise of Superman: 17 Flow Triggers," Slideshare.net, March 2014, http://www.slideshare.net/StevenKotler/17-flow-triggers.

22. 2013년 실시한 네드 핼로웰과의 오디오 인터뷰.

23. Kevin Rathunde, "Montessori Education and Optimal Experience: A Framework for New Research," *The NAMTA Journal* (Winter 2001): 11~43.

24. Mihaly Csikszentmihalyi, *Flow: The Psychology of Optimal Experience* (New York: Harper & Row, 1990), 48~70.

25. 집단 몰입 및 그 사회적 효과에 관한 내용은 아래 서적 참조. Keith Sawyer, *Group Genius: The Creative Power of Collaboration* (New York: Basic Books), 2008.

26. 2013년 실시한 설림 이즈메일과의 오디오 인터뷰.

제5장 크게 생각하는 것이 유리한 이유

1. Jon Stewart, *The Daily Show*, April 24, 2012.

2. See http://www.planetaryresources.com.

3. 스페이스 어드벤처스는 이 회사의 초대 CEO이자 회장인 마이크 맥도웰과 공동 설립했다.

4. 브랜슨의 우주 계획에 관한 자세한 내용은 아래 글 및 사이트 참조. Elizabeth Howell, "Virgin Galactic: Richard Branson's Space Tourism Company," Space.com, December 20, 2012, http://www.space.com/18993-virgin-galactic.html.

5. http://www.blueorigin.com.

6. Justine Bachman, "Elon Musk Wants SpaceX to Replace Russia as NASA's Space Station Transport," *Bloomberg Businessweek*, April 30, 2014, http://www.business week.com/articles/2014-04-30/elon-musk-wants-spacex-to-replace-russia-as-nasas-space-station-transport.

7. 2013년 실시한 크리스 앤더슨과의 오디오 인터뷰.

8. Mikhail S. Arlazorov, "Konstantin Eduardovich Tsiolkovsky," *Britannica.com*, May 30, 2013, http://www.britannica.com/EBchecked/topic/607781/Konstantin-Eduardovich-Tsiolkovsky.

9. 이 과업에 관한 자세한 내용은 스티븐 코틀러의 다음 글 참조. Steven Kotler, "The Great Galactic Gold Rush," *Playboy*, March, 2011, available at: www.stevenkotler.com.

10. http://seds.org.

11. 세즈 초기의 공로를 인정해야 할 핵심 지지자들을 언급하면, 제임스 먼시(James Muncy), 모리스 호닉(Morris Hornik), 매리언 그램스(Maryann Grams), 프랭크 타일러(Frank Taylor), 브라이언 체카렐리(Brian Ceccarelli), 에릭 달스트롬(Eric Dahlstrom), 데이비드 C. 웹(David C. Webb), 그레그 매리니액(Gregg Maryniak), 스콧 샤프먼(Scott Scharfman), 에릭 드렉슬러(Eric Drexler) 등이다.

12. http://www.isunet.edu.

13. 이 행사를 스페이스 페어(Space Fair)라고 했다. 1983, 1985, 1987년에 열렸으며 부회장이었던 켄 선샤인(Ken Sunshine)의 공로가 크다. MIT 지부 회장이었던 폴 그레이에게도 특별한 감사를 전한다. 그는 분에 넘치도록 나를 지원해주었고, MIT의 끈끈함을 알려주었으며, 추진하는 것만큼 이룰 수 있다는 사실을 가르쳐주었다.

14. Locke and Latham, "New Directions in Goal-Setting Theory."

15. 내게 이 이야기를 처음 들려준 사람은 내 친구 그레그 매리니액이었다. 내 성공의 기초가 된 이야기이기에 나는 그레그에게 깊이 감사하고 있다.

16. '돌멩이 수프' 이야기의 역사에 관해서는 아래 위키피디아 참조. http://en.wikipedia.org/wiki/Stone_Soup. Also see Marcia Brown, *Stone Soup* (New York: Aladdin Picture Books), 1997.

17. 헤이글과의 오디오 인터뷰.

18. John Hagel, "Pursuing Passion," *Edge Perspectives with John Hagel*, November 14, 2009, http://edgeperspectives.typepad.com/edge_perspectives/2009/11/pursuing-passion.html.

19. Gregory Berns, "In Hard Times, Fear Can Impair Decision Making," *New York Times*, December 6, 2008.

제6장 억만장자가 되려면 크게 생각하라

1. Elon Musk, "The Rocket Scientist Model for *Iron Man*," Time, http://content.time.com/time/video/player/0,32068,81836143001_1987904,00.html.

2. 다른 설명이 없으면 역사적인 세부 사항이나 머스크의 인용은 2012년과 2014년 사이

이뤄진 수차례의 오디오 인터뷰에서 따온 것이다.

3. AI, XPRIZE Adventure Trip, February 2013.

4. Thomas Owen, "Tesla's Elon Musk: 'I Ran Out of Cash,'" *VentureBeat*, May 2010, http://venturebeat.com/2010/05/27/elon-musk-personal-finances/.

5. Andrew Sorkin, Dealbook: "Elon Musk, of PayPal and Tesla Fame, Is Broke," *New York Times*, June 2010, http://dealbook.nytimes.com/2010/06/22/sorkin-elon-musk-of-paypal-and-tesla-fame-is-broke/?_php=true&_type=blogs&_r=0.

6. SpaceX, "About Page," http://www.spacex.com/about.

7. Kenneth Chang, "First Private Craft Docks With Space Station," *New York Times*, May 2012, http://www.nytimes.com/2012/05/26/science/space/space-x-capsule-docks-at-space-station.html.

8. Elon Musk interviewed by Kevin Fong, *Scott's Legacy*, a BBC Radio 4 program, cited in Jonathan Amos, "Mars for the 'average person,'" BBC News, March 20, 2012, http://www.bbc.com/news/health-17439490.

9. Diarmuid O'Connell, Statement from Tesla's vice president of corporate and business development, reported in Hunter Walker, "White House Won't Back Tesla in Direct Sales Fight" in Business *Insider*, July 14, 2014, http://www.businessinsider.com/white-house-wont-back-tesla-2014-7.

10. Daniel Gross, "Elon's Elan," *Slate*, April 30, 2014, http://www.slate.com/articles/business/moneybox/2014/04/tesla_and_spacex_founder_elon_musk_has_a_knack_for_getting_others_to_fund.html.

11. Kevin Rose, "Elon Musk," Video Interview, Episode 20, *Foundation*, September 2012, http://foundation.bz/20/.

12. Daniel Kahneman, "Why We Make Bad Decisions About Money (And What We Can Do About It)," *Big Think*, Interview, June 2013, http://bigthink.com/videos/why-we-make-bad-decisions-about-money-and-what-we-can-do-about-it-2.

13. Chris Anderson, "The Shared Genius of Elon Musk and Steve Jobs", *Fortune*, November 21, 2013, http://fortune.com/2013/11/21/the-shared-genius-of-elon-musk-and-steve-jobs/.

14. AI, September 2013.

15. Eric Kelsey, "Branson recalls tears, $1 billion check in Virgin Records sale," *Reuters*, October 23, 2013, http://www.reuters.com/article/2013/10/24/us-richardbranson-virgin-idUSBRE99N01U20131024.

16. *Forbes*, The World's Billionaires: #303 Richard Branson, August 2014, http://www.forbes.com/profile/richard-branson/.

17. Richard Branson, "BA Can't Get It Up-best stunt ever?," Virgin, 2012, http://www.virgin.com/richard-branson/ba-cant-get-it-up-best-stunt-ever.

18. Richard Branson, *Screw It, Let's Do It: Lessons in Life* (Virgin Books, March 2006).

19. "Galactic Announces Partnership," Virgin Galactic, July 2009, http://www.virgingalactic.com/news/item/galactic-anounces-partnership/.

20. Nour Malas, "Abu Dhabi's Aabar boosts Virgin Galactic stake," Market Watch, October 19, 2011, http://www.marketwatch.com/story/abu-dhabis-aabar-boosts-virgin-galactic-stake-2011-10-19.

21. Loretta Hidalgo Whitesides, "Google and Virgin Team Up to Spell 'Virgle,'" *Wired*, April 1, 2008, http://www.wired.com/2008/04/google-and-virg/.

22. "Jeffrey Preston Bezos," *Bio*. A&E Television Networks, 2014, http://www.biography.com/people/jeff-bezos-9542209.

23. Brad Stone, *The Everything Store: Jeff Bezos and the Age of Amazon* (New York: Little, Brown, 2014).

24. "Jeffrey P. Bezos Biography," Academy of Achievement, November 2013, http://www.achievement.org/autodoc/page/bez0bio-1.

25. Suzanne Galante and Dawn Kawamoto, "Amazon IPO skyrockets," CNET, May 15, 1997, http://news.cnet.com/2100-1001-279781.html.

26. Jeffery P. Bezos, "1997 Letter to Shareholders," Amazon.com, *Ben's Blog*, 1997, http://benhorowitz.files.wordpress.com/2010/05/amzn_shareholder-letter-20072.pdf

27. "2012 re: Invent Day 2: Fireside Chat with Jeff Bezos and Werner Vogels."

28. Julie Bort, "Amazon Is Crushing IBM, Microsoft, And Google in Cloud Computing, Says Report," *Business Insider*, November 26, 2013, http://www.businessinsider.com/amazon-cloud-beats-ibm-microsoft-google-2013-

11#ixzz37zMH8gUr.

29. James Stewart, "Amazon Says Long Term and Means It," *New York Times*, December 16, 2011, http://www.nytimes.com/2011/12/17/business/at-amazon-jeff-bezos-talks-long-term-and-means-it.html?pagewanted=all&_r=0.

30. "Utah Technology Council Hall of Fame-Jeff Bezos Keynote," Utah Technology Council, published online April 30, 2013, https://www.youtube.com/watch?v=G-0KJF3uLP8.

31. "About Blue Origin," Blue Origin, July 2014, http://www.blueorigin.com/about/.

32. Alistair Barr, "Amazon testing delivery by drone, CEO Bezos Says," *USA Today*, December 2, 2013, referencing a 60 Minutes interview with Jeff Bezos, http://www.usatoday.com/story/tech/2013/12/01/amazon-bezos-drone-delivery/3799021/.

33. Jay Yarow, "Jeff Bezos' Shareholder Letter Is Out," *Business Insider*, April 10, 2014, http://www.businessinsider.com/jeff-bezos-shareholder-letter-2014-4.

34. "Larry Page Biography," Academy of Achievement, January 21, 2011, http://www.achievement.org/autodoc/page/pag0bio-1.

35. Marcus Wohlsen, "Google Without Larry Page Would Not Be Like Apple Without Steve Jobs," *Wired*, October 18, 2013, http://www.wired.com/2013/10/google-without-page/.

36. Google Inc., 2012, Form 10-K 2012, retrieved from SEC Edgar website: http://www.sec.gov/Archives/edgar/data/1288776/000119312513028362/d452134d10k.htm.

37. Larry Page, "Beyond Today&-Larry Page-Zeitgeist 2012," Google Zeitgeist, Zeitgeist Minds, May 22, 2012, https://www.youtube.com/watch?v=Y0WH-CoFwn4.

38. Matt Ridley, *The Rational Optimist: How Prosperity Evolves* (New York: Harper-Collins, 2010).

39. 저자는 전작 《어번던스》에서 10여 개의 기준을 통해 이를 설명했다. 물과 위생, 식량과 농업, 건강과 의료 서비스, 에너지, 교육, 민주주의, 인구와 도시화, 정보통신 기술, 자선,

비물질화와 비화폐화, 기하급수 곡선이 그것이다. 관련하여 자세한 근거 자료들은 《어번던스》에 참고 자료로 소개되어 있다.

40. Larry Page, "Google I/O 2013: Keynote," Google I/O 2013, Google Developers, May 15, 2013, https://www.youtube.com/watch?v=9pmPa_KxsAM.

41. Joann Muller, "No Hands, No Feet: My Unnerving Ride in Google's Driverless Car," *Forbes*, March 21, 2013, http://www.forbes.com/sites/joannmuller/2013/03/21/no-hands-no-feet-my-unnerving-ride-in-googles-driverless-car/.

42. Robert Hof, "10 Breakthrough Technologies 2013: Deep Learning," *MIT Technology Review*, April 23, 2013, http://www.technologyreview.com/featuredstory/513696/deep-learning/.

43. Steven Levy, "Google's Larry Page on Why Moon Shots Matter," *Wired*, January 17, 2013, http://www.wired.com/2013/01/ff-qa-larry-page/all/.

44. Larry Page, "Beyond Today-Larry Page-Zeitgeist 2012."

45. Larry Page, "Google+: Calico Announcement," Google+, September 2013, https://plus.google.com/+LarryPage/posts/Lh8SKC6sED1.

46. Harry McCracken and Lev Grossman, "Google vs. Death," *Time*, September 30, 2013, http://time.com/574/google-vs-death/.

47. Jason Calacanis, "#googlewinseverything (part 1)," *Launch*, October 30, 2013, http://blog.launch.co/blog/googlewinseverything-part-1.html.

제7장 떠오르는 10억 시장_크라우드소싱

1. Netcraft Web Server Survey, Netcraft, Accessed June 2014, http://news.netcraft.com/archives/category/web-server-survey/.

2. 제이크 니켈 및 제이컵 디하트와의 오디오 인터뷰.

3. Jeff Howe, "The Rise of Crowdfunding," *Wired*, 2006, http://archive.wired.com/wired/archive/14.06/crowds_pr.html.

4. Rob Hof, "Second Life's First Millionaire," *Bloomberg Businessweek*, November 26,

2006, http://www.businessweek.com/the_thread/techbeat/archives/2006/11/second_lifes_fi.html.

5. Jeff Howe, "Crowdsourcing: A Definition," *Crowdsourcing*, http://crowdsourcing.typepad.com/cs/2006/06/crowdsourcing_a.html.

6. "Statistics," Kiva, http://www.kiva.org/about/stats.

7. Rob Walker, "The Trivialities and Transcendence of Kickstarter," *New York Times*, August 5, 2011, http://www.nytimes.com/2011/08/07/magazine/the-trivialities-and-transcendence-of-kickstarter.html?pagewanted=all&_r=0.

8. "Stats," Kickstarter, https://www.kickstarter.com/help/stats.

9. Doug Gross, "Google boss: Entire world will be online by 2020," CNN, April 15, 2013, http://www.cnn.com/2013/04/15/tech/web/eric-schmidt-internet/.

10. "Global entertainment and media outlook 2013-2017," Pricewaterhouse Coopers, 2013, https://www.pwc.com/gx/en/global-entertainment-media-outlook/.

11. '프리랜서닷컴'의 사례 연구는 여러 차례의 오디오 인터뷰에 기초함.

12. Quoted from AI: Matt Barrie.

13. 통걸에 관한 내용은 제임스 더줄리오와의 여러 차례의 오디오 인터뷰에 기초함.

14. 리캡차 및 듀오링고에 관한 내용은 루이 폰 안과의 여러 차례의 오디오 인터뷰에 기초함.

15. 이 책을 완성하는 사이, 샌프란시스코 베이에어리어에 위치한 바이캐리어스(Vicarious)라는 스타트업에서 캡차를 90퍼센트의 정확도로 해결할 수 있는 인공지능 프로그램을 개발했다. 앞서 말했듯이 크라우드소싱은 이런 인공지능이 온전히 온라인화되기 전까지 과도기적인 해결책이다. 바이캐리어스가 바로 그런 사례다.

16. "FAQ-Overview," Amazon Mechanical Turk, Amazon.com, Inc., 2014, https://www.mturk.com/mturk/help?helpPage=overview.

17. "What is Fiverr?," Fiverr.com, 2014, http://support.fiverr.com/hc/en-us/articles/201500776-What-is-Fiverr-.

18. 다른 설명이 없으면 맷 배리의 인용은 모두 2013년 오디오 인터뷰.

19. 2013~2014년 실시된 마커스 싱글스와의 오디오 인터뷰.

20. 앤드루 바즈와의 오디오 인터뷰.

21. "About Us," Freelancer.com, 2014, https://www.freelancer.com/info/about.php.

22. 배리와의 오디오 인터뷰.

23. Ibid.

24. 2013년 제임스 더줄리오와의 오디오 인터뷰.

25. 배리와의 오디오 인터뷰.

26. Ibid.

27. "Vicarious AI passes first Turing Test: CAPTCHA," Vicarious, October 27, 2013, http://news.vicarious.com/post/65316134613/vicarious-ai-passes-first-turing-test-captcha.

제8장 돈 없이는 아이디어도 없다_크라우드펀딩

1. "Statistics about Business Size(including Small Business) from the U.S. CensusBureau," Statistics of US Businesses, United States Census Bureau, 2007, https://www.census.gov/econ/smallbus.html.

2. "Statistics about Business Size (including Small Business) from the U.S. Census Bureau."

3. Devin Thorpe, "Why Crowdfunding Will Explode in 2013," *Forbes*, October 15, 2012, http://www.forbes.com/sites/devinthorpe/2012/10/15/get-ready-here-it-comes-crowdfunding-will-explode-in-2013/.

4. Victoria Silchenko, "Why Crowdfunding Is The Next Big Thing: Let's Talk Numbers," *Huffington Post*, October 22, 2012, http://www.huffingtonpost.com/victoria-silchenko/why-crowdfunding-is-the-n_b_1990230.html.

5. Laurie Kulikowski, "How Equity Crowdfunding Can Swell to a $300 Billion Industry," *The Street*, January 14, 2013, http://www.thestreet.com/story/11811196/1/how-equity-crowdfunding-can-swell-to-a-300-billion-industry.html.

6. "Floating Pool Project Is Fully Funded And New Yorkers Everywhere Should Celebrate," *Huffington Post*, July 12, 2013, http://www.huffingtonpost.com/2013/07/12/floating-pool-project-is-fully-funded_n_3587814.html.

7. 2013년 조슈아 클라인과의 오디오 인터뷰.

8. Dan Leone, "Planetary Resources Raises $1.5M for Crowdfunded Space Telescope," Space.com, July 14, 2013, http://www.space.com/21953-planetary-resources-crowdfunded-space-telescope.html.

9. 이 규제에 관한 자세한 내용은 아래 사이트 참조. http://www.cfira.org.

10. 2013년 챈스 바넷과의 오디오 인터뷰.

11. 이 정보는 크라우드펀더 사이트의 첫 화면 배너에 표시되어 있으며, 해당 수치는 우리가 2014년 6월에 수집한 것이다. https://www.crowdfunder.com

12. http://blog.angel.co/post/59121578519/wow-uber.

13. Tomio Geron, "AngelList, With SecondMarket, Opens Deals to Small Investors for as Little as $1K," *Forbes*, December 19, 2012, http://www.forbes.com/sites/tomiogeron/2012/12/19/angellist-with-secondmarket-opens-deals-to-small-investors-for-as-little-as-1k/.

14. John McDermott, "Pebble 'Smartwatch' Funding Soars on Kickstarter," *Inc.*, April 20, 2012, http://www.inc.com/john-mcdermott/pebble-smartwatch-funding-sets-kickstarter-record.html.

15. Dara Kerr, "World's first public space telescope gets Kickstarter goal," CNET, July 1, 2013, http://www.cnet.com/news/worlds-first-public-space-telescope-gets-kickstarter-goal/.

16. McDermott, "Pebble 'Smartwatch' Funding Soars on Kickstarter."

17. https://www.indiegogo.com/projects/let-s-build-a-goddamn-tesla-museum-5.

18. Kerr, "World's first public space telescope gets Kickstarter goal."

19. Cade Metz, "Facebook Buys VR Startup Oculus for $2 Billion," *Wired*, March 25, 2014, http://www.wired.com/2014/03/facebook-acquires-oculus/.

20. 인디고고와 관련한 모든 통계는 설립자인 대니 링겔만(Danae Ringelmann) 및 슬라바 루빈(Slava Rubin)과 2013년 실시한 오디오 인터뷰.

21. Ibid.

22. Ibid.

23. 2013년 에릭 미기콥스키와 오디오 인터뷰.

24. See www.brainyquote.com/quotes/quotes/a/abrahamlin109275.html.

25. Eric Gilbert and Tanushree Mitra, "The Language that Gets People to Give: Phrases that Predict Success on Kickstarter," *CSCW'14*, February 15, 2014, http://comp.social.gatech.edu/papers/cscw14.crowdfunding.mitra.pdf.

26. 2013년 링겔만 및 루빈과의 오디오 인터뷰.

27. 미기콥스키와 오디오 인터뷰.

28. 링겔만 및 루빈과의 오디오 인터뷰.

29. 미기콥스키와 오디오 인터뷰.

제9장 커뮤니티를 형성하라

1. Clay Shirky, "How cognitive surplus will change the world," TED, June 2010, https://www.ted.com/talks/clay_shirky_how_cognitive_surplus_will_change_the_world.

2. '거대한 변화를 불러올 목적'이라는 용어는 설림 이즈메일이 그의 최근작《기하급수 기업》에서 처음 사용한 것이다. 구글의 거대한 변화를 불러올 목적은 "세상의 정보를 조직화하라"이고, 테드 강연의 목적은 "전파할 가치가 있는 아이디어"이다.

3. 이것을 '조이의 법칙'이라고 부르기도 한다. 다음 사이트 참조. http://en.wikipedia.org/wiki/Joy's_Law_(management).

4. DIY 드론스와 관련해서는 다음의 글 및 사이트 참조. Chris Anderson, "How I Acciden-tally Kickstarted the Domestic Drone Boom," *Wired*, June 22, 2012, http://www.wired.com/2012/06/ff_drones. For Local Motors, localmotors.com.

5. 2014년 지나 비앵키니와의 오디오 인터뷰.

6. Joshua Klein, *Reputation Economics: Why Who You Know Is Worth More Than What You Have* (New York: Palgrave Macmillan Trade, 2013).

7. 클라인과 관련된 모든 인용은 2014년 실시한 조슈아 클라인과의 오디오 인터뷰.

8. 비앵키니와의 오디오 인터뷰.

9. James Glanz, "What Else Lurks Out There? New Census of the Heavens Aims to Find Out," *New York Times*, March 17, 1998, http://www.nytimes.com/1998/03/17/science/what-else-lurks-out-there-new-census-of-the-heavens-

aims-to-find-out.html.

10. 케빈 샤빈스키와의 모든 인용은 2013년 실시한 오디오 인터뷰.

11. 갤럭시 주에 관한 자세한 내용은 다음 사이트 참조. http://www.galaxyzoo.org/#/story.

12. 제이 로저스의 모든 인용은 2013~2013년 실시된 여러 차례의 오디오 인터뷰에서 나온 것이다.

13. Reena Jana, "Local Motors: A New Kind of Car Company," *Bloomberg Businessweek*, November 3, 2009, http://www.businessweek.com/innovate/content/oct2009/id20091028_848755.htm.

14. Bureau of Labor Statistics, "Unemployment Rate for the 50 Largest Cities," United States Department of Labor, April 18, 2014, http://www.bls.gov/lau/lacilg10.htm.

15. 비앵키니와의 오디오 인터뷰.

16. Chris Anderson, "In the Next Industrial Revolution, Atoms Are the New Bits," *Wired*, January 25, 2010, http://www.wired.com/2010/01/ff_newrevolution/all/.

17. Megan Wollerton, "GE and Local Motors team up to make small-batch appliances,"CNET, March 21, 2014, http://www.cnet.com/news/ge-and-local-motors-team-up-to-make-small-batch-appliances/.

18. 잭 휴스의 모든 인용은 2014년 실시한 오디오 인터뷰.

19. 톱코더의 순위 시스템과 관련된 자세한 내용은 아래 사이트 참조. http://community.topcoder.com/longcontest/?module=Static&d1=support&d2=ratings.

20. Carolyn Johnson, "Thorny research problems, solved by crowdsourcing," Boston Globe, February 11, 2013, http://www.bostonglobe.com/business/2013/02/11crowdsourcing-innovation-harvard-study-suggests-prizes-can-spur-scientific-problem-solving/JxDkOkuIKboRjWAoJpM0OK/story.html.

21. 2014년 실시한 나린더 싱과의 오디오 인터뷰.

22. 2013년 실시한 크리스 앤더슨과의 오디오 인터뷰.

23. Richard Millington, "7 Contrary Truths About Online Communities," Feverbee.com, September 22, 2010, http://www.feverbee.com/2010/09/7truths.html.

24. 2014년 실시한 조노 베이컨과의 오디오 인터뷰.

25. Jolie O'Dell, "10 Fresh Tips for Community Managers," *Mashable*, April 13, 2010, http://mashable.com/2010/04/13/community-manager-tips/.

26. Seth Godin, "Why You Need to Lead A Tribe," Mixergy.com, January 13, 2009, http://mixergy.com/interviews/tribes-seth/.

27. 2014년 베터블록스의 설립자 제이슨 로버츠(Jason Roberts)와 실시한 오디오 인터뷰. 그의 테드엑스 강연은 다음 사이트 참조. TEDxOU-Jason Roberts-How to Build a Better Block, https://www.youtube.com/watch?v=ntwqVDzdqAU.

제10장 가장 뛰어난 이들이 문제를 해결하게 하라 _ 경연대회

1. Charles Lindbergh, *The Spirit of St. Louis* (New York: Scribner, 1953).

2. Stephen Schaber, "Why Napoleon Offered a Prize for Inventing Canned Food," *NPR*, March 5, 2012, http://www.npr.org/blogs/money/2012/03/01/147751097/why-napoleon-offered-a-prize-for-inventing-canned-food.

3. Knowledge Ecology International, "Selected Innovation Prizes and Reward Programs," *KEI Research Note 2008*:1, http://keionline.org/misc-docs/research_notes/kei_rn_2008_1.pdf.

4. 마커스 싱글스의 모든 인용은 2014년 실시한 오디오 인터뷰.

5. Burt Rutan, "The real future of space exploration," TED, February 2006, https://www.ted.com/talks/burt_rutan_sees_the_future_of_space.

6. Statista, "Statistics and facts on Sports Sponsorship," *Sports sponsorship Statista Dossier 2013*, March 2013.

7. Alice Roberts, "A true sea shanty: the story behind the Longitude prize," *The Observer*, May 17, 2014, http://www.theguardian.com/science/2014/may/18/true-sea-shanty-story-behind-longitude-prize-john-harrison.

8. http://www.interculturalstudies.org/faq.html#quote.

9. Dan Heath and Chip Heath, "Get Back in the Box: How Constraints Can Free Your Team's Thinking," *Fast Company*, December 1, 2007, http://www.fastcompany.com/61175/get-back-box.

10. 루나엑스에 관한 모든 내용은 "http://www.googlelunarxprize.org" 참조.

11. Campbell Robertson and Clifford Krauss, "Gulf Spill Is the Largest of Its Kind, Scientists Say," *New York Times*, August 2, 2010, http://www.nytimes.com/2010/ 08/03/us/03spill.html?_r=0.

12. http://www.iprizecleanoceans.org.

13. 당시 엑스프라이즈의 수장이던 크리스틴 도겔로(Cristin Dorgelo)에게 특별히 감사를 전한다. 그녀는 그 무더운 여름 저지 해안에서 심사 및 운영을 감독해 주었다.

14. See http://www.qualcommtricorderxprize.org.

15. Kate Greene, "The $1 Million Netflix Challenge," *MIT Technology Review*, October 6, 2006, http://www.technologyreview.com/news/406637/the-1-million-netflix-challenge/.

16. Jordan Ellenberg, "This Psychologist Might Outsmart the Math Brains Competing for the Netflix Prize," *Wired*, February 25, 2008, http://archive.wired. com/techbiz/media/magazine/16-03/mf_netflix?currentPage=all.

17. Ibid.

18. See https://herox.com.

19. 엑스프라이즈에서 히어로엑스의 부사장으로 옮겨 히어로엑스의 설립을 도와준 에밀리 파울러(Emily Fowler)에게 특히 감사를 표한다.

20. 2014년 실시한 그레이엄 웨스턴과의 인터뷰.

21. "Geekdom and HeroX Launch San Antonio Entrepreneurial Exchange Challenge with $500,000 Prize," *Reuters*, January 16, 2014, http://www.reuters. com/article/ 2014/01/16/idUSnMKWN1dCba+1e4+MKW20140116.

22. Vivek Wadhwa, "The powerful role of incentive competitions to spur innovation," *Washington Post*, May 21, 2014, http://www.washingtonpost.com/ blogs/innovations/wp/2014/05/21/the-powerful-role-of-incentive-competitions-to-spur-innovation/.

23. Paul Wahl, "The Winner," *Popular Science*, January 1958.

24. Richard P. Feynman, "Plenty of Room at the Bottom," California Institute of Technology, December 1959. [중간 삽입] 강의 전체 스크립트는 다음의 사이트 참 조. http://www.its.caltech.edu/~feynman/plenty.html.

25. Richard E. Smalley, "Dr. Feynman's Small Idea," *Innovation* 5, no. 5 (October/

November 2007), http://www.innovation-america.org/dr-feynmans-small-idea.

26. 싱글스와의 오디오 인터뷰.

27. 인접 가능성에 관한 최고의 글은 다음의 글 및 사이트 참조. Steven Johnson, "The Genius of the Tinkerer," *Wall Street Journal*, September 25, 2010, http://online.wsj.com/articles/SB10001424052748703989304575503730101860838. Also see "The Adjacent Possible: A Talk with Stuart A. Kauffman," Edge.org, November 9, 2003, http://edge.org/conversation/the-adjacent-possible.